WAS MEIN BABY WILL

WAS MEIN BABY WILL

Mimik und Körpersprache verstehen

MEGAN FAURE

DORLING KINDERSLEY

LONDON, NEW YORK, MELBOURNE,
MÜNCHEN UND DELHI

*Ich widme dieses Buch Philip, der Liebe meines Lebens,
dem Vater meiner Kinder und meinem Partner in allen
Babyangelegenheiten.*

Projektbetreuung Emma Maule
Gestaltung Emma Forge, Tom Forge, Charlotte Seymour
Bildredaktion Nicola Rodway, Glenda Fisher
Herstellung Jennifer Murray, Man Fai Lau
Fotos Vanessa Davis
Art Director Fotos Emma Forge
Cheflektorat Penny Warren
Programmleitung Peggy Vance

Für die deutsche Ausgabe:
Programmleitung Monika Schlitzer
Projektbetreuung Manuela Stern
Herstellungsleitung Dorothee Whittaker
Herstellung Kim Weghorn
Covergestaltung Ines Tuszynski

Bibliografische Information Der Deutschen Bibliothek
Die Deutsche Bibliothek verzeichnet diese Publikation in der
Deutschen Nationalbibliografie; detaillierte bibliografische Daten
sind im Internet über http://dnb.ddb.de abrufbar.

Titel der englischen Originalausgabe: The Babysense Secret
The painless routine for happy days and peaceful nights

© 2011 Dorling Kindersley Limited, London, 2011
Ein Unternehmen der Penguin-Gruppe

Text © by Megan Faure, 2011

© der deutschsprachigen Ausgabe
by Dorling Kindersley Verlag GmbH, München, 2011

Alle deutschsprachigen Rechte vorbehalten

Übersetzung: Jeanette Stark-Städele
Lektorat: Marianne Schmidt

ISBN 978-3-8310-1989-2

Printed and bound in Singapore by Tien Wah Press

Besuchen Sie uns im Internet
www.dorlingkindersley.de

Hinweis
Die Informationen und Ratschläge in diesem Buch sind von den
Autoren und vom Verlag sorgfältig erwogen und geprüft,
dennoch kann eine Garantie nicht übernommen werden.
Eine Haftung der Autoren bzw. des Verlags und seiner
Beauftragten für Personen-, Sach- und Vermögensschäden
ist ausgeschlossen.

Inhalt

Über die Autorin

Megan Faure ist Ergotherapeutin und arbeitete mehr als ein Jahrzehnt in Kinderkliniken in den USA und in Südafrika. Sie ist aktives Mitglied des Südafrikanischen Instituts für Sensorische Integration (SAISI), dem alle auf sensorische Integration spezialisierten Therapeuten in Südafrika angehören und das den Verbänden für Sensorische Integration in den USA angeschlossen ist.

Als Dozentin für sensorische Integration, die entsprechenden Störungsbilder und deren Behandlung hält Megan Faure regelmäßig Vorlesungen für Fachkräfte sowie für Eltern zu zahlreichen Themen rund um Babys und Kinder. Ihr Spezialgebiet ist der Umgang mit Säuglingen, die extrem unruhig sind, schlecht schlafen und Trinkprobleme haben. Megan Faure ist Gründerin und Vorsitzende der »Infant Sensory Integration Training Group«; hier lernen Therapeuten das Verhalten von Säuglingen verstehen und behandeln.

Megan Faure ist zudem Journalistin und Autorin in den Bereichen Kinderpsychologie, Erziehung und Kindesentwicklung. Im Rahmen ihres leidenschaftlichen Engagements im Fachgebiet der Säuglingsentwicklung, insbesondere der sensorischen Integration, erkannte sie, dass es den Eltern hilft, wenn sie besser verstehen, wie Babys die Welt wahrnehmen und verarbeiten und wie sich die Sinneseindrücke auf das Schlafen, Trinken und die Entwicklung auswirken. So hat sie bereits drei Bücher zu diesem Thema verfasst und schreibt für verschiedene Magazine in Großbritannien und Südafrika. Sie ist häufig im Fernsehen zu sehen und auf wichtigen Fachkonferenzen in Großbritannien und in Südafrika vertreten. Megan Faure führt eine Praxis in Kapstadt (Südafrika), wo sie Babys und Kleinkinder mit Schlafproblemen und Störungen der Reizverarbeitung behandelt. Sie ist verheiratet und hat einen Sohn und zwei Töchter.

Einführung

Sie sind auf dem Weg in die wohl aufregendste Phase Ihres Lebens. Während der nächsten zwölf Monate werden Sie einen neuen Menschen kennenlernen, sich in ihn verlieben und eine lebenslange Bindung zu ihm eingehen. Dabei werden Sie selbst in Ihrer Persönlichkeit wachsen. Dieses kleine Leben und Ihre neue Rolle als Eltern verändern Sie in ungeahnter Weise.

Sicher wird es Tage geben, an denen Sie sich überfordert fühlen und sich fragen, ob Sie das Richtige tun. Im kommenden Jahr werden Sie sich auf drei Hauptbereiche konzentrieren: wie Sie Ihr Kleines verstehen und beruhigen können, wann es wohl nachts durchschläft und ob Sie es richtig ernähren. Ihr eigenes Wohlbefinden als Eltern ist dabei zweitrangig – wie sich das Leben doch verändert!

Dieses Buch zeigt Ihnen die Aspekte des Elternseins von einer einzigartigen Perspektive aus. Ich bin fasziniert von der unglaublichen Entwicklung des Gehirns. Ich glaube, dass das Gehirn Ihres Babys den Schlüssel zu all diesen Bereichen liefert. Das Geheimnis liegt darin, zu erkennen, wie das Gehirn des Babys die Welt im Mutterleib verarbeitet hat und wie es nun von unserer Welt beeinflusst wird. Sobald Sie beide Welten durch die Sinne Ihres Babys wahrnehmen können, halten Sie den Schlüssel zu seiner Zufriedenheit, seinem Schlaf, seiner Ernährung und seiner allgemeinen Entwicklung in Händen – und ebenso zu Ihrer eigenen Entwicklung zu selbstsicheren Eltern.

In den ersten drei Kapiteln dieses Buches erfahren Sie, wie die Sinne Ihres Babys seine Gefühle, seine

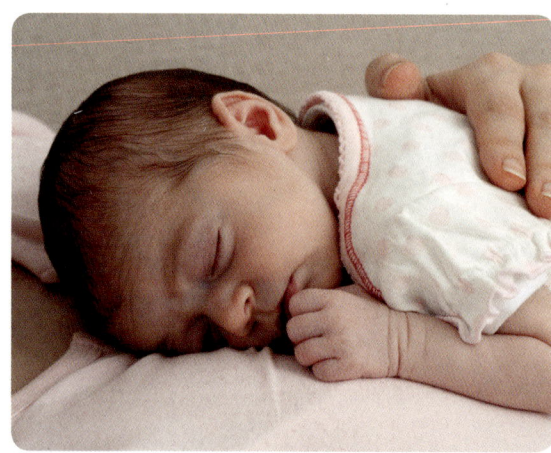

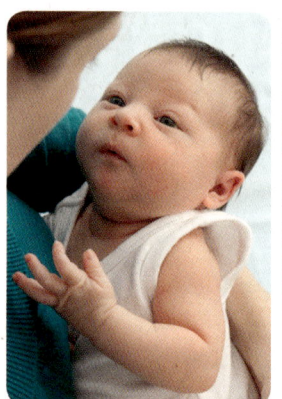

Schlafrhythmen und seine Entwicklung beeinflussen. Indem Sie seine Sinnenwelt verstehen und lernen, seine Signale zu erkennen und entsprechend zu handeln, werden Sie einfühlsame Eltern. Sie wissen, wie Sie auf die Bedürfnisse Ihres Babys reagieren können und wann es Zeit für eine sanfte und flexible Routine ist.

Kapitel 4 enthüllt die geheime Sprache Ihres Babys und zeigt Ihnen, wie Sie mit ihm kommunizieren können. So finden Sie heraus, wann es schlafen muss, ob es Hunger hat oder Anregung sucht. In Kapitel 5 kennen Sie dann all die Prinzipien unseres babyzentrierten Ansatzes, haben ein gewisses Gleichgewicht gefunden und entwickeln mit Ihrem Baby einen babyzentrierten Rhythmus beim Trinken, Schlafen und Spielen. Nun können Sie sich den praktischen Tipps

in den altersbezogenen Kapiteln im zweiten Teil des Buches zuwenden.

Fast alle Eltern, mit denen ich je gesprochen habe, möchten wissen, wie man dem Baby »zuhört« und das Wie, Warum und Wann von Schlafen, Trinken und Aktivität versteht. Die Antworten liegen in Ihren Armen – Ihr Baby hat sie. Es wird Ihnen sagen, was es wann braucht.

Nehmen Sie dieses Buch mit auf Ihren Weg ins Elternsein und erleben Sie viele glückliche Tage und friedliche Nächte.

Meg Faure

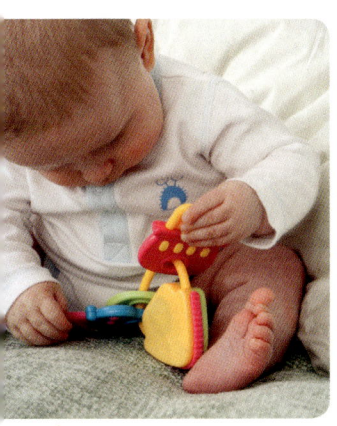

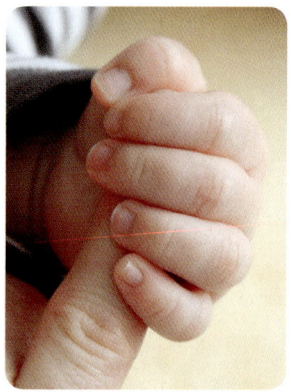

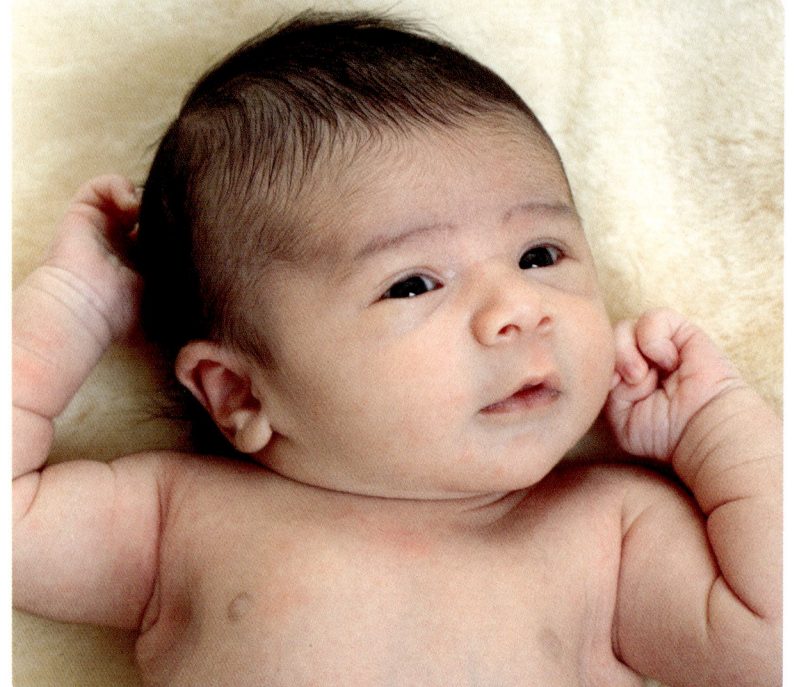

Kapitel 1

Die sensorische Welt des Babys verstehen

Katrin ist froh, dass die Wehen endlich eingesetzt haben. Das letzte Trimester war sehr beschwerlich. Sie freut sich darauf, ihr Baby endlich im Arm zu halten. Tief in ihrem Inneren erlebt die kleine Sina die Wehen ganz anders. Für Sina war die Gebärmutter eine perfekte Welt. Das dritte Trimester empfand sie als besonders beruhigend, da die feste Gebärmutterwand ihre Bewegungsfreiheit einschränkte und eine sehr besänftigende Enge schuf. Nun kommt Sina bald in eine fremde und überwältigende Welt. In den kommenden zwölf Monaten wird sie lernen, ihre neue Umgebung zu verstehen. Auch Katrin wird lernen, ihre Kleine zu verstehen und sie zu beruhigen, und ihr helfen, sich einen Reim auf unsere betriebsame Welt zu machen.

Erfahren Sie, ...

- wie sich die Sinne Ihres Babys entwickeln.
- wie Sie Ihre eigenen Sinneserfahrungen erkennen.
- wie Ihr Baby auf unterschiedliche Sinnesreize reagiert.
- warum alle Babys so verschieden sind.
- wie Sie die einzigartige Persönlichkeit Ihres Babys entdecken können.

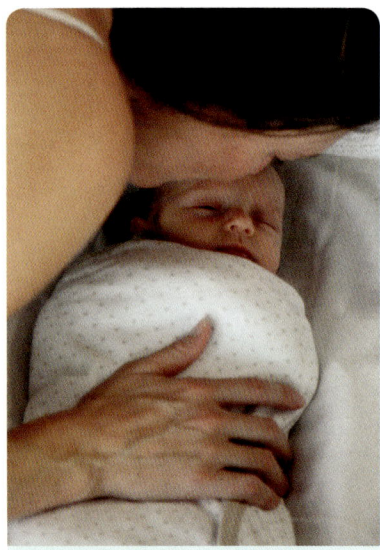

Gesunde Sinne fördern
Berührung stärkt Bindung und Zuneigung. Berühren und streicheln Sie Ihr Baby oft, um ihm ein positives Körperbild und Selbstwertgefühl zu vermitteln.

Geheimnisvolle Sinne

Wir leben in einer Welt voller Sinneseindrücke und nehmen in jedem wachen Moment sensorische Informationen aus der Welt auf. Unser Nervensystem und das Gehirn verarbeiten diese, wir reagieren emotional darauf und handeln entsprechend. In verschiedenen Situationen können wir auswählen, welcher Sinnesinformation wir Aufmerksamkeit schenken und wie wir reagieren. Das Gehirn Ihres Babys muss solche Fähigkeiten erst entwickeln. In den ersten Monaten kann es nicht kontrollieren, welchen Reiz es aufnimmt oder wie es auf die Information reagieren will.

Warum die Sinne wichtig sind

Es gibt immer einen guten Grund, warum ein Baby weint oder nicht schlafen will. Wenn Sie das unreife Nervensystem Ihres Babys verstehen, erkennen Sie diesen Grund leichter und können die Welt so wahrnehmen, wie Ihr Baby sie erlebt. Um ein Neugeborenes beruhigen zu können, muss man begreifen, welche Auswirkungen sein Umfeld auf sein Verhalten hat. Der Schlüssel zu seiner Zufriedenheit besteht darin, die Signale zu erkennen, mit denen es zeigt, wann, warum und wie Sie es stillen, anregen und beruhigen sollen. Statt unsicher zu sein oder Regeln und strenge Abläufe zu befolgen, können Sie ihm so die passenden Sinnesanregungen geben, um die angeborenen Fähigkeiten Ihres Babys optimal zu fördern.

Sinneserfahrungen

Das Nervensystem besteht aus Gehirn, Rückenmark und Nerven. Aufgabe des Gehirns ist es, Informationen aufzunehmen, Wichtiges von Unwichtigem zu unterscheiden und die Eindrücke zu bewerten, damit wir angemessen darauf reagieren können. Diese Informationen bekommt das Gehirn über die Sinne. Dabei ist unsere Sinneserfahrung nicht auf Wahrnehmungen aus der äußeren Welt über die fünf Sinne Fühlen, Riechen, Sehen, Hören und Schmecken beschränkt. Es gibt auch drei »Körpersinne«, die dem Gehirn etwas über unsere innere Welt sagen: Bewegung (Gleichgewichtssinn), Körperlage (Tiefenwahrnehmung) und Informationen aus den Organen (Interozeption). Um das Verhalten des Babys zu verstehen, hilft es zu wissen, wie wir dank dieser Sinne ein Bild von der Welt konstruieren.

Fünf äußere Sinne

- **Taktiler Sinn/Fühlen** Die Haut ist das größte Körperorgan. Sie erhält aus der Umwelt Informationen über Temperatur, Schmerz, Berührung, Druck. Dieser Sinn entwickelt sich im Mutterleib zuerst und spielt eine entscheidende Rolle für Intelligenz, Gemütsverfassung und Überleben. Ein gut ausgebildeter Berührungssinn vermittelt uns ein Bild von uns und der Welt. Er unterstützt das Gehirn bei der Planung von Körperbewegungen und beeinflusst später die sportlichen Fähigkeiten. Als grundlegende Überlebensreaktion wendet das Neugeborene den Kopf und sucht eine Nahrungsquelle, wenn sein Gesicht berührt wurde. Später schützt der Berührungssinn es vor Gefahren, z. B. zu heißem Badewasser. Mit Berührungen trösten Sie Ihr Baby und bauen eine emotionale Bindung auf.

● **Riechen** Chemische Rezeptoren in den Schleimhäuten der Nase nehmen Gerüche wahr. Anders als bei den anderen Sinnen gelangen diese Wahrnehmungen direkt in das Gefühlszentrum des Gehirns. Dies erklärt unsere emotionale Reaktion auf Düfte und die starken Reaktionen, die vertraute Gerüche auslösen. Wir erleben Gefühle aus der Kindheit wieder, wenn wir einen Geruch wahrnehmen, den wir von damals kennen.

● **Sehen** Augen nehmen Form, Licht und Farbe wahr. Bei der Geburt ist der Sehsinn am wenigsten entwickelt. Neugeborene interessieren sich aber für helles Licht und kontrastierende Farben. Etwa innerhalb einer Woche richten sich die Augen an interessanten Objekten aus und verfolgen sie.

● **Hören** Geräusche werden durch Schallwellen übertragen und durch Rezeptoren im Innenohr aufgenommen. Babys erkennen bald die Richtung, aus der ein Geräusch kommt, und die Bedeutung verschiedener Klänge.

● **Schmecken** Der Geschmackssinn ist eng mit dem Geruchssinn verbunden. Geschmack wird über Rezeptoren auf verschiedenen Teilen der Zunge wahrgenommen; diese schmecken Salziges, Saures, Bitteres und Süßes. Babys bevorzugen Süßes und sind daher so begeistert von Muttermilch.

Drei innere Körpersysteme

● **Bewegung (Gleichgewichtssinn)** Rezeptoren im Innenohr spüren Veränderungen der Körperlage, insbesondere des Kopfes. Wenn dieser Sinn gut funktioniert, wissen wir, in welcher Richtung wir uns bewegen, wie schnell wir sind und ob sich die Geschwindigkeit ändert. Funktioniert er weniger gut, wird uns leicht übel oder wir fühlen uns bei normaler Bewegung bedroht.

● **Körperlage (Tiefenwahrnehmung)** Muskeln und Gelenke vermitteln Informationen über die Position des Körpers im Raum und die Bewegungen der Gliedmaßen. Bewegung gegen Widerstand, sportliche Betätigung und starker Druck sind mit Erfahrungen der Tiefenwahrnehmung verbunden. Viele Menschen nutzen diesen Sinn, um sich wohler zu fühlen, indem sie joggen, Yoga machen oder einander umarmen. Die dabei übertragenen Sinneseindrücke haben beruhigende Wirkung.

● **Interozeption** Die inneren Organe liefern uns Informationen über die Verfassung unseres Körpers und seine Bedürfnisse. Verdauungssystem, Temperaturregulierung und Ausscheidungsorgane, sie alle senden Botschaften aus. Diese führen zu Wohlbefinden oder Unwohlsein, was wir z. B. als Verdauungsstörungen oder Harndrang wahrnehmen. Das Neugeborene kann diese Signale nicht deuten und ist irritiert.

Auge in Auge Bei der Geburt sieht Ihr Baby verschwommen. Am besten kann es Sie anschauen, wenn es 20–25 cm von Ihrem Gesicht entfernt ist – so stehen Sie im Zentrum seiner Aufmerksamkeit.

Neue Geschmacksrichtungen entdecken Ihr Baby mag Süßes; daher liebt es Muttermilch. Wenn es größer wird, bieten Sie ihm eine größere Geschmacksvielfalt an.

13

Sonnenschein Höchst aufmerksam und am liebsten in Aktion, liebt das gesellige Baby andere Menschen um sich herum.

Zurückhaltendes Baby Dieses Baby braucht eine Weile, um sich an neue Situationen zu gewöhnen. Es beobachtet die Welt gern von Mamas Schulter aus.

Jedes Baby ist anders

Ebenso wie Computer unterschiedlich wirksame Spamfilter besitzen, filtert jeder Mensch Sinnesreize in unterschiedlichem Maße aus. Manche Menschen blocken von Natur aus sehr viele Wahrnehmungen ab; sie registrieren Unwichtiges nicht und reagieren nicht darauf. Weil dadurch weniger Eindrücke aufgenommen werden, sind diese Personen weit weniger anfälliger für Reizüberflutung. Menschen, die sehr stark auf Sinneserfahrungen reagieren, nehmen dagegen jede kleine Empfindung wahr und werden leicht überreizt.

So entwickelt sich Ihr Baby

Jedes Baby ist anders. In einer Mutter-Kind-Gruppe werden Sie schnell die wirklich entspannten, pflegeleichten Babys von den eher anstrengenden unterscheiden können. Der Umgang der Mutter mit ihrem Baby hat einen bedeutenden Einfluss auf dessen Reaktion auf die Welt. Wenn Sie von den ersten Tagen an das Temperament Ihres Babys berücksichtigen, können Sie die Art Ihrer Interaktion mit ihm verändern und ermöglichen ihm einen besseren Zugang zum Leben und zum Umgang mit anderen Menschen. Es gibt vier sensorische Persönlichkeiten:

Sonnenschein: offen und gesellig Dieses Baby liebt den Austausch mit anderen Menschen und seiner Umwelt. Es ist sehr wach und scheint ständig in Bewegung zu sein, kommuniziert mit allen und lächelt jeden an. Einkaufen mit ihm dauert lange, weil es mit Fremden Blickkontakt herstellt. Das Leben mit einem Sonnenschein ist nie langweilig, kann aber sehr anstrengend sein – besonders in der Kleinkindzeit, wenn diese Babys sehr umtriebig und auch impulsiv sind. Der Sonnenschein ist unglücklich, wenn er länger allein sein muss, einfach weil er gern Gesellschaft hat. Er wird gern herumgetragen; die Eltern sind manchmal etwas frustriert, weil sie nie die Hände frei haben.

Das gesellige Baby liebt Sinnesreize und Stimulation durch die Sinne, die es auch zur Kommunikation einsetzt. Erhält es zu wenig Anregung, wird es missmutig. Es kann aber auch ohne deutliche Frühwarnzeichen überreizt werden, weil es so begierig auf neue Eindrücke ist.

Zurückhaltendes Baby Manche Babys werden nur langsam warm mit ihrer Umwelt und reagieren empfindlich auf Veränderungen. Sie brauchen Zeit, um sich auf neue Situationen und Menschen oder auf ungewohnte Sinneserfahrungen einzustellen. Daher können sie schüchtern wirken. Doch im Unterschied zum sensiblen Baby, das quengelig ist (siehe gegenüber), bleibt das zurückhaltende Baby ruhig, solange es bei Mama oder Papa ist. Als älteres Baby oder Kleinkind ist es oft sehr anhänglich. Dieses Baby mag feste Abläufe, weil sie das Leben verlässlich machen. Veränderungen im Tagesrhythmus irritieren es. Als älteres Kind ist es ruhig oder ein wenig ängstlich. Es ist schüchtern und zieht sich eher zurück, als sich über neue Situationen zu freuen. Doch sobald es sich bei einem Freund oder in einer Umgebung wohlfühlt, wird es warm und kann eine Stimmungskanone sein.

Das Gehirn des zurückhaltenden Babys kann Sinnesreize nicht gut ausfiltern – es wird durch Neues schnell überfordert. Gewöhnt sich sein Gehirn an neue Wahrnehmungen, kann es sie besser verarbeiten, sie werden ihm vertraut und es wird ruhiger. Es reagiert zunächst sensibel und neigt dazu, neue, möglicherweise überfordernde Situationen zu meiden.

Ausgeglichenes Baby Wenn Ihr Baby viel entspannter wirkt als andere, ist es wahrscheinlich ein zufriedenes Baby, die »pflegeleichteste« aller sensorischen Persönlichkeiten. Es schläft und trinkt problemlos an jedem Ort, verarbeitet Stimulation und Kommunikation gut und ist flexibel genug, Veränderungen im Tagesablauf zu verkraften. Mit wenigen Wochen findet es bereits in seine Routine, es schläft gut und ist insgesamt ausgeglichen. Vor allem diese zufriedenen Babys sind es, die schon früh nachts durchschlafen. Das Baby hat es nicht eilig, sich umzudrehen oder zu krabbeln. Es begnügt sich damit, im Liegen die Welt zu beobachten.

Dieses Baby besitzt die Fähigkeit, viele Sinnesinformation auszufiltern. Es registriert nur intensive Reize. Das Gehirn blendet Geräusche so gut aus, dass das Baby durch Lärm kaum aufwacht. Berührungsreize werden so effektiv gefiltert, dass selbst eine schmutzige Windel es kaum stört.

Sensibles Baby Manche Babys sind unruhiger und empfindlicher als die meisten anderen. Das sensible Baby ist sehr abhängig von seiner Umwelt. Es braucht oft lange, um zur Ruhe zu finden, und ist reizbarer als andere Babys. Ein sensibles Baby zu haben ist für die Eltern eine echte Herausforderung. Oft ist schon das Stillen schwierig, weil das Baby empfindlich auf die Brustwarze, die Berührung von Mutters Haut und die Geruchs- und Geschmackserfahrungen beim Stillen reagiert. Am besten können Sie es kurz nach dem Aufwachen in einem ruhigen Raum mit gedämpftem Licht stillen. Es lernt nur schwer, sich selbst zu beruhigen. Auch den Eltern fällt es oft schwer, es zu besänftigen. Das Pucken scheint es nicht zu mögen (es reagiert empfindlich auf die Decke und den Druck) und es nimmt keinen Schnuller (auch sein Mund ist überempfindlich). Bleiben Sie beim Einwickeln und Nuckeln beharrlich, denn dies wird Ihnen das Leben sehr erleichtern. Ein sensibles Baby wird von Sinneseindrücken überflutet, weil es sie nicht gut ausfiltern kann – jeder Reiz wird als mögliche Bedrohung erfahren. Sie als Eltern müssen für Ihr Baby die sensorische Umgebung filtern (s. S. 23ff.).

Ausgeglichenes Baby Pflegeleicht, weil so zufrieden und ruhig, ist dieses Baby – der entspannteste der Persönlichkeitstypen.

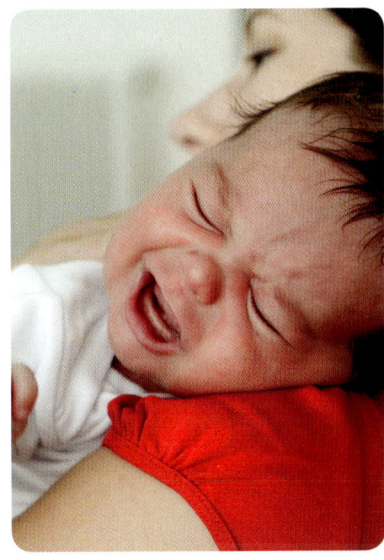

Sensibles Baby Es stellt höhere Ansprüche als andere Babys – Sie müssen ihm eine ruhige Welt schaffen, weil es sonst leicht überreizt und verängstigt wird.

Gesunde Sinne fördern

Störende Sinnesreize, wie das wilde Toben Ihres Kleinkindes, können das Neugeborene leicht überfordern. Zu Ihrer Aufgabe als Eltern gehört es, Ihr Baby vor zu viel Stimulation zu schützen.

Wahrnehmungen verarbeiten

Unser komplexes Gehirn verarbeitet unaufhörlich endlose Ströme von Sinnesreizen. Da fünfmal mehr Nerven Sinnesinformationen zum Gehirn leiten als Handlungsanweisungen nach außen geben, ist nachvollziehbar, welche enorme Aufgabe es darstellt, all diese Informationen sinnvoll zu verarbeiten. Glücklicherweise hat das Gehirn einen Filter (als Gewöhnung bezeichnet), der verhindert, dass zu viele Sinneseindrücke registriert werden. Dieser Filterungsprozess beginnt, wenn der Sinnesreiz das Nervensystem erreicht, und verhindert, dass das Gehirn mit Geräuschen, Empfindungen und anderen Wahrnehmungen überflutet wird.

Sinnesreize filtern

Im Geburtszimmer ist Katrin völlig auf ihre Atmung und auf die Stimme der Hebamme, die sie durch jede Wehe leitet, konzentriert. Sie hat alle anderen Geräusche völlig ausgeblendet.

Wenn Sinnesinformationen unwichtig oder sehr vertraut sind, schaltet sich der Filter des Gehirns ein und wir registrieren diesen Reiz nicht einmal mehr. Die Hintergrundgeräusche im Geburtszimmer interessieren oder stören Sie im letzten Wehenstadium nicht. Ebenso spüren Sie kaum den Stoff Ihres T-Shirts auf Ihrem Rücken oder riechen den Weichspüler. Dies sind Beispiele dafür, wie das Gehirn unwichtige Informationen ausfiltert in einem Prozess, den man Gewöhnung (Adaptation) nennt. Aus diesem Grund werden Menschen, die neben Eisenbahnstrecken wohnen, nachts nicht vom Lärm der Züge aufgeweckt: Weil sie sich daran gewöhnt haben, das Geräusch immer zur gleichen Zeit zu hören, filtern sie es aus. Sensorische Informationen, die wichtig oder relevant sind, filtert das Gehirn dagegen nicht aus.

Als Katrin nach der Geburt mit Sina zu Hause ist, empfindet sie die riesige Verantwortung, für ihr Baby sorgen zu müssen. Wenn sie unter die Dusche geht, fragt sie sich ängstlich, ob sie Sina auch weinen hören wird. Doch sie muss sich keine Sorgen machen, denn Sinas Weinen wird ihr lauter erscheinen als alle anderen Geräusche in der Wohnung.

Dieser Filterprozess ist lebensnotwendig. Dadurch können wir uns auf wichtige Informationen konzentrieren, ohne durch unwichtigen »Krach« überreizt zu werden. Funktioniert dieser Prozess nicht optimal, wird unser Nervensystem mit einer großen Menge unwichtiger Informationen bombardiert, was zu einer Reizüberflutung führt.

Wie gut ein Baby Informationen filtert, hängt von seinem Persönlichkeitstyp sowie drei weiteren Faktoren ab: Tageszeit, Stress und Alter (s. S. 17). Auch ein Erwachsener unterliegt diesen Faktoren, allerdings ist bei ihm der Persönlichkeitstyp für die Wirksamkeit des Reizfilters wichtiger als das Alter.

Wahrnehmungen filtern

Die Fähigkeit, Sinneseindrücke zu filtern, hängt mit dem individuellen sensorischen Typ zusammen, aber sie ist nicht unveränderbar. Es gibt z. B. Zeiten, in denen Sie sich wie eine übersensible Mutter verhalten, selbst wenn Sie sonst ein gelassener Typ sind. Ebenso kann Ihr ausgeglichenes Baby tagsüber Phasen haben, in denen es empfindsamer ist. Drei wesentliche Faktoren beeinflussen die Fähigkeit Ihres Babys zur Reizfilterung:

1 Tageszeit Viele Mütter kennen diese spezielle Zeit am Abend: die Schreiphase des Babys. Zu dieser Zeit verfügen Mutter und Baby nur noch über eine niedrige Toleranzschwelle für Sinnesreize und stressige Situationen; gleichzeitig ist das Kleinkind der Familie aufsässig, streitlustig und viel unruhiger als sonst. Ihr Neugeborenes leidet zu dieser Zeit an Koliken und Sie haben weniger Milch sowie eine geringere Toleranz für die Mätzchen Ihres Kleinen.

2 Stress Jede unbekannte Situation erhöht unseren Stresspegel. Wenn wir die Anforderungen einer neuen Situation erfüllen können, z. B. die ersten Tage mit dem Neugeborenen zu Hause, ist alles gut. Empfinden wir die Situation als bedrohlich, geraten wir unter Stress. Dann sind wir empfindlicher für Reize als in entspannter Verfassung. Der Stress mit Ihrem Neugeborenen lässt Sie vielleicht hypersensibel auf Lärm, Berührungen und Gerüche reagieren. Durch diese sinnliche Überreizung kann es Spannungen im Umgang mit Ihrem Kleinkind oder Partner geben.

3 Alter Dieser Faktor beeinflusst die Fähigkeit Ihres Babys, Reize zu filtern, in besonderer Weise. In den ersten drei Monaten kann es Sinneseindrücke noch nicht gut filtern und ist daher anfällig für Überreizung. In diesem Buch finden Sie altersgerechte Strategien (s. Kapitel 7–13), mit denen Sie die sich entwickelnde Fähigkeit Ihres Babys zur Reizfilterung unterstützen können. So lassen sich hilfreiche Strukturen und Rituale schaffen.

Sobald Sie die sensorische Persönlichkeit Ihres Babys (s. S. 14f.) und seine momentane Stufe der Reizfilterung kennen, können Sie es besser fördern, zufriedenstellen und sanfte Strukturen entwickeln, die einen guten Schlaf und regelmäßige Mahlzeiten unterstützen und so Ihr Mutterdasein erleichtern.

Erfahrungsbericht

Tageszeit Am späten Nachmittag, wenn Sina und Katrin müde sind und Katrins Milch knapp wird, erlebt sich Katrin als viel empfindlicher. Wenn ihre Schwester mit ihrer Zweijährigen vorbeikommt, wird ihr das Kreischen der Kleinen zu viel, sie ist gereizt und regt sich schnell auf.

Stress Als Sina gerade drei Wochen alt war, ging Katrin mit ihr das erste Mal in eine Müttergruppe. Sina schlief tief und Katrin war froh, einmal aus dem Haus zu kommen. Nach einer Stunde wachte Sina auf und begann zu weinen. Plötzlich war Katrin konfrontiert damit, einem schreienden Baby in der Öffentlichkeit die Windel zu wechseln und es zu stillen. Sina schrie ununterbrochen. Der Stress war zu viel für Katrin. Das Schreien setzte ihr so zu, dass sie beinahe in Tränen ausgebrochen wäre.

Alter Wie viele Babys grummelt Sina am Spätnachmittag, weil sie zu dieser Zeit nur schlecht Reize filtern kann. Katrin versucht, sie durch Baden und Massieren zu beruhigen. Leider lässt diese gut gemeinte, zusätzliche Stimulation Sina noch mehr schreien. Doch mit etwa neun Wochen stellt Katrin eine Veränderung fest: Sina wird abends plötzlich umgänglicher.

»Das Filtern verhindert eine Überflutung des Gehirns mit Geräuschen, Empfindungen und anderen Wahrnehmungen.« 17

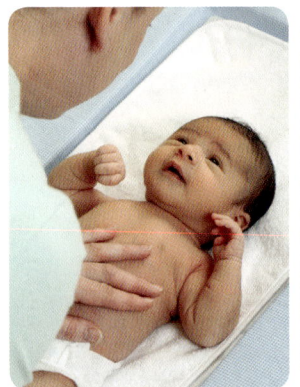
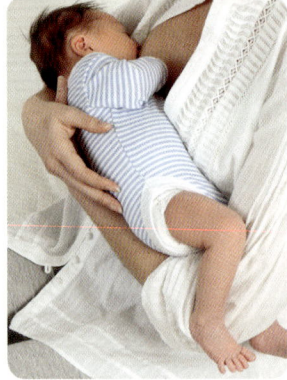

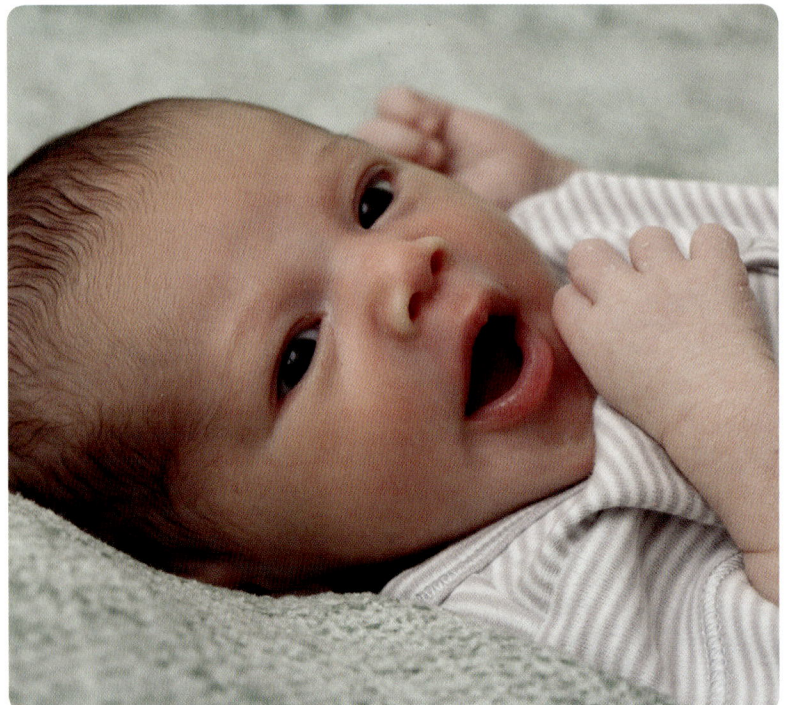

Kapitel 2

Vom Mutterleib in die Welt

Jan steht neben Charlotte und hält ihre Hand. Sein Gesicht ist tränennass, als ihr kleiner Sohn geboren wird. Jan hat noch nie so viel Stolz und Liebe empfunden. Nicolas macht seinen ersten Atemzug und schreit; er sucht den Blick seiner Eltern. Seine Sinne werden bombardiert mit Eindrücken aus dieser unbekannten Welt von Licht, Geräuschen und Gerüchen. Als er seiner Mama Charlotte übergeben wird, erlebt er eine Fülle neuer Sinnesreize: die kalte Luft im Entbindungszimmer, Charlottes Geruch, gemischt mit scharfen medizinischen Gerüchen, dazu helles Licht, das verhindert, dass er ihr Gesicht findet. Dieser abrupte Wechsel ist überwältigend für Nicolas. Um ihm den Übergang von Mamas Bauch in die Welt zu erleichtern, müssen seine Eltern die Umgebung zu Hause möglichst sanft gestalten. In der Klinik können sie zunächst das Licht dämpfen und unnötigen Lärm vermeiden.

Erfahren Sie, wie Sie …

● die Sinnenwelt Ihres Babys im Mutterleib verstehen.
● ihm den Übergang vom Mutterleib in unsere Welt erleichtern.
● direkt nach der Geburt seine Sinne »pflegen«.
● einen sensorisch beruhigenden Ort für Mutter und Baby schaffen.
● das Babyzimmer einrichten.

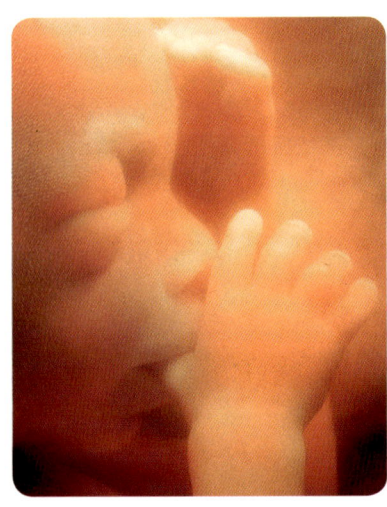

Ein idealer Ort Der Druck im Mutterleib bringt die Hände des Babys nah an sein Gesicht. So kann es am Daumen lutschen – eine wichtige Beruhigungsmethode.

Die Sinnenwelt im Mutterleib

Die Gebärmutter (Uterus) ist der ideale Ort für den sich entwickelnden Fötus. Sie erhält Nährstoffe in der genau richtigen Menge und Ihr Körper schüttet Hormone aus, die das Wachstum Ihres Kindes optimal steuern. Die Umgebung hat eine konstante Temperatur wie in einem maßgeschneiderten Brutkasten. Diese sensorische Welt ist grundlegend für die Entwicklung Ihres Babys. Die Erfahrungen im Uterus formen die Nervenbahnen in dem Gehirn Ihres Kindes als eine Basis für spätere Lernprozesse.

Die Gebärmutterwelt verstehen

Wenn Sie die sensorischen Bedingungen kennen, die Ihr Baby im Mutterleib erlebt, können Sie ihm den Übergang in die Außenwelt erleichtern. Dann wird es in den ersten Tagen und Wochen, in denen sich seine Sinne weiterentwickeln, zufriedener sein. Folgende Faktoren sind dabei wichtig:

Fühlen Der Tastsinn entwickelt sich als erster Sinn bereits ab der dritten Schwangerschaftswoche – wenn Ihr Baby so winzig ist wie eine Bohne (13 mm lang).

Es besitzt kleine Fingerknospen, aus denen die Finger wachsen (mit etwa sieben Wochen); es spürt bereits Berührung und reagiert darauf. Nur die Schädeldecke bleibt während der Schwangerschaft berührungsunempfindlich, möglicherweise weil sie beim Weg durch den Geburtskanal so stark zusammengedrückt wird!

In den Wochen vor der Geburt übt die elastische Gebärmutterwand einen konstanten, festen Druck aus, der sich wie eine gleichbleibende Umarmung anfühlt. In der Gebärmutter gibt es keine leichte Berührung. Die enge Umfassung hält Ihr Baby in der Form eines kleinen Balls; dabei wird auf den Rücken und die Hände Druck ausgeübt, der zur Körpermitte gerichtet ist. In dieser Position kann Ihr Baby an seinen Händen saugen, eine wichtige Beruhigungsmethode. Die sich ausbildenden Reflexe sind noch unreif und werden durch den Druck gedämpft, sodass Ihr Baby nicht dadurch irritiert wird. Die Temperatur in der Gebärmutter ist immer genau richtig.

Zwar kann ein Baby seine Mutter bei der Geburt nicht deutlich sehen, doch es spürt sogleich ihre besänftigende Berührung, wenn sie es an sich schmiegt. Es spürt, wie sich die Temperatur verändert – aus dem warmen Mutterleib in das kältere Geburtszimmer. Wenn es eine Spritze bekommt, spürt es den schmerzhaften Einstich der Nadel; sein Tastsinn ist aber noch nicht so weit entwickelt, dass es bestimmen kann, wo es berührt oder gepiekst wird.

Sehen Die winzigen Augenlider Ihres Babys öffnen sich mit 26 Wochen; ab dem sechsten Schwangerschaftsmonat reagiert es auf Licht. Wird in der 32. Woche das Licht einer hellen Taschenlampe auf Ihren Bauch gerichtet, kann Ihr Baby es von links nach rechts verfolgen. Aber natürlich gibt es im Uterus sehr wenig visuelle Stimulation. Im Allgemeinen ist die Welt in der Gebärmutter visuell gedämpft und oft ziemlich dunkel, besonders wenn Sie dunkle oder dicke Kleidung tragen. Im Mutterleib gibt es keine hellen Farben oder kontrastierenden Formen, an denen Ihr Kleines seine sich entwickelnde Sehfähigkeit schärfen kann.

Babys Sehsinn ist bei der Geburt der am wenigsten entwickelte Sinn und zeigt ihm nur ein verschwommenes Bild von der Welt. Es kann Gegenstände nur in etwa 20 cm Entfernung von seinen Augen scharf sehen – die perfekte Distanz, um die Gesichtszüge seiner Mutter auszumachen, wenn es in ihren Armen liegt oder an ihrer Brust trinkt. Anfangs erkennt es stark kontrastierende, bunte Bilder am deutlichsten.

Hören Der Hörsinn Ihres Babys entwickelt sich ab dem zweiten Trimester; bereits vor der 20. Woche kann es hören und reagiert auf laute Geräusche. Am Tag seiner Geburt besitzt Ihr Baby also etwa vier Monate Hörerfahrung. In der Gebärmutter sind alle Geräusche gedämpft: Im Fruchtwasser verlangsamen sich die Schallwellen, daher nimmt Ihr Baby Geräusche in niedriger Frequenz wahr. Am deutlichsten hört es Ihre Stimme, weil sie nicht nur außerhalb des Körpers übertragen wird, sondern auch als Vibrationen über die Knochen. Die Stimme Ihres Partners ist das nächstvertraute Geräusch – schon innerhalb weniger Stunden nach der Geburt wird Ihr Baby Ihren Partner ebenfalls an seiner Stimme erkennen.

Auch wenn es in der Außenwelt ruhig ist, hört Ihr Baby im Mutterleib das ruhige Fließen des Fruchtwassers, den Blutstrom in Ihren Adern und natürlich Ihren Herzschlag sowie Ihr Verdauungssystem. Diese Hintergrundgeräusche bilden ein Grundmuster an konstantem »Rauschen«. Der beständige Klang des mütterlichen Herzschlags ist für Babys besonders beruhigend. Studien zeigten, dass Babys, denen nach der Geburt ein Rhythmus in der Geschwindigkeit des durchschnittlichen Herzschlags (72 Schläge pro Minute) vorgespielt wurde, leichter einschlafen und nur halb so viel schreien. Gleichbleibende Geräusche, wie fließendes Wasser, fördern unabhängig vom Alter einen guten Schlaf.

Nach der Geburt hört Ihr Baby völlig andere Geräusche als im Uterus. Klänge werden nicht länger durch das Fruchtwasser gedämpft und verlangsamt. Jeder Schall klingt lauter und härter. Laute und unregelmäßige Geräusche wirken dabei anregend, sanfte, rhythmische und beständige Klänge beruhigend.

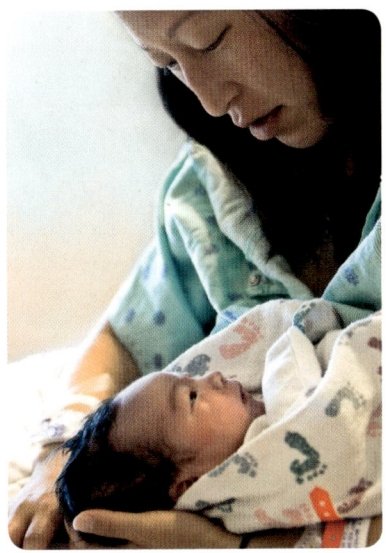

Erster Anblick Direkt nach der Geburt fixiert Ihr Neugeborenes bewusst Ihr Gesicht, sofern Sie es im richtigen Abstand halten.

Kennenlernen Geräusche, die es im Uterus gehört hat, z. B. die Stimmen der Familienmitglieder, sind Ihrem Baby nach der Geburt vertraut.

Vom Mutterleib in die Welt

21

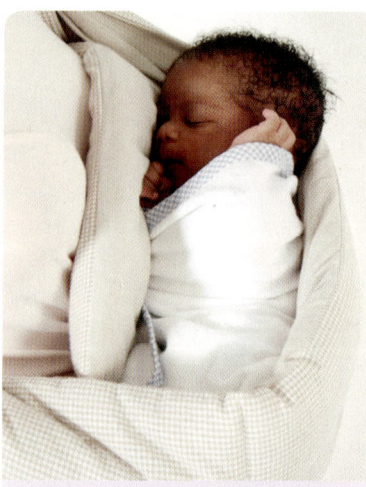

Gesunde Sinne fördern

Unser Körper bewegt sich beim Gehen mit einer leichten Drehung. Daher beruhigen sich viele Babys eher, wenn sie getragen statt im Wagen geschoben werden.

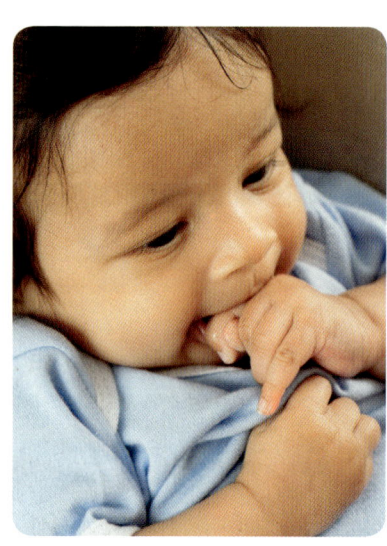

Vorteile des Stillens Süßer Geschmack, z. B. von Muttermilch, lässt Babys an ihren Händen nuckeln – eine wichtige Methode der Selbstberuhigung.

Bewegung und Schwerkraft Das Gefühl für Bewegung und Schwerkraft entsteht durch das Gleichgewichtssystem, das sich in den Ohren befindet. Es arbeitet ab dem sechsten Schwangerschaftsmonat. Wie der Hör- und der Tastsinn ist der Bewegungssinn bei der Geburt relativ weit entwickelt. Doch erst bei jungen Erwachsenen erlangt er seine volle Reife, da die Nerven, die die Informationen übermitteln, eine lange Reifezeit haben. Im Mutterleib hält das Fruchtwasser Ihr Baby aufrecht; es schwimmt frei in der in sich abgeschlossenen Fruchtblase. Da sich unser Körper in Wasser leichter anfühlt als in Luft, empfindet sich Ihr Baby viel leichter als auf der Erde. Das beständige Schaukeln und Wiegen durch Ihre Bewegungen wirkt beruhigend und wiegt Ihr Baby sanft in den Schlaf. Hört diese Bewegung auf – z. B. wenn Sie sich hinlegen –, wird es oft wach und aktiv. Das spüren Sie an kleinen Stößen und Tritten. Im dritten Trimester reift sein Gleichgewichtssystem so weit aus, dass es die Schwerkraft spürt und sich in Vorbereitung auf die Geburt in die richtige Position – mit dem Kopf nach unten – dreht.

Wenn ein Baby geboren wird, fühlt es sich plötzlich viel schwerer als bisher und es muss sich gegen die Schwerkraft bewegen. Sein wichtigstes motorisches Ziel im ersten Lebensjahr ist es, Kontrolle über die Schwerkraft zu gewinnen. Das beginnt mit dem Heben des Kopfes.

Riechen und Schmecken Der Geschmacks- und der Geruchssinn Ihres Babys funktionieren ab der 28. Schwangerschaftswoche. Wenn Sie etwas Süßes essen, schmeckt auch das Fruchtwasser süß – und Ihr Baby schluckt es häufiger, weil es ihm gut schmeckt. Im letzten Trimester sind Geschmack und Geruch Ihres Babys sehr sensibel – es schmeckt die Speisen, die Sie essen, und riecht sogar Gerüche aus der Außenwelt (sie werden in chemischen Signalen über das Fruchtwasser übertragen).

Der Geruchssinn ist bei der Geburt so fein, dass das Baby die Milch seiner Mutter auf einem Wattepad wiedererkennt. Ist die Mutter die Hauptbezugsperson – insbesondere wenn sie stillt –, erkennt ein Baby ihren Geruch mit zwei Wochen besser als den seines Vaters.

Was können Sie tun?

Im letzten Schwangerschaftsdrittel ist Babys Sinnessystem schon gut entwickelt und bereitet sich auf die Außenwelt vor. Im Mutterleib lebt es in einer unglaublich Reiz-reichen Umgebung. Es hört das Gluckern, Pochen und Rauschen im Körper seiner Mutter und spürt die Vibrationen ihrer Bewegungen, ihrer Stimme und ihres Herzschlags. Es schmeckt das Fruchtwasser und spürt dessen Wärme. Das Baby beginnt sein Leben in einer beruhigenden Welt. Aus sensorischer Sicht ist das der ideale Ort für seine Entwicklung. Wenn Sie seine neue Sinnenwelt ähnlich wie im Uterus gestalten, erleichtern Sie Ihrem Baby den Übergang in die wirkliche Welt.

Am Tag der Geburt

Es gibt zahlreiche Strategien, mit denen Sie Ihrem Baby helfen können, sich an die Welt außerhalb des Mutterleibs zu gewöhnen.

Fühlen Neun Monate lang hat Ihr Baby Hautkontakt als einzige Form der Berührung erlebt – es spürte seine nackte Haut an der Gebärmutterwand. Legen Sie Ihr Baby sofort nach der Geburt nackt auf Ihren Oberkörper. Decken Sie sich beide mit einer Decke oder einem Handtuch zu, damit sein Rücken nicht auskühlt. Ist es kühl im Zimmer, können Sie ihm ein Mützchen aufsetzen. Sicherheitshalber können Sie ihm auch eine Windel anlegen. In dieser Position kann Ihr Baby nach Belieben das erste Mal an Ihrer Brust trinken. Dieser natürliche Hautkontakt wird auch als Känguru-Pflege bezeichnet. Machen Sie das in den ersten Tagen so oft wie möglich. Auch per Kaiserschnitt entbundene Babys können auf dem Bauch ihrer Mutter gewärmt werden, statt in ein Wärmebettchen zu kommen. Der Körper einer frisch entbundenen Mutter ist so auf ihr Baby eingestimmt, dass sich seine Körpertemperatur anpasst, bis das Baby die optimale Temperatur erhält.

Sehen Kurz nach der Geburt nehmen Sie vielleicht kleine, ruckartige Augenbewegungen wahr, wenn Ihr Baby den Raum »abscannt«, um nach Ihrem Gesicht zu suchen. Diese sogenannten Sakkaden hören erst auf, wenn seine Augen auf Mutters oder Vaters Augen treffen. Sie erleichtern Ihrem Baby diesen Blickkontakt, wenn Sie einen visuell beruhigenden Ort schaffen. Bitten Sie darum, dass das Licht im Geburtszimmer gedämpft wird und dass man Ihnen Ihr Baby im Abstand von 20–25 cm zu Ihren Augen auf die Brust legt. In dieser Entfernung sieht es Ihr Gesicht.

Hören Das dem Baby aus seiner Zeit im Uterus vertrauteste Geräusch ist Ihre Stimme. Direkt nach der Geburt ist das Neugeborene kurze Zeit ruhig und aufmerksam, es hört auf Sie und fokussiert Sie. Sprechen Sie nun sanft mit ihm, um es nach dem Geburtsstress zu beruhigen.

Riechen Am liebsten mag Ihr Baby die vertrauten Gerüche aus der Gebärmutter und den süßen Geruch der Muttermilch. Waschen Sie Ihr Baby nicht sofort nach der Geburt. Wischen Sie es ab, wenn es etwas blutverschmiert ist, aber waschen Sie die Käseschmiere nicht ab. Ungewaschene Babys führen ihre Hände nach der Geburt früher zum Mund als gewaschene Babys. Das Saugen an den Händen ist eine der ersten wichtigen Methoden, die Ihr Baby zur Selbstberuhigung einsetzen wird. Auch der Geruch der Mutter wirkt beruhigend. Halten Sie Ihr Baby daher in den ersten Tagen so viel wie möglich eng an Ihrem Körper.

Wenn nicht alles nach Plan verläuft

Selbst mit einem sorgsam durchdachten Geburtsplan und mit realistischen Vorstellungen von einer idealen Geburt kann es sein, dass die Geburt Ihres Babys anders verläuft als gewünscht. Wenn Ihr Baby krank oder in einer Notlage ist oder Sie nach einer schwierigen Geburt erschöpft sind, werden Sie bzw. Ihr Baby medizinisch versorgt und vielleicht auch kurzzeitig getrennt. Konzentrieren Sie sich nicht auf diese negative Erfahrung, sondern werden Sie aktiv. Teilen Sie dem Personal mit, dass Sie sobald wie möglich mit der »Känguru-Pflege« beginnen möchten. Selbst wenn schon ein paar Tage vergangen sind, ist das eine heilsame Erfahrung für Sie beide.

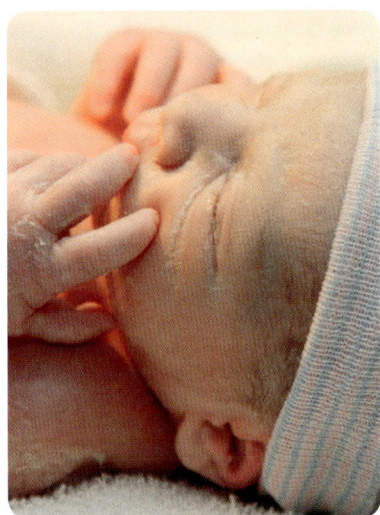

Natürlicher Hautschutz Käseschmiere ist eine wachsartige Substanz, die Ihr Baby vor dem Fruchtwasser schützt. In den Tagen nach der Geburt wird sie von der Haut aufgenommen.

In die Welt hinein

In den Wochen nach seiner Geburt wird Ihr Baby in seinen Wachphasen viel Zeit in Ihren Armen oder denen seines Vaters verbringen. Behandeln Sie seine ersten drei Lebensmonate wie ein viertes Trimester im Uterus. Wenn Sie ihm solche Erfahrungen ermöglichen, werden Sie feststellen, dass Ihr Baby zufrieden ist. Schaffen Sie Ihrem Baby möglichst sanfte Erfahrungen in seiner neuen Umwelt und beim sozialen Austausch, indem Sie diese sensorischen Prinzipien befolgen:

Riechen Benutzen Sie während der ersten Lebensmonate Ihres Babys weder Parfüm noch Aftershave; danach führen Sie Düfte langsam ein und achten auf seine Reaktionen. Die künstlichen Aromen von Körperpflegeprodukten und Raumsprays können seinen Geruchssinn überfordern. Das gilt insbesondere, wenn Sie stillen, da Ihr Baby dabei auf Ihren Körpergeruch eingestimmt ist. Am besten zieht Papa seine Arbeitskleidung aus, sobald er nach Hause kommt. So lässt er all die Gerüche aus der Berufswelt hinter sich, auf die Ihr Baby am Spätnachmittag extrem empfindlich reagieren kann. Natürlich sollte im Haushalt mit einem Baby nicht geraucht werden.

Sehen Tragen Sie ein wenig Make-up auf, besonders um die Augen. Das lenkt die Aufmerksamkeit Ihres Babys auf Ihr Gesicht; so kann es Sie besser fokussieren und mit Ihnen Kontakt aufnehmen.

Fühlen Halten und tragen Sie Ihr Baby mit sanftem, aber festem Griff, damit es sich sicher und geborgen fühlt. Tragen Sie weiche, bequeme Kleidung, in die es sich einkuscheln kann. Neugeborene werden nicht gern herumgereicht – lassen Sie Angehörige und Freunde Ihr Baby nur tragen, wenn es ruhig und zufrieden ist. Bei jedem Kontakt mit einem anderen Menschen nimmt sein Sinnessystem über Riechen, Fühlen und Hören eine Vielzahl an Informationen über ihn auf. Wahrscheinlich mögen auch Sie es nicht, wenn Ihr Baby von Arm zu Arm wandert. Hören Sie auf Ihr Bauchgefühl und haben Sie keine Scheu, Freunden mitzuteilen, dass Ihr Baby nun genug auf fremden Armen war.

Bewegung Ihr Baby empfindet die beruhigenden Bewegungen beim Schaukeln und Wiegen als angenehm, weil sie ähnlich sind wie die im Mutterleib. Ist es wach, aber unruhig, wiegen Sie es sanft beim Tragen. Ein Tragetuch oder Tragesack ist eine einfache Art, es zu tragen, wobei Ihre Hände frei bleiben. Es gibt im Wesentlichen zwei Tragetechniken: ein Tragetuch, in dem das Baby fast waagerecht liegt, und den aufrechten Tragesitz. Tragetücher sind vielseitig und können im Kleinkindalter

Babytragen
❶ Tragetücher sind für kleine Babys besser geeignet, weil Hals und Körper im Tuch vollständig abgestützt werden. Sie können das Baby darin sogar stillen.
❷ Aufrechte Tragesitze sollten erst benutzt werden, wenn das Baby seinen Kopf halten kann (mit etwa acht Wochen); danach sind sie lange Zeit praktisch.

das Tragen auf der Hüfte unterstützen. Ein Tragetuch kann später auch zum aufrechten Tragen verwendet werden, ist aber nicht so einfach zu handhaben wie die aufrecht konzipierten Tragesitze. In einem Tragesitz kann Ihr Baby zu Ihnen oder nach außen gewandt sitzen, je nachdem, wie viel visuelle Anregung es erhalten soll. Wenn Schlafenszeit ist, nehmen Sie es mit dem Gesicht an Ihren Körper. Ist es munter und freut sich über neue Eindrücke, tragen Sie es mit dem Gesicht nach vorne. In manchen Kulturen werden Babys auf dem Rücken ihrer Mutter getragen, was ebenfalls wunderbar ist. Wenn Sie jemanden kennen, der Ihnen die Bindetechnik beibringen kann, versuchen Sie diese erfolgreiche, althergebrachte Methode.

Der Schlafplatz Ihres Babys

Ob Ihr Baby im Elternbett schläft, im eigenen Bett im Elternschlafzimmer oder in seinem eigenen Zimmer, Sie müssen sich in jedem Fall auf seine Ankunft vorbereiten. Natürlich wacht es nachts auf und will gefüttert werden, doch in einer ruhigen Umgebung schläft es schneller wieder ein und schläft mit zunehmendem Alter länger durch.

Sehen Ein Dimmschalter ist für eine gedämpfte Atmosphäre zur Schlafenszeit und zu den Nachtmahlzeiten empfehlenswert. Eine möglichst ruhige, dunkle und störungsfreie Umgebung während der Nachtmahlzeiten lässt Ihr Baby leichter wieder einschlafen. Ist das Zimmer hell erleuchtet und wird mit ihm laut gesprochen oder gespielt, fühlt es sich ermuntert, nachts wach zu bleiben.

Halten Sie das Kinderzimmer in sanften Farben. Geeignet sind die typischen Babyfarben und neutrale Cremetöne. Erst wenn Ihr Baby sechs Monate alt ist, statten Sie das Zimmer ggf. mit hellen Stoffen und einer bunten Tapete aus. Lichtundurchlässige Rollos schaffen eine »gebärmutterartige« Atmosphäre und fördern ruhige Schlafenszeiten. Das ist besonders für den Tagschlaf wichtig, den Ihr Baby braucht – und den Sie schätzen werden –, bis es etwa drei Jahre alt ist. Legen Sie keine Spielsachen ins Bettchen und hängen Sie kein Mobile darüber. Das Bett ist ein ruhiger Schlafplatz, kein Spielbereich. Spielsachen oder Bilder in kontrastierenden Farben (schwarz und weiß) sind am Wickelplatz richtig, wo Ihr Baby munter und offen für Reize ist, und fördern das Fokussieren der Augen.

Pucken/Einwickeln Ein gepucktes Neugeborenes ist zufriedener und schläft länger durch. Das Pucken – ein festes Einwickeln in eine Decke – imitiert die enge Umfassung in der Gebärmutter und wirkt dadurch beruhigend. Es verhindert auch, dass sich die Arme oder Beine

Nacht und Tag Dämpfen Sie das Licht und stillen Sie Ihr Baby nachts an einem ruhigen Ort mit wenig Interaktion. So lernt es, dass nachts Ruhe herrscht und dass Schlafenszeit ist.

Erfahrungsbericht

Vorbereitung Vor Nicolas' Geburt hatte Jan Charlotte wegen ihres »Nestbautriebs« geneckt. Es war ihr sehr wichtig, für Nicolas einen besonderen Platz herzurichten. Sie war noch unsicher, was alles ins Kinderzimmer gehörte und ob Nicolas dort oder im Elternzimmer schlafen sollte. Auf jeden Fall wollte sie das Kinderzimmer in beruhigenden Farben gestalten, mit einem Dimmschalter für das Licht, und sie wollte weiche, kuschelige Bettwäsche kaufen.

Pucken Das Baby wird so eingewickelt, dass die Hände am Gesicht liegen. Dann kann es zur Beruhigung daran nuckeln. Pucken Sie es nicht mit längs ausgestreckten Armen, sonst kann es weder sich selbst beruhigen noch seine Körpertemperatur regulieren. Verwenden Sie immer eine Decke aus reiner Baumwolle; Polyester könnte zu einer Überwärmung führen. Falten Sie eine rechteckige Decke zu einem Dreieck oder verwenden Sie eine speziell geformte Puckdecke.

Richtig pucken

❶ Legen Sie Ihr Baby mit dem Nacken an die Breitseite des Dreiecks.
❷ Schlagen Sie die untere Spitze der Decke hoch.
❸ Wickeln Sie eine Ecke des Dreiecks über Ihr Baby, wobei seine Hand in der Nähe des Gesichts liegt, damit es daran nuckeln kann.
❹ Legen Sie die andere Ecke quer über seinen Körper und stecken Sie das Ende unter ihm fest.

infolge von unwillkürlichen Muskelzuckungen ruckartig bewegen – wodurch kleine Babys häufig aufwachen. In den ersten neun bis zwölf Wochen können Sie Ihr Baby für alle Schlafphasen pucken, ebenso bei Unruhe oder Koliken. In seinen Wachphasen sollte es dagegen genügend Gelegenheit zum freien Strampeln haben. Zum Einwickeln gibt es spezielle Puckdecken oder Pucksäcke.

Fühlen Die Bettwäsche muss weich sein. Baumwolllaken sind empfehlenswert, ebenso sind fest unter der Matratze eingeschlagene Mulltücher als Laken geeignet. Weicher Stoff ist wichtig, weil ein sensibles Babys durch raue Oberflächen im Schlaf gestört werden kann.

Riechen Halten Sie in den ersten Tagen alle Düfte von Ihrem Baby fern – sein Geruchssinn ist sehr empfindlich. Wenn es älter wird, wirkt Lavendel in einer Duftlampe beruhigend und fördert den guten Schlaf. Legen Sie ihm ein kleines Kleidungsstück oder eine Decke, die nach Ihnen riecht, zur Beruhigung ins Bett.

Hören Damit Ihr Baby gut einschläft und gesunde Schlafgewohnheiten entwickelt, schaffen Sie eine Umgebung wie in der Gebärmutter. Gleichbleibende Geräusche und Gebärmutterklänge wirken beruhigend. Sie können CDs kaufen oder solche Klänge aufnehmen (Staubsauger, Waschmaschine oder Radiorauschen) und sie Ihrem Baby vorspielen.

Bewegung Ein Schaukelstuhl ist praktisch für die Mahlzeiten. Ihr Baby wird die besänftigende Schaukelbewegung mögen. Der Stuhl sollte bequem sein und Ihre Arme und den Nacken abstützen – in den ersten Wochen werden Sie sicher viel Zeit darin verbringen. Lassen Sie Ihr Baby dort aber nicht einschlafen, sondern nur schläfrig werden. Dann legen Sie es in sein Bettchen, wo es allein einschlafen soll. Eine Wiege wirkt zusätzlich beruhigend, sodass Ihr Baby leichter einschläft.

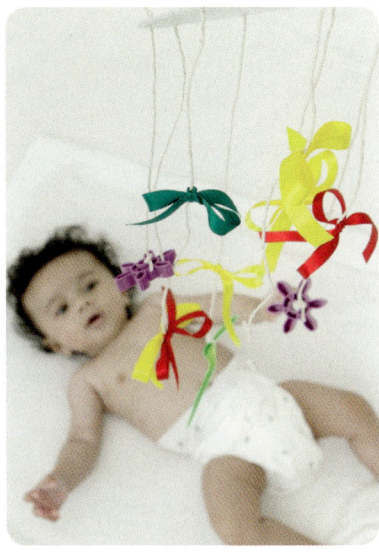

Fokussieren lernen Hängen Sie ein Mobile in fröhlichen Farben, das Ihr Baby betrachten kann, über den Wickelplatz. Beim Wickeln ist es munter und offen für Anregungen.

Beruhigende Kleidung

● **Fühlen** Raue Stoffe oder pikende Nähte von Bettwäsche, Bodys und Kleidung können der Grund dafür sein, dass Ihr Baby aufwacht und häufig quengelt. Wählen Sie weiche Stoffe und wenden Sie die Unterhemden, wenn die Nähte Ihr Baby stören. Es gibt auch Kleidung ohne Nähte. Entfernen Sie die Etiketten im Body, wenn Ihr Baby sich damit unwohl fühlt.

● **Riechen** Waschmittel verleiht der Kleidung einen Duft. Selbst ein schwacher Geruch, den wir kaum wahrnehmen, kann den empfindsamen Geruchssinn eines Neugeborenen irritieren. Manche Duftstoffe und Chemikalien reizen zudem die Haut und können sogar Allergien auslösen. Daher können die Produkte zum Waschen und Spülen der Babykleidung sein Wohlbefinden beeinflussen. Waschen Sie alle neuen Kleidungsstücke vor dem ersten Tragen, um chemische Rückstände zu entfernen.

Die Sinne Ihres Babys

Vor allem sensible und zurückhaltende Babys können in den ersten Tagen negativ auf anregende Reize reagieren. Sie weinen schnell, wenn sie starken Gerüchen oder sehr hellem Licht ausgesetzt sind. Sie schlafen am besten in weicher Kleidung und weicher Bettwäsche.

Der Sonnenschein genießt Anregung und fühlt sich von Sinnesreizen viel weniger überfordert. Aus diesem Grund müssen Sie sich weniger Gedanken darüber machen, welche Eindrücke Ihr Baby aufnimmt und wie viele Reize seine Umgebung bietet.

Ein ausgeglichenes Baby kommt mit neuen Erfahrungen gut zurecht. Es schläft problemlos, selbst bei vielen Sinnesreizen, und leidet nicht an Koliken (s. S. 112). Mit einem solchen Baby gehen Sie gerne öfter aus, weil es sich durch die sensorische Umgebung kaum beunruhigen lässt.

Kapitel 3

Wie die Sinne Ihr Baby beeinflussen

Es ist eine von Marcs ersten Ausfahrten zum Einkaufen. Nach zwölf Wochen Mutterdasein fällt Julia die Decke auf den Kopf und sie will unter Leute kommen. Nach dem Bummeln setzt sie sich in ein Café an einer lebhaften Straßenecke. Marc sitzt ihr zugewandt auf ihrem Schoß. Sie kitzelt ihn und wippt ihn auf ihrem Knie. Er gluckst und quiekt vor Vergnügen; begeistert kitzelt sie ihn immer mehr. Als ihr Kaffee kommt, legt sie ihn zurück in den Wagen. Innerhalb von Sekunden brüllt Marc. Julia fragt sich, ob ihm langweilig ist, und nimmt ihn wieder heraus. Aber Marc hört nicht auf zu schreien. Julia versucht ihn zu stillen und zu wiegen, doch er lässt sich nicht beruhigen. Marcs unreifes Gehirn hatte einfach genug Aufregung.

Schlafzyklus

Legende

1 Halbschlaf
2 Leichter Schlaf/REM-Schlaf
3 Hypnagogische Zuckung
4 Tiefer Schlaf/Non-REM-Schlaf
5 Leichter Schlaf/REM-Schlaf

Der Ablauf Ein Schlafzyklus besteht aus Halbschlaf, Einschlafen, leichtem Schlaf, tiefem Schlaf und wieder leichtem Schlaf. Der Schlafzyklus eines Erwachsenen dauert etwa eine Stunde, der Schlafzyklus eines Babys ist 45 Minuten lang.

Während dieses 45-Minuten-Zyklus erlebt Ihr Baby in den ersten zehn bis 15 Minuten eine Phase von leichtem Schlaf, ebenso in den letzten zehn Minuten. Dabei ist es leicht aufzuwecken. Während der 20 bis 25 Minuten dazwischen schläft Ihr Baby tief; in dieser Phase können Sie es sogar bewegen.

Die Bewusstseinszustände

Als Eltern haben Sie anfangs manchmal das Gefühl, Sie tappten im Dunkeln. Sie wissen nicht, in welcher Stimmung das Baby gerade ist und wie Sie es verstehen können. Für die meisten Eltern ist ihr Baby in den ersten Tagen ein Rätsel. Daher ist es enorm hilfreich, wenn man die Gemütsverfassung des Babys erkennt. Dann wissen Sie, wann Sie Ihr Baby anregen und wann Sie es beruhigen sollten. Dies wiederum beeinflusst langfristig sein Selbstwertgefühl und Ihre gegenseitige Bindung.

Babys haben jeden Tag Schlaf- und Wachphasen. In 24 Stunden durchlaufen sie sechs Bewusstseinszustände (auch Verhaltenszustände genannt) mit speziellen Verhaltenszeichen, die ihr Befinden anzeigen.

Schlafzustände

Es gibt zwei Schlafzustände: leichten Schlaf und tiefen Schlaf (s. auch S. 33).

Leichter Schlaf (aktiver Schlaf) Erwachsene haben weniger leichte Schlafphasen als Babys, die mindestens die Hälfte ihrer Schlafenszeit in diesem Zustand verbringen. Während des leichten Schlafs zuckt und lächelt Ihr Baby, die Augen bewegen sich unter den Lidern – man spricht von REM-Schlaf (rapid eye movement). Dabei träumt es und verarbeitet die Lernerfahrungen des Tages. In dieser Phase bilden Babys vermutlich ihre Erinnerungen aus und verstärken die Nervenbahnen im Gehirn, die sie für bestimmte Fähigkeiten benötigen. Da das Baby so viel lernen muss, durchläuft es mehr Phasen des REM-Schlafs als ein älteres Kind oder ein Erwachsener. In diesem Zustand ist Ihr Baby leicht durch äußere und innere Sinneswahrnehmungen zu wecken.

Beim Übergang in den tieferen Schlaf tritt oft ein plötzliches Zucken der Muskeln auf, das hypnagogische Zucken. Selbst als Erwachsene erleben wir dieses noch, schlafen aber meist trotz der leichten Störung weiter. Das Baby jedoch kann dadurch aufwachen. Wenn Ihr Baby innerhalb von 15 Minuten nach dem Hinlegen aufwacht oder immer wieder nur kurze Nickerchen hält, wird es möglicherweise durch dieses Zucken geweckt. Es ist bei Neugeborenen besonders ausgeprägt. Durch Pucken können Sie die Bewegungsfreiheit begrenzen (s. S. 26), sodass Ihr Baby davon nicht aufwacht.

Tiefer Schlaf (Non-REM-Schlaf) Nach einer Phase leichten Schlafs sinkt Ihr Baby in einen tiefen Schlaf, den wir Non-REM-Schlaf nennen. Jetzt gibt es keine schnellen Augenbewegungen – Ihr Baby ist sehr ruhig und schwer aufzuwecken. In dieser lebenswichtigen Phase werden Wachstumshormone ausgeschüttet, die der Körper für Wachstum und Entwicklung benötigt. Man vermutet, dass im Non-

REM-Zustand das Gehirn unnötige Nervenverbindungen durch einen Rückbildungsprozess reduziert. Jede Sinnes- und Bewegungserfahrung, die Ihr Baby während des Tages macht, erzeugt neue Verknüpfungen im Gehirn – ein rapide wachsendes Netzwerk. Manche davon sind überflüssig. Wenn Ihr Baby z. B. während einer Reise einige Tage lang Japanisch hört, werden die Nervenbahnen zum Erlernen von Japanisch angelegt. Wird diese Erfahrung danach nicht regelmäßig wiederholt, sind die neuen Pfade überflüssig und bilden sich zurück, solange Ihr Baby tief schläft. Dies ist unverzichtbar, damit in seinem Gehirn kein Wirrwarr an Verbindungen entsteht und eine Überstimulation verhindert wird.

Ohne eine lange Tiefschlafphase kann Ihr Baby sein Gehirn nicht genügend »aufladen« für die nächste Lernphase im Wachzustand. Babys, die häufig aufwachen oder nur kurze Nickerchen machen, sind gewöhnlich anfälliger für Überreizung.

Wachzustände

Es gibt vier unterschiedliche Wachzustände. Sie sind etwas schwieriger zu erkennen als die Schlafzustände. Wenn Ihr Baby älter wird, entschlüsseln Sie seine individuellen Verhaltenszeichen und Signale für jeden Zustand besser. Auf Seite 33 finden Sie entsprechende Fotobeispiele.

Halbschlaf (halb bewusster Zustand) Der Halbschlaf bildet den Übergang zum Einschlafen oder Aufwachen. Die Augen sind schwer, das Baby blickt »leer« in die Ferne, ohne etwas zu fokussieren.

Aufmerksamer Wachzustand Wenn Ihr Baby seit kurzer Zeit wach ist, gefüttert worden ist und sich wohlfühlt, gelangt es in einen zufriedenen Zustand, in dem es sehr ansprechbar ist – den aufmerksamen Wachzustand. Ihr Baby reagiert besonders auf den Austausch mit Ihnen. Es zeigt einen aufmerksamen Gesichtsausdruck, bewegt sich kaum und ist auf die jeweilige Anregung konzentriert, z. B. Ihr Gesicht zu betrachten. In dieser Verfassung lernt Ihr Baby besonders viel aus seinen Erfahrungen.

Unruhiger Wachzustand Ihr Baby strampelt und bewegt seinen Körper aufgeregt und kraftvoll. Dieser Zustand ist nicht optimal für das Lernen, weil das Baby zu viele Reize aus seinen Muskelbewegungen erhält. Die Bewegungsreize überschneiden sich mit den Lernprozessen und lenken es ab. Jetzt besteht die Gefahr der Reizüberflutung.

Weinen/Schreien Schreien ist ein klares Signal, dass Ihrem Baby alles zu viel wird. Es fühlt sich verwirrt und überfordert. Nutzen Sie sensorische Besänftigungsstrategien (s. S. 45ff.). So helfen Sie Ihrem Baby, seinen Zustand zu regulieren und sich zu beruhigen.

Gesunde Sinne fördern
Im aufmerksamen Wachzustand können Sie Ihr Baby anregen und mit ihm kommunizieren. Es ist offen für Sie und lernt aus der Interaktion.

Erfahrungsbericht

Tiefschlaf Nach dem Ladenbummel fällt Marc auf dem Heimweg in einen tiefen Schlaf. Er wacht nicht einmal auf, als Julia ihn vom Kinderwagen in sein Bett legt. Eine Stunde später ist er so ruhig, dass Julia nachschaut, ob er überhaupt noch atmet. Sie kann ihr Glück nicht fassen, eine so lange Ruhephase zu haben; gewöhnlich wacht Marc tagsüber sehr leicht auf.

Julia hat eine wichtige Lektion zum Thema Schlaf gelernt: dass ihr Baby zwei Schlafzustände hat – leichten Schlaf und ruhigen tiefen Schlaf.

Wie Sinnesreize auf Ihr Baby wirken

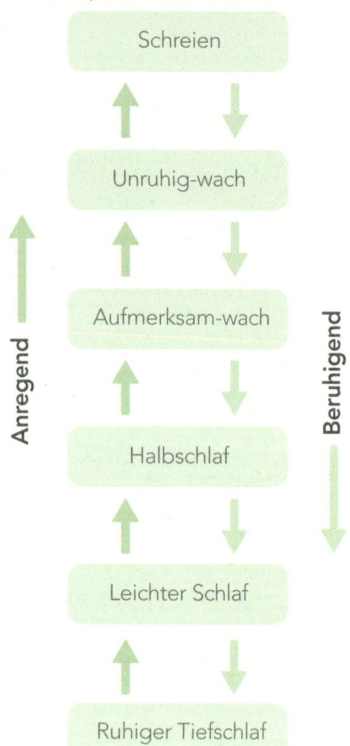

Die meisten Babys wechseln in einer relativ geordneten und vorhersehbaren Weise zwischen den sechs Bewusstseinszuständen, auch wenn sozialer Austausch und Sinneseindrücke diese Zustände beeinflussen. Anregende Reize bringen Ihr Baby in der Regel auf eine höhere Stufe. Besänftigende Reize dagegen senken den Bewusstseinszustand, indem sie das Nervensystem beruhigen. Im Alltag nutzen wir Erwachsene manche Substanzen, z. B. Koffein, zur Anregung und andere, wie Tranquilizer, als Beruhigungsmittel. In der sensorischen Welt gilt dasselbe: Manche Sinnesinformationen wirken beruhigend, andere stimulierend. Grobe Berührungen oder Misstöne schaffen Unbehagen, wunderbar beruhigend sind dagegen der feste Druck und der Duft einer Massage mit Lavendelöl.

Wenn Sie wissen, welcher Sinnesreiz beruhigend und welcher anregend ist, können Sie Ihr Baby besser besänftigen und ihm helfen, seinen Verhaltenszustand zu regulieren.

Auf das Baby reagieren

Sobald Sie die Bewusstseinszustände Ihres Babys erkennen und verstehen, welcher Reiz es beruhigt und welcher es anregt, können Sie Ihr Baby besser besänftigen und ihm helfen, seine Welt kennenzulernen.

Aufmerksamer Wachzustand: Anregen Jetzt sind Anregungen am sinnvollsten. Sinneserfahrungen fördern nun die Bildung von Verbindungen zwischen den Gehirnzellen – Ihr Baby lernt. Es freut sich über eine Vielzahl an Reizen und tauscht sich mit Ihnen aus.
● Bieten Sie verschiedene Sinneseindrücke an. Legen Sie Ihr Baby z. B. zunächst unter ein Babytrapez. Das verbessert die Verbindungen im visuellen Hirn, entwickelt die Hand-Augen-Koordination und stärkt die Augenmuskeln. Danach lesen Sie ihm etwas vor; dies fördert die Bildung von Nervenbahnen im Sprachzentrum des Gehirns.
● Passen Sie die Stimulation dem Alter Ihres Babys an: Regen Sie jeweils einen Sinn an, wenn es jünger als drei Monate ist; wenn es älter wird, kombinieren Sie mehrere Reize.

Unruhiger Wachzustand: Beruhigen Nach einer Phase der Anregung wird Ihr Baby quengelig – ein deutliches Signal, dass es in den unruhigen Wachzustand gleitet. Wenn es nicht hungrig ist oder sich unwohl fühlt, reagieren Sie auf folgende Weise:
● Sprechen Sie einen neuen Sinn an; lag es z. B. zufrieden unter dem Babytrapez (Anregung des Sehsinns) und wird nun unruhig, obwohl noch

Die sechs Bewusstseinszustände Ihres Babys

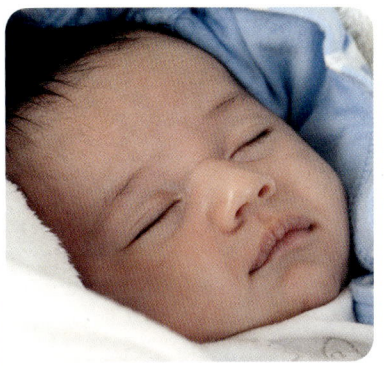

Tiefer Schlaf Nach dem leichten Schlaf fällt Ihr Baby in tiefen Schlaf. In diesem Zustand wird es durch gleichmäßige laute Geräusche kaum geweckt. Auch beim Tragen wacht es nicht auf.

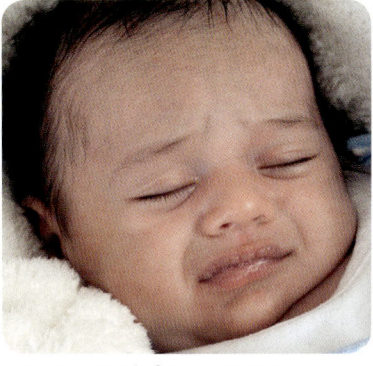

Leichter Schlaf Ein plötzliches lautes Geräusch kann Ihr Baby vom Tiefschlaf in den leichten Schlaf bringen. Dann zuckt oder grimassiert es im Schlaf, obwohl es zuvor sehr ruhig war.

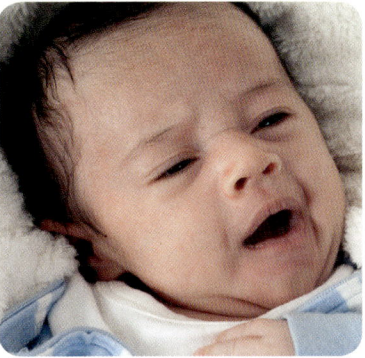

Halbschlaf Gähnen zeigt, dass Ihr Baby schläfrig ist. Ist es gerade aufgewacht und liegt ruhig in seinem Bett, wird es ganz wach, wenn Sie es anschauen.

Aufmerksam-wach Ihr Baby freut sich auf Interaktion. Liegt es zu lange unter einem Babytrapez, steigert dies seine Bewusstseinsstufe und es kann in den unruhigen Wachzustand kommen.

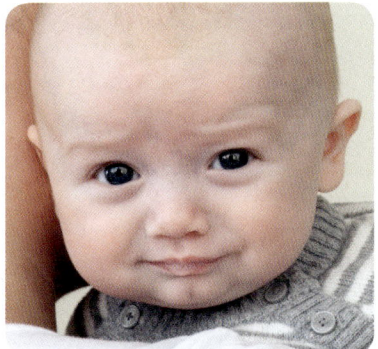

Unruhig-wach Jetzt ist Ihr Baby ein wenig quengelig und versucht die momentane Situation zu bewältigen. Erhält es zu viele Reize, wird es weiter angeregt und wird schließlich schreien.

Schreien Wenn Sie Ihr schreiendes Baby sanft wiegen, beruhigt es sich vielleicht und gelangt wieder in den unruhigen Wachzustand oder sogar in den aufmerksamen Wachzustand.

nicht Schlafenszeit ist, legen Sie es an einen Ort, wo es die Wand betrachten und Musik hören kann (Anregung des Hörsinns) oder nehmen Sie es im Tragetuch mit auf einen Spaziergang (Anregung des Bewegungssinns).

● Ist Ihr Baby quengelig, entfernen Sie den Reiz oder bringen Sie es aus der anregenden Umgebung weg. Helfen Sie ihm, sich selbst zu beruhigen, z. B. durch Nuckeln an seinen Händen oder durch ein Trostobjekt (s. S. 46).

● Ist es Zeit zu schlafen, helfen Sie Ihrem Baby durch Beruhigungsmethoden, wie Schaukeln oder leises Singen, schläfrig zu werden.

1

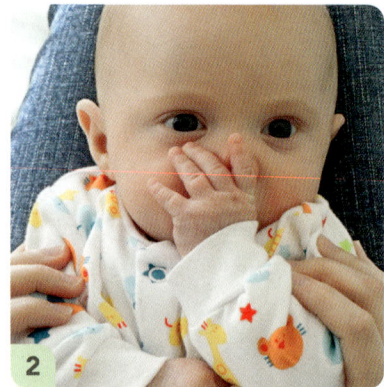

2

3

Hilfe zur Selbstberuhigung

1 Wenn Ihr Baby quengelt, helfen Sie ihm, die Hände an den Mund zu führen.
2 Das ermutigt es, die Hände oder Finger in den Mund zu stecken.
3 Sobald es die Finger im Mund hat, saugt es daran. Das ist eine wichtige Beruhigungsmethode, die sich schon im Mutterleib entwickelt.

Schreien: Beruhigen Wenn Ihr Baby schreit und Sie typische Ursachen ausgeschlossen haben (Hunger, Müdigkeit, nasse Windeln; s. auch S. 45), ist meist Überreizung die Ursache. Helfen Sie Ihrem Baby, sich selbst durch beruhigende Sinneserfahrungen auf eine niedrigere Stufe zu bringen (s. Tabelle gegenüber).

● Manchmal müssen Sie Ihr Baby besänftigen – es wiegen, im Tragetuch tragen, ihm einen Schnuller oder Ihren Finger zum Nuckeln geben –, insbesondere wenn es zu aufgeregt ist, um sich selbst zu beruhigen.

Halbschlaf: Beruhigen Wenn Sie einen flexiblen Tagesrhythmus haben (s. S. 50ff.), wissen Sie etwa, wann Ihr Baby müde wird. Jetzt ist die Zeit, es sensorisch zu beruhigen.

● Helfen Sie Ihrem Baby, vor der Schlafenszeit in einen schläfrigen Zustand zu kommen. Geben Sie ihm seine Abendmahlzeit in einem abgedunkelten Raum und wiegen Sie es sanft, damit es durch seinen Bewegungssinn beruhigt wird.

Den aufmerksamen Wachzustand beibehalten Dieser Zustand hält bei Babys unterschiedlich lange an. Ein reif geborenes Neugeborenes hat anfangs nur eine sehr kurze aufmerksame Wachphase: 15 bis 20 Minuten während eines 3-Stunden-Zyklus. Doch diese Phase verlängert sich jeden Tag; Sie können Ihr Kleines länger anregen und es lernt länger. Jedes Baby hat eine individuelle Fähigkeit zur Reizfilterung. Manche verkraften eine erstaunliche Menge an Stimulation und bleiben gleichwohl aufmerksam-wach; andere werden schnell überreizt und quengelig. Mithilfe des folgenden Überblicks können Sie Ihrem Baby helfen, im aufmerksamen Wachzustand zu bleiben oder sich wenn nötig zu beruhigen:

● **Der Sonnenschein** sucht Sinnesanregungen und verharrt länger im aufmerksamen Wachzustand als andere Babys. Er bleibt bei Anregung zufrieden und ruhig. Doch er wird auch irgendwann von Sinneseindrücken überfordert. Beginnt es zu grummeln, versuchen Sie es mit einem anderen Reiz. Beruhigt es sich nicht, ist es wohl Zeit für ein Schläfchen.

● **Das zurückhaltende Baby** hat nur eine kurze aufmerksame Wachphase; es braucht Zeit, um sich auf eine neue Anregung einzustellen. Diese Babys brauchen Beruhigung und Ansprache, um zufrieden im aufmerksamen Wachzustand zu verbleiben.

● **Das ausgeglichene Baby** verbringt mehr Zeit im aufmerksamen Wachzustand als andere Babys; auch bei viel Stimulation bleibt es zufrieden. Wenn es genug hat, wird es eher müde und schläft schließlich ein, als dass es schreit. Es signalisiert deutlich, wie es sich fühlt.

● **Das sensible Baby** verfügt über einen sehr eingeschränkten aufmerksamen Wachzustand. Es hat nur kurze aufmerksam-wache Phasen und muss häufig beruhigt werden, damit es nicht schreit.

Das Baby beruhigen bzw. anregen

Sensorische Eindrücke, die denen im Mutterleib ähneln, wirken besänftigend. Wenn Sie wissen, wie Sie Ihr Baby beruhigen können, wird es genügend schlafen, um zu gedeihen. Nutzen Sie diese Tabelle, um für Ihr Baby eine ruhige Welt zu schaffen. Vermeiden Sie bestimmte Dinge, die als anregender Reiz auf Ihr Baby wirken: unangenehme Gerüche, wie starkes Parfüm, Tabakrauch und scharfe Chemikalien; Nahrungsmittel, die bitter oder salzig schmecken; grelles oder blitzendes Licht.

Sinn	Beruhigend	Wie?	Anregend	Wie?
Fühlen	● Berührung mit festem Druck ● Neutrale Wärme (etwa 21 °C Raumtemperatur) ● Geschmeidige und weiche Stoffe ● Berührung in der Mundregion	● Pucken ● Berührung am Rücken ● Festes Halten ● Enge Umarmung ● Konstante Temperatur beibehalten ● Anfangs weiche Kost anbieten ● Weiche Bettwäsche und Kleidung ● Die Hände zusammenführen, an den Händen nuckeln	● Leichte Berührung ● Unerwartete Berührung ● Berührung auf der Körpervorderseite und im Gesicht ● Extreme Temperatur ● Unerwartete Beschaffenheit von Speisen	● Kitzeln ● Auf die Haut blasen ● Unangekündigte Berührung ● Leichte Berührung von Gesicht, Bauch oder Kopf ● Starke Veränderung der Temperatur, z. B. hinausgehen, warmes Bad ● Andere Konsistenz der Kost, neuer Geschmack
Bewegung	● Langsame, rhythmische Bewegungen ● Geradlinige Bewegungen	● Schaukeln ● Wiegen ● Im Tragetuch tragen ● Schaukelstuhl	● Schnelle, unregelmäßige Bewegungen ● Eckige oder drehende Bewegungen	● Durch die Luft schwingen (nur bei Babys über sechs Monaten)
Riechen	● Neutrale Gerüche ● Geruch der Mutter	● Lavendel, Kamille ● Geruch der Mutter	● Intensive, stechende Gerüche	● Zitrone, Zimt
Sehen	● Gedämpftes Licht ● Gesichter ● Sanfte Farben	● Dämmerlicht ● Dunkle Rollos ● Blasse Farben und Blaugrün	● Helles Licht ● Kontrastierende Farben ● Leuchtende Farben	● Fluoreszierendes Licht ● Rot, Schwarz und Weiß
Hören	● Gleichmäßige Klänge ● Vertraute Geräusche ● Rhythmische Klänge ● Tiefe Töne	● Radiorauschen ● Gleichmäßige Geräusche ● Herzschlag ● Wiegenlieder	● Unerwartete Geräusche ● Hohe oder sich ändernde Töne ● Laute Geräusche	● Aufgeregte Stimmen ● Schreien
Schmecken	● Milder Geschmack	● Milch	● Intensiver Geschmack	● Saures oder Bitteres

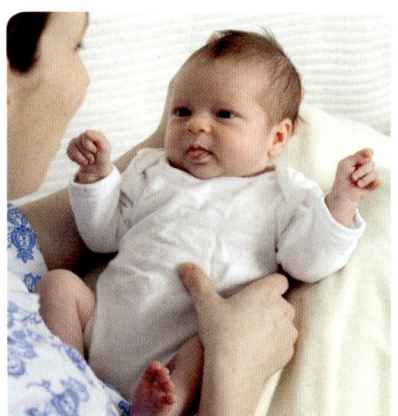
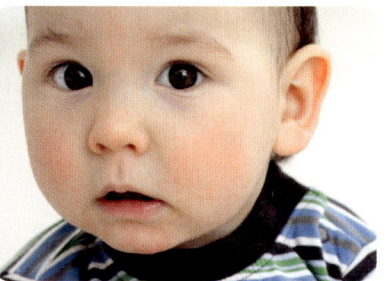

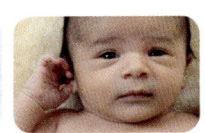

Kapitel 4

Die Signale des Babys verstehen

Luzie ist Ninas drittes Kind. Bei ihren anderen Kindern war Nina sehr zupackend und wirkte wie eine erfahrene Mutter. Aber mit Luzie war alles anders: Nina hatte nach langen Wehen einen Notkaiserschnitt, völlig anders als die sanften Geburten vorher. In den Wochen nach der Geburt hatte Nina Mühe, sich um das winzige Neugeborene und ihre zwei Kleinkinder zu kümmern und sich außerdem von der Operation zu erholen. Sie nahm auch Schmerzmittel. Nun überlegt sie, ob die Medikamente ihre Fähigkeit beeinträchtigt haben, Luzie zu »verstehen«, oder ob dieses Baby schwieriger zu verstehen ist. Auf jeden Fall ist Nina ziemlich ratlos.

Eine spezielle Sprache

Erfahren Sie, wie Sie …
- Annäherungssignale, Warnsignale und Quengeln deuten.
- das Schreien richtig interpretieren.
- auf seine Signale reagieren sollten.

Annäherungssignale

- Lächeln oder Mundeln mit Oh-Ausdruck. Kleine Babys (unter sechs Wochen) können auch »lächeln« – nicht notwendigerweise mit den Lippen, aber mit leuchtenden Augen, entspannten Augenbrauen und gleichmäßiger Atmung.
- Weicher, entspannter, wacher Gesichtsausdruck mit offenen Augen. Ihr Baby stellt Blickkontakt her und schaut Sie an.
- Gurren, entspannte Gliedmaßen.
- Ruhiger Körper (kaum heftige Bewegungen von Armen und Beinen) mit fließenden Bewegungen.
- Zuwenden zu Geräuschen.

Die Signale Ihres Babys prägen in den ersten Lebenswochen die erste Kommunikation zwischen Ihnen beiden. Wenn Sie zuhören und darauf eingehen, erfährt Ihr Baby, dass es Ihnen wichtig ist, dass Sie es respektieren und sein Bemühen, mit Ihnen in Kontakt zu treten, wertschätzen. Lassen Sie sich darauf ein, indem Sie versuchen, Ihr Baby zu verstehen und seine Bedürfnisse zu erfüllen. Bald werden Sie den Lohn ernten und eine enge Bindung empfinden.

Der beste Weg zur Kommunikation besteht darin, die »Babysprache« zu erlernen. Zwar ist jedes Baby einzigartig, doch besitzen Säuglinge eine universelle Sprache, um ihre Bedürfnisse mitzuteilen. Lernen Sie, die Signale wahrzunehmen und zu erkennen, in welchem Bewusstseinszustand es sich befindet, ob es überreizt ist oder gerade abschaltet. Dann können Sie so handeln, dass es Ihrem Baby hilft.

Die vier Verhaltenssignale Ihres Babys

Im Gegensatz zu Erwachsenen kann Ihr Baby seine Welt nicht selbst kontrollieren; es muss Ihnen seine Reaktionen vermitteln. Glücklicherweise besitzt es seine ganz eigene Sprache, dank derer Sie genau wissen können, wie es Sinneseindrücke verarbeitet.

Ihr Baby reagiert auf viererlei Art auf Umgebungsreize. Es kann zufrieden sein und den Austausch wollen; es kann sich überfordert fühlen und Hilfe suchen; es kann quengeln oder schließlich schreien. Folgende subtile Hinweise sind Ausdruck dieser Reaktionen:

Annäherungssignale: »Spiel mit mir« Wenn Ihr Baby ausgeruht ist und sich rundum wohlfühlt, befindet es sich im aufmerksamen Wachzustand (s. S. 31ff.). Dann sind Anregungen nicht stressig; es kann

WAS MEIN BABY WILL

Annäherungssignale Im aufmerksamen Wachzustand zeigt Ihr Baby Annäherungssignale.
❶ Lächeln/Mundeln ist ein klassisches Signal, das Sie einlädt, mit ihm zu spielen.
❷ Weicher, entspannter Ausdruck: Ihr Baby ist ruhig und höchst lernbereit.

darauf reagieren und die aufgenommenen Information für seine Gehirnentwicklung nutzen. Es sendet Annäherungssignale aus, wie Lächeln
oder Gurren (s. Kasten S. 38) – sie zeigen an, dass es zufrieden und ruhig
ist. Es ist bereit zur Kommunikation.

Warnsignale: »Hilf mir« Wenn Ihrem Baby die Reize aus der
Umgebung zu viel werden, versucht es, die Auswirkung dieses Stresses
zu mindern und sein Nervensystem wieder ins Gleichgewicht zu bringen.
Dies ist ein Versuch der Selbstberuhigung. Zu den entsprechenden
Verhaltenssignalen gehören Selbsttröstungsmethoden. Auf diese Weise
versucht Ihr Baby, Gehirn und Nervensystem angesichts der Anregungen zu strukturieren. Es kann sich selbst beruhigen, aber dies erfordert
viel Anstrengung. Weitere Stimulation sollte jetzt vermieden werden.
Nehmen Sie es aus der anregenden Umgebung heraus und lassen Sie es
schlafen, wenn es nun Schlaf braucht.

Warnsignale

- Eine oder beide Hände im
Gesicht oder aneinandergelegt.
- Es nuckelt zur Selbstberuhigung
an Fingern oder Händen. Deuten
Sie dies nicht als Hunger, außer es
ist Zeit zum Füttern und es sucht
auch nach der Brustwarze oder dem
Sauger (s. S. 41).
- Es ballt die Fäuste.
- Es streckt die Beine oder versteift
den Körper und drückt sich gegen
Ihren Hals.
- Es fällt in Halbschlaf.
- Es ist in der Embryonalhaltung.

Erfahrungsbericht

Signale missdeuten Luzie lag
seit zehn Minuten unter dem
Babytrapez, während ihre Mutter
für die anderen Kinder Frühstück
machte. Zuerst betrachtete sie
interessiert die fröhlichen Farben
und sich bewegenden Formen.
Doch dann begann sie zu strampeln und nörgelte ein wenig. Sie
hatte genug und wollte weg,
konnte sich mit zehn Wochen aber
nicht selbst wegbewegen. Nina
interpretierte Luzies Reaktion verkehrt: Sie meinte, Luzie freue sich,
unter dem Trapez zu liegen.

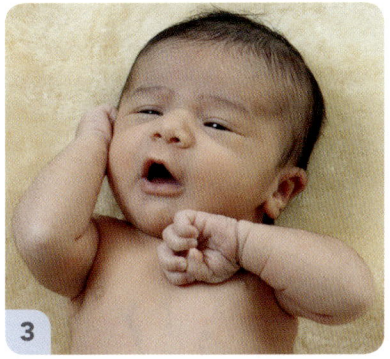

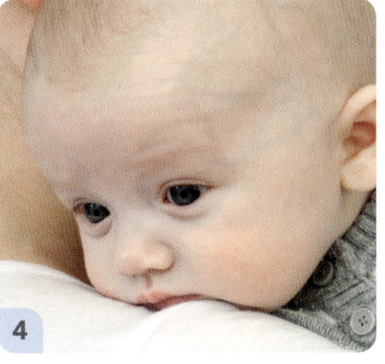

Warnsignale Hier sehen Sie einige typische Warnsignale Ihres Babys. **1** An Fingern oder der Hand nuckeln: Ihr Baby beruhigt sich selbst, indem es die Finger oder
Hände in den Mund nimmt. **2** Strecken der Beine oder Versteifen des Körpers
zeigt an, dass das Baby versucht, sich den Reizen zu entziehen. **3** Das Ballen der
Fäuste und das Berühren des Ohrs sind klassische Warnsignale. **4** Ihr Baby wird
schläfrig, sodass es Reize ausblenden und bald einschlafen kann.

Unruhesignale

- Reizbarkeit.
- Abgewandter, leerer Blick (glasige Augen, mit offenem Mund in die Ferne starren), wegschauen.
- Fehlende Ansprechbarkeit. Ins Leere blicken, schläfriges Aussehen.
- Finger spreizen oder Hand vorm Gesicht. Stören Sie Ihr Baby beim Einschlafen, wandern seine Hände mit gespreizten Fingern vors Gesicht. Das bedeutet: »Lass mich in Ruhe.«
- Sich winden und krümmen.
- Rücken und Hals überstrecken, als wolle es sich von Ihnen wegschieben.
- Hektische, unkoordinierte Bewegungen, oft begleitet von schwitzigen Füßen, besonders bei Überreizung durch ein Mobile oder andere visuelle Anregungen.
- Zunge herausstrecken.
- Stirn runzeln, grimassieren, nörgeln.
- Gähnen, schniefen, Schluckauf. Ihr Baby gähnt, wenn es müde ist, es schnieft, um die Nase freizubekommen, oder kann nach dem Füttern Schluckauf haben. ABER statt sofort von einer solchen Ursache auszugehen, beachten Sie zunächst die Tageszeit und die Umstände.
- Veränderungen der Hautfarbe wie Blässe, Flecken, Röte und eine bläuliche Verfärbung um den Mund. Sie werden oft Blähungen zugeschrieben, können aber auch auf Müdigkeit oder sensorische Überreizung hinweisen.
- Veränderungen von lebenswichtigen Funktionen wie Herzschlag und/oder Atmung, z. B. Keuchen oder unregelmäßiges Atmen.
- Würgen, Spucken.

Unruhesignale: »Lass mich in Ruhe« Wenn Ihr Baby etwas gestresst ist und den Anregungen weiterhin ausgesetzt wird, kommt es zur Reizüberflutung. Dann ist es nicht mehr in der Lage, von selbst zur Ruhe zu finden. In dieser Situation quengelt es. Es ist gereizt und windet sich, schreit aber vermutlich noch nicht.

Geben Sie ihm die Auszeit, nach der es verlangt. Bringen Sie es in eine reizarme Umgebung oder entfernen Sie die Reize aus seinem Umfeld. Sehr wichtig: Bringen Sie ihm bei, wie es sich selbst beruhigen kann, indem es seine Hände zum Mund führt, und beruhigen Sie es mithilfe der Tipps auf S. 45ff.

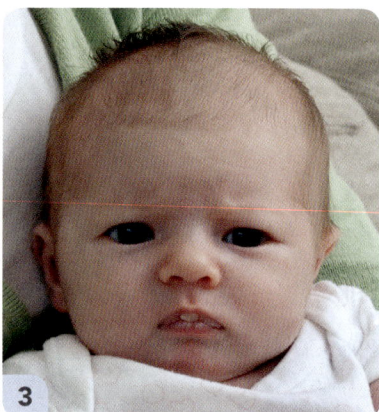

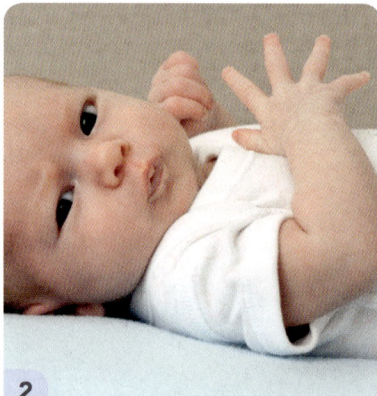

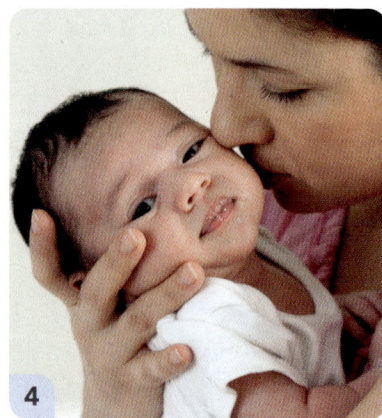

Unruhesignale Diese Unruhesignale sendet Ihr Baby aus, wenn es überreizt ist und Hilfe sucht. ❶ Blick abwenden: Es dreht das Gesicht weg, um Blickkontakt zu vermeiden, und gähnt mit offenem Mund. ❷ Finger spreizen: Wenn Sie Ihr Baby beim Schlafen stören oder wenn es schläfrig ist, nimmt es die Hände vors Gesicht. Das bedeutet: »Lass mich in Ruhe.« ❸ Ihr Baby drückt auch durch seine Mimik Gereiztheit aus, z. B. durch Stirnrunzeln oder Grimassenschneiden. ❹ Wegschieben: Ihr Baby überstreckt seinen Rücken und versucht, Sie wegzuschieben. Es signalisiert Ihnen, dass Sie den Reiz entfernen sollen, damit es zur Ruhe kommen kann.

Die Signale missverstehen

Allzu leicht deutet man die Warn- und Unruhesignale des Babys falsch. Das passiert allen und ist kein Grund für Schuldgefühle. Selbst die erfahrenste Mutter ist im Rückblick erstaunt, wie oft sie die Kommunikationsversuche ihres Babys missverstanden hat. Eine Ursache liegt darin, dass wir wenig praktische Erfahrungen mit Babys haben, bevor wir eigene Kinder bekommen. Wir lernen das Elternsein aus Büchern, die unser Augenmerk häufig eher auf »gesundheitliche« Ursachen als auf Verhaltensweisen lenken. Leicht deutet man Verhaltenszeichen als Verdauungsstörungen, Blähungen, Hunger oder Langeweile oder übergeht sie ganz. Werden die Signale Ihres Babys andauernd missverstanden und füttern Sie es jedes Mal, wenn es grummelt, oder nehmen Sie seine Hände von seinem Mund und wollen es anregen, um es zum Lachen zu bringen, unterbinden Sie damit die Versuche Ihres Babys, sich selbst zu besänftigen. Und schon füttern Sie Ihr Baby jedes Mal, wenn es quengelt. Dann wird es, um sich zu beruhigen, von Ihrer Brust – oder von Nahrung – abhängig. Wenn Sie andererseits Unruhesignale als Langeweile missverstehen und Ihr Baby anregen, um es zufriedenzustellen, erlebt es viel Stress. Die folgenden Signale werden häufig missverstanden:

Gesunde Sinne fördern

Wenn Sie die Signale Ihres Babys, dass es müde oder überreizt ist, nicht erkennen, wird es letztlich schreien. Das ist kein Grund zur Sorge, beruhigen Sie es mit leisen Worten und sanfter Bewegung.

Signal	Übliche Deutung	Mögliche andere Deutung
Hände am Ohr reiben	Ohrentzündung	Ich bin müde.
Nuckeln an den Händen	Hunger oder Zahnen	Ich bin müde oder versuche, ruhig zu bleiben.
Wegschauen	Kein Interesse oder Langeweile	Ich mache Pause oder nehme eine »Auszeit«.
Hektische, zuckende Bewegungen	Aufregung	Ich kann aber den Reizen nicht entkommen.
Grummeln	Versuch, Stuhlgang auszuscheiden, Blähungen.	Ich bin überreizt.*
Schniefen	Erkältung, Versuch, die Nase freizubekommen.	
Blaufärbung um den Mund	Blähungen	*Die typische Deutung stimmt manchmal, aber all diese Signale können auch Folge einer automatischen Reaktion im Gehirn sein, die Stress signalisiert.
Spucken	Reflux	

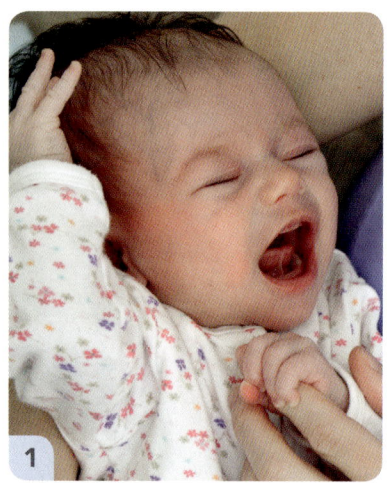

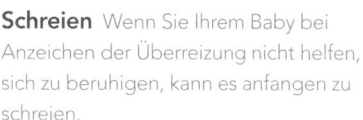

Schreien Wenn Sie Ihrem Baby bei Anzeichen der Überreizung nicht helfen, sich zu beruhigen, kann es anfangen zu schreien.

❶ Beim Schreien drückt es oft durch Körpersprache seine Gefühle aus: Es reibt an seinem Kopf oder greift nach Ihrem Finger.

❷ Manchmal überstreckt Ihr Baby beim Schreien seinen Körper, spreizt die Hände und führt hektische, unkoordinierte Bewegungen aus.

WAS MEIN BABY WILL

42

Schreien Wenn ein schon überreiztes und quengelndes Baby weiterhin angeregt wird oder man ihm nicht hilft einzuschlafen, wird es bald untröstlich schreien. Wenige Dinge untergraben das elterliche Selbstvertrauen so sehr wie ein schreiendes Baby, das sich einfach nicht trösten lässt. Natürlich gibt es viele andere Gründe für das Schreien, z. B. Hunger, eine nasse Windel, Unannehmlichkeiten im Umfeld wie helles Licht, Kälte oder Hitze – woran erkennen Sie also, dass Ihr Baby überreizt ist und nicht hungrig, müde oder krank? Sie müssen nur wissen, wie man die Verhaltenszeichen des Babys liest. Auf den nächsten Seiten erfahren Sie, wie Sie Hungergeschrei vom Weinen aus Müdigkeit und der Unruhe bei Blähungen unterscheiden.

Das Schreien deuten

Es wäre schön, ein Handbuch zu haben, das genau angibt, was das Schreien bedeutet: Wenn das Baby lang und laut schreit, heißt das X, und wenn es häufig kurze Schreie ausstößt, heißt es Y. Doch es gibt kein gleichbleibendes Schreimuster und daher keine Möglichkeit, es nach seinem Klang zu interpretieren. Achten Sie im Umgang mit Babygeschrei als ersten Schritt auf die Signale, die ihm vorausgehen. Die Warn- und Unruhesignale sind auf Seite 38ff. beschrieben. Wenn Sie diese frühen Anzeichen verpassen und Ihr Baby zu schreien beginnt, können Sie mit folgenden Maßnahmen die Ursache herausfinden:

Schreien wegen Blähungen

Kleine Babys ziehen beim Schreien typischerweise die Beine an, schneiden Grimassen und scheinen Schmerzen zu haben. Aus diesem Grund vermutet man oft bei jedem Weinen Bauchschmerzen oder Verdauungsbeschwerden. Doch Blähungen und Bauchkrämpfe sind eher selten die Ursache. Während oder kurz nach einer Mahlzeit kann sich Luft im Bauch des Babys anstauen und Unbehagen verursachen. Wenn Ihr Baby aufhört zu trinken und an der Brust unruhig wird, nehmen Sie es hoch und lassen Sie es aufstoßen. Manche Babys trinken gern »portionsweise«; vielleicht braucht Ihr Baby einfach eine Atempause zwischendurch.

Nach der Mahlzeit halten Sie Ihr Baby aufrecht und tätscheln oder reiben seinen Rücken, damit es aufstoßen kann. Manchmal kommt ein »Bäuerchen« schnell und problemlos, dann wieder gar nicht. Manche Babys spucken beim Aufstoßen ein wenig Milch, andere nicht. Blähungen sind selten die Ursache für Unruhe oder Koliken, außer wenn das Baby bereits überreizt ist. In diesem Fall kann der zusätzliche Reiz der Blähung es zum Schreien bringen.

Schreien aus Hunger

Fast jedes Mal, wenn Ihr Baby schreit, werden Sie vermutlich von wohl-
meinenden Mitmenschen gefragt, ob es Hunger hat. Das ist ärgerlich,
wenn Sie es gerade vor einer Stunde gefüttert haben. Natürlich wollen Sie
ausschließen, dass es hungrig ist. Im zweiten Teil dieses Buches (Kapitel
7 bis 13) wird der Zusammenhang zwischen Füttern und Hungergefüh-
len für jede Altersstufe beschrieben. Generell gilt jedoch Folgendes:

Neugeborene In den ersten Tagen braucht das Neugeborene häufige Mahlzeiten; dennoch bedeutet nicht jedes Schreien Hunger. Anfangs
ist das Hungergeschrei nur schwer vom Weinen wegen Wundsein oder
Reizüberflutung zu unterscheiden. Sie brauchen Zeit, um die Schreie
unterscheiden zu lernen. Innerhalb weniger Wochen wird der Abstand
zwischen den Mahlzeiten größer und Sie sind mit dem speziellen Hun-
gerschrein vertraut. Bis dahin helfen Anhaltspunkte:

❶ Liegt die letzte Mahlzeit weniger als zwei Stunden zurück? Dann weint
Ihr Baby vermutlich nicht aus Hunger – solange es gut zunimmt.
❷ Bedenken Sie sein Alter. Wachstumsschübe erfolgen mit vier bis
sechs Wochen und mit vier Monaten. In diesen Phasen muss es häufiger
gefüttert werden.

Älteres Baby Wenn Ihr Baby fünf bis sechs Monate alt wird, deckt
Milch allein seinen Nahrungsbedarf nicht mehr. Wird es zwischen den
Mahlzeiten unruhig und lässt sich nur durch häufigeres Füttern zufrie-
denstellen, sprechen Sie mit Ihrem Kinderarzt. Vielleicht ist es an der
Zeit, Beikost einzuführen.

Schreien aus Unwohlsein

Manchmal scheint sich das Baby unwohl zu fühlen und es gibt keinen
offensichtlichen Grund für seine Unruhe. Meist windet es sich dabei. Es
können folgende Ursachen bestehen:

● Eine sehr nasse oder schmutzige Windel oder ein Windelausschlag ist
auf der Haut sehr unangenehm, sodass das Baby schreit.
● Eine zu warme oder zu kalte Umgebung. Die beste Zimmertemperatur
liegt bei 16–20 °C; ideal sind 18 °C. Ist es wärmer oder kälter, kann Ihrem
Baby unwohl sein.
● Reizschwelle. Jedes Baby hat eine individuelle Grenze, wann es sich
unwohl fühlt. Das hängt von seiner Fähigkeit ab, Sinneseindrücke zu
filtern. Eine niedrige Schwelle für Sinneserfahrungen verursacht eine
starke Abwehrreaktion. Besitzt Ihr Baby eine hohe Reizschwelle, klagt es
vermutlich selten und Sie wissen kaum, wann seine Windel schmutzig
oder wann es wund ist. Einem sensiblen Baby kann eine schmutzige
Windel Unwohlsein bereiten, während sie ein ruhigeres Baby nicht stört.

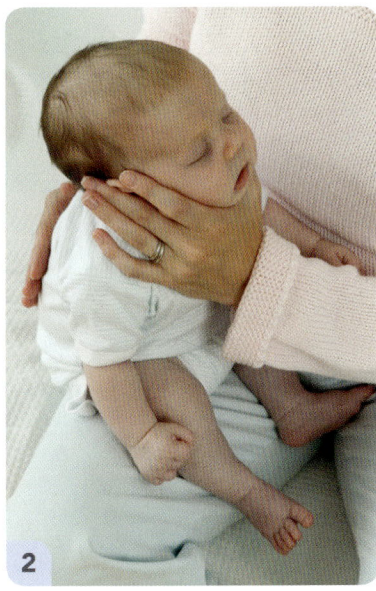

Das Baby aufstoßen lassen

❶ An der Schulter: Diese Haltung ist
beliebt. Legen Sie ein Tuch über Ihre
Schulter. Halten Sie Ihr Baby mit dem
Bauch zu Ihnen. Tätscheln Sie den Rücken.
❷ Im Sitzen: Klappt es an der Schulter
nicht, setzen Sie Ihr Baby auf Ihren Schoß.
Legen Sie eine Hand unter sein Kinn und
gegen seine Brust. Tätscheln und reiben
Sie seinen Rücken, bis das Bäuerchen
kommt.

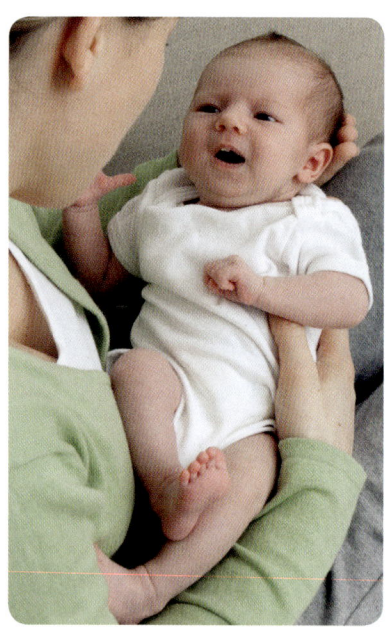

Verhaltenszeichen erkennen
Bleiben Sie ruhig, wenn ihr Baby in Aufregung gerät, und nehmen Sie sich Zeit,
seine Signale zu deuten.

Reflux Wenn Ihr Baby während
des Fütterns schreit und nach der
Mahlzeit nicht hingelegt werden
will, wenn es nur kurze Phasen
schläft und sehr unruhig ist, kann
ein Reflux (Rückfluss von Milch
aus dem Magen) die Ursache des
Schreiens sein. Meist erbrechen
die Babys dabei auch Milch –
allerdings nicht immer. Manche
Babys haben auch Sodbrennen,
ohne dass sie aufstoßen (s. S. 141).
Wenden Sie sich bei Verdacht auf
Reflux an den Kinderarzt. Er kann
eine Diagnose stellen und wenn
nötig eine Behandlung empfehlen.

44

Schreien bei Krankheit

Ist Ihr allgemein zufriedenes Baby plötzlich sehr reizbar und schreit es
viel, wenden Sie sich unverzüglich an den Arzt. Möglicherweise hat es
eine Krankheit oder Infektion; vielleicht besteht auch eine angeborene
Erkrankung, wie eine Stoffwechselstörung. Eine relativ häufige körperliche Ursache von Beschwerden ist der Reflux (s. Kasten links).

Der Müdigkeitsschrei

Schreit Ihr Baby, obwohl Sie Hunger, Unwohlsein, Blähungen und
Krankheit als Ursache ausgeschlossen haben, ist es vielleicht übermüdet.
Regelmäßiger Tagschlaf ist die Voraussetzung für ruhige Wachphasen
und problemloses Einschlafen. In Kapitel 5 erfahren Sie, wie Sie den
regelmäßigen Tagschlaf unterstützen und somit besser wissen, ob Ihr
Baby aus Müdigkeit schreit.

Schreien aus Reizüberflutung

Wenn Ihr Baby ohne erkennbaren Grund untröstlich schreit – es also
nicht hungrig ist, keine neue Windel braucht und nicht krank ist –, ziehen Sie die Möglichkeit der Übererregung in Betracht.
❶ Betrachten Sie seine Umgebung. Ist sie zu anregend für Ihr Baby bzw.
voller neuer Reize? In diesem Fall hat es vielleicht einfach zu viele Eindrücke aufgenommen. Sein Gehirn ist nicht mehr in der Lage, all diese Erfahrungen zu filtern oder zu verarbeiten, sodass das Baby zu schreien beginnt.
❷ Welche Verhaltenszeichen hat es direkt vor dem Schreianfall gegeben?
War es unruhig und hat »Lass mich in Ruhe«-Signale ausgesandt, wurde
aber dennoch weiter angeregt? Dann ist es nun vielleicht so durcheinander,
dass es sich nicht mehr selbst beruhigen kann und daher untröstlich schreit.
❸ Die Tageszeit spielt ebenfalls eine Rolle. Gegen Ende des Tages kann das
Schreien Ihres Babys durchaus das Ergebnis einer Reizüberflutung sein.
    Wenn Ihr Baby häufig überreizt ist und/oder ihm Ruhephasen fehlen,
bleibt es in einem Stresszustand, der sich negativ auf seine Entwicklung
auswirkt. Jedes Baby schreit anders, doch Sie werden lernen, wann das
Weinen Ihres Babys auf Überreizung hindeutet. Dabei zieht es als Versuch
der Selbstberuhigung oft die Beine an, wird um den Mund herum blau
und führt die Hände zum Gesicht.

Das sensible Baby Wenn Ihr Kleines ständig gereizt ist und wenig
Warnsignale gibt, bevor es untröstlich schreit, wissen Sie nicht, was
Sie tun können. Sensible Babys sind eine besondere Herausforderung.
Sie sind bedeutend unruhiger als andere, werden leichter durch Umge-
bungsreize gestört und scheinen manchmal durch geringste Eindrücke
überfordert zu sein. Achten Sie bei einem sensiblen Baby während der
Wachphasen (s. S. 51) genau auf Anzeichen der Überreizung.

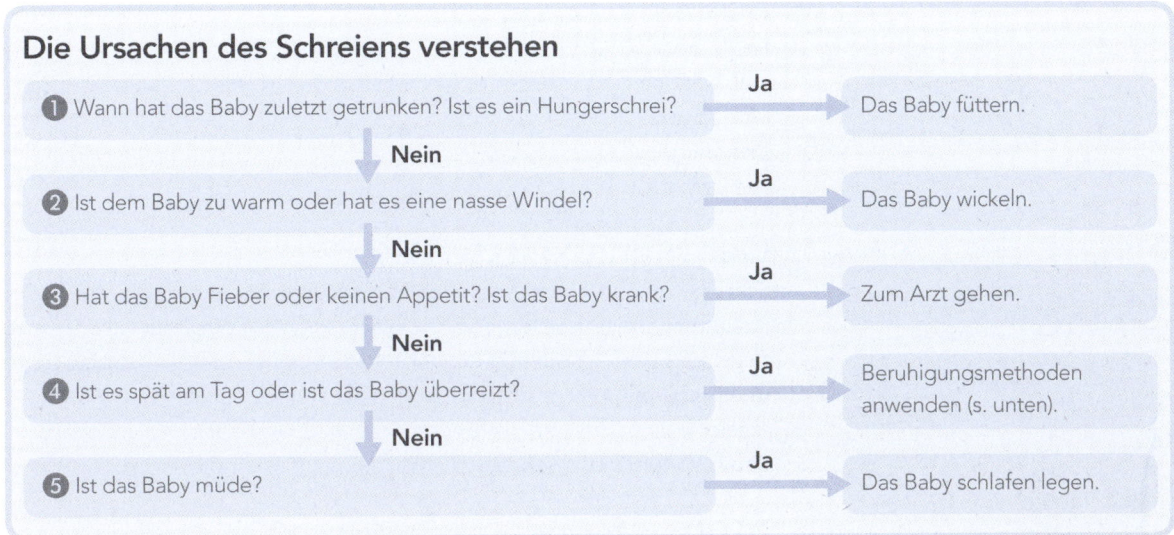

Die Ursachen des Schreiens verstehen

❶ Wann hat das Baby zuletzt getrunken? Ist es ein Hungerschrei? — **Ja** → Das Baby füttern.

Nein ↓

❷ Ist dem Baby zu warm oder hat es eine nasse Windel? — **Ja** → Das Baby wickeln.

Nein ↓

❸ Hat das Baby Fieber oder keinen Appetit? Ist das Baby krank? — **Ja** → Zum Arzt gehen.

Nein ↓

❹ Ist es spät am Tag oder ist das Baby überreizt? — **Ja** → Beruhigungsmethoden anwenden (s. unten).

Nein ↓

❺ Ist das Baby müde? — **Ja** → Das Baby schlafen legen.

Sensorische Beruhigung

Das Gehirn Ihres Babys verarbeitet Sinnesreize und beeinflusst damit seine Verfassung. Ist die Information anregend, steigt der Bewusstseinszustand – z. B. von ruhig-wach zu unruhig-wach. Besänftigende Einflüsse senken den Zustand und helfen ihm einzuschlafen.

Sobald Sie die möglichen Schreiursachen geklärt haben, setzen Sie entsprechende Beruhigungsmethoden ein (s. unten). Probieren Sie die folgenden Strategien in der angegebenen Reihenfolge – jede fünf Minuten lang, bevor Sie zur nächsten wechseln.

Fünf-Minuten-Beruhigungsmethode

Das Fünf-Minuten-Prinzip ist wichtig zur Beruhigung: Versuchen Sie eine der angeführten Strategien bis zu fünf Minuten lang. Wirkt sie nicht, probieren Sie eine andere wiederum für fünf Minuten. Das Gehirn Ihres Babys braucht bis zu fünf Minuten, um eine Methode zu registrieren und darauf anzusprechen. Wenn es sich z. B. beim Pucken windet, lassen Sie es fünf Minuten lang eingewickelt – so hat sein Nervensystem Zeit, diese Situation zu verarbeiten und zur Ruhe zu kommen.

Sensorische Umgebung Prüfen Sie, ob Ihr Baby in seinem Umfeld zu viele Reize erhält. Bedenken Sie sämtliche Sinneserfahrungen, die es verarbeiten muss – von visuellen Eindrücken bis zu Gerüchen und Klängen. Verändern Sie eventuell die Umgebung oder bringen Sie es von dort weg, um eine Reizüberflutung zu verhindern.

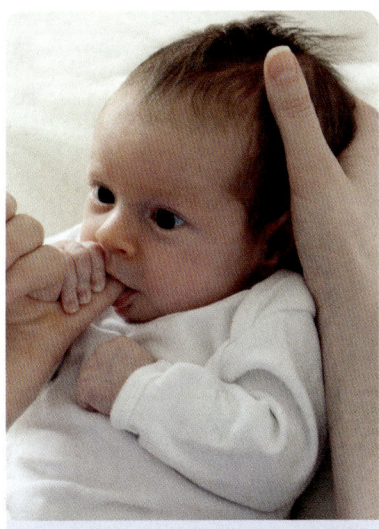

Gesunde Sinne fördern

Konzentrieren Sie sich lieber darauf, das Schreien Ihres Babys zu verstehen, als zu versuchen, es zu beenden. So dämpft Ihre Reaktion besser die Unruhe und Sie müssen nicht zu Notmaßnahmen greifen, wie das Baby im Auto herumzufahren. Dabei wird Ihr Baby davon abhängig, dass Sie es beruhigen.

Wie Sie auf die Signale Ihres Babys reagieren

Annäherungssignale

● Kommunizieren Sie mit Ihrem Baby.
● Legen Sie Ihr Baby auf Ihren Schoß, bevor Sie es füttern oder mit ihm spielen.

Warnsignale

● Halten Sie es in Ruhe fest.
● Decken Sie seine Arme zu oder wickeln Sie es in eine Decke.
● Schützen Sie seine Augen vor hellem Licht. Lassen Sie Ihr Baby Ihren Finger umklammern.

Unruhesignale

● Verändern Sie die Umgebung, bringen Sie es an einen ruhigen Ort.
● Vermeiden Sie Blickkontakt.
● Spielen Sie ihm beruhigende Musik vor.
● Pucken: Wickeln Sie es mit eng an der Brust liegenden Armen ein.
● Lassen Sie es an Ihrem Finger saugen.

● **Unruhige Neugeborene** Achten Sie auf Gerüche und visuelle Eindrücke, die Ihr Neugeborenes verarbeiten muss. Bringen Sie es aus einer lauten und hellen Umgebung in ein abgedunkeltes, leises Zimmer. Ist es überreizt, weil zu viele Menschen um es herum waren, bringen Sie es in ein ruhiges Umfeld oder stellen Sie zumindest sicher, dass es nicht herumgereicht wird. Legen Sie es in ein Tragetuch an Ihren Körper, um es abzuschirmen. Neugeborene verkraften kaum mehr als zehn Minuten visuelle Stimulation. Benutzen Sie in den ersten Tagen kein Parfüm oder Aftershave.

● **Überreiztes Baby** Im Lauf des ersten Jahres verarbeitet Ihr Baby Anregungen immer besser. Achten Sie auf seine Warnsignale (s. S. 39), die Ihnen zeigen, dass es genug hat. Wird Ihr Baby unruhig, bringen Sie es in ein ruhiges Zimmer oder wiegen Sie es sacht. Geben Sie ihm nicht Hunderte von Spielsachen – begrenzen Sie die Anregung, damit es eine Aktivität ohne Überforderung verfolgen kann.

Selbstberuhigung

Selbstberuhigung Bei der Geburt sind die Fähigkeiten zur Selbsttröstung schwach entwickelt. In den ersten drei Monaten ist es Ihre Aufgabe als Eltern, dem Baby Strategien zu zeigen, mit denen es sich selbst beruhigen kann.

● Achten Sie auf folgende Methoden und ermuntern Sie Ihr Baby, diese bei Unruhe zu nutzen: an Händen oder Fäusten nuckeln; das Gesicht berühren; Mutter, Vater oder einen beruhigenden Gegenstand anschauen; nach einem Trostobjekt greifen und es nutzen; die Hände betrachten; die Hände aneinander oder in die Körpermitte legen.

Ihr Baby entwickelt nur dann Selbstberuhigungsmethoden, wenn Sie nicht bei jedem Quengeln reagieren. Schieben Sie ihm nicht gleich den Schnuller in den Mund, tragen Sie es nicht herum, füttern Sie es nicht sofort, sobald es unruhig wird. Natürlich sollte Ihr Baby nicht lange schreien und natürlich ist es wichtig, verlässlich zu reagieren; doch greifen Sie nicht ein, wenn es Methoden der Selbsttröstung anwendet.

● Beruhigt es sich selbst, indem es an den Händen nuckelt oder die Hände an der Mittellinie seines Körpers zusammenführt, unterbrechen Sie es nicht.

● Wenn sich Ihr Baby überhaupt nicht selbst beruhigt (was vor der zehnten Lebenswoche durchaus normal ist), lehren Sie es einige Beruhigungstechniken. Eine gute Möglichkeit dazu ist das feste Einwickeln mit den Händen in Gesichtsnähe (Pucken, s. S. 26). In dieser Position wird es versuchen, sich durch Nuckeln an den Händen selbst zu trösten.

Pucken/Einwickeln

Pucken/Einwickeln Das Pucken wirkt auf das Neugeborene wunderbar besänftigend, ähnlich einer Umarmung. Selbst wenn Sie meinen, Ihr Neugeborenes möge das Einwickeln nicht, seien Sie beharrlich: Gepuckte Babys sind deutlich ruhiger und schlafen länger durch

als andere Babys, weil das Einwickeln sie an das Leben im Mutterleib erinnert. Die meisten Babys mögen das Pucken in den ersten neun bis zwölf Lebenswochen.

● Wenn Ihr Baby älter wird, mag es vielleicht nicht mehr so fest eingewickelt werden und schiebt die Arme heraus; zum Schlafen wickeln Sie aber weiterhin die Arme mit ein.

Beruhigende Berührung

Die Berührung ist ein Instrument, das Mütter intuitiv bei ihren Babys einsetzen, von sanften Küssen bis zur festen Umarmung oder dem Pucken. Wenn Ihr Baby zu Unruhe neigt, versuchen Sie eine tägliche Massage. Es gibt verschiedene Methoden (s. S. 105). Probieren Sie aus, welche Ihnen beiden am besten zusagt.

● Morgendliche Massage: Manche Babys mögen abends nicht massiert werden, da sie dann eher quengelig sind. Die Wirkung des festen Drucks der Morgenmassage hält an und Ihr Baby ist den ganzen Tag über ruhiger.

● Bei älteren Babys kann die Massage ein Teil des beruhigenden Einschlafrituals sein. Will sich Ihr Baby Ihnen dabei entwinden, geben Sie ihm ein Spielzeug oder ein Mobile zum Betrachten, damit es beschäftigt ist.

● Ihr schreiendes Baby beruhigen Sie durch sanftes, aber festes Tätscheln. Frühgeborene und sehr junge Babys lassen sich durch statische Berührung besänftigen. Legen Sie ihm Ihre Hände einige Minuten still auf.

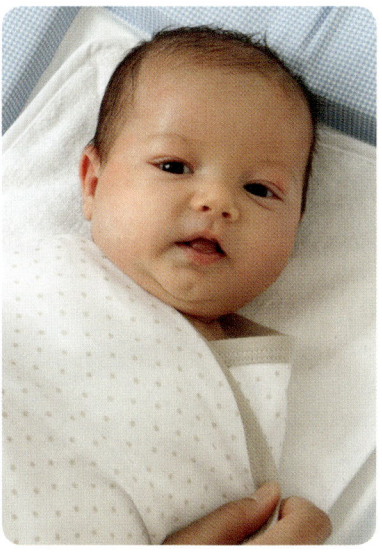

Ruhig und geborgen Wenn Ihr Baby Unruhesignale zeigt, ist Pucken eine gute Methode zur Besänftigung.

Tragetuch

Bewegungen wie im Mutterleib wirken besänftigend. Ist Ihr Baby unruhig, nehmen Sie es ins Tragetuch oder den Tragesack – so beruhigt es sich und Sie haben dabei die Hände frei. Forschungen zeigen, dass Babys, die so getragen werden, deutlich weniger quengeln.

● Ein Neugeborenes legen Sie in ein Tragetuch, das festen Halt bietet. Der feste Druck und die Schaukelbewegung tun ihm gut.

● Ein Spaziergang im Tragesitz oder Tragetuch beruhigt sensible Babys.

Geräusche

Mit sanften Tönen lässt sich ein unleidliches Baby wunderbar beruhigen. Sprechen oder singen Sie leise: Ihr Baby liebt den Klang Ihrer Stimme.

● Neugeborene empfinden Gebärmuttergeräusche als sehr besänftigend. Es gibt sie auf CD. Beruhigend wirkt auch der Störsender des Radios. Selbst der Klang eines Staubsaugers oder der Waschmaschine reicht oft aus zur Besänftigung.

● Der Rhythmus Ihres Herzschlags war Ihrem Baby in den letzten sechs Monaten im Uterus vertraut; nehmen Sie es also nah an Ihr Herz. Die meisten Eltern halten ihr Baby automatisch an die linke Schulter; das zeigt, dass wir intuitiv wissen, dass unser Herzschlag Babys beruhigt.

● Leise klassische Musik (Barockmusik oder Mozart zeigen die beste Wirkung) oder sanfte Wiegenlieder beruhigen das Baby ebenfalls.

Schritt für Schritt das Baby beruhigen

❶ Achten Sie auf Anzeichen von Hunger, Müdigkeit oder Reizüberflutung.

❷ Wenn es schreit, schließen Sie schrittweise mögliche Ursachen aus (s. Kasten S. 45).

❸ Betrachten Sie sensorische Umgebung und Tageszeit. Zu viel Anregung kann Unbehagen verursachen oder es ist bereits überreizt.

❹ Geben Sie Ihrem Baby Zeit (fünf Minuten), sich selbst zu trösten.

❺ Gehen Sie zum nächsten Punkt über (s. S. 46) und bleiben Sie fünf Minuten dabei, damit die Methode wirken kann.

❻ Wenn Ihr Baby nach fünf Minuten immer noch schreit, probieren Sie die nächste Strategie aus.

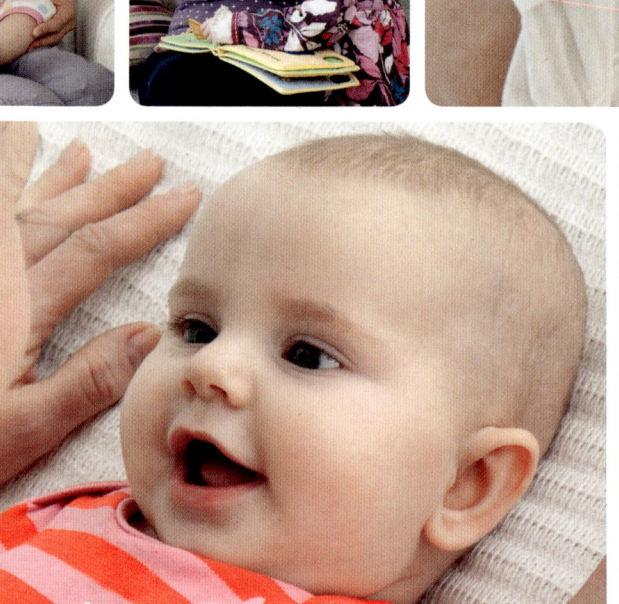
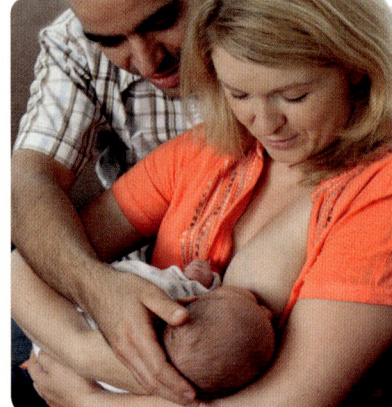
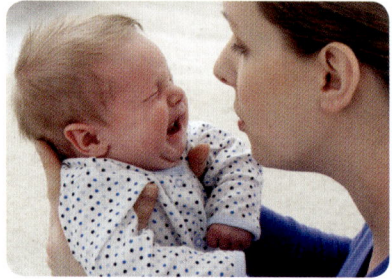

Kapitel 5

Mamas Welt: Wie Ihr Baby Sie beeinflusst

Sarah ist an Termindruck gewöhnt; sie hat immer unter Druck gearbeitet und liebt das Gefühl beruflicher Herausforderungen. Wie kann es also sein, dass die kleine Isabel, dieses winzige Baby, ihr Gleichgewicht so durcheinander bringt? Sarah fühlt sich überfordert und verunsichert. Die Pflege eines Babys ist Neuland für sie – beängstigend fremd. Die Ratschläge sind widersprüchlich und Sarah hat nicht das Gefühl, dass sie dem normalen Mutterbild entspricht. Sie fragt sich: »Wie bringe ich Isabel in meinem Leben unter, wie befriedige ich ihre Bedürfnisse und wie stelle ich sicher, dass sie ein ausgeglichener, glücklicher Mensch wird, ohne mich selbst dabei vollständig aufzugeben?«

Erfahren Sie, wie Sie ...

- Ihre Bedürfnisse mit denen Ihres Babys vereinbaren.
- eine flexible Routine schaffen, die Ihrem Baby entspricht.
- Schwierigkeiten beim Aufbau einer Tagesstruktur überwinden.
- die Belastung des Mutterseins meistern.
- mit Ihrem Baby harmonieren können.
- einer möglichen Wochenbett-depression entgegenwirken.

Gesunde Sinne fördern

Starre Strukturen berücksichtigen die individuellen Unterschiede einzelner Familien nicht; eine babyzentrierte Routine dagegen erlaubt Ihnen und Ihrem Baby eine gewisse Flexibilität. Beobachten Sie Ihr Baby und stellen Sie sich folgende Fragen:

- Wie lange ist es schon wach?
- Wie reagiert es auf Anregung?
- Welche Verhaltenssignale zeigt mein Baby?

Strukturen schaffen für Sie und Ihr Baby

Plötzlich Mutter zu sein ist eine Herausforderung. Einen Alltag mit festen Arbeitszeiten und genügend Freiräumen für Sie gibt es mit einem Neugeborenen, das wenig Sinn für Routine hat, nicht. Da Eltern heute häufig auf sich selbst gestellt sind und keine familiäre Unterstützung haben, fühlen sich frisch gebackene Mütter oft isoliert und einsam. Selbst in einem hilfreichen Netzwerk erscheinen die Ratschläge von Angehörigen und Freunden widersprüchlich. Die ersten Tage sind kaum strukturiert; entscheidend ist jedoch, die Signale des Babys zu verstehen.

Warum Routine wertvoll ist

Zweifellos ist das Leben besser zu bewältigen, wenn das Baby allmählich in eine gewisse Routine findet. Ist der Alltag berechenbar, wird es leichter, die Bedürfnisse des Babys zu erkennen. Manche Babys finden rasch zu einem bestimmten Ablauf, aber nicht alle. Dann kann der Versuch, einen Zeitplan zu befolgen, für Mutter und Kind noch mehr Unruhe bedeuten. Gibt es also einen Weg, die Signale des Babys aufzugreifen, um damit zu einem verlässlicheren Tagesablauf zu kommen?

Eine babyzentrierte Tagesstruktur

In den ersten beiden Wochen verschlafen die meisten Babys einen Großteil ihrer Zeit. Vielleicht haben Sie den Eindruck, der Rhythmus Ihres Babys bestehe aus Schlafen und Trinken. Das ist ein Schutzmechanismus: Er schützt das Neugeborene vor einer Überreizung durch seine Umgebung, denn beim Schlafen kann es die Welt ausblenden. Überlassen Sie in diesen ersten Tagen Ihrem Baby die Führung und stillen Sie es nach Bedarf. Wecken Sie es, wenn tagsüber seit der letzten Mahlzeit dreieinhalb Stunden vergangen sind; so lernt es, tagsüber mehr zu trinken als nachts.

Mit etwa zwei Wochen wird Ihr Baby munterer; nun kann ein anregendes Umfeld es am problemlosen Abschalten und Einschlafen hindern. Dadurch wird es schwierig, tagsüber einen Schlafrhythmus einzuführen; trotzdem muss Ihr Baby in diesen ersten Tagen regelmäßig schlafen. Es ist wahr, dass »Schlafen Schlaf fördert« – je mehr Ihr Baby schläft, umso mehr wird es schlafen und umso zufriedener ist es in seinen Wachphasen.

Sofern seine körperlichen und emotionalen Bedürfnisse befriedigt werden – Nahrung, Wärme, Berührung, Liebe und angemessene Anregung –, kommt Ihrem Baby die Hinführung zu einer flexiblen Routine zugute. Gemeinsam mit einer geordneten Umgebung und der Beachtung seiner natürlichen Schlaf-Wach-Zyklen fördert dies seine Zufriedenheit. Es gibt drei Kriterien, die einen verlässlichen Rhythmus des Tagschlafs fördern:

1 Babys innere Uhr kennen Dank seiner biologischen Uhr kann Ihr Baby gut einschlafen; sie hilft ihm, einen Schlaf-Wach-Zyklus herauszubilden. Wir alle erleben jeden Tag solche ultradianen Rhythmen – Zyklen unseres Nervensystems. Die innere Uhr sagt uns, wann wir hungrig sind oder wann unsere Wachheit nachlässt.

Babys haben ebensolche Tiefpunkte in ihrer Wachheit; ihre Rhythmen sind jedoch viel kürzer als unsere, daher müssen sie öfter schlafen. Die Wachphasen des Babys werden mit zunehmendem Alter länger (s. Grafik unten). Diese Phasen optimal zu gestalten ist das Geheimnis eines baby-zentrierten Tagesablaufs, der flexibel ist und das Bedürfnis Ihres Babys nach häufigen Mahlzeiten und viel Schlaf befriedigt. Seine Schlaf-Wach-Rhythmen verändern sich, wenn es älter wird, und werden davon beein-flusst, wie viel Anregung es aufnehmen kann (s. Schritt 2).

2 Die Reaktion Ihres Babys auf Reize erkennen Man-che Babys verarbeiten Anregung sehr gut: Sie können übermäßige Reize ausfiltern und werden nicht leicht überreizt. Ebenso finden man-che Babys problemlos in eine Routine, während andere länger brauchen, um einen Tagesrhythmus zu entwickeln.

● Das ausgeglichene Baby ist meist flexibel und kann seine Wachzeiten auch ausdehnen. Es findet leicht in eine Struktur hinein, aber eine Stö-rung seines Tagesablaufs ist auch kein Problem.

● Der Sonnenschein widersetzt sich einer Routine vielleicht, weil Schla-fen einfach langweilig ist! Das Baby findet schwerer in den Schlaf, doch bei seiner Kontaktfreude braucht es dringend regelmäßige Ruhezeiten.

● Das zurückhaltende und das sensible Baby werden von Sinneseindrü-cken überfordert; sie müssen bewusst zu einer Struktur geführt werden, um eine Reizüberflutung zu verhindern. Besonders zurückhaltende

Der Nutzen einer flexiblen Routine

● Sie verhindert, dass Ihr Baby überreizt wird.

● Sie hilft Ihnen, die Stimmungen und Schreie Ihres Babys richtig zu deuten.

● Sie hilft Ihnen festzustellen, ob es hungrig oder übermüdet ist.

● Sie gibt Ihrem Baby das Gefühl, dass Sie seine Bedürfnisse verstehen und erfüllen.

● Sie macht es leichter, Haushalts-pflichten und Ruhephasen zu planen.

Ungefähre Wachzeiten

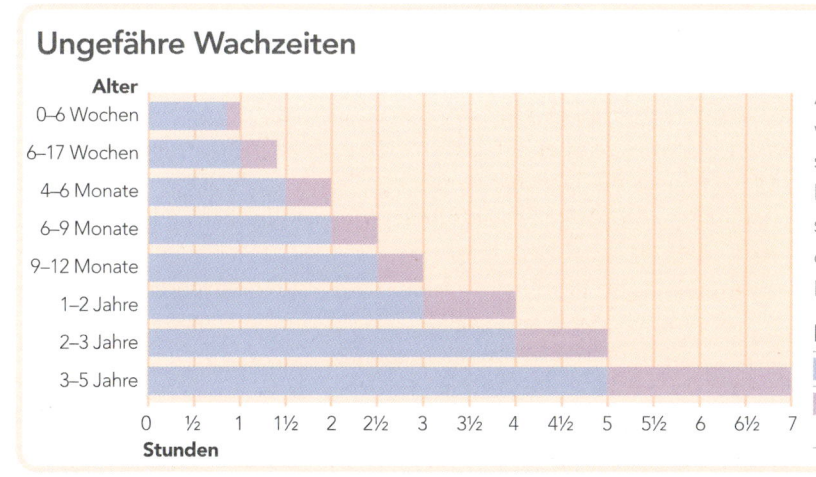

Auf dieser Übersicht sehen Sie, wie lange Ihr Baby entsprechend seinem Alter etwa wach sein sollte. Die Grafik zeigt auch die Über-schneidung zwischen dem Ende der einen Altersphase und dem Beginn der nächsten.

Legende

■ Wachphase

■ Überschneidung mit Wachzeiten des nächsten Altersbereichs

Typische Zeichen von Müdigkeit

1 Hand am Ohr: Ihr Baby reibt sein Ohr oder hält eine oder beide Hände ans Ohr.

2 Genau wie Erwachsene gähnen Babys, wenn sie müde sind.

3 Ihr Baby führt seine Hand zum Mund und versucht, an seinen Fingern zu nuckeln, weil es diesen Zustand nicht mag und sich so beruhigen will.

Babys lieben Routine und sind pflegeleicht, wenn sie ausgeruht sind und einen festen Rahmen haben.

Alle Babys profitieren von einem flexiblen Schlaf-Mahlzeiten-Rhythmus; doch da jedes von ihnen einzigartig ist, kann man nicht erwarten, dass sie alle dem gleichen Ablauf folgen. Ein strenger Rhythmus mit zwei bis drei Stunden Wachsein schon beim Neugeborenen kann bei einem sensiblen Baby nicht funktionieren und verursacht der Mutter nur Stress. Daher empfehlen Fachleute keine strikten Zeitpläne.

3 Die Signale Ihres Babys lesen Berücksichtigen Sie nicht nur die Wachzeiten und die Persönlichkeit Ihres Babys, sondern auch seine Anzeichen von Müdigkeit. Achten Sie auf die üblichen Signale (s. links) und notieren Sie sich auch die individuellen Verhaltenszeichen Ihres Babys. Fangen Sie zehn Minuten vor dem Ende der altersgemäßen Wachphase (s. Tabelle S. 51) an, auf Schlafsignale zu achten, wie an den Ohren reiben, die Hand zum Mund führen, das Interesse an Spielsachen verlieren und wegschauen. Das ist für Sie das Zeichen, Ihr Baby in sein Zimmer zu bringen und ein Einschlafritual zu beginnen:

● Stellen Sie sicher, dass sich Ihr Baby wohlfühlt, trocken und warm liegt (wenn nötig wickeln Sie es).

● Ziehen Sie die Vorhänge zu oder lassen Sie das Rollo herunter, dämpfen Sie das Licht und schließen Sie die Tür, wenn es draußen laut ist.

● Spielen Sie ihm Schlafmusik oder gleichmäßige Klänge vor, damit es schläfrig wird.

● Ist Ihr Baby jünger als drei Monate, pucken Sie es zum Schlafen. Wenn es über drei Monate alt ist und sich zum Schlafen noch gern einwickeln lässt, tun Sie dies. Alternativ können Sie es in einem kühlen Raum in einen Schlafsack legen.

● Leiten Sie es an, ein Trostobjekt zur Selbstberuhigung zu benutzen – eine Schmusedecke oder ein Kuscheltier.

● Halten Sie es zur Einstimmung auf den Schlaf in horizontaler Position eng an Ihren Körper.

● Wiegen Sie es und singen Sie ihm eine Weile vor, bis es schläfrig ist (Fäuste und Körper sind entspannt, die Augen schläfrig), dann legen Sie es in sein Bettchen.

Mit diesen drei Schritten führen Sie ein Einschlafritual ein, das dem Alter und der Persönlichkeit Ihres Babys entspricht und Ihrem eigenen Bedürfnis nach Berechenbarkeit entgegenkommt. In den Kapiteln 7 bis 13 ist eine flexible, altersbezogene Routine beschrieben.

Seien Sie nicht beunruhigt, wenn sich die Schlafenszeiten Ihres Babys von einem zum anderen Tag etwas unterscheiden oder wenn es einen schlechten Tag hat.

Keine Strukturen in Sicht?

Manchmal schläft Ihr Baby nicht wie erwartet ein. Dann sind Sie verzweifelt und fühlen sich als Versager, weil Sie keine Routine hinbekommen. Denken Sie daran, dass jedes Baby anders ist; wie jeder Mensch hat es gute und schwierige Tage. Neben dem Alter gibt es zwei typische Gründe, warum sich eine Struktur womöglich nicht leicht einstellt: Übermüdung und ein gestörter Schlaf-Wach-Zyklus.

Neugeborene und Routine

Auch wenn Sie sich nach festen Zeiten sehnen: Neugeborene gedeihen am besten, wenn Sie flexibel bleiben. Füttern Sie nach Bedarf; der Versuch, zu früh eine Struktur zu schaffen, bedeutet für Sie nur Stress.

Umgekehrter Tag-Nacht-Rhythmus

In den ersten Tagen kann das Tag-Nacht-Schlafmuster völlig durcheinander sein. Wenn Ihr Neugeborenes den ganzen Tag schläft und nachts viel wach ist, bemühen Sie sich natürlich um einen anderen Rhythmus. Wecken Sie Ihr Baby, wenn es am Tag dreieinhalb Stunden oder länger geschlafen hat, und stillen Sie es tagsüber nach Bedarf oder mindestens alle vier Stunden. Füttern Sie es nachts, sobald es aufwacht, aber wecken Sie es dazu nicht. Geben Sie ihm eine Brust oder eine halbe Flasche, dann wickeln Sie es, damit es wach genug wird, um die andere Brust oder die restliche Flasche leer zu trinken. Pucken Sie es danach wieder; regen Sie es aber nicht an und nehmen Sie es nach dem Füttern nicht hoch.

Das Baby will nicht schlafen

Oft kämpft ein Baby gegen den Schlaf an, weil es übermüdet ist. Ein Neugeborenes hat eine sehr kurze Wachphase (s. S. 92). Wenn Sie den natürlichen Abfall der Aufmerksamkeit bzw. das Ende der Wachphase Ihres Babys verpassen (s. Grafik auf S. 51), schüttet sein Gehirn Neurotransmitter und Hormone aus, um es wach zu halten und mit Energie zu versorgen. Während dieser zweiten Phase einer Wachperiode ist es weniger zufrieden und es schläft danach nur schwer ein. Hormone wie Adrenalin (ausgeschüttet zum Wachbleiben) und Kortisol (ein Stresshormon) verhindern das Einschlafen. Verpassen Sie das natürliche Nachlassen der Aufmerksamkeit, wird es ein regelrechter Kampf, das Baby zur Ruhe zu bringen. Daraus können sich zwei Situationen ergeben:

Problematische Schlafassoziationen Ihr übermüdetes Baby kann so sehr gegen den Schlaf ankämpfen, dass Sie zu intensiven Beruhigungsmethoden Zuflucht nehmen müssen. Sie müssen es vielleicht wiegen oder füttern, es im Kinderwagen schieben oder sogar im

Wie Sie ein übermüdetes Baby beruhigen

● Planen Sie vor dem Schlafen eine längere Phase des Ruhigwerdens ein. Schläfrige Babys schlafen nach dem Hinlegen in wenigen Minuten ein. Ein überreiztes oder noch sehr waches Baby muss oft erst durch längeres Wiegen oder leise Musik besänftigt werden. Es ist wichtig, das Baby schläfrig, aber wach in sein Bett zu legen, damit es lernt, allein einzuschlafen.
● Machen Sie sich keine Sorgen, wenn Ihr Neugeborenes nicht einschläft und Sie es im Kinderwagen schieben oder im Tragetuch tragen müssen, bis es eingeschlafen ist. Kleine Babys brauchen häufig mehr sensorische Beruhigung zum Einschlafen; daraus entstehen vor dem vierten Monat keine langfristigen Gewohnheiten.
● Vermeiden Sie Schaukeln, Schieben im Wagen oder Füttern in den Schlaf, wenn Ihr Baby älter als vier Monate ist, da es sich daran gewöhnen kann.

Signale der Müdigkeit

Achten Sie auf die Signale:
● Hände nahe am Gesicht, z. B. Reiben an Ohren oder Haaren.
● Nuckeln an Fäusten, Daumen oder einem Trostobjekt, z. B. einer Decke.
● In den Halbschlaf fallen – die Augen werden schwer.
● Blickkontakt abwenden.
● Schluckauf.
● Bei älteren Babys: Herumfummeln am Körper – an der Nase ziehen oder sich am Po kratzen.

Störungen der Routine

● **Wachstumsschübe:** Ihr Baby muss öfter trinken. In Kapitel 7 bis 13 lernen Sie damit umzugehen.

● Beim Auto- oder Zugfahren schlafen Babys gern ein. Reisen Sie möglichst dann, wenn es normalerweise schlafen würde.

● Ein ungewohnter Ausflug kann Ihr Baby so aufputschen, dass es zu aufgedreht zum Schlafen ist. Planen Sie Ausflüge so, dass sie in seine Wachphasen fallen.

● Beim Wechsel von Zeitzonen sind Routinen schwierig beizubehalten. Beobachten Sie seine Wachzeiten; erkennen Sie die Unruhe- und Müdigkeitssignale und bedenken Sie, was Ihr Baby anregt und wie sich beruhigen lässt (s. S. 45ff.).

Gesunde Sinne fördern

Falls Ihr Baby nicht schläft, wenn es nötig wäre, dreht es nochmals auf. Dann schläft es zur Bettzeit noch schwerer ein und wird stattdessen irgendwann vom Schlaf übermannt.

Auto umherfahren. Das Problem liegt darin, dass Ihr Baby dabei lernt, Schlafen gedanklich mit solchen aufwendigen Methoden zu verbinden – mit der Folge, dass es dasselbe Ritual am Ende jedes Tages und bei jedem nächtlichen Aufwachen verlangt.

Schlafphasen überspringen Wenn alle Ihre Notfallmaßnahmen versagen und Ihr Baby nicht einschläft, dreht es vielleicht nochmals richtig auf (und ein drittes oder viertes Mal) und wird noch aktiver, erregter und unruhiger – und schläft noch weniger ein. Aller Wahrscheinlichkeit nach gibt es dann am Ende des Tages einen Zusammenbruch und Ihr Baby sinkt in einen Erschöpfungsschlaf. Doch weil sein Sinnessystem völlig überlastet ist, findet es kaum zu ruhigen Schlafzyklen (s. S. 30) und schläft keineswegs die ganze Nacht durch. Durch das häufige Aufwachen ist es am nächsten Tag noch müder und grantiger und der Teufelskreis setzt sich fort. Im Kasten auf S. 53 finden Sie Tipps, wie Sie einen solchen Kreislauf verhindern können.

Was tun? Selbst wenn Ihr Baby keine Anzeichen von Müdigkeit zeigt, legen Sie es in seinem Zimmer hin, sobald seine Wachphase zu Ende geht (s. Grafik S. 51). Durch das Schaffen von beruhigenden Schlafritualen in seinem Zimmer kann es sich nach und nach beruhigen.

Realistisch sein

Seien Sie im Umgang mit Ihrem Kleinen immer auf Unerwartetes gefasst. Wenn Sie sich eine gewisse Flexibilität bewahren und auf Signale statt auf starre Regeln achten, haben Sie weniger das Gefühl, alles verkehrt zu machen, weil Ihre Routine nicht funktioniert.

Die Belastung meistern Vielleicht sind Sie in den ersten Tagen um 15 Uhr noch im Schlafanzug oder fragen sich, wie in aller Welt Sie den Abwasch schaffen sollen. Jeder rät Ihnen zu schlafen, wenn das Baby schläft – aber das ist die einzige Zeit, die Sie für sich selbst haben, und selbst dann bekommen Sie nichts getan! Das ist normal. Selbst Ihre Freundin, die anscheinend alles spielend bewältigt, fühlt sich manchmal erschöpft und desorganisiert.

Es gibt nur einen Weg, diese Aufgabe zu bewältigen: Ändern Sie Ihre Erwartungen an sich selbst. Sonst haben Sie ständig das Gefühl, den Ansprüchen nicht zu genügen. Die einzigen Ansprüche an das Elternsein sind Ihre eigenen – also seien Sie achtsam mit sich selbst.

Hilfe annehmen In früheren Zeiten lebten wir in Gemeinschaften, in denen die Babypflege eine gemeinsame Aufgabe war; die Belastung war leichter zu tragen. Modernen Müttern fällt es oft schwer, Hilfsangebote anzunehmen und Zeit für sich selbst zu finden. Aber es ist unverzichtbar für Ihre geistige und körperliche Gesundheit, dass Sie jede angebotene Hilfe annehmen. Großmütter stehen der frisch gebackenen Mutter meist gern zur Seite. Auch Freunde können Ihnen manches abnehmen – und sei es nur, Wäsche zusammenzulegen oder ein Essen zu kochen.

Der Vater Ihres Babys ist vermutlich Ihre größte Unterstützung – wenn Sie ihn nur lassen. Stärken Sie das Selbstvertrauen Ihres Partners, indem Sie ihn ermuntern, sich an der Babypflege zu beteiligen; dabei vertieft er auch seine Bindung zum Kind. Ist das Baby unruhig, wenn er es trägt oder ihm die Flasche geben will, versuchen Sie unbedingt, nicht herablassend zu seufzen und es ihm abzunehmen. Stellen Sie sich vor, wie hilflos und ausgeschlossen er sich dann fühlt. Auch wenn nicht alles perfekt ist, loben Sie ihn. Beim nächsten Mal zeigen Sie ihm beiläufig, wie Sie es machen – ohne zu kritisieren.

Sich als Mutter kennenlernen

Inzwischen kennen Sie die sensorische Persönlichkeit Ihres Babys: Ist es ein Sonnenschein, ein zurückhaltendes, ein ausgeglichenes oder ein sensibles Baby (s. S. 14f.)? Nun wird es Zeit, Ihre eigene Persönlichkeit festzustellen. Sicherlich passen auch Sie überwiegend in eines der vier Profile. Natürlich verändert sich Ihr sensorisches Profil in Zeiten von Stress oder in einer bestimmten Umgebung, doch überlegen Sie, wer Sie normalerweise sind:

● **Offen und gesellig** Sie lieben Menschen und neue Situationen und sind immer auf dem Sprung. Sie freuen sich über die Erfahrung des Mutterseins. Am schwierigsten ist es für Sie, isoliert zu Hause zu sein. Hier können Sie Abhilfe schaffen, indem Sie öfter unter Leute gehen, z. B. in Krabbelgruppen.

● **Zurückhaltend** Sie machen die Dinge gern auf Ihre eigene Art. Sie mögen Berechenbarkeit; das Durcheinander, das dieses kleine Wesen mit sich bringt, beunruhigt Sie. Sobald Ihr Baby einen festen Rhythmus entwickelt, blühen Sie auf und können Ihr Muttersein genießen.

● **Gelassen** Sie sind von Natur aus ein umgänglicher und heiterer Mensch. Im Umgang mit Ihrem Baby sind Sie flexibel und entspannt. Sie nehmen nicht immer seine Signale wahr und übersehen manchmal seine Bedürfnisse, z. B. eine schmutzige Windel. Routine ist Ihnen nicht so wichtig.

● **Sensibel** Sie sind besorgt und anfällig für emotionale Reaktionen. Sie reagieren stark auf Ihr Umfeld und werden in Menschenmengen oder bei Hektik unruhig. Aufmerksam achten Sie auf die Bedürfnisse Ihres Babys und wollen alles richtig machen. Dennoch empfinden Sie die Anwesenheit dieses lauten, nicht immer gut duftenden Babys in ihrer Privatsphäre auch als störend. Sie kommen als Mutter am besten zurecht, wenn Sie es langsam angehen und nicht versuchen, zu viel in einen Tag zu pressen oder zu hohe Ansprüche an sich selbst zu stellen.

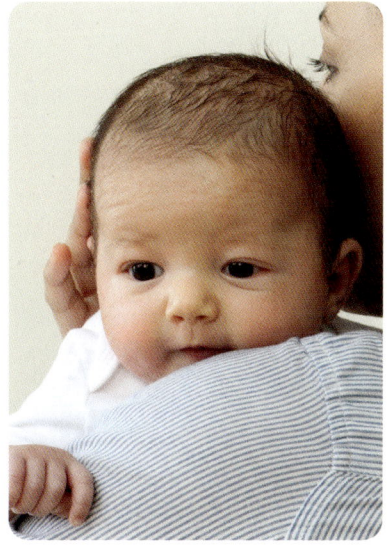

Passgenau Ebenso, wie Sie die Persönlichkeit Ihres Babys entdecken, versuchen Sie etwas über sich selbst als Mutter herauszufinden. Dann sehen Sie, wie Sie beide zusammenpassen.

So funktioniert es Wenn Sie Ihre Persönlichkeit und die Ihres Babys verstehen, können Sie Strukturen im Alltag schaffen, die Ihnen beiden guttun.

Passung der Persönlichkeiten

Wenn Sie Ihr sensorisches Profil (s. S. 55) mit dem Ihres Babys vergleichen (s. S. 14f.), können Sie bestimmen, wie gut Sie beide zusammenpassen. Vielleicht besteht eine klare Übereinstimmung, vielleicht stellt die Persönlichkeit Ihres Kleinen Aspekte Ihrer eigenen Persönlichkeit auf die Probe.

Haben Mutter und Baby denselben Typ, harmonieren sie optimal, außer bei einer sensiblen Mutter und ihrem sensiblen Baby. Diese Kombination ist eher schwierig. Wenn Sie das Wesen Ihres Babys verstehen und wissen, wie es Ihre Gefühle beeinflusst, können Sie leichter eine flexible Struktur im Alltag entwickeln.

Nutzen Sie das Wissen um Ihre sensorischen Profile, um die Entwicklung Ihres Babys zu fördern und in Freude miteinander zu leben. Lesen Sie die unten stehende Tabelle. Sie erfahren, wie Sie Harmonie schaffen können.

Gesellige Mutter

Baby	Passung	So klappt es
Sonnenschein	Sie haben viel Spaß miteinander! Jeder Tag ist ein Abenteuer; die Freude und das gemeinsame Spiel lassen Sie aufblühen.	Beachten Sie Ihre Grenzen und die Ihres Babys; auch wenn das Leben aufregend ist, brauchen Sie beide ebenso Ruhephasen.
Zurückhaltend	Da Sie ein aufregendes Leben lieben und nicht gerne zu Hause hocken, sind die Empfindsamkeit Ihres Babys und sein Bedürfnis nach Routine und Berechenbarkeit eher schwierig für Sie.	Versuchen Sie Ihr Tempo auf Ihr Baby abzustimmen. Respektieren Sie sein Bedürfnis nach Berechenbarkeit. Suchen Sie sich eine Freundin, mit der Sie regelmäßig Kaffee trinken können, dann gewöhnt sich Ihr Baby an diesen Kontakt.
Ausgeglichen	Ihr Baby toleriert Ihre unterschiedlichen Stimmungen, es passt sich Ihrem Bedürfnis nach Trubel an und profitiert von der Anregung, die Sie in Ihrer beider Leben bringen.	Nutzen Sie Ihre lebhafte Mimik und Ihre allgemein gefühlsbetonte Umgangsweise, um Ihr Baby munterer zu machen. Das fördert seine Entwicklung, da es selbst eher ruhig ist.
Sensibel	Ihr sensibles Baby hat es nicht leicht mit all dem Wirbel bei Ihnen. Es mag lieber Ruhe und den Austausch mit einzelnen Personen. Ihr Tempo und Ihre Emotionalität können es überfordern und aus der Ruhe bringen, sodass es viel quengelt.	Gehen Sie alles langsamer an; Ihr Baby braucht besänftigende Sinnesimpulse. Stimme, Berührung, Bewegungen – alles sollte ruhig sein. Lenken Sie es beim Füttern nicht durch Sprechen ab; schaffen Sie ein gleichbleibendes Einschlafritual.

Zurückhaltende Mutter

Baby	Passung	So klappt es
Sonnenschein	Anfangs befremdet Sie das Bedürfnis Ihres Babys nach Geselligkeit vielleicht; doch sobald es mehr Berechenbarkeit gibt, funktioniert diese Kombination gut.	Bieten Sie Ihrem Baby viel Anregung, durchsetzt mit großzügigen Ruhephasen. Planen Sie für soziale Kontakte feste Zeiten ein – Ihr Baby braucht diesen regelmäßigen Austausch.
Zurückhaltend	Eine großartige Kombination: Sie leben beide im gleichen Tempo. Sie verstehen, dass Ihr Baby Zeit braucht, um sich auf Neues einzustellen; Ihnen beiden hilft die Routine.	Gehen Sie unter Leute und isolieren Sie sich nicht. Seien Sie nicht überbehütend; machen Sie es zum festen Bestandteil Ihres Alltags, Ihr Baby zu Kontakten zu ermuntern.
Ausgeglichen	Dies ist eine ausgezeichnete Kombination: Die ruhige Natur Ihres Babys entspricht Ihrem Bedürfnis nach Berechenbarkeit.	Planen Sie fest ein, Ihrem Baby Anregungen zu geben und mit ihm unter Leute zu gehen. Es ist so pflegeleicht, dass man sein Bedürfnis nach Aktivität leicht übersieht.
Sensibel	Die unberechenbare Unruhe Ihres Babys und sein Mangel an klaren Signalen bringen Sie ziemlich aus dem Gleichgewicht. Ihre Vorliebe für Routine wird ihm guttun.	Nehmen Sie sich Zeit, Ihr Baby in eine Routine zu führen; konzentrieren Sie sich auf seine Signale (s. S. 38ff.). Setzen Sie Beruhigungsmethoden ein. Nehmen Sie so viel Hilfe wie möglich an.

Gelassene Mutter

Baby	Passung	So klappt es
Sonnenschein	Sie sind froh, wenn alles ruhig verläuft, aber Ihrem Baby fehlt gelegentlich die Anregung und Abwechslung in seinem Tagesablauf.	Bieten Sie Ihrem Baby unbedingt genügend Anregung. Machen Sie jeden Tag einen Spaziergang oder gehen Sie in eine Krabbelgruppe.
Zurückhaltend	Sie passen wunderbar zu Ihrem Baby, weil Sie dank Ihrer zufriedenen Natur berechenbar sind.	Achten Sie auf die subtilen Hinweise und Verhaltenszeichen Ihres Babys (s. S. 38ff.).
Ausgeglichen	Sie und Ihr Baby wirken wie aus der Baby-Werbung – ruhig und heiter. Freunde bezeichnen Sie vielleicht als »geborene Mutter«.	Weil Sie beide so entspannt sind, bekommt Ihr Baby vielleicht nicht genügend Anregungen. Spielen Sie mit ihm, wenn es im aufmerksamen Wachzustand ist (s. S. 31).
Sensibel	Sie passen wunderbar zu Ihrem sensiblen Baby. Sie bringen Ruhe in eine ihm chaotisch erscheinende Welt.	Achten Sie genau auf seine Signale (s. S. 38ff.); handeln Sie, wenn es überreizt ist, dann können Sie den Kolik-Kreislauf unterbrechen.

Sensible Mutter

Baby	Passung	So klappt es
Sonnenschein	Ihr geselliges Baby sucht Anregungen und ist laut und fordernd. Seine intensive Lebensfreude überfordert Sie vielleicht; manchmal können Sie auch etwas gereizt sein.	Versuchen Sie, jeden Tag eine Auszeit von Ihrem Baby zu nehmen. Sie brauchen genug Schlaf; wenn Sie unruhige Nächte haben, schlafen Sie tagsüber. Im Schlaf können Sie Ihre Batterien aufladen und so die Anforderungen des Mutterseins besser meistern.
Zurückhaltend	Sie passen gut zu Ihrem zurückhaltenden Baby, weil Sie seine Signale erkennen und sein Bedürfnis, der Welt mit Vorsicht zu begegnen, verstehen.	Achten Sie auf die Zeichen und Signale Ihres Babys (s. S. 38ff.). Wenn es zum Austausch bereit ist, bieten Sie ihm Anregungen und soziale Kontakte.
Ausgeglichen	Eine großartige Kombination – Ihr ausgeglichenes Baby strapaziert Sie nicht.	Genießen Sie es, wie mühelos Sie beide sich verstehen. Stellen Sie aber auch sicher, dass das Baby jeden Tag Anregungen erhält, weil es von sich aus sehr ruhig ist.
Sensibel	Vielleicht bringen das Quengeln Ihres Babys und die mangelnde Ordnung im Haushalt mit einem Neugeborenen Sie aus der Ruhe und machen Sie überempfindlich.	Lassen Sie es Ihren Partner wissen, wenn Sie an Ihre Grenzen kommen und überfordert sind. In den ersten Monaten benötigen Sie Unterstützung von ihm, von Freunden und Angehörigen.

Glückliche Tage Wie auch immer Sie und Ihr Baby zusammenpassen – es gibt Strategien, die Ihre Übereinstimmung fördern, z.B. miteinander zu spielen und Augenkontakt herzustellen. So sind Ihre gemeinsamen Zeiten wertvoll und erfüllend.

Was tun bei Wochenbettdepression?

Die meisten Frauen haben Momente, in denen Ihnen das ungewohnte Muttersein Probleme bereitet und in denen sie Unsicherheit, Tränen oder auch reine Panik erleben. Während der ersten Wochen oder Monate zu Hause können verwirrende Gedanken oder Gefühle aufkommen wie Traurigkeit, Wut, Schuldgefühle oder die Angst, dem Baby Schaden zuzufügen. Diese Phase geht gewöhnlich vorüber; jede zehnte Mutter von Kindern unter zwei Jahren leidet jedoch irgendwann an einer Wochenbettdepression, auch postnatale Depression (PND) genannt.

Gemeinhin geht man davon aus, dass bei einer Wochenbettdepression Angst und Reizbarkeit vorherrschen, verbunden mit Niedergeschlagenheit. Meistens beginnt die PND schleichend und unbemerkt. Sie kann direkt nach der Entbindung entstehen oder im ersten Jahr nach der Geburt, manchmal sogar erst bis zu zwei Jahren danach.

Die postnatale Depression ist eine ernste Erkrankung. Sprechen Sie mit Ihrem Frauenarzt, falls Sie einige der folgenden Symptome bei sich beobachten:

- Gefühl von Kontrollverlust, Frustration und starke Reizbarkeit.
- Ängstlichkeit oder Panikgefühle, Verunsicherung und Sorgen, Niedergeschlagenheit.
- Unfähigkeit, zu lachen oder Freude zu empfinden.
- Überforderung.
- Kein Mut wegzugehen, aber Angst, allein zu sein.
- Ungewöhnliche Weinerlichkeit.
- Das Gefühl, verrückt zu werden.
- Schlafstörungen.
- Mangelnder Sexualtrieb.
- Gedanken, sich selbst oder dem Baby etwas anzutun.

Wenden Sie sich an Ihren Frauenarzt, die Hebamme oder einen erfahrenen Psychologen, wenn solche quälenden Gedanken länger als zehn Tage bestehen oder sich verschlimmern. Eine Wochenbettdepression beraubt Sie der Fähigkeit, Beziehungen herzustellen, Selbstvertrauen und Sicherheit zu entwickeln. Sie macht einsam und isoliert. Denken Sie vor allem daran, dass Sie keine Schuld haben. Erzählen Sie einer vertrauenswürdigen Person von Ihren Gedanken und Gefühlen. Sie brauchen Unterstützung und Verständnis. Ihre Unfähigkeit, das tägliche Leben zu meistern, ist vielleicht das Symptom einer wirklichen, behandelbaren Krankheit. Im Anhang (s. S. 214f.) finden Sie Adressen von Organisationen, die helfen.

Genügend Ruhe finden Lassen Sie Ihren Partner, Freunde und Angehörige sich um das Baby kümmern, während Sie sich von der anstrengenden Geburt erholen. Schlafen Sie ausreichend, dann erholen sich Körper und Hormonsystem schneller.

Kapitel 6

Die Entwicklung des Babys fördern

Jana genießt jeden Augenblick mit Leon. Auch wenn manche Tage schwierig sind, empfindet sie als Mutter große Freude. Sie möchte, dass sich Leon bestens entwickelt und in allen Bereichen seines Lebens Erfolg hat. Seine Fähigkeiten sollen sich optimal entfalten. Jana will jeden freien Moment mit interessanten Aktivitäten füllen. Sie hat sogar einen Förderplan für ihren Sohn erstellt und fragt sich, ob dies ausreicht, damit er das klügste Kind im Bekanntenkreis wird. Doch dieser Ansatz geht in die falsche Richtung und kann Leon überfordern. Nötig ist ein vernünftiger Ausgleich zwischen Aktivitäten, Ruhephasen und Schlaf.

Erfahren Sie, …

● wie Sie das angeborene Potenzial Ihres Babys am besten fördern.
● welche Bedeutung Stimulation hat.
● wann und wie Sie Ihr Baby anregen können.
● wie Sie einen guten Mittelweg zwischen Anregung und Ruhe finden.
● wie Sie die verschiedenen Kriterien Zeitpunkt, Umgebung, Aktivitäten, Spiel nutzen.

Die Geburt Ihres Babys

Die Geburt ist ein kritischer Moment für das Baby; eine schwierige Geburt kann seine Entwicklung lebenslang beeinträchtigen. Eine natürliche Entbindung ist für die meisten Babys am besten. Die dabei ausgeschütteten gesunden Stresshormone stellen sicher, dass das Baby Sauerstoffschwankungen verkraftet und beim Geburtsprozess aktiv ist. Wenn Ihr Baby in Not gerät und die Sauerstoffversorgung abfällt, kann eine assistierte Geburt oder ein Notkaiserschnitt notwendig werden, um das Gehirn des Babys in dieser entscheidenden Zeit zu schützen.

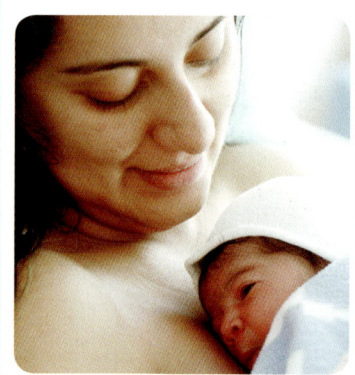

Das Potenzial Ihres Babys

Viele Eltern stehen unter einem immensen Druck, ihrem Baby den besten Start ins Leben zu schenken. Doch verstehen wir wirklich, welche Elemente zu Erfolg und Lebenszufriedenheit beitragen? Es gibt viel Forschung zu diesem Thema; sicher ist, dass nicht ein einzelner Faktor die Entwicklung von Intelligenz und Fähigkeiten prägt. Diese werden durch verschiedene Bedingungen – einschließlich Herkunft, Schwangerschaft und der Anregung in den ersten drei Lebensjahren – geformt. Es gehört eindeutig mehr dazu, um dem Baby den besten Start ins Leben zu geben, als es einfach bei jeder Gelegenheit zu fördern.

Faktoren, die die Entwicklung prägen

Es gibt eine endlose Debatte darüber, ob die Erziehung oder die Gene bestimmen, wer wir sein werden. Letztlich ist Ihr Baby eine Kombination aus den Genen, die Sie ihm mitgegeben haben, der Art, wie Sie es erziehen, und den Sinneserfahrungen, die es macht. Untersuchungen zeigen, dass die folgenden Faktoren einen direkten Einfluss auf die körperliche, intellektuelle und emotionale Entwicklung Ihres Babys haben.

● **Gene** Die Gene, die das Baby von den Eltern bekommt, schaffen seine Anlagen für die Entwicklung. Wenn Ihre Familie sehr musikalisch ist, ist es wahrscheinlicher, dass Ihr Baby ein Musikinstrument spielen oder ein guter Sänger sein wird. Wenn Sie ein brillanter Sportler sind, könnte es diese athletischen Gene besitzen. Die Gene Ihres Babys tragen auch zu seiner Persönlichkeit und seiner Fähigkeit zur Stressbewältigung bei. Da Sie das genetische Potenzial in keiner Weise steuern können, gehen wir nicht weiter darauf ein. Auch die Art, wie Ihr Baby auf Stimulation reagiert, wird in hohem Maße von seinen Genen bestimmt.

● **Schwangerschaft** Sie sind das »Gewächshaus« für diese kleine Saat. Während der Schwangerschaft geben Sie Ihrem Baby die Umgebung und die Nährstoffe, die es für all seine Entwicklungsstadien benötigt. Wenn Sie auf Ihre Ernährung (s. Kasten gegenüber) und Ihr Umfeld achten, kann sich Ihr Baby gesund entwickeln.

● **Geburt** Die Geburt ist ein ausschlaggebender Moment und eine kritische Phase für seine Gesundheit und seine Entwicklung. Hebamme und Arzt setzen sich dafür ein, dass die Geburt für Sie und Ihr Baby sicher ist.

● **Sinneseindrücke** Was Ihr Baby sieht, hört und berührt, ist der Schlüssel zu Wachstum und Entwicklung seines Gehirns. Durch die Art, wie Sie diese Impulse steuern, können Sie vermutlich am direktesten seine Entwicklung beeinflussen.

● **Liebe** Das emotionale Umfeld, in dem sich Ihr Baby entwickelt, spielt möglicherweise die entscheidendste Rolle beim Heranwachsen eines gesunden Menschen und der optimalen Entfaltung seiner Fähigkeiten.

Der Einfluss der Schwangerschaft

Während der 40 Schwangerschaftswochen liefern Sie die Grundlagen (Nahrung und Umgebung) für das Wachstum jeder einzelnen Zelle im Körper Ihres Babys. Ihre eigene Ernährung in diesen Wochen hat einen direkten Einfluss auf die Entwicklung Ihres Babys (s. rechts). Sein Gehirn entwickelt sich ab dem Ende der dritten Schwangerschaftswoche; während des ersten Trimesters beginnen die neu gebildeten mikroskopisch kleinen Gehirnzellen an ihre richtige Position zu wandern. So verlagern sich z. B. Zellen, die für das Sehvermögen zuständig sind, in den Bereich des Gehirns, der das Sehen steuert. Die Bildung und Wanderung der Gehirnzellen legt das Potenzial Ihres Babys fest. Stress und die Umgebung in der Gebärmutter beeinflussen die Entwicklung Ihres Babys ebenfalls:

Stress Neue Forschungen zeigen, dass Stress in der Schwangerschaft die Vernetzung des Gehirns beeinflusst. Bei Stress wird vermehrt das Stresshormon Kortisol ausgeschüttet, das durch die Plazenta auch zum Baby gelangt. Ihr Stress beeinträchtigt damit Ihr Baby, was sich negativ auswirken kann auf die Strukturierung seines sich entwickelnden Gehirns und seine spätere Fähigkeit, mit schwierigen Situationen umzugehen, z. B. mit Problemen am Arbeitsplatz. Vermeiden Sie während der Schwangerschaft Situationen, die Stress verursachen, z. B. ehrgeizige Wohnungsrenovierungen oder große Aufträge im Beruf. Verursacht Ihre Beziehung zum Partner oder Ihrer Familie Stress, suchen Sie nach Wegen, den Druck zu lindern – etwa durch Gespräche oder Beratung – oder meiden Sie Familientreffen, die Anspannung und Ärger verursachen. Wenn Ihr Baby schon da ist und Sie eine stressreiche Schwangerschaft erlebt haben, haben Sie deswegen keine Schuldgefühle. Sie können die Auswirkungen verringern, indem Sie im Umgang mit ihm verlässlich und optimistisch sind.

Die Gebärmutter Alle sensorische Anregung, die Ihr Baby für seine vorgeburtliche Entwicklung benötigt, bekommt es im Mutterleib. Die Muskeln bilden die Körperwahrnehmung im Gehirn aus, indem sie sich gegen den festen hautnahen Druck der Gebärmutterwand bewegen. Im letzten Trimester dreht sich Ihr Baby in die Kopflage, was das Gleichgewichtssystem (s. S. 13) unterstützt und die Muskelspannung fördert. Muskelspannung benötigt Ihr Baby, um aktiv zum Geburtsprozess beizutragen; später ist sie ein Teil seiner Bewegungsfähigkeiten. Der Sehsinn wird geschont, da die Augen noch zu empfindlich sind, um Stimulation zu verkraften. Die Sinneserfahrungen der 40 Wochen im Mutterleib geben Ihrem Baby den besten Start ins Leben. Kommt es zu früh zur Welt, können Sie auf der Neonatalstation eine gebärmutterähnliche Welt schaffen, um seine sensorische Entwicklung zu unterstützen (s. S. 73f.).

Die Rolle der Ernährung

Während der Schwangerschaft bildet Ihre Nahrung die Bausteine für die Zellentwicklung Ihres Babys. Lebenswichtige Nährstoffe gelangen über Ihr Blut durch die Plazenta; daher ist es wichtig, dass Sie sich gesund ernähren. Auch während des Stillens tragen die Nährstoffe, die Sie aufnehmen, dazu bei, dass gesunde Muttermilch für Ihr Baby gebildet wird.

Gesunde Ernährung Essen Sie ausgewogen: viel Obst und Gemüse; ballaststoffhaltige Stärke wie Vollkornbrot und Naturreis; Eiweißquellen wie Hähnchen, mageres Rindfleisch, Fisch und Eier. Wichtig sind Nahrungsmittel mit essenziellen Fettsäuren, wie Nüsse und Samen; essen Sie zweimal wöchentlich fettreichen Fisch. Trinken Sie viel Wasser; Getränke mit Koffein und Süßstoffen dagegen nur in Maßen.

Schädliches meiden Bestimmte Stoffe können dem Gehirn Ihres Babys schaden, z. B. Alkohol, Zigaretten, Drogen sowie viele rezeptfreie Medikamente und Naturheilmittel. Diese Substanzen gelangen über die Plazenta zum Baby und können die Wanderungsbewegung der Gehirnzellen stören. Verzichten Sie daher während Schwangerschaft und Stillzeit am besten darauf.

63

Gesunde Sinne fördern

Manche Babys laufen mit neun, andere mit 17 Monaten – in dieser Zeitspanne ist jeder Zeitpunkt normal, sofern Ihr Baby auch andere Meilensteine erreicht. Messen Sie seinen Fortschritt nicht nur an einem Kriterium.

Erfahrungsbericht

Leben im Alltag Jana stellt fest, dass ihr nach dem Erledigen der Hausarbeit und der Versorgung von Leon und sich selbst kaum Zeit für ihr geplantes Baby-Förderprogramm bleibt. Sie hat Schuldgefühle, weil die geplanten Aktivitäten manchmal wegfallen. Doch es gibt eine einfache Lösung: Statt spezielle Zeiten für die Förderung von Leon einzuplanen, baut sie diese Anregungen in den Alltag ein. Sie spricht mit Leon, während sie den Haushalt erledigt, oder nimmt ihn im Tragesitz mit, wenn sie hinausgeht. So bekommt er viele neue Eindrücke.

WAS MEIN BABY WILL

64

Entwicklungsbereiche

Wir messen den Fortschritt eines Babys gern an bestimmten altersbezogenen Meilensteinen: Laufen, Krabbeln, Sprechen, Beikost usw. Doch seine Entwicklung ist viel interessanter und vielschichtiger. Oft beeinflussen die kleinen Dinge, die nicht so einfach zu messen sind, den späteren Lebenserfolg eines Babys am stärksten, z. B. seine emotionalen Kompetenzen und seine Fähigkeit zur Selbstregulation. Sie bilden sich gleichzeitig mit den deutlicher erkennbaren Fortschritten im Bereich der Bewegung und Sprache aus. Was also beeinflusst die Entwicklung Ihres Babys? Natürlich seine Gene, Ihre Schwangerschaft und die ersten Lebenstage – doch auch Sie als Eltern spielen eine bedeutende Rolle. Ihre Anregungen ermöglichen es ihm, sein Potenzial zu entfalten. In Kapitel 7 bis 13 sind altersgemäße Entwicklungsnormen in den fünf grundlegenden Bereichen beschrieben sowie zahlreiche Möglichkeiten, wie Sie Ihr Baby im Alltag fördern können.

Grobmotorische Entwicklung Die »großen« Bewegungen des Körpers zeigen die Entwicklung am deutlichsten. Zuerst muss Ihr Baby Kontrolle über die Schwerkraft gewinnen. Bei der Geburt ist es ein zusammengekauertes Bündel, der Schwerkraft und seinen unreifen Reflexen ausgeliefert. Innerhalb weniger Wochen streckt es sich und bindet seine Reflexe mit ein. So kann es zunächst seinen Kopf halten und sich später umdrehen. Die Kopfkontrolle ist der erste Schritt zum Laufenlernen. Mit zunehmender Körperkontrolle lernt es zu sitzen und später zu krabbeln. Dies sind die entscheidenden motorischen Entwicklungsschritte im ersten Jahr. Für viele Eltern ist das Laufen der entscheidende Meilenstein. Letztlich ist das Laufenlernen sogar einfacher als das Krabbeln. Ein gutes grobmotorisches Koordinationsvermögen ist die Grundlage für spätere sportliche Leistungen, wobei diese ebenso von den Genen beeinflusst werden, aber auch die Begeisterung für eine Sportart voraussetzen. Durch Ball- und Wasserspiele fördern Sie die Fähigkeiten Ihres Babys.

Feinmotorische Entwicklung Dieser Bereich ist vielschichtiger als die Grobmotorik. Ihr Baby verfeinert seine Hand- und Armbewegungen, um sich nach etwas auszustrecken, Dinge zu greifen und mit ihnen umzugehen. Die Hand-Augen-Koordination ist der Schlüssel zu diesem Entwicklungsbereich. Wenige Wochen nach der Geburt nimmt Ihr Baby seine Hände wahr, beginnt zu greifen und seine Armbewegungen zu steuern. Mit sechs Monaten gewinnt es die Kontrolle über seine Finger und am ersten Geburtstag koordiniert es Strecken, Greifen und Hantieren mit winzigen Gegenständen, z. B. Erbsen auf seinem Teller. Kinder mit einer guten genetischen Veranlagung für die Hand-Augen-Koordination können bei Sportarten wie Hockey brillieren. Hat Ihr Kind dazu noch ein kreatives Gen, könnte ein

Künstler oder Pianist aus ihm werden. Fördern Sie die Feinmotorik und die Hand-Augen-Koordination, indem Sie z. B. Spielsachen knapp außer Reichweite legen, um das Greifen anzuregen, oder geben Sie Ihrem älteren Baby Fingerfood zum Selberessen.

Sprachentwicklung

Es zeichnet Menschen aus, dass sie mit oder ohne Worte kommunizieren können; dies hängt mit unserer Intelligenz zusammen. Meilensteine in diesem Entwicklungsbereich sind die Fähigkeiten, nonverbale Signale zu erkennen, Sprache zu verstehen, Laute zu bilden und ab etwa einem Jahr Wörter zu sprechen.

Forschungen haben gezeigt, dass die Dauer, während der eine Mutter täglich mit ihrem Baby spricht, und ihr Wortschatz in enger Verbindung zu seinem IQ stehen. Die Gene Ihres Babys sind die Bausteine seiner Intelligenz, Ihre Schwangerschaft liefert die Basis, aber es ist die Art, wie Sie mit Ihrem Baby sprechen, die seine Intelligenz entfaltet.

Soziale und emotionale Entwicklung

Dieser Entwicklungsbereich ist vielleicht der wichtigste für einen Menschen. Er ermöglicht, sinnstiftende Beziehungen zu anderen Personen einzugehen. In den ersten Tagen und Monaten braucht Ihr Baby eine Bindung an wenige erwachsene Bezugspersonen, gewöhnlich Mutter und Vater, vielleicht die Großmutter oder die Tagesmutter. Sein Austausch mit diesen Menschen ist bestimmend für alle zukünftigen Beziehungen. Zu einem positiven Bindungsprozess gehört Folgendes:

● **Einbeziehen der Sinnenwelt** Wenn Ihr Baby die Sinneserfahrungen der sozialen Interaktion genießt, wie Berührung, lässt es sich eher auf Beziehungen mit engem Körperkontakt ein, wie Stillen und Schmusen.
● **Sich wahrgenommen und verstanden fühlen** Dies geschieht, wenn Sie die Signale Ihres Babys richtig deuten und zuverlässig darauf reagieren.
● **Freude und Glück** Wenn Sie mit Ihrem Baby lachen, wenn Sie miteinander glücklich sind und gemeinsame glückliche »Wohlfühlmomente« erleben, lernt und entwickelt sich Ihr Baby in allen Bereichen gut.
● **Zeit und gemächliches Tempo** Bindung und emotionale Entwicklung brauchen viel Zeit und Raum. Der Begriff der Qualitätszeit gilt nicht für Babys – sie brauchen »Quantitätszeit« mit verlässlichen Bezugspersonen.

Regulation

Dieser Bereich ist nur wenigen Eltern vertraut, doch Selbststeuerung ist im späteren Leben sehr wichtig. Auch hierbei können Sie Ihr Baby unterstützen: Es geht darum, sich zu beruhigen und körperliche Reaktionen zu beherrschen. Bei der Geburt muss Ihr Baby einen gleichmäßigen Herzschlag und die Atmung aufrechterhalten. Später muss es lernen, seine körperliche oder emotionale Verfassung zu bewahren, um weiterschlafen zu können oder ruhig zu bleiben.

Sprachentwicklung

Im Gehirn existieren zwei getrennte Sprachbereiche. Das Wernicke-Zentrum ist verantwortlich für das Verständnis der Sprache (verbal und nonverbal), das Broca-Zentrum steuert das Sprechen.

Da sich das Wernicke-Zentrum zuerst entwickelt, versteht Ihr Baby Sprache, bevor es selbst sprechen kann. Die Nervenbahnen im Wernicke-Bereich entwickeln sich zwischen acht und 20 Monaten; so versteht Ihr Baby ab acht Monaten allmählich Sprache.

Das Broca-Zentrum wird zwischen zwölf Monaten und zwei Jahren aktiviert, daher spricht Ihr Kind erst im zweiten Lebensjahr.

Das frustriert Ihr Baby immer wieder, dass es zwar vieles verstehen, aber noch nicht selbst mit Worten kommunizieren kann.

Bindungszeit Es fördert die emotionalen Fähigkeiten Ihres Babys, wenn es oft ruhig an Ihrem Körper liegt.

Selbstregulation

Manche Babys besitzen die genetischen Anlagen für Ausgeglichenheit (gesellige und ausgeglichene Babys). Andere können Organsysteme und Gefühle weniger gut steuern (sensible und zurückhaltende Babys), sodass sie öfter schreien und eher Schlafprobleme haben.

Auch die Schwangerschaft beeinflusst die Fähigkeit zur Selbstregulation. Babys, die im Mutterleib z.B. Drogen ausgesetzt waren, sind weniger in der Lage, sich selbst zu steuern; sie sind in den ersten Tagen unruhiger und leiden später öfter an Aufmerksamkeitsstörungen.

Wie sich Selbstregulation entwickelt Wenn Ihr Baby wächst, lernt es allmählich, seine Körpersysteme durch innere und äußere Mechanismen im Gleichgewicht zu halten. Die inneren Vorgänge werden Sie nicht wahrnehmen, weil sie von Hormonen und dem autonomen System (Hirnstammsystem) gesteuert werden. Bei der Geburt muss sich Ihr Baby sogleich an die Welt außerhalb des Mutterleibs anpassen. Dazu müssen sein Hormon- und sein autonomes System Körpertemperatur, Atmung und Herzschlag regulieren, ebenso wie andere Körperfunktionen, z.B. das Verdauungssystem. Frühgeborene brauchen dazu länger Zeit. Nach ein paar Tagen ist Ihr Baby zunehmend in der Lage, seine Stimmung sowie seine Fähigkeit, ruhig zu bleiben, zu steuern. Meist dauert es aber etwa vier Monate, bis ein Baby dies sowohl mithilfe innerer Mechanismen – Ausfiltern von Sinnesreizen – als auch mit äußeren Methoden – wie z.B. Selbstberuhigung – tut. In der zweiten Hälfte des ersten Jahres beginnt Ihr Baby, Schlaf und Appetit zu regulieren. In der Schule wird es später besser lernen, wenn es seine Aufmerksamkeitsspanne steuern kann.

Helfen Sie Ihrem Baby in den ersten drei Monaten, seine Stimmung zu steuern, indem Sie es nicht überreizen und es beruhigen. Helfen Sie ihm, seinen Schlaf zu regulieren: Gestalten Sie seine sensorische Welt entsprechend. In den nach Alter geordneten Kapiteln finden Sie Methoden, mit denen Sie die Selbstregulation Ihres Babys unterstützen können.

Das Baby beruhigen Bei der Geburt kann Ihr Baby nur die grundlegendsten Körperfunktionen, wie Aufrechterhaltung von Temperatur und Herzschlag, selbst steuern. Sie müssen Ihr Baby beruhigen und ihm helfen, seine Stimmungen zu regulieren.

Was ist »normal«?

Viele Eltern sehen die Entwicklung ihres Babys als eine Art Wettbewerb. Sie achten genau auf seine Meilensteine und suchen nach Anzeichen von außergewöhnlichen Talenten. Doch der Vergleich zwischen verschiedenen Babys nach dem Erreichen bestimmter Entwicklungsstufen ist bestenfalls eine zwecklose Übung und verursacht im schlimmsten Fall Unsicherheit und sogar Animositäten zwischen Freunden. Babys sind Individuen und sollten nicht nach dem Erreichen von Meilensteinen beurteilt werden: Diese sind keine verlässlichen Indikatoren für Begabung oder Auffälligkeiten. Es gibt gute Gründe, warum Sie die Entwicklung Ihres Babys nicht mit anderen vergleichen sollten:

1 Zeitspanne Das Altersspektrum, in dem die Meilensteine erreicht werden, ist breit. Keine Entwicklungsstufe, vom Sprechen bis zum Gehen, muss in einem bestimmten Alter erreicht werden – sie liegen alle innerhalb einer Altersspanne. So spricht z. B. ein »normales« Baby seine ersten Wörter irgendwann zwischen neun und 16 Monaten.

2 Individualität Die Entwicklung verläuft individuell sehr unterschiedlich. Manche Babys machen in einem Bereich rasch Fortschritte, in einem anderen langsamer. Genau wie Erwachsene haben Babys unterschiedliche Begabungen. So läuft das eine Baby früh, während das andere später laufen kann, aber schon mit zwei Wochen lächelt und beim ersten Geburtstag einen erstaunlichen Wortschatz besitzt.

3 Einen Schritt vorwärts Auch individuell verläuft die Entwicklung nicht konstant, ganz unabhängig von der Begabung. In einer Woche beginnt Ihr Baby, seinen Kopf zu halten, während es in der nächsten Woche viel schlaffer wirkt. Etwas später, scheinbar über Nacht, verlernt Ihr zehn Monate altes Baby alle fünf Wörter, die es schon geplappert hat. Dafür gibt es einen Grund: Verschiedene Fähigkeiten konkurrieren bei ihrer Entwicklung um die Energie des Gehirns; das Gehirn konzentriert sich dabei immer wieder auf eine andere. Einige Wochen lang steht für Ihr Baby z. B. die Sprache im Mittelpunkt, dann wiederum macht es große motorische Fortschritte, während die Sprache scheinbar in den Hintergrund tritt.

Natürlich verläuft die Entwicklung nicht so eindeutig wie hier dargestellt. Meistens überlappt sich der Erwerb der Kompetenzen, sodass es verschiedene Fähigkeiten gleichzeitig erlangt. Die Entwicklung vollzieht sich schubweise, weil das Gehirn eine neue Fertigkeit erst festigen muss. Wenn sich im Moment anscheinend nichts Neues tut, arbeitet das Gehirn Ihres Babys intensiv daran, wichtige Grundlagen als Vorbereitung der nächsten Phase zu schaffen.

Entwicklungsverzögerung

Hat ein Baby in einem Bereich Schwierigkeiten, nimmt oft die Mutter als Erste die Anzeichen wahr. Wenn Sie sich wegen Ihres Babys Sorgen machen, achten Sie auf verschiedene Bereiche.

Anzeichen einer Verzögerung:
- Schlaffheit der Glieder und des Körpers von Geburt an oder eine spätere Steifheit.
- Schwierigkeiten beim Schlucken oder andere ernste Trinkprobleme.
- Das Baby wendet sich mit drei Monaten nicht einem Geräusch zu.
- Ausbleibender Blickkontakt von Anfang an.
- Es lächelt mit zehn Wochen nicht und hat kein Interesse an Menschen.
- Es plappert mit acht Monaten nicht mit sich selbst oder anderen.
- Mit zehn Monaten dreht es sich nicht um und krabbelt nicht.
- Nicht synchrone Bewegungen beider Körperhälften oder asymmetrische Bewegung.
- Kein Armstrecken und Greifen nach Gegenständen mit sechs Monaten.
- Extreme Unruhe, die über den sechsten Monat hinaus andauert.

Falls Sie eines oder mehrere dieser Anzeichen beobachten, stellen Sie Ihr Baby dem Kinderarzt vor. Wenn er meint, dass alles in Ordnung ist, Sie sich aber weiterhin Sorgen machen, vereinbaren Sie einen Termin mit einem Krankengymnasten, einem Ergotherapeuten oder einem Kinder-Neurologen. Diese Fachleute können die Entwicklung beurteilen und mögliche Probleme früh erkennen.

Hochbegabung

Hochbegabung kann Probleme mit sich bringen und sehr begabte Kinder erfordern einen besonderen Umgang. Das frühe Erreichen von Meilensteinen im ersten Lebensjahr ist sehr selten Ausdruck einer Hochbegabung. Die meisten dieser Kinder sind mit 18 Monaten gleich entwickelt wie ihre Altersgenossen. Anzeichen einer Hochbegabung sind:

● Deutlich früheres Erreichen der Entwicklungsstufen in allen Bereichen.
● Sehr frühe und fortgeschrittene Sprachentwicklung.

Die Bedeutung von Anregungen

Jeder Mensch wird mit einem genetischen Code geboren, der ihn zu dem macht, der er ist. Dieser Code ist das bei Geburt vorhandene Potenzial zu besonderen Leistungen. Darin kann etwa eine hohe Musikalität angelegt sein. Doch wenn das Kind niemals mit einem Musikinstrument in Berührung kommt, wird diese Anlage nicht unterstützt. Daher ist es die Erziehung, die bestimmt, in welchem Umfang es sein Potenzial umsetzen kann.

Bei der Geburt besitzt Ihr Baby jede Gehirnzelle, die es für seine Entwicklung benötigt. Doch nur sehr wenige dieser Zellen sind miteinander verknüpft; das bedeutet, dass sie noch nicht sinnvoll genutzt werden können. Wenn ein Sinnesreiz das Gehirn erreicht, »befeuert« er eine Gehirnzelle (Neuron) und eine Botschaft wird von dieser Zelle zur nächsten weitergegeben. Erfährt das Baby denselben Reiz erneut, wird derselbe Pfad aktiviert und damit verstärkt. So funktionieren Lernprozesse.

In den vergangenen 50 Jahren gab es Forschungen zur Auswirkung der Umgebung auf die Intelligenz. Studien an Waisen, die sehr früh in Heime kamen, zeigten, dass die sterile, reizarme Umgebung eines Heimes zu Verzögerungen in den meisten Entwicklungsbereichen und damit langfristig zu Problemen führt. Es ist sehr traurig, dass betroffene Kinder selbst bei intensivem Bemühen nach ihrem Aufenthalt im Heim niemals ihr volles Potenzial entfalten können. Die ersten drei Jahre sind eine entscheidende Phase, in der das Gehirn am besten lernt. Intensive Anregung in dieser Zeit führt zu einer Zunahme der Verbindungen zwischen den Gehirnzellen und zu verstärktem Wachstum in den stimulierten Bereichen des Gehirns.

Emotionales Umfeld

Betrachten wir die Schlüsselelemente der Entwicklung: Die Gene des Babys sind der Samen, der den Code für sein Potenzial trägt; eine gesunde Schwangerschaft und Geburt gibt ihm den besten Start; danach sind Anregungen wichtig.

Bis vor Kurzem endete hier die Gleichung. Doch im letzten Jahrzehnt wurde entdeckt, dass die besonderen Zutaten, die diesen Prozess geschehen lassen und den Erfolg garantieren, Liebe und eine positive emotionale Umgebung sind. Wenn Sie Ihr Baby mit Liebe und in emotionaler Zuwendung fördern, entwickeln sich die Verbindungen zwischen den Gehirnzellen viel schneller und wirksamer.

Dies ist der Grund, warum Babys in einer sterilen und kontrollierten Umgebung nichts lernen. Fernsehen vermittelt kaum Emotionalität und keinen sozialen Austausch. Forschungen zeigen, dass Babys beim Fernsehen sehr wenig lernen, selbst bei Lernsendungen. Ein Kind kann im Fernsehen mehrmals ein Schwein sehen und das Wort »Schwein« hören, ohne dass es lernt, dieses Wort zu sprechen. Aber nach einem Besuch in einem Schweinestall mit dem typischen Geruch und Mamas Reaktionen auf die Sinneserfahrungen dieses Ausflugs kennt es das Wort »Schwein« bestimmt.

Ihre emotionale Reaktion auf Ihr Baby, das Sprechen in der Muttersprache (was Emotionalität vermittelt) und die bloße Freude an seiner wachsenden Bindung an Sie sind der Nährboden für die Entwicklung Ihres Babys.

Ausgewogene Förderung

Auch wenn eine anregende Umgebung unverzichtbar für die Entwicklung ist, sollten Sie nicht bereits Ihren Säugling im eigentlichen Sinne fördern. Für Förderung gilt keineswegs: »je mehr, desto besser«. Zwar sind Anregungen notwendig für die Gehirnentwicklung, doch ist der richtige Zeitpunkt entscheidend, ebenso der Ausgleich durch Ruhe- und Schlafphasen.

● **Reizbarkeit/Erregung** Babys, die sehr viel Stimulation bekommen, Schlaf versäumen und deren Eltern ihre Signale nicht wahrnehmen, werden reizbar und quengelig. Ein quengeliges Baby lernt wenig aus Anregungen.

● **Schlafprobleme** Zu viel Stimulation kann zu einer Reizüberflutung führen. Das Baby kann nicht abschalten, kommt tagsüber nicht zur Ruhe und schläft nachts schlecht. Babys, die tagsüber nicht schlafen und überreizt sind, entwickeln häufig auch nachts Schlafstörungen und erleben sogar Nachtschrecken (s. S. 202).

● **Kurze Aufmerksamkeitsspanne** Konzentration und Aufmerksamkeit entwickeln sich im Lauf der Zeit. Babys, die mit Spielsachen und Aktivitäten überhäuft werden, wenden ihre Aufmerksamkeit schnell von einer Sache zur nächsten, ohne sich Zeit zu nehmen, einen Gegenstand genau zu erforschen. Das beeinträchtigt ihre Fähigkeit, Probleme zu lösen (eine wichtige Lebenskompetenz). Eine begrenzte Anzahl an normalen Haushaltsgegenständen – Kochlöffel, Apfel – hält Ihr Baby länger bei Laune und fördert seine Aufmerksamkeit besser als eine Menge herumliegender Spielsachen.

● **Hoher Aktivitätspegel** Wenn das Leben ständig aufregend ist, wird Ihr Baby sehr lebhaft. Der Stress ständiger Reize kann dazu führen, dass es immer umtriebiger wird. Beobachten Sie Kleinkinder bei einer Geburtstagsparty – Sie sehen sofort, wie die Kinder bei hohem Reizpegel immer überdrehter werden und weniger konstruktiv spielen.

● **Fehlender Nutzen** Ein hohes Maß an Anregung zur falschen Zeit hat keineswegs eine positive Auswirkung. Verknüpfungen zwischen Gehirnzellen entstehen am besten, wenn das Baby im aufmerksamen Wachzustand ist (s. S. 31) und sich in einer liebevollen Umgebung befindet. Das Vorlesen eines Bilderbuches, wenn Ihr Baby aufmerksam-wach und bereit zum Austausch ist, ist enorm förderlich für seine Entwicklung. Eine Anregung, wenn es müde ist und Sie ungeduldig sind, hat dagegen keine positiven Auswirkungen auf seinen Lernprozess.

● **Behinderung der Spielfähigkeit** Wenn Sie Ihr Baby dauernd anregen, lernt es kaum, selbstständig zu spielen und seine Umgebung in seinem eigenen Tempo zu erforschen.

● **Stress für die Familie** Vielleicht stellen Sie fest, dass der Druck, den Sie sich machen, um Ihr Baby mit Förderkursen und modernstem Spielzeug zu versorgen, eine kostspielige und zeitraubende Angelegenheit ist.

Förderliche Aktivitäten

In den letzten 30 Jahren wurde die entscheidende Phase der ersten drei Lebensjahre intensiv untersucht und erforscht, wie man die Entwicklung des Babys fördern kann. »Anregung« und »Förderung« wurden Schlagworte der Erziehung. Sie können zahllose Bücher kaufen, unzählige Artikel in Zeitschriften lesen, wunderbare Spielsachen kaufen und Ihr Baby zu Kursen anmelden – alles, um seine Entwicklung durch Stimulation zu optimieren. Aber anscheinend stimmt dieses Prinzip so nicht. Studien zeigen, dass z. B. DVDs zur Förderung der Intelligenz den Spracherwerb letztlich behindern. Babys sind nur eine begrenzte Zeit wach und aufmerksam – verbringen sie diese Zeit vor dem Bildschirm statt im Austausch mit anderen Menschen, erhalten sie nicht die emotionalen und sozialen Erfahrungen, die den Spracherwerb fördern.

Das Baby anregen

❶ Babys betrachten gern ihr eigenes Spiegelbild. Es gibt schöne Babybücher mit bruchsicheren Spiegeln.

❷ Lebendiges Vorlesen: Ermuntern Sie Ihr Baby mitzumachen, indem es auf Bilder zeigt. Das kommt der Entwicklung ungemein zugute.

Der vernünftige Mittelweg

Das Geheimnis der optimalen Förderung Ihres Babys besteht darin, den Mittelweg zwischen zu wenig und zu vielen Anregungen zu finden. Die Grundprinzipien einer vernünftigen Förderung sind folgende:

1 Nutzen Sie den natürlichen Antrieb Ihres Babys Ihr Baby hat den Drang, mit der Welt in Kontakt zu treten. Sie können also auf den natürlichen Entwicklungstrieb vertrauen, es liegt nicht alle Verantwortung bei Ihnen. Jean Ayres, Pionierin auf dem Gebiet der sensorischen Integration, ging davon aus, dass Kinder den natürlichen Wunsch haben, sich zu entwickeln, und dass sie sich in einer fruchtbaren Umgebung gut entwickeln werden. Daher müssen Sie Ihr Kind nicht beständig zum Spielen anleiten; stellen Sie ihm interessante Spielsachen oder Gegenstände zur Verfügung und beobachten Sie, was Ihr Baby tut. So spürt es, dass es Ihre Aufmerksamkeit hat, kann seine Umwelt aber frei nach eigenem Belieben erforschen.

2 Schaffen Sie eine fruchtbare Umgebung Ein vielseitiges sensorisches Umfeld sowie altersgemäße Spielsachen und Bücher bieten Ihrem Baby Gelegenheit, sein Potenzial selbst zu entfalten, ohne das Risiko der Überforderung und ohne Zeitdruck. In den Kapiteln 7 bis 13 finden Sie entsprechende Vorschläge.

3 Erkennen Sie die Signale Ihres Babys Ihr Baby lernt am besten, wenn es im aufmerksamen Wachzustand ist (s. S. 31). Achten Sie auf die Annäherungssignale Ihres Babys (Lächeln, Gurren, es betrachtet Sie mit Interesse) und bieten Sie ihm dann Anregungen. Wenn Sie seine Wachphasen (s. S. 51) kennen, wissen Sie, wann es vom Spielen genug hat und besser schlafen sollte.

4 Überlassen Sie Ihrem Baby die Führung Seien Sie nicht der Lehrer Ihres Babys, sondern stehen Sie ihm bei seinen Fortschritten zur Seite. Richten Sie ihm einen Spielbereich ein (z. B. ein sicherer Platz in der Küche) und setzen Sie sich mit ihm ein paar Minuten dorthin, während es eine Aktivität ausprobiert. Folgen Sie der Führung Ihres Babys; spielen Sie beide mit den Spielsachen, an denen es Interesse zeigt.

5 Beachten Sie die Förderbereiche Berücksichtigen Sie jeweils die Bereiche Zeitpunkt, Umgebung, Aktivitäten und Spielsachen. So wissen Sie, wann und wie Sie Ihr Baby am besten fördern. Am Ende jedes Alterskapitels (Kapitel 7 bis 13) finden Sie einen Abschnitt mit Ideen für entsprechende altersgerechte Aktivitäten.

Die Förderbereiche

Beachten Sie bei der Förderung Ihres Babys immer bestimmte Kriterien. So stellen Sie sicher, dass die Anregungen altersgemäß und vernünftig sind:

- Wann ist der richtige **Zeitpunkt**, um mein Baby zu beschäftigen?
- Wie kann ich seine **Umgebung** gestalten, damit sie entweder interessant und anregend oder beruhigend ist?
- Welche **Aktivität** ist für mein Baby gerade jetzt geeignet?
- Gibt es ein oder zwei **Spielsachen**, die ich meinem Baby anbieten kann, die ihm gerade jetzt gefallen und die seine Entwicklung fördern?

Zeitpunkt

Zeitpunkt Stimmen Sie die anregenden Aktivitäten Ihres Babys auf seinen Rhythmus (s. S. 50), seine Wachphasen (s. S. 51) und seinen Bewusstseinszustand (s. S. 31ff.) ab. Es ist logisch, visuelle Stimulation nachts auf ein Minimum zu beschränken, weil das Baby schlafen sollte. Entsprechend fördern Sie den Sehsinn am besten während der ruhigen Wachphase Ihres Babys am Nachmittag, wenn es hell ist. Seifenblasen z. B. spornen es an, sie mit den Augen zu verfolgen.

Bauen Sie in Ihren normalen Tagesablauf verschiedene anregende Aktivitäten ein. Dadurch können Sie die Entwicklung des Babys positiv beeinflussen, ohne einen bestimmten Zeitplan zur Förderung aufstellen zu müssen.

- Bieten Sie ihm beim Wickeln visuelle Anregung (außer nachts), weil Ihr Baby dabei auf dem Rücken liegt und umherschaut.
- Ein Spaziergang im Park ist eine wunderbare Stimulation des Bewegungssinns, egal ob Sie es im Wagen schieben, im Tragetuch tragen oder es sogar in der Schaukel leicht schwingen. »Hoppe, hoppe, Reiter« auf Ihren Knien fördert seine Motorik.
- Die Mahlzeiten sind eine ideale Zeit, Babys Hörsinn zu stimulieren – durch leises Singen oder Sprechen während des Fütterns.
- Die Badezeit liegt direkt vor dem Schlafengehen; seien Sie daher mit Anregung vorsichtig und geben Sie ihm beruhigende Reize, wie sanfte Bewegung, um Ihr Baby auf die Nacht einzustimmen.

Umgebung

Umgebung Das Gehirn funktioniert wie ein Schwamm und saugt ständig sensorische Information auf. Im Gegensatz zum reifen Gehirn, das übermäßige oder unbedeutende Sinnesreize ausfiltern kann, nimmt Ihr Baby alles auf! So ist zu verstehen, dass seine Umgebung einen wesentlichen Einfluss auf sein Befinden hat.

Strukturieren Sie die Umgebung Ihres Babys entweder mit beruhigenden oder mit anregenden Aktivitäten. Das ist das Geheimnis für seine Ausgeglichenheit. Wollen Sie das Baby beruhigen, wiegen Sie es in einem ruhigen Raum mit gedämpftem Licht oder singen Sie ihm leise vor.

Aktivitäten

Aktivitäten Damit sind die Spiele und der Austausch mit Ihrem Baby gemeint. Sie können entweder anregend oder beruhigend für das Baby sein. Aktivitäten sollten jeweils zur richtigen Tageszeit und am richtigen Ort ausgeführt werden (s. Zeitpunkt und Umgebung).

Spielsachen

Spielsachen Jeder Gegenstand, mit dem Ihr Baby spielen will, ist ein Spielzeug – Haushaltsgegenstände, Bücher, Spielsachen, oder Spielgeräte draußen. Es gibt heute wunderbares Förderspielzeug und schon für kleine Babys altersgemäße, moderne Spielsachen, wie ein Babytrapez oder weiche Puzzle-Würfel.

Doch auch hier ist alles eine Frage des richtigen Zeitpunkts. Manche Spielsachen sind wunderbar zur Anregung, sollten aber nur eingesetzt werden, wenn Ihr Baby in der richtigen Verfassung ist.

Ein Mobile oder ein Activity-Center fördert z. B. die Kontrolle der Augenbewegungen und die Hand-Augen-Koordination. Ein müdes Baby wird jedoch von einem Mobile oder Trapez überreizt. Dann profitiert es weder von der Aktivität noch bleibt es ruhig. Zum Baden können Sie ihm vielleicht ein paar Behälter zum Ausgießen geben. Zur Schlafenszeit ist eine CD mit Wiegenliedern geeignet und direkt vor dem Einschlafen, wenn es müde ist, braucht es gar kein Spielzeug.

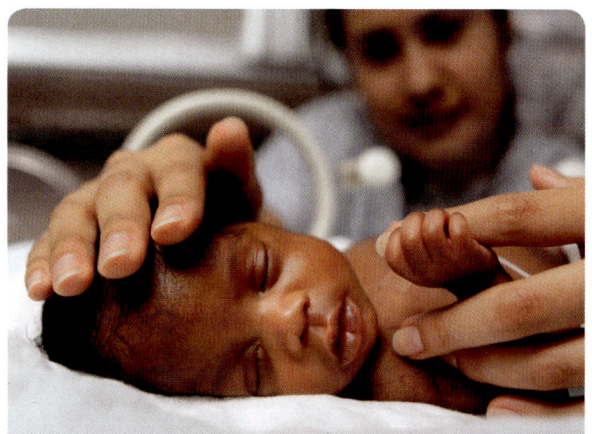

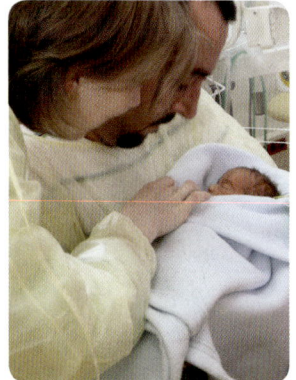
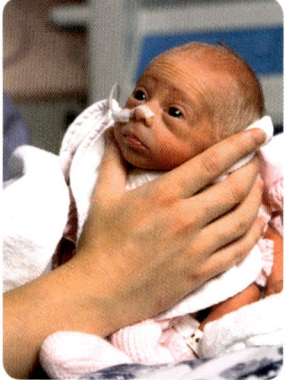
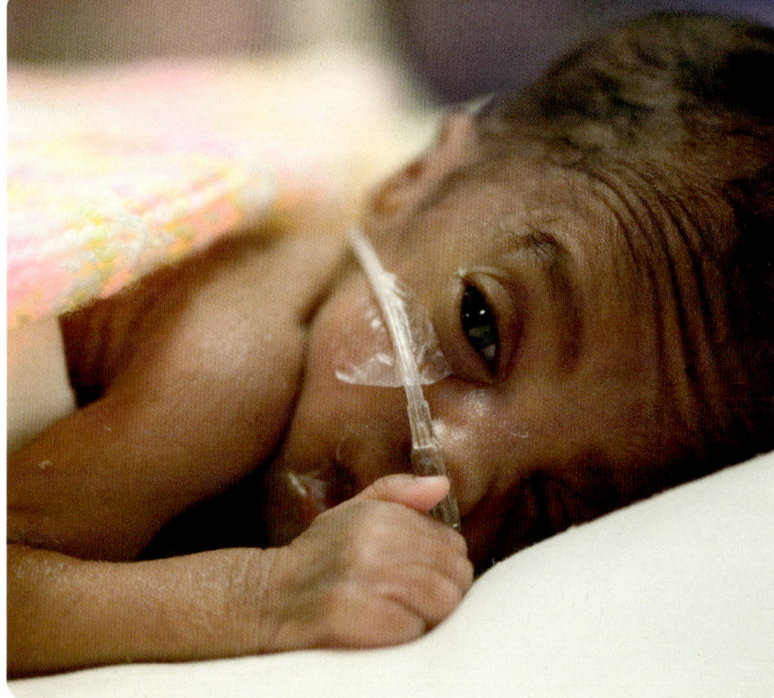
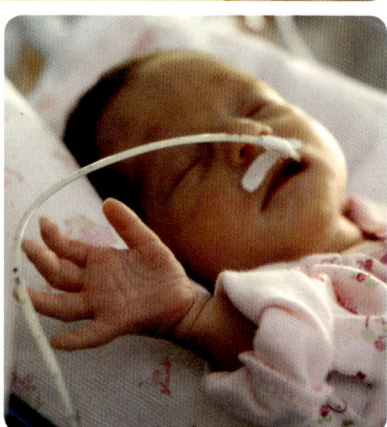
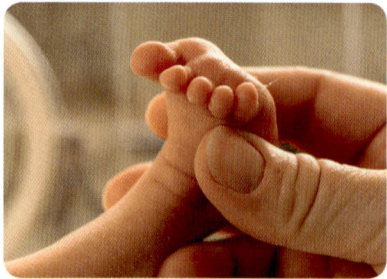

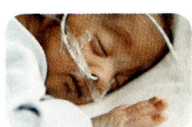

Kapitel 7

Ihr Frühgeborenes

Schon während der Schwangerschaft beginnt der Bindungsprozess. Sie stellen sich Ihr Baby vor: Wer es sein wird und wie es aussehen wird. Sie sehen sich selbst als Mutter oder Vater. Sie haben ein Bild der Geburt vor Augen und stellen sich das erste Zusammensein mit Ihrem Baby vor. Unter diesen Emotionen sind vermutlich auch Ängste: Wird die Geburt gut gehen? Wird mein Baby gesund sein? Werde ich es sofort lieben? Wenn Ihre Schwangerschaft vorzeitig endet (vor der 37. Woche), sind Sie verunsichert und voller Sorge. Sie brauchen die Unterstützung Ihres Partners, der Familie, der Ärzte. Der Verarbeitungsprozess in den nachfolgenden Wochen ist manchmal auch beängstigend. Wenn Sie die Verhaltenszeichen Ihres Frühgeborenen verstehen und wissen, wie Sie seine sensorischen Bedürfnisse erfüllen, wird diese Verarbeitung und Heilung gut gelingen.

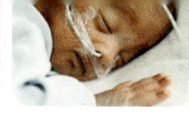

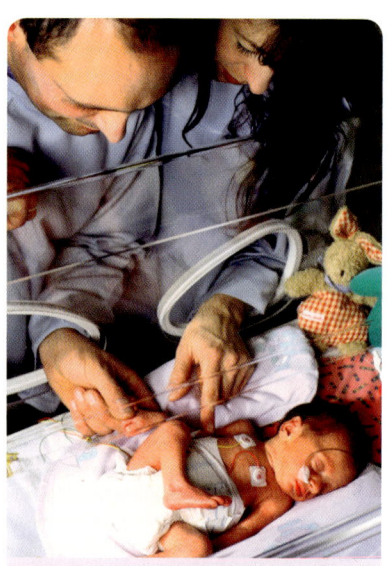

Gesunde Sinne fördern

Je nach ihrer gesundheitlichen Verfassung und den Pflegeanforderungen werden Frühgeborene auf speziellen Neonatalstationen (wenn sie sehr klein und unreif sind) oder auf einer Baby-Intensivstation versorgt.

Die O$_2$-Sättigung

Auf der Neonatalstation misst ein Sensor am Fuß oder der Hand des Babys, wie hoch der Sauerstoffgehalt seines Blutes ist (Sauerstoffsättigung). Er zeichnet die Farbe des Blutes auf, weil sich diese je nach Sauerstoffgehalt verändert. Sauerstoff (O$_2$) ist lebenswichtig – zusätzlicher Sauerstoff kann über einen Respirator oder einen Nasentubus zugeführt werden, damit die Sauerstoffsättigung bei über 88 Prozent bleibt.

Zu früh geboren

Etwa sieben Prozent der Babys werden zu früh geboren – auch heute noch, trotz intensiver medizinischer Betreuung. Manche Eltern empfinden dabei große Traurigkeit, andere distanzieren sich innerlich. In jedem Fall müssen Sie sich auf die Situation einstellen. Das erfordert eine Anpassungsphase. Die Informationen in diesem Kapitel helfen Ihnen, diesen Heilungsprozess durchzustehen.

Vom Traum in die Wirklichkeit

Sieht man das Frühgeborene auf der Neonatalstation – einer speziellen Baby-Intensivstation oder einer Intensivstation für Frühgeborene –, dann wirkt das surreal und verstörend. Welch ein fremder und beängstigender Ort! Vielleicht wurde Ihr Baby direkt nach der Geburt dorthin verlegt. Das ist eine schwere Erfahrung. Nichts von dem, was Sie sich über die Geburt und Ihr Neugeborenes vorgestellt haben, stimmt. Sie erleben Unsicherheit und Kummer in zweierlei Hinsicht: Zum einen sind Sie traurig, dass die Geburt anders verlief als gewünscht, zum anderen haben Sie kein völlig gesundes Neugeborenes im Arm. Sie sind traurig oder sogar wütend, dass Ihr Traum geplatzt ist. Zusätzlich befürchten Sie, wenn Ihr Baby sehr schwach oder krank ist, dass es stirbt oder behindert sein wird. Es ist normal, sich das Schlimmste auszumalen – so funktioniert unser Gehirn, um den Verlust eines gesunden Babys zu verarbeiten. Es ist auch sehr typisch, dass Eltern, insbesondere Mütter, Schuld empfinden. Sie haben vielleicht das Gefühl, Ihrem Baby keine optimale Umgebung geschaffen zu haben. Hinzu kommen noch völlige Verunsicherung, Sorge und Kontrollverlust.

Wenn Sie die Grundbedürfnisse Ihres Babys verstehen – gesundheitlich, emotional und im Hinblick auf seine Entwicklung – wissen Sie immer besser, wie Sie gemeinsam mit dem Pflegeteam Ihr Baby versorgen können. Auf diese Weise können Sie eine Beziehung zu Ihrem Baby entwickeln und ihm auch unter diesen nicht optimalen Umständen einen guten Start ins Leben schenken. Es gibt empfehlenswerte Bücher, die Sie lesen können, um sich auf die gesundheitlichen, ernährungsphysiologischen und emotionalen Bedürfnisse des Frühgeborenen einzustellen.

Die sensorische Umgebung Die Neonatalstation ist steril und wirkt auf Eltern beängstigend. In taktiler Hinsicht ist alles auf Abschirmung ausgerichtet. Sie müssen Ihre Hände waschen und einen Kittel und/oder Gesichtsschutz tragen. Es riecht steril und medizinisch. Visuell dominieren Tropfinfusionen, Schläuche, Monitore und helles Licht – Eindrücke, die wenig babygerecht sind. Die Geräusche – Alarmtöne und Stimmen – sind beunruhigend. Auf der Seite gegenüber finden Sie eine Erklärung wichtiger Apparate, die Sie auf der Neonatalstation sehen und hören.

Die Neonatalstation

Medizinische Apparate

Der Anblick der folgenden Geräte kann einschüchternd wirken, Sie werden sich jedoch schnell daran gewöhnen:

Inkubator (Brutkasten) Ihr Baby liegt in einem speziellen Wärmebettchen aus Plexiglas, ein Deckel schirmt es von der Umwelt ab. Durch seitliche Luken kann es versorgt und gestreichelt werden. Der Inkubator kann auch offen sein.

Monitor Neben dem Inkubator steht ein Monitor, der Herzschlag und Atmung aufzeichnet. Sinken die Werte ab, ertönt ein Alarm.

Brustsensoren Herzschlag und Atmung Ihres Babys werden über an der Brust angebrachte Sensoren aufgezeichnet; oder es liegt auf einer Matratze, die jeden Atemzug registriert.

Respirator Ihr Baby atmet vielleicht mit Unterstützung eines Respirators. Dieser besteht aus einer Pumpe, die über einen Schlauch (Tubus) Luft in die Lunge führt und verbrauchtes Atemgas ableitet.

Das Baby kann vollständig beatmet werden oder bei der eigenen Atmung unterstützt werden. Dabei wird durch Röhren in der Nase der Luftdruck in den Lungen konstant gehalten und so das Atmen erleichtert. Ebenso kann Sauerstoff über einen Nasentubus zugeführt werden.

Tropf Über eine Nadel in einer Vene am Arm, Bein, Kopf oder der Nabelschnur kann das Baby Flüssigkeit und Medikamente aus einem Tropf erhalten. Die Infusion kann auch in einer Arterie am Arm oder Bein angelegt sein.

Wichtige Begriffe

Die Geräusche der Monitore und Alarmtöne sowie die technischen Begriffe, die das Personal verwendet, wenn es um Ihr Baby geht, sind Ihnen vermutlich völlig fremd. Doch nach wenigen Tagen sind Sie damit vertraut und haben sich an all die unangenehmen Sinneswahrnehmungen gewöhnt. Wichtige Begriffe sind:

Apnoe Phase des Atemstillstands; die Sauerstoffsättigung sinkt.

Bradykardie Verlangsamung des Herzschlags.

Chronische Lungenerkrankung Schädigung des Lungengewebes als Folge längerer Beatmung des Babys.

Hydrozephalus Erhöhte Menge an Flüssigkeit im Gehirn als Folge einer Infektion oder weil Rückenmarksflüssigkeit nicht ausreichend abgeleitet wird.

Hypoglykämie Anormal niedriger Blutzuckerwert.

Hypoxie Erniedrigter Sauerstoffgehalt des Blutes.

Intubieren Einen dünnen Schlauch durch Nase oder Mund des Babys in die Luftröhre einführen, um die Atmung zu unterstützen.

Gelbsucht Gelbfärbung des Körpers oder im Augenweiß, da die Leber Bilirubin, ein Zerfallsprodukt der roten Blutkörperchen, noch nicht abbauen kann.

Transnasale Magensonde Ein Schlauch wird über ein Nasenloch in den Magen geführt, um das Baby zu ernähren.

Atemnotsyndrom (ANS) Eine häufige Ursache für Atemprobleme; dabei bilden die Lungen nicht ausreichend Surfactant, eine Substanz, die das Zusammenfallen der Alveolen (Lungenbläschen) verhindert.

Frühgeborenen-Retinopathie Sehbehinderung, verursacht durch Probleme bei der Blutversorgung der Netzhaut (Retina), wenn zu lange zu viel Sauerstoff zugeführt wird.

Team der Neonatalstation

Das Team der Station besteht aus Fachärzten und dem Pflegepersonal; neben Fachkräften der Geburtshilfe sind das Neonatologen – spezialisierte Kinderärzte. Nach Bedarf hinzugezogen werden Kardiologen (Herzspezialisten), Audiologen (Gehör), Neurologen (Gehirn), Nephrologen (Nieren), Augenärzte, Fachärzte für Innere Erkrankungen (Blut, Infektionen), Röntgenspezialisten; zudem Stillberaterinnen, Physiotherapeuten, Ergotherapeuten u. a. Hinzu kommen die drei entscheidenden Menschen: Ihr Baby, Sie und Ihr Partner. Wichtig sind gegenseitiger Respekt und Vertrauen zwischen allen Beteiligten, damit die Kommunikation funktioniert und Sie sich an der Pflege Ihres Babys beteiligen können.

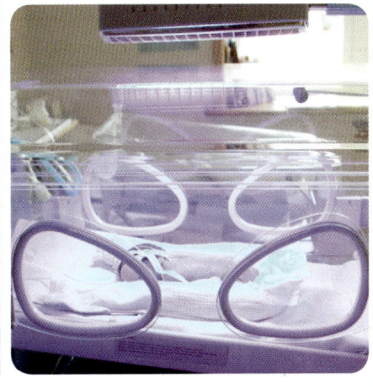

Ihr Frühgeborenes

75

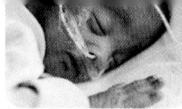
Dem Baby helfen

Als Eltern sind Sie entscheidend wichtig für die Pflege Ihres Babys, weil Sie drei einzigartige Eigenschaften mitbringen:

❶ Verlässlichkeit Sie sind die verlässlichsten Menschen im Umfeld Ihres Babys. Pflegerinnen kommen und gehen, aber Sie bilden die Konstante im Leben Ihres Kindes. Bald sind Sie diejenigen, die Ihr Frühgeborenes am besten kennen; Ihr Baby erlebt Sie als verlässlich und berechenbar.

❷ Fürsprecher des Babys Sie beobachten die Reaktionen Ihres Babys auf die Eingriffe und die Sinnesreize, die es erfährt. Bald werden Sie wissen, was wann getan werden muss und wie Ihr Baby darauf reagiert. Sie sind der perfekte Anwalt Ihres Kindes, denn Sie sind in der Lage, seine Bedürfnisse diplomatisch mitzuteilen. Innerhalb kurzer Zeit wissen Sie, auf welche Sinneseindrücke es gut reagiert und welche Auswirkungen Eingriffe haben.

❸ Seine Verfassung verstehen Ihr Baby besitzt eine einzigartige Sprache, in der es Ihnen mitteilt, womit es gut zurechtkommt und was es belastet. Denken Sie an die sechs Bewusstseinszustände des Babys (s. S. 33) und die Art, wie Ihr Baby Ihnen diese Zustände signalisiert (s. S. 38ff.) – sie gelten für Ihr Frühgeborenes ebenso wie für ein reif geborenes Baby. Lernen Sie seine Signale kennen (s. S. 77), dann können Sie die Reaktionsfähigkeit und seine Bereitschaft zum Austausch einschätzen.

Babys Bewusstseinszustand

Die Bewusstseinszustände Ihres Frühgeborenen entsprechen weitgehend denen des reif geborenen Babys: Tiefschlaf, leichter Schlaf, Halbschlaf, aufmerksamer Wachzustand, unruhiger Wachzustand, oder es kann erregt sein und schreien (s. auch S. 31ff.). Gefördert werden tiefer oder leichter Schlaf sowie der aufmerksame Wachzustand – in diesen Phasen wächst Ihr Baby, wird optimal mit Sauerstoff versorgt und beginnt, zu anderen Kontakt aufzunehmen.

Tiefschlaf Er ist Grundlage für das Wachstum Ihres Babys; in diesem Zustand schläft es trotz Lärm und sensorischer Reize auf der Station. Wenn es sehr tief schläft, bitten Sie das Pflegeteam, es möglichst nicht durch schmerzhafte Eingriffe und Untersuchungen zu stören, da diese Zeit so wichtig für sein Wachstum und seine Entwicklung ist.

Leichter, aktiver Schlaf Ihr Baby verbringt einen Großteil des Tages in diesem Zustand. Dabei verarbeitet es die Eingriffe und Interaktionen und ist leicht aufzuwecken. Es zeigt »Lass mich in Ruhe«-Signale, wie Spreizen der Finger und abwehrende Handbewegungen (s. S. 40).

Halbschlaf In diesem Zustand öffnet und schließt Ihr Baby seine Augen. Es ist noch wach und reagiert auf die Welt, braucht aber Zeit zum Reagieren und lernt wenig aus Umweltreizen.

Ruhiger Wachzustand Jeden Tag erlebt das Baby kurze Phasen des ruhigen Wachzustands; es atmet gleichmäßig und wirkt zufrieden. Nun kann es aus dem Umfeld etwas lernen. Diese Phase ist bei einem Frühgeborenen sehr kurz; achten Sie sorgfältig auf seine Signale. Vor der 32. Woche geborene Babys verbringen fast keine Zeit im aufmerksamen Wachzustand und sollten daher nicht angeregt werden. Mit zunehmendem Alter wird diese Phase länger und Sie werden länger mit ihm kommunizieren können.

Unruhiger Wachzustand In diesem Zustand fällt es Ihrem Frühgeborenen sehr schwer, sich selbst zu regulieren. Es freut sich nicht mehr am Austausch. Nur ein wenig mehr Stimulation oder Interaktion und schon ist es überreizt. Es versucht sich selbst zu beruhigen.

Schreien Schreien bedeutet Anstrengung für Ihr Frühgeborenes und verbraucht Energie, die es für Wachstum und Gesundung benötigt. Auch die Atmung wird unregelmäßig, die Sauerstoffsättigung sinkt. Schreien ist ein Stresssignal: Ihr Baby hat genug. Helfen Sie ihm, sich zu beruhigen und in den aktiven Wachzustand zurückzufinden oder einzuschlafen.

Aktive Eltern sein

Versuchen Sie auf der Neonatalstation möglichst bald Teil des Teams zu werden und eine aktive Rolle in der Pflege Ihres Babys zu übernehmen. Im Kasten auf der linken Seite (»Dem Baby helfen«) sehen Sie, wie Sie aktiv werden können. Entscheidend dafür ist es, die Verhaltenszeichen des Babys zu erkennen und darauf zu reagieren.

Zeichen des Wohlfühlens: Annäherungssignale

Diese Signale sind eine Aufforderung zur Kommunikation. Nutzen Sie diese Zeit für die Bindung, zum Austausch. Bauen Sie Ihre Beziehung auf. Wenn das Baby älter und gesundheitlich stabiler wird, zeigt es diese Signale öfter:

● Es ist wach und ruhig.
● Herzschlag und Atmung sind stabil und regelmäßig.
● Rosige Farbe und gute Sauerstoffsättigung.
● Geringe Körperbewegungen.
● Es betrachtet Sie und fixiert vielleicht Ihr Gesicht.

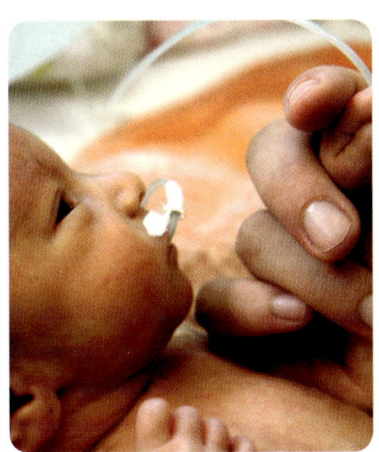

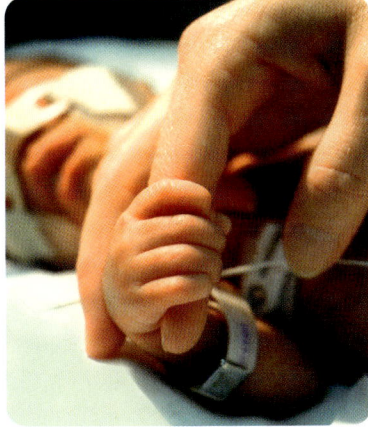

Zeichen zunehmender Anstrengung: Warnsignale

Diese Signale drücken aus, dass Ihr Baby sich bemüht, die Situation zu bewältigen. Es hat einen gewissen Stress, versucht sich aber selbst zu beruhigen. Dies zeigt, dass Ihr Baby reifer wird:

● Nuckeln ohne Nahrungsaufnahme.
● Die Hände ans Gesicht führen.
● Die Hände unters Kinn legen.
● Ihren Finger umklammern.

Zeichen, dass das Baby Stress hat: Unruhesignale

Stress wirkt sich auf verschiedenen Ebenen auf Ihr Baby aus. Zunächst ist es vielleicht einfach nicht mehr in der Lage, sich weiter mit Ihnen auszutauschen. Bei weiterer Anregung wird es gereizt, unruhig und schreit oder fällt in einen stressbedingten Schlaf. Es kann auch körperlich reagieren, indem es mit den Armen rudert und sich wild bewegt oder sich gar nicht bewegt. Nimmt der Stress weiter zu, ist seine gesundheitliche Stabilität gefährdet. So ist der Stress besonders gravierend und kräftezehrend. Beim Schreien verbraucht Ihr Baby Energie, die es zum Wachsen und zur Stabilisierung seiner Gesundheit braucht. Achten Sie auf folgende Stresssignale, um dieser Gefahr vorzubeugen:

● Krümmen des Rückens und Strecken von Armen und Beinen.
● Verlangsamung oder Beschleunigung des Herzschlags, Abfallen der Sauerstoffsättigung (s. S. 74).
● Blaufärbung des Mundbereichs, wenn sich die Atmung verändert.
● Gähnen, Schluckauf oder Schniefen.
● Hektische Bewegungen oder Abwenden des Blickes, um Reizen zu entgehen.

Teilen Sie die Signale dem Pflegeteam mit, damit Eingriffe, z. B. ein Wechsel der Infusion, abgewartet werden, bis der Stress weniger ist.

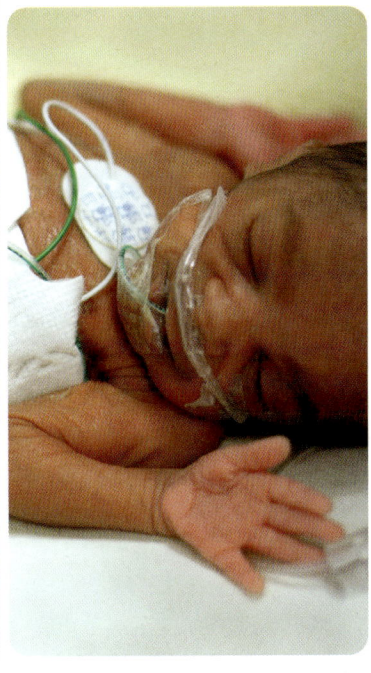

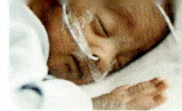

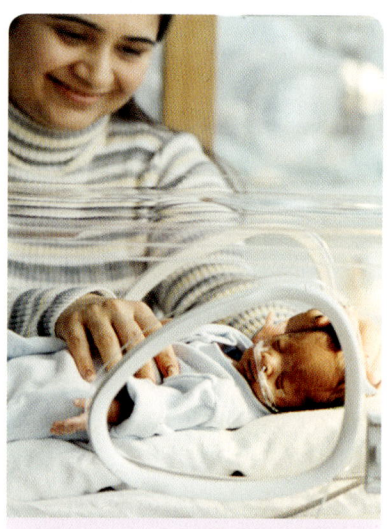

Gesunde Sinne fördern

Ihr Frühgeborenes ist sehr berührungsempfindlich. Legen Sie ihm z. B. Ihre Hand mit statischem Druck auf, um es zu beruhigen.

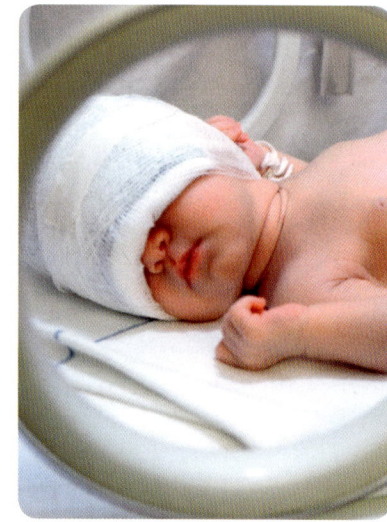

Gedämpftes Licht Sehr junge Frühgeborene können ihre Augen nicht willentlich schließen. Daher werden die Augen oft unterstützend mit einem Verband verschlossen.

WAS MEIN BABY WILL

Die Sinnenwelt Ihres Frühchens

Die Gebärmutter bietet Ihrem Baby das ideale sensorische Umfeld; das Frühgeborene erlebt diesen Luxus der beruhigenden Gebärmutterwelt nicht mehr. Die Umgebung der Neonatalstation ist alles andere als ideal. Schauen Sie sich auf der Station um und machen Sie sich bewusst, in welcher Weise sie sich vom Dasein in der Gebärmutter unterscheidet. So verstehen Sie, was Ihr Baby alles beunruhigen kann.

Jeder einzelne Sinnesreiz auf der Neonatalstation kann Ihr Frühgeborenes möglicherweise überfordern; treten mehrere auf einmal auf, steigt sein Bewusstseinszustand und es gerät in Stress. Wenn Sie sich dessen bewusst sind, können Sie Ihr Baby beobachten und ihm helfen, wenn es zu viele unangenehme Eindrücke verarbeiten muss. Im Folgenden sind negative Reize aufgelistet. Im nächsten Abschnitt (s. S. 80ff.) werden wir überlegen, wie Sie durch eine angepasste Umgebung den Stress für Ihr Baby reduzieren können.

Fühlen Der Berührungssinn Ihres Frühchens ist voll ausgebildet; es empfindet sowohl beruhigende als auch schmerzhafte Eingriffe; es spürt Temperaturschwankungen. Fester, statischer Druck wirkt beruhigend, leichte Berührung irritiert es. Statt den beruhigenden, festen Hautkontakt durch die Gebärmutterwand zu erfahren, erlebt es auf der Station Folgendes:

● Keine körperlichen Begrenzungen, die Geborgenheit geben.
● Temperaturveränderungen.
● Leichte Berührung, z. B. beim Wechseln der Windeln.
● Fehlender Hautkontakt – selbst seine eigenen Hände finden nur wenig Kontakt mit seinem Körper.
● Schmerzen, z. B. wenn ein Tubus oder Tropf angelegt wird.

Sehen Wenn Ihr Baby vor der 26. Schwangerschaftswoche geboren wird, sind die Augenlider noch verschlossen; sie öffnen sich aber bald. In der 32. Woche kann es ein Licht sehen und verfolgen. Es kann die Augen aber nicht willentlich schließen. Die Pupillen können sich noch nicht verengen, um die Menge des aufgenommenen Lichts zu regulieren. Helles Licht und kontrastierende Farben beunruhigen es. Statt der dunklen und visuell besänftigenden Welt in der Gebärmutter erlebt es auf der Station:

● Kontrastierende Farben und Muster.
● Immer wieder andere Lichtverhältnisse.
● Sehr helles Licht – wechselt die Pflegerin eine Infusion oder den Monitor, leuchtet sie den Inkubator stark aus, damit sie sieht, was sie tut.
● Ultraviolettes Licht, falls Ihr Baby unter einer Lampe zur Gelbsuchtbehandlung liegt.

Hören Ihr Frühchen hört Geräusche und reagiert darauf. Es bevorzugt gedämpfte Klänge und erschrickt bei lauten und wechselnden Tönen. In der Gebärmutter liegen die Geräusche selten über 72 Dezibel, sie sind von beruhigenden Vibrationen begleitet und konstant: ein gleichmäßiger Klang Ihrer Körpergeräusche, wie das Strömen, Gurgeln sowie die Schläge und der Rhythmus Ihres Herz-Kreislauf- und Ihres Verdauungssystems. Auf der Station sind die Klänge dagegen alles andere als beruhigend:
● Alarme und Gespräche liegen bei 60 bis 90 Dezibel und können bis zu 120 Dezibel erreichen.
● Das Klopfen am Inkubator oder das Schließen der Durchgriffsöffnungen ist laut und erzeugt bei Ihrem darin liegenden Baby zudem ein Echo.
● Wenn Instrumente und Gegenstände neben oder sogar auf dem Inkubator abgelegt werden, ist dies innen verstärkt wahrzunehmen.
● Das Schreien anderer Babys kann laut und sehr unangenehm sein.

Bewegung und Schwerkraft Ihr Frühchen fühlt die Auswirkung von Schwerkraft und Bewegung. Im letzten Trimester würde sich Ihr Baby unter normalen Umständen im Uterus umdrehen und den Kopf nach unten bringen. Diese Kopflage liefert einen intensiven Reiz für das Gleichgewichtssystem. Zudem würde es das kontinuierliche Wiegen und Schaukeln in der Gebärmutter ebenso spüren wie das Gefühl, sich fast schwerelos bewegen zu können, da das Fruchtwasser die Wirkung der Schwerkraft abschwächt. Seine Bewegungen im Mutterleib treffen auf den Widerstand der Gebärmutterwand – das fördert die Entwicklung der Muskelspannung. Stattdessen erlebt Ihr Frühchen Folgendes:
● Bewegungslosigkeit – ein unnatürliches und beunruhigendes Gefühl.
● Fehlender Schutz vor der Schwerkraft, wie er im Mutterleib gegeben wäre durch die gekrümmte Position bzw. durch das Wasser, das seine Bewegung einschränkt.
● In Rückenlage fallen Arme und Beine Ihres Babys nach außen, da es sich wegen der fehlenden Muskelspannung der Schwerkraft nicht widersetzen kann.

Riechen und Schmecken Ihr Frühgeborenes riecht Düfte und schmeckt verschiedene Aromen. Im Mutterleib mag es bevorzugt Süßes. Auf folgende Gerüche und Geschmacksrichtungen reagiert Ihr Baby sehr sensibel:
● Alkoholtupfer, mit denen die Haut vor Anlegen einer Infusion oder eines Tubus gereinigt wird.
● Stark riechende Putzmittel, mit denen die Neonatalstation gereinigt wird.
● Desinfektionsmittel und Alkohol, mit denen Sie Ihre Hände reinigen.
● Das Fehlen von süßem Geschmack, auch keine süße, beruhigende Muttermilch, bis es selbst trinken kann.

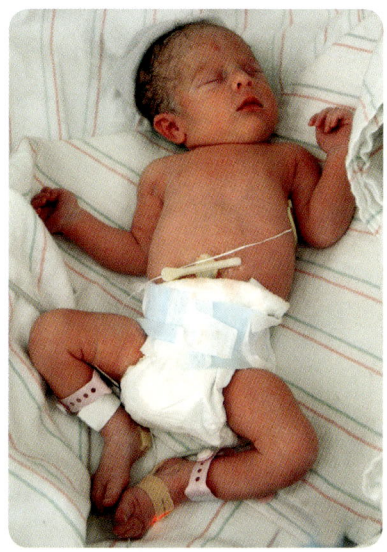

Hilflosigkeit Ihr Baby besitzt noch nicht genug Muskelspannung, um sich wie ein termingerecht geborenes Baby zusammenzurollen. Daher fallen Arme und Beine nach außen, wenn es auf dem Rücken liegt.

Ihr Frühgeborenes

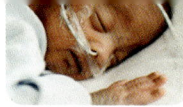

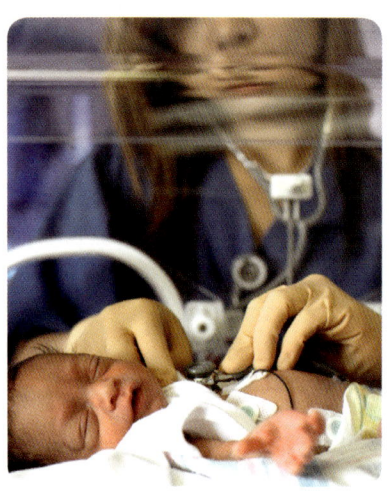

Genau kontrollieren Frühgeborene, bei denen darauf geachtet wird, eine sensorische Überreizung zu vermeiden, entwickeln sich mindestens 36 Monate lang besser. Sie können früher auf den Respirator und eine Sondenernährung verzichten; es treten seltener innere Blutungen sowie Lungenerkrankungen auf und der Krankenhausaufenthalt ist kürzer.

Die Sinnesorgane Ihres Babys

Diese Tabelle zeigt die negativen Auswirkungen, die die Zeit auf der Neonatalstation für Ihr Baby haben kann. Auf S. 82f. erfahren Sie, wie Sie seine Sinnesorgane schützen können.

Anhaltender Sinnesreiz	Gefahr für die Sinne
Reizüberflutung – zu viele Wahrnehmungen über alle Sinne gleichzeitig	• Das Zusammenwirken vieler Eindrücke über alle Sinne führt zur Reizüberflutung. Das verursacht beim Baby Stress und verzögert die Gesundung. • Beim Schreien verbraucht das Baby wertvolle Energie, die es für Wachstum und Heilung benötigt. • Ein verstärkter Flüssigkeitsdruck im Hirn kann das Gehirn schädigen. • Langfristig hat Ihr Baby Schwierigkeiten, sich selbst zu beruhigen. • Verzögerte Herausbildung von Schlaf-Wach-Zyklen
Schmerzhafte Berührung	• Abneigung gegen Berührungen (taktile Abwehr) • Trinkschwierigkeiten
Intensiver visueller Eindruck	• Schlafentzug • Fehlende Unterscheidung von Tag- und Nachtschlaf, was das spätere Durchschlafen erschwert. • Niedrige Sauerstoffsättigung (s. S. 74) • Schädigung der Netzhaut (Sehprobleme)
Laute Geräusche	• Niedriger oder hoher Herzschlag • Aufwachen zu Zeiten, in denen Schlaf für das Körperwachstum wichtig ist. • Niedrige Sauerstoffsättigung (s. S. 74) • Hörverlust
Fehlende Bewegung und die Auswirkungen der Schwerkraft	• Geringe Muskelspannung oder Verkürzung von Rückenmuskeln und Sehnen • Flacher Hinterkopf • Empfindlichkeit gegenüber Bewegung: Hochnehmen oder Tragen ist für Ihr Baby unangenehm. • Verzögerte motorische Entwicklung
Intensive Gerüche und Geschmackserlebnisse	• Bindungsprobleme • Trinkprobleme • Schreien beim Kontakt mit intensiven Gerüchen

Der Schlaf Ihres Babys

Machen Sie sich keine Sorgen, wenn Ihr Baby auch tagsüber meistens schläft; das tut ihm gut. Tiefschlaf und leichter Schlaf (s. S. 30) sind wichtig für Wachstum und Gehirnentwicklung. Leider werden die natürlichen Schlafzyklen Ihres Babys durch die Geräusche und Eingriffe auf der Station gestört.

Helfen Sie Ihrem Baby zu schlafen Schlaf ist für Frühgeborene so lebensnotwendig, dass Ihr Baby vermutlich nur während medizinischer Eingriffe und beim Füttern kurz wach ist. Ihre Aufgabe ist, die Signale Ihres Babys zu beobachten und ihm zu helfen, möglichst viel zu schlafen. Achten Sie besonders auf Zeichen der Überreizung (s. S. 39f.). Bitten Sie das Personal um Folgendes:

- Das Licht auf der Station nachts dämpfen, damit Ihr Baby den Unterschied zwischen Tag und Nacht kennenlernt.
- Seinen natürlichen Schlafrhythmus nicht durch Eingriffe stören.
- Ihm ermöglichen, ohne Unterbrechung zwei bis drei Stunden am Stück zu schlafen.

Ihr Schlaf Ausruhen und genügend Schlaf sind für Eltern (besonders Mütter) unverzichtbar. Die Versuchung, ständig beim Baby zu sein, ist groß; doch in den ersten Tagen brauchen Sie viel Schlaf, um sich von der Geburt zu erholen, den Stress der Situation zu verarbeiten und die Milchbildung anzuregen. Sie müssen nicht zu jedem Wickeln und jeder Mahlzeit da sein.

Schlaf: Was jetzt zu erwarten ist

- Es tut Ihrem Frühgeborenen gut, wenn es fast den ganzen Tag schläft.
- Ihr Baby braucht länger, um in einen guten Schlaf zu finden. Die Störungen durch medizinische Eingriffe, das Licht und die Geräusche auf der Station und die Notwendigkeit häufiger Nachtmahlzeiten verhindern, dass es einen normalen Schlafrhythmus entwickelt.
- Schlafen Sie unbedingt während des Tages, wenn Ihr Baby schläft.

Känguru-Pflege

Die Känguru-Pflege wird weltweit angewandt und kommt dem Baby sehr zugute. Legen Sie Ihr nur mit einer Windel und eventuell einer Mütze bekleidetes Baby auf Ihren nackten Bauch. Decken Sie sich beide zu oder tragen Sie ein Känguru-Oberteil. Ihre Bauchtemperatur steigt um ein oder zwei Grad, um Ihr Baby zu wärmen, und erhält eine gleichmäßige Temperatur aufrecht. Führen Sie die Känguru-Pflege so oft wie möglich durch, sobald Sie grünes Licht dafür bekommen. Sie können dabei beide schlafen: Legen Sie das Baby auf Ihre Brust und nehmen Sie eine bequeme Lage ein. Die Vorteile der Känguru-Methode sind:

- Bessere Gewichtszunahme, da das Baby weniger Energie braucht, um ruhig zu bleiben und eine konstante Temperatur zu halten.
- Fördert früheres Stillen.
- Stabilisiert Herzschlag und Atmung, was die Sauerstoffsättigung unterstützt.
- Seltenes Vorkommen von Infektionen.
- Frühere Entlassung, weil das Baby schneller zunimmt.

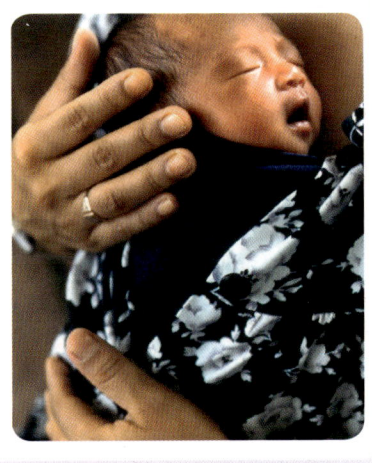

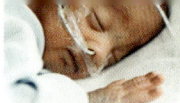

Entwicklungsfördernde sensorische Pflege

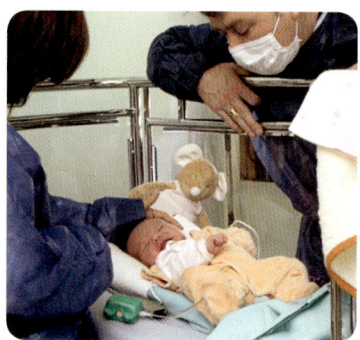

Pflege auf der Station

Da die sensorische Umgebung der Neonatalstation für die langfristige Entwicklung des Babys nicht ideal ist, wurde eine sogenannte »entwicklungsfördernde Pflege« entwickelt, die von Krankenschwestern und Therapeuten auf vielen Frühgeborenenstationen weltweit umgesetzt wird. Dabei versucht man, den Stress durch die vielen Reize auf der Neonatalstation zu reduzieren, indem man das Umfeld ruhiger gestaltet. Dies ist die beste Pflege für Ihr Baby; sie schützt seine langfristige Entwicklung. Wenn Ihr Baby noch sehr anfällig ist, hat seine medizinische Versorgung Vorrang. Bleiben Sie mit dem medizinischen Team im Gespräch und fragen Sie, wann mit einer entwicklungsfördernden Pflege begonnen werden kann.

Fühlen

Der Tastsinn leidet auf der Neonatalstation oft am stärksten. Doch Sie können Berührungsreize auch positiv nutzen, um den Nachteilen beim Klinikaufenthalt entgegenzuwirken.

Halten Sie Ihr Baby so oft wie möglich im Arm; lassen Sie sich von Schläuchen nicht abschrecken. Ihr Baby sehnt sich nach Ihrer Berührung. Fragen Sie, ob mehrere medizinische Maßnahmen kombiniert werden können, damit es möglichst ungestörte Schlafphasen hat. Leidet es stark unter einem Eingriff, fragen Sie, ob dieser unterbrochen werden kann, damit Sie Ihr Baby durch feste Berührung beruhigen können. Dies vermittelt ihm ein wenig von der Geborgenheit, die es in der Gebärmutter erlebt hat. Wärmen Sie Ihre Hände an und legen Sie die Handflächen mit sanftem, aber festem Druck auf seinen Körper. Ihr Baby braucht vielleicht einige Sekunden, um sich daran zu gewöhnen. Bewegen Sie Ihre Hände nicht, aber entspannen Sie Ihre Schultern und üben Sie tiefen Druck aus – leichte Berührung verunsichert Ihr Baby. Nach kurzer Zeit werden Sie spüren, wie es sich entspannt und gleichmäßiger atmet. Wenden Sie diese Strategie nach schmerzhaften Eingriffen an sowie immer zur Beruhigung.

Schaffen Sie Begrenzungen, an die sich Ihr Frühchen schmiegen kann. Am Kopf wirkt dies besonders beruhigend, da ein Gefühl der Geborgenheit ähnlich wie in der Gebärmutter entsteht – verwenden Sie zusammengerollte Decken oder spezielle Liegehilfen. Lassen Sie Ihr Baby Ihren Finger greifen oder bieten Sie ihm eine Fingerrolle an (ein kleines Stück aufgerollter Stoff), die es umklammern kann, wenn es die Finger spreizt.

Saugen ist wichtig – Ihr Baby hat im Mund mehr Berührungsrezeptoren als woanders am Körper. Es beruhigt sich beim Nuckeln am Schnuller oder Finger. Bei stressigen oder schmerzhaften Maßnahmen geben Sie ihm einen speziellen Frühgeborenen-Schnuller. Das unterstützt auch die Ausbildung des Saugreflexes. Wickeln Sie Ihr Baby ein (s. S. 26), wenn es aus dem Inkubator genommen wird. Sobald es die 32. Schwangerschaftswoche überschritten hat, pucken Sie es auch im Inkubator – mit leicht an den Bauch gebeugten Beinen und den Händen in Gesichtsnähe. Wenn es alt genug ist, wickeln Sie es zum Baden in ein Mulltuch; so bleibt es gebeugt und erschrickt nicht durch seine Reflexe.

Sehen

Der Sehsinn ist der am wenigsten entwickelte Sinn Ihres Frühchens; er muss bis zum Erreichen des Geburtsalters oder der Entlassung geschützt werden. Bitten Sie darum, dass die Lichter auf der gesamten Station gedämpft werden und der Inkubator nur beleuchtet wird, wenn medizinische Maßnahmen durchgeführt werden oder das Baby versorgt wird. Wird das Licht angeschaltet, bedecken Sie die Augen Ihres Babys.

Wenn Ihr Baby in einem geschlossenen Inkubator liegt, können Sie zur Verdunkelung und zum Schutz der Augen ein Handtuch oder eine Decke darauflegen. Verwenden Sie dazu dunkle Handtücher, da das Weiß Licht reflektiert. Erkundigen Sie sich, ob man auf der Station anhand der Helligkeit Tag und Nacht unterscheiden kann.

Hören

Der Hörsinn ist auf der Neonatalstation nur schwer zu schützen. Achten Sie auf Geräusche, die lauter sind als eine sanfte Stimme; bitten Sie in diesem Fall das Personal, den Lautstärkepegel zu senken, z. B. indem Alarmtöne leiser gestellt werden und schnell darauf reagiert wird. Ihr Handy sollte auf Vibration eingestellt sein; Handy-Klingeln ist für ein Baby sehr unangenehm. Tragen Sie auf der Station Überschuhe. Legen Sie keine harten Gegenstände auf den Inkubator oder klopfen Sie nie darauf, weil das Geräusch innen noch verstärkt wird. Schließen Sie Türen und die Durchgriffsöffnungen sehr leise. Steht der Inkubator in der Nähe einer stark befahrenen Straße, fragen Sie, ob man ihn umstellen kann. Schalten Sie Radios ab oder spielen Sie nur leise Musik; tragen Sie Ihr Baby, statt es im Inkubator zu schieben. Unterhalten Sie sich leise. Bitten Sie eventuell darum, im Hintergrund eine CD mit gleichmäßigen Klängen abzuspielen, die schrille Geräusche der Station schluckt.

Bewegung und Schwerkraft

Die sensorische Pflege des Gleichgewichts- und Bewegungssystems (s. S. 12f.) ist für die spätere motorische Entwicklung bedeutsam. Da die Schwerkraft starke Auswirkungen auf die schwache Muskelspannung Ihres Babys hat, müssen Sie es in eine Position legen, die der geborgenen, gekrümmten Lage in der Gebärmutter möglichst nahe kommt. Lagerungssysteme oder Babynest-

chen helfen, Ihr Baby so hinzulegen, dass seine Muskelspannung und die Muskeln geschützt und eine normale Bewegungsentwicklung gefördert werden. Steht kein spezielles Babynest zur Verfügung, rollen Sie eine Decke aus 100 Prozent Baumwolle (wichtig für die Temperaturregulation) zusammen und schaffen Sie damit eine weiche, aber feste, schlauchförmige Begrenzung rund um Ihr Baby. Die Krankenschwestern werden Sie dazu anleiten.

Legen Sie Ihr Baby auf den Bauch. Das unterstützt die Atmung, die Nahrung wird besser verdaut und die Entwicklung unterstützt. Zudem verleiht es ein Gefühl der Sicherheit. Da die Atmung überwacht wird, besteht in dieser Position keine Gefahr des plötzlichen Kindstodes. Wenn es auf dem Bauch liegt, schieben Sie eine Stoffrolle (aus einer Baumwolldecke) unter Bauch und Brust vom Bauchnabel bis zum Kopf. Das unterstützt die Schulterwölbung und verhindert ein Flachliegen der Brust. Drehen Sie seinen Kopf zur Seite und schieben Sie seine Knie unter den Bauch.

Riechen und Schmecken

Der extrem sensible Geruchssinn Ihres Babys wird auf der Neonatalstation stark belastet. Fragen Sie nach, ob Eingriffe über den Mund, wie ein Wechsel der Sonden und das Absaugen, begrenzt und kombiniert werden können. Bitten Sie darum, im Gesicht keine intensiv riechenden Tupfer zu verwenden und auf stark riechende Reinigungsmittel im Inkubator zu verzichten. Ihre Hände sollten nicht nach Desin-

fektionsmittel riechen, wenn Sie Ihr Baby füttern oder ihm den Schnuller geben, sonst könnte es negativ auf die Mahlzeit oder den Schnuller reagieren.

Bei der Känguru-Pflege mit direktem Hautkontakt (s. S. 81) ist Ihr Baby geborgen und erlebt den beruhigenden Geruch von Mama oder Papa. Wenn es eine Magensonde hat (s. S. 84), ermöglicht ihm die Känguru-Pflege, Ihren Geruch und Ihre Berührung mit dem beruhigenden Gefühl eines vollen Bäuchleins zu verbinden.

Verwenden Sie weder Parfüm noch Aftershave, wenn Sie Ihr Baby besuchen; waschen Sie Ihre Kleidung mit parfümfreiem Waschmittel. Legen Sie Ihrem Baby ein Trostobjekt, das nach Ihnen riecht, in den Inkubator – das beruhigt es und hilft ihm zu schlafen. Drücken Sie etwas Milch auf einen Wattebausch aus und legen Sie ihn in den Inkubator. Sie können auch einen Tropfen ausgedrückte Milch auf die Zunge des Babys geben, damit es einen Geschmack wie im Mutterleib erlebt.

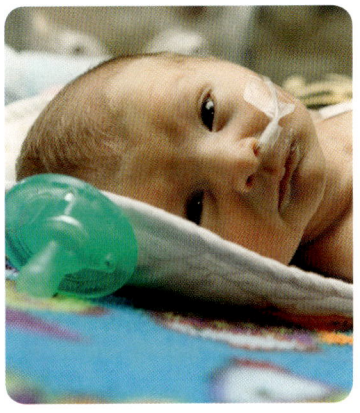

Ernährung: Was jetzt zu erwarten ist

- Kranke oder sehr kleine Frühgeborene werden nicht oral (über den Mund) ernährt, sondern durch Sonden oder sogar per Infusion.
- Der Saugreflex muss erst etabliert und durch Nuckeln ohne Nahrungsaufnahme gefördert werden.
- Ein vor der 28. Woche geborenes Baby kann an der leeren Brust (die Sie abgepumpt haben) nuckeln; dabei erlernt es die Koordination der Saugbewegung, ohne gleichzeitig das Schlucken der Milch und das Atmen bewältigen zu müssen.
- Ab der 28. Schwangerschaftswoche kann ein gesundes Frühchen zunehmend Saugen, Schlucken und Atmen aufeinander abstimmen. Viele Babys erwerben die zum Trinken notwendige Koordination jedoch erst nach der 32. Woche.
- Sobald Ihr Baby Saugen, Schlucken und Atmen koordinieren und seinen Wachzustand aufrechterhalten kann, kann es gestillt werden oder die Flasche bekommen.

Die Ernährung des Frühgeborenen

Um das Füttern Ihres Babys müssen Sie sich erst eingehender kümmern, wenn die Entlassung aus der Klinik naht. Doch die ersten Schritte zur richtigen Ernährung beginnen bereits in den ersten Tagen.

Nicht orale Ernährung Wenn Ihr Baby sehr klein oder sehr anfällig ist, kann es vielleicht noch nicht schlucken und trinken und muss daher auf andere Art ernährt werden.

- **Per Tropf** Das Baby erhält eine Lösung aus Wasser, Elektrolyten und anderen Nährstoffen. Bei sehr schwachen oder kranken Babys kann das die einzige Ernährungsmethode sein; ebenso bei Babys mit schweren Atemproblemen.
- **Sondenernährung** Eine Magensonde, über das Nasenloch eingeführt, reicht direkt bis in den Magen und versorgt das Baby mit kleinen Mengen abgepumpter Muttermilch oder mit Säuglingsmilch. Diese Ernährung wird so bald wie möglich nach der Geburt begonnen. Menge und Häufigkeit der Mahlzeiten werden genau dokumentiert.

Saugen ohne Nahrungsaufnahme Saugen ist ein Reflex, der sich in der 24. Schwangerschaftswoche entwickelt. Ihr Baby übt es im Uterus täglich; es saugt das Fruchtwasser ein und nuckelt sogar an Daumen oder Händen. Nach der Geburt entwickelt sich der Sauginstinkt weiter zur Fähigkeit des Saugens, Schluckens und Atmens.

Um die Entwicklung dieser Fähigkeit zu unterstützen, bieten Sie ihm einen Frühgeborenen-Schnuller (im Babyfachhandel oder der Apotheke erhältlich), die leere (abgepumpte) Brust, seinen Daumen oder Ihren sauberen Finger zum Nuckeln an. Wenn es unter Stress steht, lassen Sie es vor und nach dem Füttern etwa fünf Minuten so saugen sowie mindestens zehn Minuten am Tag, wenn es im Halbschlaf oder wach ist (s. S. 31). Das Nuckeln an der leeren Brust ist wunderbar für ein älteres Frühchen: Es erlebt die Erfahrung des Saugens und koordiniert die Atmung, ohne gleichzeitig das schwierige Schlucken der Milch meistern zu müssen.

Becherfütterung Kann Ihr Baby noch nicht an der Brust trinken, geben Sie ihm abgepumpte Milch in einem Becher. Legen Sie ihm den Becher an die Lippen. Es lernt, die Milch aufzuschlecken wie ein Kätzchen. Gießen Sie ihm die Milch nicht in den Mund. Die Anwendung dieser Füttermethode schon vor dem Stillen fördert den Bindungsprozess, da Sie Ihrem Baby nahe sind. Sie stimuliert auch den Mund, ohne dass es gleichzeitig das schwierige Trinken aus der Flasche beherrschen muss.

Ausdrücken/Abpumpen Pumpen Sie Ihre erste Muttermilch so bald wie möglich nach der Geburt Ihres Babys ab (am besten innerhalb von vier Stunden). Zuerst bilden die Brüste Kolostrum, eine sehr eiweißreiche Vormilch, die reich an Antikörpern ist. Sie wird nach einigen Tagen durch die reife Muttermilch ersetzt (s. S. 98). Ihr Baby erhält die Muttermilch so lange über eine Sonde, bis es an der Brust trinken kann. Muttermilch ist höchst wertvoll für sein Magen-Darm-System und bietet optimalen Schutz vor Infektionen und Schädigungen des Verdauungssystems. Beginnen Sie damit, die Muttermilch mit der Hand auszudrücken, indem Sie die Brust massieren. Eine Stillberaterin erklärt Ihnen die Technik. Vom zweiten oder dritten Tag an (sobald die Milch einschießt) können Sie mit einer Handpumpe oder einer elektrischen Pumpe Milch abnehmen. Beachten Sie diese Tipps:

● Anfangs ergibt das Ausdrücken nur sehr wenig Milch.
● Drücken Sie alle drei bis vier Stunden fünf bis zehn Minuten lang aus.
● Nehmen Sie so lange Milch ab, bis sich der Milchfluss verlangsamt.
● Pumpen Sie nicht länger als 30 Minuten ab.
● Unterbrechen Sie Ihren Schlaf zum Milchabnehmen nicht – Sie brauchen Ruhe.
● Stellen Sie ein Bild Ihres Babys vor sich bzw. pumpen Sie die Milch in Sichtweite Ihres Babys ab; dies unterstützt die Ausschüttung der »Milchspende«-Hormone, die die Milchbildung ankurbeln.
● Nach etwa einer Woche werden Sie bei jedem Mal viel Milch erhalten.
   Sobald das Abpumpen gut klappt, erhalten Sie auf diese Weise die Milchbildung aufrecht, bis Ihr Baby zum Stillen bereit ist. Viele Mütter stillen erfolgreich, obwohl ihr Frühgeborenes viele Wochen lang nicht trinken konnte. Muttermilch hält sich im Kühlschrank 24 Stunden und in der Tiefkühltruhe bis zu drei Monaten (s. S. 158f.).

Stillen Ist Ihr Baby bereit, selbst zu trinken, hilft Ihnen das Pflegeteam beim Füttern. Am ersten Tag geben Sie ihm vermutlich nur eine Mahlzeit; dies steigern Sie nach und nach, bis Ihr Baby keine Sonde mehr braucht und vollständig selbst trinken kann. Es gibt keinen Grund, warum Sie Ihr Baby nicht erfolgreich stillen sollten.

Flaschenernährung Haben Sie keine Schuldgefühle, wenn das Stillen nicht klappt und Sie letztlich die Flasche geben. Im Gegensatz zur gängigen Meinung ist die Flaschenfütterung allerdings nicht notwendigerweise einfacher für das Frühgeborene; die Koordination von Saugen, Schlucken und Atmen ist dabei sogar komplizierter und der Milchfluss schwerer zu regulieren. Dadurch ist das Trinken aus der Flasche für das Baby anstrengender als das Stillen. Zudem müssen Sie die Milchnahrung sorgfältig zubereiten und die Flaschen sorgsam sterilisieren.

Die sensorische Erfahrung des Fütterns

Das Füttern ist für das Baby eine reiche Sinneserfahrung. Es stimuliert Riechen, Sehen, Schmecken, Körperlage und Interozeption (Wahrnehmung innerer Botschaften). Ihr Frühgeborenes kann nur eine begrenzte Menge an Reizen verarbeiten – mehrere Sinneseindrücke führen rasch zur Überreizung. Dann gerät es unter Stress und wird unruhig; Herzschlag, Atemfrequenz und sogar die Sauerstoffsättigung verändern sich. Befolgen Sie zum Schutz der Sinne folgende Tipps:

● Wählen Sie einen ruhigen Platz; sprechen Sie beim Füttern weder mit Ihrem Baby noch mit anderen Menschen.
● Bewegen Sie Ihr Baby nicht zu viel; verändern sie seine Position nicht zu häufig.
● Tragen Sie kein Parfüm und verwenden Sie parfümfreies Waschmittel.
● Wird Ihr Baby unruhig, beenden Sie die Mahlzeit. Beruhigen Sie es und versuchen Sie es am nächsten Tag wieder.

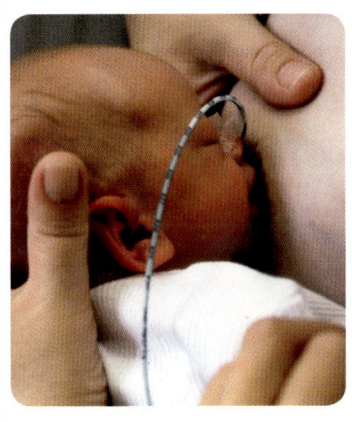

So entwickelt sich Ihr Baby

Ihr Frühgeborenes hat noch wenig gemeinsam mit den Babys aus der Mutter-Kind-Werbung; doch es wächst jeden Tag und wird einem reifen Neugeborenen immer ähnlicher. Ein Baby, das neun Monate im Uterus verbracht hat, konnte von allen Vorteilen der Gebärmutterwelt profitieren; in den letzten beiden Monaten hat die eng zusammengerollte Position es ihm ermöglicht, viele primitive Reflexe zu entwickeln. Ihr Frühgeborenes musste darauf verzichten, daher sind seine Reflexe noch nicht vollständig ausgebildet.

Muskelspannung In den letzten zwei Monaten im Mutterleib stößt ein Baby bei Bewegungen gegen starken Widerstand, was seine Muskeln trainiert. Ihr Frühgeborenes hatte diese enge Umgebung nicht, daher ist seine Muskelspannung sehr schwach. Wenn es flach auf dem Rücken liegt, kippen seine Beine und Arme seitlich nach außen. Selbst sein Zwerchfell ist schlaff. Daher schreit Ihr Baby nur schwach und nicht laut. Mit zunehmendem Wachstum erwirbt es mehr Muskelspannung. Unterstützen Sie dies, indem Sie es in Embryonalhaltung in ein Nestchen (s. S. 83) legen und ihm eine Begrenzung schaffen, gegen die es drücken kann.

Primitive Reflexe Hierbei handelt es sich um unsere Überlebensreflexe. Das mit seiner Mutter durch die Bäume schwingende Affenbaby muss sich mit seinen Händen sehr gut festkrallen können (Greifreflex); es muss Mutters Brustwarze finden (der Suchreflex lässt es den Kopf zur Brustwarze drehen); es muss aus der Brustwarze trinken (Saugreflex) und sich fester anklammern können, wenn es das Gefühl hat zu fallen (Moro-Reflex). Auch wenn diese Reflexe für uns Menschen nicht alle überlebensnotwendig sind, besitzt das termingerecht geborene Baby sie bei der Geburt, ebenso den asymmetrischen tonischen Nackenreflex (s. S. 101). Sehr früh geborene Babys besitzen diese Reflexe anfangs noch nicht. Bis zur Entlassung aus der Klinik bilden sich als wichtige Reflexe der Such- und der Saugreflex aus. Sie sind unerlässlich für die Brust- oder Flaschenernährung. Der Greifreflex hilft dem Baby, zur Ruhe zu kommen, wenn es Sie bei Stress umklammert.

Meilensteine

Bei Verlassen der Klinik hat Ihr Baby vermutlich das Entwicklungsstadium eines ausgereiften Babys erlangt: Es ist ein zusammengekauertes Bündel mit vielfältigen primitiven Reflexen, es ist in der Lage, seine Körpertemperatur und die Atmung zu regulieren – aber nicht viel mehr. Ab jetzt können Sie sich hinsichtlich der Meilensteine Ihres Babys an den verschiedenen Altersphasen an diesem Buch orientieren. Allerdings

Sozialer Austausch

Bei einem Frühchen gibt es drei Phasen sozialer Interaktion:

Wartephase Bei starker Frühgeburtlichkeit – vor der 32. Woche – gibt es noch keinen Austausch: Das Baby wartet ab, statt sich auf Sie einzulassen. In dieser Situation sollten Sie ebenfalls abwarten. Möglicherweise gelangt es noch nicht in den aufmerksamen Wachzustand. Selbst die einfachste sensorische Interaktion einer leichten Berührung kann irritierend sein. Es konzentriert all seine Energie darauf, die lebenswichtigen Funktionen (Atmung, Herzschlag und Blutdruck) aufrechtzuerhalten und zu wachsen.

Berührungsphase Zwischen der 32. und 35. Woche tritt das Baby von der Warte- in die Berührungsphase über. In diesem Stadium haben sich seine Körperfunktionen stabilisiert. Es nimmt zu und entwickelt erste Selbstberuhigungsstrategien. Es ist nicht mehr akut krank und verwertet die Kalorien aus seiner Nahrung. Gelegentlich kann es schon einige Zeit den aufmerksamen Wachzustand aufrechterhalten. Sie können es berühren und mit ihm kommunizieren.

Aktive Phase Ab der 36. Woche wird Ihr Baby aktiv – es will mit seiner Umwelt kommunizieren und fordert Sie auf, sich auf es einzulassen. Es ist weniger abhängig von den medizinischen Apparaten und muss nicht mehr ständig überwacht werden. Es kann sich aktiv selbst beruhigen und seine Körpersysteme regulieren.

müssen Sie bei Ihren Erwartungen das Alter seiner Frühgeburtlichkeit korrigieren. Das gilt für alle Entwicklungsbereiche – vom Schlafen übers Füttern bis zum Laufen und Sprechen –, bis Ihr Baby etwa zwei Jahre alt ist. Wenn Ihr Baby z. B. einen Monat zu früh geboren worden ist, können Sie erwarten, dass es sich an seinem errechneten Geburtstermin – also nach vier Wochen – so verhalten wird wie ein reifes Neugeborenes.

Um das Alter Ihres Frühgeborenen zu berechnen, verwenden Sie folgende Gleichung:

Lebensalter - Wochen der Frühgeburt = angepasstes bzw. Entwicklungsalter. Ein sechs Monate altes Baby, das vier Wochen (einen Monat) zu früh geboren wurde, sollte so entwickelt sein wie ein typisches fünf Monate altes Baby: 6 - 1 = 5 Monate Entwicklungsalter.

Sprechen Sie mit dem Kinderarzt Wenn Ihr Baby sehr viel zu früh geboren wurde, viele Phasen gesundheitlicher Instabilität erlebte oder wenn das Risiko einer Schädigung von Gehirn, Augen oder Gehör bestand, beobachten Sie es zwei Jahre lang sehr genau. Erlangt es wiederholt seine Meilensteine in jedem Entwicklungsbereich (s. Tabelle unten) nicht zu dem angepassten Alter, wenden Sie sich an den Kinderarzt.

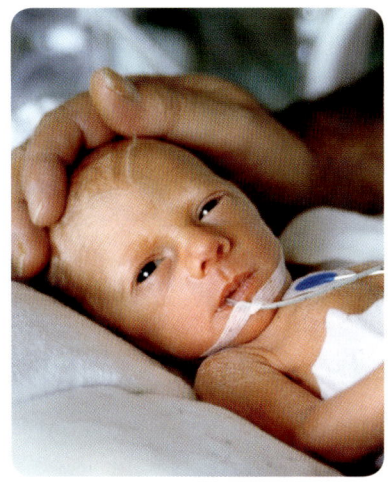

Empfindsam Frühgeborene reagieren noch sensibler auf Sinnesreize; sie werden schneller überstimuliert als reif geborene Babys.

Meilensteine

Achten Sie in der Zeit zwischen der tatsächlichen Geburt Ihres Frühchens und dem errechneten Termin auf das Erreichen der Meilensteine, die man bei reifen Neugeborenen erwartet.

Entwicklungsbereich	Meilensteine
Grobmotorik	Es zieht die Beine unter den Körper, sobald sich Muskelspannung aufbaut.
Feinmotorik	Entwicklung von Greifreflex und Saugreflex.
Hand-Augen-Koordination	Es schaut interessiert auf Ihr Gesicht aus einer Entfernung von 20–25 cm.
Sprache	Es bleibt aufmerksam, wenn Sie mit ihm sprechen.
Sozialer/emotionaler Bereich	Es hält kurze Zeit Blickkontakt, ohne überreizt zu werden.
Regulation	Es behält den aufmerksamen Wachzustand bei und beginnt sich selbst zu beruhigen.

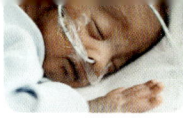

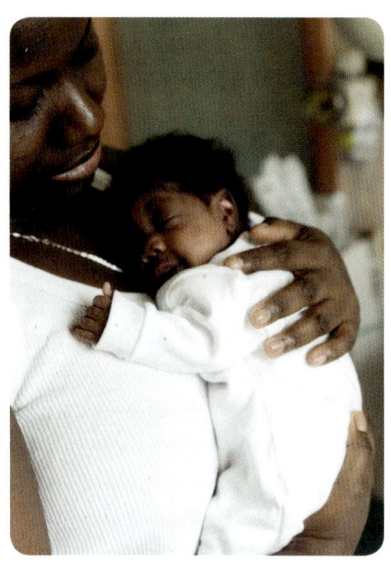

Sich einlassen Sobald es älter als 36 Wochen ist, verkraftet Ihr Baby sozialen Austausch besser.

Sinnvoll fördern

Anregungen dienen dazu, die Zahl der Nervenbahnen zwischen den Gehirnzellen zu erhöhen und damit das Lernen und die Entwicklung des Babys zu unterstützen. Solche Verbindungen bilden sich am besten, wenn Ihr Baby aufmerksam-wach ist. Da Frühgeborene nur sehr wenig Zeit im aufmerksamen Wachzustand verbringen, gibt es in der Klinik nur wenig Gelegenheit zur Stimulation. Nutzen Sie die ersten Tage, um Ihr Baby kennenzulernen, seine Signale sowie seinen sensorischen Bewusstseinszustand zu erkennen (s. S. 33); regen Sie es frühestens nach der 32. Woche an.

Zeitpunkt

Vor der 32. Schwangerschaftswoche ist kein Baby bereit für Anregung. Ist Ihr Baby gesundheitlich stabil, können Sie ab der 32. bis 35. Woche mit einem Austausch beginnen. Achten Sie jedoch unbedingt auf mögliche Stresszeichen und nutzen Sie geeignete Zeiten. Beachten Sie dabei die drei Phasen (s. S. 86):

Wartephase In der Wartephase (vor der 32. Woche oder bei instabiler Gesundheit) können Sie höchstens bei Ihrem Baby sitzen, leise mit ihm reden und seine Signale erkennen lernen. Wenn sein Zustand stabiler ist, können Sie es mit Ihren Händen ruhig umfassen.

Berührungsphase Zwischen der 32. und der 36. Woche können Sie anfangen, Ihr Baby zu baden und zu wickeln. Pucken Sie es (s. S. 26) und nutzen Sie die Känguru-Pflege (s. S. 81). Sie können mit einigen Aktivitäten beginnen, aber achten Sie sorgsam auf Anzeichen von Stress.

Aktive Phase Von der 36. Woche bis zur Entlassung können Sie Ihr Baby in den kurzen Phasen anregen, wenn es im aufmerksamen Wachzustand ist.

Umgebung

Auf der Neonatalstation gibt es sehr viele Sinnesreize für Ihr Baby durch Geräusche, Licht und Gerüche. Vielleicht ist es möglich, Geräuschpegel und Helligkeit zu reduzieren, einen Tag-Nacht-Rhythmus zu schaffen und das Baby möglichst selten zu stören (s. S. 82f.). Versuchen Sie keinesfalls, hier eine stimulierende Umgebung zu schaffen. Die Aufgabe, zu leben und unsere Welt zu bewältigen, ist mehr als genug für Ihr Baby.

Sehen Überfordern Sie Ihr Baby nicht, sobald Sie zu Hause sind, mit vielen Besuchern, einem anregenden Kinderzimmer und zu vielen Aktivitäten.

Bewegung Langsames Wiegen und sich wiederholende oder rhythmische Bewegungen beruhigen Ihr Baby, sobald es getragen werden kann. Besonders sicher fühlt es sich, wenn es in einem Tragetuch getragen wird.

Aktivitäten

Wenn Ihr Baby gesundheitlich stabil ist und die Bereitschaft zur Interaktion signalisiert, können Sie es für kurze Zeit anregen. Achten Sie aber sehr genau auf Anzeichen der Überforderung. Wenn es Stresssignale zeigt (Blutdruck steigt oder fällt) oder sich die Sauerstoffsättigung verändert, hören Sie auf und helfen Sie ihm, sich selbst durch Nuckeln zu beruhigen oder sich irgendwo anzuschmiegen (s. S. 83). Versuchen Sie es am nächsten Tag wieder.

Sehen Halten Sie Ihr Baby 20–25 cm von Ihrem Gesicht entfernt; in dieser Entfernung kann ein reifes Neugeborenes Sie fokussieren. Helfen Sie ihm, seinen Blick zu fixieren, indem Sie keinen weiteren Sinn anregen.

Hören Sprechen Sie mit Ihrem Baby in der »Ammensprache«, auch Mutterisch genannt, einer sanften, höheren Stimmlage, die Eltern automatisch verwenden – Babys reagieren darauf mit erhöhtem Interesse. Lesen Sie ihm eine Geschichte vor.

Aufzeichnungen Ihrer Stimme, Ihres Herzschlags oder gleichmäßige Geräusche beruhigen Ihr Baby und regen sein Gehör sanft an.

Fühlen Nutzen Sie die Känguru-Pflege (s. S. 81) so oft wie möglich. Pucken Sie Ihr Baby während Ihrer Interaktion, damit es ruhig ist und sich geborgen fühlt. Sonst kann der Schreckreflex dazu führen, dass seine Arme ruckartig nach außen fliegen. Das bringt es sehr durcheinander. Bereiten Sie Ihr Baby auf Ihre Berührung vor, indem Sie es zuerst ansprechen. Geben Sie ihm Gelegenheit, Ihre Finger festzuhalten oder daran zu saugen. Halten Sie Kopf und Körper Ihres Babys oder seinen Fuß in Ihren Händen. Fassen Sie Ihr Baby fest, aber sanft an. Geben Sie ihm stille Berührung – mehr kann es in seinen Wachphasen noch kaum verarbeiten. Wenn Ihr Baby gesundheitlich stabil ist, beginnen Sie es nach der 32. Woche zu massieren (Babymassage s. S. 105).

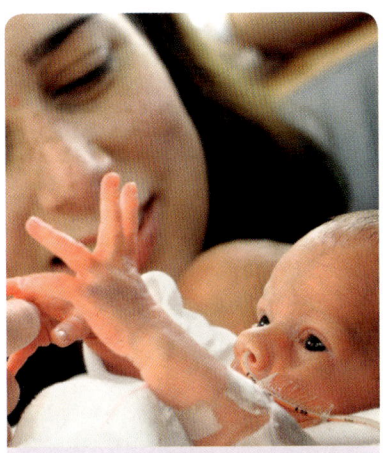

Gesunde Sinne fördern
Regen Sie jeweils nur einen Sinn an. Wenn Ihr Baby wegschaut oder irgendein Zeichen von Überreizung zeigt, hören Sie auf. Es braucht nun Ruhe.

Spielsachen

Auf der Neonatalstation hat Ihr Baby kaum Bedarf an Spielsachen. Es braucht Sie, Sie sind sein Lieblingsspielzeug!

Sehen Wählen Sie Spielsachen in kontrastierenden Farben, entweder schwarz und weiß oder rot und weiß. Lassen Sie Ihr Baby, wenn es ruhig ist, ein Foto Ihres Gesichts betrachten.

Hören Ein Kuscheltier mit Spieluhr (Schlaflied) ist ein schönes erstes Spielzeug für Ihr Baby. Sie können es in den Inkubator legen. Spielen Sie die Melodie ab; sie beruhigt Ihr Baby und blendet andere Geräusche aus.

Bewegung Leisten Sie sich ein Tragetuch. Das enge Tragen an Ihrem Körper beruhigt Ihr Baby durch Ihre Wärme und Ihren Herzschlag.

Riechen Legen Sie einen Teddy oder ein Stofftier, das nach Ihnen riecht, in eine Ecke des Inkubators.

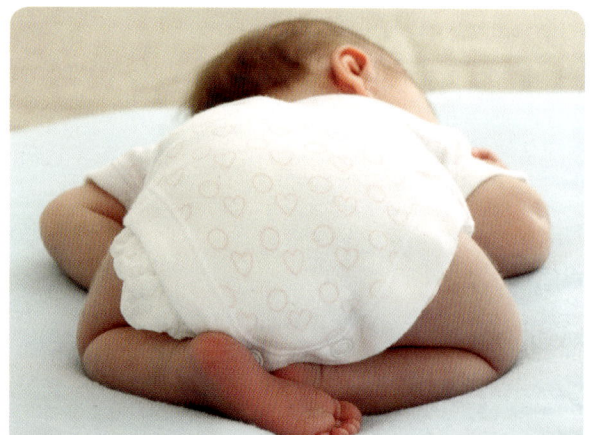

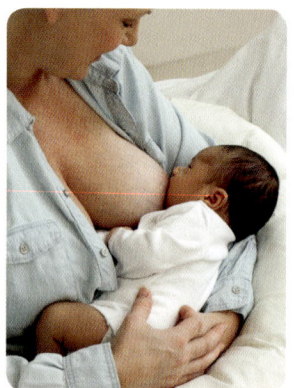
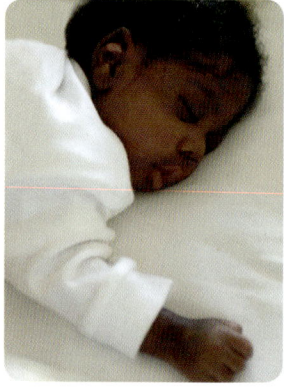

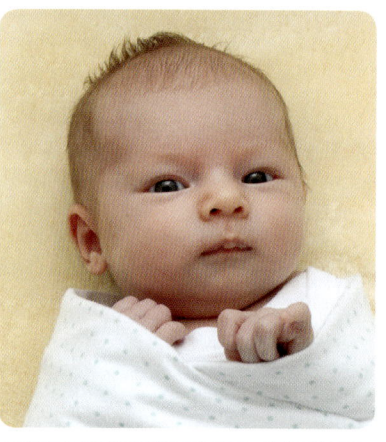
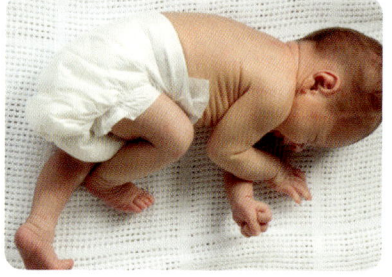

Kapitel 8

Ihr Neugeborenes

Nach Monaten der Planung einer perfekten Geburt und voller Träume, wie Ihr Baby wohl sein wird, kommt der große Tag. Nun sind Sie konfrontiert mit der Realität, Eltern zu werden. Die Umstellung in den ersten zwei Wochen des gemeinsamen Lebens ist enorm – nicht nur für Sie und Ihr Baby, sondern auch für Ihren Partner und andere Familienmitglieder. Vermutlich fühlen Sie sich manchmal überfordert und verunsichert, Sie fragen sich, ob Sie jemals den Ansprüchen dieses neuen Lebens gerecht werden können. Die körperlichen Nachwirkungen der Geburt, die Milchbildung sowie der Schlafmangel fordern ihren Tribut. Und trotzdem sollen Sie »normal funktionieren«. Die Ratschläge auf den folgenden Seiten werden Ihnen den Übergang erleichtern. Dann können Sie die Zeit mit Ihrem Baby wirklich genießen.

WAS MEIN BABY WILL

Babyzentrierte Routine

● Am besten legen Sie Ihr Baby wieder schlafen, wenn es 40 bis 60 Minuten wach war. Es schläft vermutlich täglich 18 bis 20 Stunden.

● Lassen Sie Ihr Baby nach Bedarf trinken. Manche Babys haben nur alle drei bis vier Stunden Hunger und sind dazwischen ohne Mahlzeit zufrieden.

● Bald wird Ihr Baby nachts vier bis fünf Stunden zwischen den Mahlzeiten schlafen. Wecken Sie es nachts nicht, außer der Arzt hat aus gesundheitlichen Gründen dazu geraten.

Ein Tag im Leben Ihres Babys

Es ist gut möglich, dass nun kein Tag mehr ist wie der andere und jeder ein ganzes Paket neuer Herausforderungen und Fragen mit sich bringt. In den ersten Tagen ist Ihr normales Leben fast vollständig ausgeschaltet und Sie müssen weitgehend Ihrem Baby die Führung überlassen. Für Strukturen und Zeitpläne ist jetzt noch nicht die Zeit; bleiben Sie flexibel.

Mamas Welt: Übergangszeit

Ihre Geburtserfahrung wirkt sich stark auf Ihr Befinden in den darauffolgenden Tagen aus. Nach einer problemlosen Geburt – wie geplant – sind Sie in Hochstimmung. Während der Geburt werden Sie von Endorphinen, »Wohlfühl-Hormonen«, überschwemmt, die in den ersten Tagen ein wunderbares Hochgefühl vermitteln. Diese chemischen Substanzen schaffen einen Schutzschild um Sie und Ihr Baby und ermöglichen dem Bindungsprozess einen guten Start. Ihre Sinne sind geschärft; voller Ehrfurcht betrachten Sie Ihr perfektes, winziges Baby; das Elternsein erscheint als aufregende Aufgabe. Nach einer schwierigen Geburt jedoch erleben Sie vielleicht Versagens- und Verlustgefühle.

Ängste/Unsicherheit Niemand sagt Ihnen im Voraus, dass das Elternsein von häufigen Schreckmomenten begleitet ist. Der Gedanke schießt Ihnen durch den Kopf: »Sie müssen verrückt sein, mich mein Baby mit nach Hause nehmen zu lassen. Ich habe keine Ahnung, wie man so ein kleines Ding versorgt.« Die meisten Mütter kennen diese

Fürsorge Verbringen Sie viel Zeit mit Ihrem Baby; ruhen Sie sich gemeinsam aus. Dies beschleunigt Ihre körperliche Erholung, unterstützt die Bindung und schenkt Ihrem Baby in den ersten Lebenstagen Sicherheit und Zufriedenheit.

Gedanken; gleichwohl überleben und gedeihen ihre Babys. Solche Ängste sind normal, deshalb aktivieren Sie Ihr soziales Netzwerk: Ihre Mutter, Ihren Partner, die beste Freundin – alle, die Ihre Fähigkeiten als Mutter stärken und Sie unterstützen. Sie lernen jeden Tag dazu – alles, was die Babypflege erfordert. Bald werden Sie amüsiert oder erstaunt zurückblicken auf Ihre Angst, Ihr Baby nur auszuziehen oder zu baden.

Babyblues Etwa vom dritten Tag an lösen die Hormone, die die Milchbildung fördern, oft eine emotional schwierige Phase mit Höhen und Tiefen aus. An manchen Tagen fühlen Sie sich überfordert und könnten ständig losheulen – wegen der bloßen Verantwortung für dieses junge Leben. Dieser Babyblues kann etwa eine Woche anhalten; er ist in der Regel kurzlebig und hat keine Auswirkung auf Ihre Beziehung zum Baby. Nehmen Sie Ihre Gefühle wahr, sprechen Sie mit Ihrem Partner oder einer Freundin darüber. Hält die gedrückte Stimmung länger als zwei Wochen an, kann es sich um eine postnatale Depression (s. S. 59) handeln.

Keime und Bazillen Vielleicht machen Sie sich Sorgen darüber, dass Ihr Baby Keimen ausgesetzt ist, und fragen sich gleichzeitig, ob Sie überängstlich sind. Ihr Baby ist durch Ihre Antikörper, die es in der Gebärmutter erhalten hat, geschützt. Kolostrum und die erste Muttermilch sind ebenfalls reich an Antikörpern, die Ihr Baby vor Krankheiten schützen. Wenn Ihr Baby allerdings eine verstopfte Nase oder Fieber bekommt, wird es nicht gut trinken. Dies beeinträchtigt nicht nur seine Gewichtszunahme, sondern auch Ihre Milchbildung. Meiden Sie daher in den ersten Tagen besser öffentliche Orte und große Menschenmengen. Tragen Sie das Baby im Tragetuch; dort ist es besser geschützt.

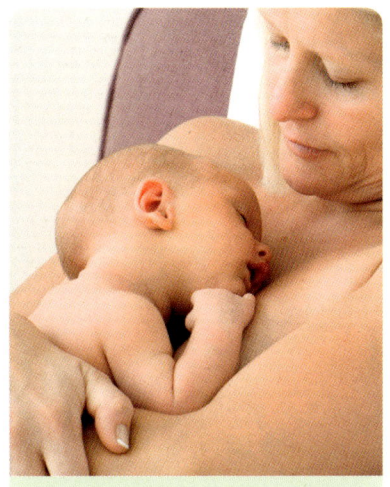

Gesunde Sinne fördern

Wenn Ihr Baby krank ist, sich unwohl fühlt oder die Geburt schwierig war, werden Sie beide vielleicht getrennt. Denken Sie nicht nur an das Negative dieser Situation – werden Sie aktiv. Bitten Sie darum, Ihr Baby in Känguru-Pflege nehmen zu dürfen (s. S. 81). Nehmen Sie sich Zeit, es auszuziehen und auf Ihre nackte Brust zu legen. Dieser Prozess ist für Sie beide heilsam.

Häufige Fragen Sich auf das Tempo des Babys einstellen

Bevor ich Mutter wurde, arbeitete ich erfolgreich als Kundenbetreuerin. Ich freute mich sehr auf das Muttersein und war mir sicher, dass ich es genießen würde. Aber nun wird mir mit jedem Tag stärker bewusst, wie viel Zeit ich vergeude und wie wenig ich erledigen kann. Wann werde ich wieder mein altes Leben führen können?

Wer aus einem sehr aktiven Berufsleben heraus Mutter geworden ist, ist häufig nach der ersten großen Aufregung ernüchtert und meint, den ganzen Tag über nichts Konstruktives zu tun. Dann sehnt man sich nach dem früheren hektischen Lebensstil. Stellen Sie sich schon in den ersten Tagen darauf ein, dass dieses Neugeborene ein natürlicher Entschleuniger ist. Stillen ist ein Liebesdienst: Sie müssen 20 bis 40 Minuten stillsitzen, ohne etwas zu tun. Sehen Sie diese Zeiten als Freiraum, in dem Sie sich in ein Buch vertiefen, fernsehen oder einfach den Anblick Ihres trinkenden Babys genießen. Die Langsamkeit, die Ihr Baby Ihnen abverlangt, ist genau das, was Sie brauchen – für Ihren Körper, damit er sich nach der Geburt erholt, und für Sie beide, um Ihre Bindung aufzubauen und Ihre neue Beziehung zu pflegen.

Babywelt: ins vierte Trimester kommen

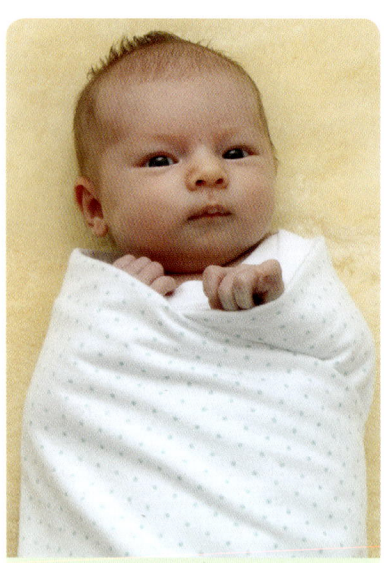

Gesunde Sinne fördern

Pucken ist eine der besten Beruhigungsmethoden. Es imitiert die Geborgenheit der Gebärmutter. Achten Sie darauf, dass beim Einwickeln die Hände des Babys in der Nähe des Gesichts liegen, damit es sich selbst besänftigen kann.

Beuteltierbabys (wie Kängurus) werden zu unreif geboren, um in der Außenwelt zu überleben; daher werden sie nach der Geburt im Beutel der Mutter versorgt. Ihr Baby klettert nach der Geburt nicht in einen Beutel, dabei ist es noch unreifer und verletzlicher als die meisten anderen Säugetierbabys. Ihr Neugeborenes ist nicht nur hinsichtlich Ernährung und Pflege von Ihnen abhängig, sondern braucht auch Hilfe, um seine Körpertemperatur, seinen Schlaf-Wach-Zyklus und seine Stimmung zu steuern. Die Fähigkeit, sich selbst zu beruhigen und Anregungen ohne Überforderung zu verarbeiten, entwickelt sich während der ersten drei Monate nach der Geburt, die man auch das »vierte Trimester« nennt.

Natürlich wollen Frauen nach 38 Wochen Schwangerschaft nichts davon hören, doch die meisten Babys würden von drei weiteren Monaten im Uterus profitieren. Nach einem vierten Trimester würde das Baby reifer geboren, könnte mit Interaktion und Stimulation umgehen und sich selbst beruhigen. Wegen der Größe unseres Beckens und unseres aufrechten Ganges können wir jedoch keine größeren Babys gebären. Daher benötigen Menschenbabys nach der Geburt intensive Betreuung. Um ein viertes Trimester zu schaffen, das sensorisch dem Mutterleib angeglichen ist, erinnern Sie sich an die Erfahrungen des Babys in der Gebärmutter (s. S. 20ff.) und versuchen Sie, solche Bedingungen wieder herzustellen.

● **Fühlen** Pucken Sie Ihr Baby (s. S. 26). Das Einwickeln imitiert die Welt im Uterus, da die unreifen Bewegungen des Babys begrenzt werden, ähnlich wie durch die elastische Gebärmutterwand. Babys empfinden den Druck und die neutrale Wärme einer eng gewickelten Baumwolldecke als beruhigend.
● **Bewegung** Tragen Sie Ihr Baby. Bewegung wirkt einschläfernd und beruhigend; die meisten Neugeborenen möchten nah bei Mama oder Papa sein. Sie verwöhnen Ihr Kind nicht, wenn Sie es tragen.
● **Sehen** Beschränken Sie in den ersten zwei Wochen die visuelle Anregung. Visuelle Eindrücke sind für das Baby sehr massiv und können es schnell überreizen. Lassen Sie es nur kurzzeitig ein Mobile oder ein buntes Spielzeug betrachten. Wendet Ihr Baby den Blick ab, geben Sie ihm eine Auszeit und entfernen Sie den Reiz.
● **Hören** Neutrale Hintergrundgeräusche wie die Spül- oder Waschmaschine (s. S. 27) beruhigen das Neugeborene. In der Gebärmutter hörte es die gleichmäßigen Töne Ihres Herzschlags, das Fließen Ihres Blutes und Verdauungsgeräusche. Spielen Sie Ihrem Baby beruhigende Geräusche vor (erhältlich als CD oder Download).

Dem Baby helfen zu schlafen

Waren Sie jemals so erschöpft? In den ersten Tagen helfen Ihnen Ihre Hormone durch die Müdigkeit und die Nachtmahlzeiten, aber nach etwa einer Woche wird Ihnen klar, dass Sie in nächster Zeit keine Nacht mehr durchschlafen werden. Dann kann sich sehr wohl Entsetzen breitmachen, wenn Sie abends an die bevorstehende Nacht denken.

Ihr Schlaf wird in den ersten Tagen davon bestimmt, sich dem Baby anzupassen und seine Bedürfnisse zu erfüllen. Machen Sie sich keine Sorgen, wenn Ihr Baby nachts häufig aufwacht und trinkt. Das braucht es zum Überleben. Dadurch entstehen keine schlechten Gewohnheiten – stillen Sie in diesen ersten Tagen einfach seinen Hunger und seine sensorischen Bedürfnisse nach Zärtlichkeit. Wenn Ihr Baby ein wenig älter ist (über sechs Wochen), können Sie über Schlafgewohnheiten nachdenken.

Wachphasen

In diesem jungen Alter kann Ihr Baby nur 40 bis 60 Minuten wach bleiben, bevor es wieder schlafen muss. Das ist ausreichend für eine Mahlzeit, Wickeln und Schmusen – dann schläft es wieder ein.

Ihr Baby schläft jeden Tag enorm viel. In den vergangenen drei Monaten haben der enge Raum in der Gebärmutter sowie der enge Geburtskanal starken Druck auf den Körper Ihres Babys ausgeübt. Dieser Druck wirkt regulierend auf das Nervensystem und mag einer der Gründe sein, warum Neugeborene in den ersten Tagen so viel schlafen. Die langen Schlafphasen sind wichtig für sein Überleben; sie stellen sicher, dass Ihr Baby seine Energie aufs Wachsen statt auf die Kommunikation konzentriert.

Der Schlafplatz Ihres Babys

Vielleicht haben Sie vor der Geburt festgelegt, wo Ihr Baby schlafen soll – in Ihrem Bett, in einem eigenen Bett im Elternschlafzimmer oder in seinem eigenen Zimmer. Nach der Geburt können Ihre Vorstellungen über Bord geworfen werden, weil Sie nun aus der Praxis heraus entscheiden. Wo ein Baby schläft, ist eine sehr persönliche Entscheidung. Bestimmt bekommen Sie Ratschläge von allen Seiten – das kann sehr verunsichern. Wie jede andere künftige Erziehungsentscheidung ist es Ihre Sache, die Vor- und Nachteile abzuwägen und Ihre persönliche Lösung zu finden.

Schlaf: Was jetzt zu erwarten ist

● In den ersten Tagen unterscheidet Ihr Baby kaum zwischen Tag und Nacht; es trinkt nachts vielleicht häufiger und ist sogar länger wach, wenn alle anderen schlafen wollen.

● Erwarten Sie nicht, dass Ihr Neugeborenes nachts durchschläft; akzeptieren Sie, dass es nachts immer wieder aufwacht und trinken will.

● Schlafen Sie tagsüber, wenn Ihr Baby schläft. Das beugt Erschöpfung vor.

● Tagsüber muss Ihr Baby nach etwa 40 bis 60 Minuten Wachsein wieder schlafen gelegt werden (s. S. 51), sonst wird es überreizt und quengelig.

»Ihr Schlaf wird in den ersten Tagen davon bestimmt, sich dem Baby anzupassen. Machen Sie sich keine Sorgen, wenn Ihr Baby nachts häufig aufwacht und trinkt.«

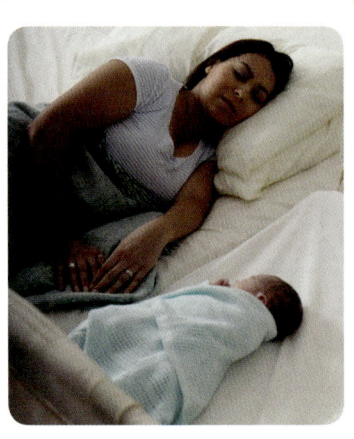

Sicheres Co-Sleeping

So minimieren Sie im Familienbett das Risiko des plötzlichen
Kindstodes:

● Ihr Baby muss auf dem Rücken
schlafen.

● Nehmen Sie keine Kissen, decken
Sie das Baby nicht mit Ihrem Federbett zu.

● Legen Sie Ihr Baby an die Bett-
seite neben sich, nicht zwischen
sich und Ihren Partner.

● Vielleicht möchten Sie lieber ein
Beistellbett benutzen (s. Abbildung).

Verzichten Sie auf Co-Sleeping, wenn …

● Ihr Baby tagsüber Zigaretten-
rauch ausgesetzt ist oder es während der Schwangerschaft war.

● Sie oder Ihr Partner Alkohol
getrunken oder betäubende Medikamente genommen haben.

● Ihr Baby vor der 37. Woche
geboren wurde oder weniger als
2,5 kg Geburtsgewicht hatte.

● Sie sehr erschöpft sind oder eine
Schlafstörung haben.

● Sie einen Kaiserschnitt hatten
und Schmerzmittel nehmen.

WAS MEIN BABY WILL

Co-Sleeping/Familienbett Sowohl Experten als auch Eltern
haben klare Ansichten über die Gefahren und die Vorteile des gemeinsamen Schlafens von Eltern und Baby in einem Bett. Es gibt wenige so
spezielle Erfahrungen im Leben wie das Kuscheln mit dem Neugeborenen, dass Einatmen seines Duftes und das Lauschen auf seine zarten
Atemzüge. Viele Eltern erleben das Co-Sleeping nicht nur als romantisch,
sondern auch als sehr praktisch. Es ist nachgewiesen, dass das Baby sich
beim Co-Sleeping in den ersten Tagen sicher fühlt und seine Atmung und
die Körpertemperatur besser regulieren kann. Für Mütter ist es bequem,
da es das Stillen erleichtert.

Fachorganisationen weisen allerdings darauf hin, dass bestimmte
Risiken höher sind, wenn das Baby im Elternbett schläft, z. B. das Risiko
für den plötzlichen Kindstod sowie die Erstickungsgefahr. Ihre aktuelle
Empfehlung ist, das Kind in den ersten sechs Monaten im selben Zimmer wie die Eltern, aber im eigenen Bett schlafen zu lassen. Wenn Sie im
Familienbett schlafen wollen, befolgen Sie einige Sicherheitsmaßnahmen
(s. Kasten links).

Getrennt schlafen Vielleicht bevorzugen Sie die von vielen
Experten in den ersten Wochen empfohlene Möglichkeit, das Baby in
einem sogenannten Beistellbett schlafen zu lassen, das sich direkt am
Elternbett befestigen lässt. Sie können es auch in seinem eigenen Bett
oder einem Stubenwagen neben Ihr Bett stellen. Wo immer es schläft –
es muss auf dem Rücken und mit den Füßen am Bettende liegen, um vor
dem plötzlichen Kindstod geschützt zu sein. Doch nicht nur Sicherheits-
bedenken können gegen das Familienbett sprechen. Wenn Sie oder Ihr
Partner ein sensorisch sensibler Mensch sind, können die Bewegungen
und Geräusche dieses kleinen Körpers in Ihrem Bett Ihren Schlaf stören.
Ist wiederum Ihr Baby sensibel (s. S. 15), kann es durch die Sinnesreize
von Ihnen gestört werden und häufiger aufwachen.

Schlaf ist ein seltenes Gut in den ersten Tagen. Wählen Sie die Lösung,
die es Ihnen erlaubt, möglichst viel Schlaf zu finden. Es spricht nichts
dagegen, das Baby vom ersten Tag an in seinem eigenen Zimmer schlafen
zu lassen. Die meisten Babys schlafen dort genauso gut wie im Elternbett. Sie werden Ihr Baby hören, wenn es Sie braucht, da Sie nach der
Geburt dafür sensibilisiert sind. Sicherheitshalber können Sie noch ein
Babyfon in seinem Zimmer anbringen.

Grundsätzlich gilt, dass alle Entscheidungen hinsichtlich des Schlafplatzes für Ihr Baby vernünftig sind. Wählen Sie den Schlafplatz Ihres
Babys in den ersten Tagen nach Ihren eigenen Vorlieben so aus, dass
Sie selbst am besten schlafen können. Sie brauchen Ruhe, um die Milchbildung sicherzustellen, mit Ihrem Baby eine Bindung einzugehen und
es zu versorgen.

Tag und Nacht unterscheiden

In diesen Wochen schläft Ihr Baby die meiste Zeit (18 bis 20 von 24 Stunden). Wenn es allerdings nachts oft aufwacht, aber den ganzen Tag schläft, muss es den Unterschied zwischen Tag und Nacht lernen. Diese Tag-Nacht-Umkehr ist bei Neugeborenen häufig; sie gibt sich meist in ein, zwei Wochen. So leiten Sie Ihr Baby an, seine innere Uhr so umzustellen, dass es nachts mehr schläft:

● Wecken Sie Ihr Baby tagsüber nach dreieinhalb Stunden auf, damit es am Tag mindestens alle vier Stunden trinkt.

● Nachts soll Ihr Baby von selbst aufwachen, wenn es trinken will. Wecken Sie es nicht kurz vor Mitternacht, um eine sehr frühe Morgenmahlzeit zu vermeiden – das verhindert, dass es nachts einen natürlichen Schlaf-Wach-Zyklus entwickelt.

● Sie fördern die Unterscheidung von Tag und Nacht, wenn Sie das Schlafzimmer des Babys zwischen 18 und 6 Uhr verdunkeln. Schalten Sie beim Füttern nachts nur gedämpftes Licht an.

● Spielen Sie tagsüber mit Ihrem Baby, unterhalten Sie sich.

● Nachts begrenzen Sie die Interaktion. Stellen Sie nur wenig Blickkontakt her und sprechen Sie nicht, damit es schnell wieder in den Schlaf findet.

● Machen Sie sich wegen des Aufstoßens nicht zu viele Gedanken. Wenn es getrunken hat und schläfrig ist, halten Sie es nur fünf Minuten aufrecht und legen Sie es dann wieder hin, egal ob es aufgestoßen hat oder nicht.

● Wacht Ihr Baby etwa eine Stunde nach der letzten Mahlzeit wieder auf, füttern Sie es nicht. Pucken Sie es neu, tätscheln Sie es sanft und lassen Sie es an Ihrem Finger oder einem Schnuller nuckeln, damit es wieder einschläft.

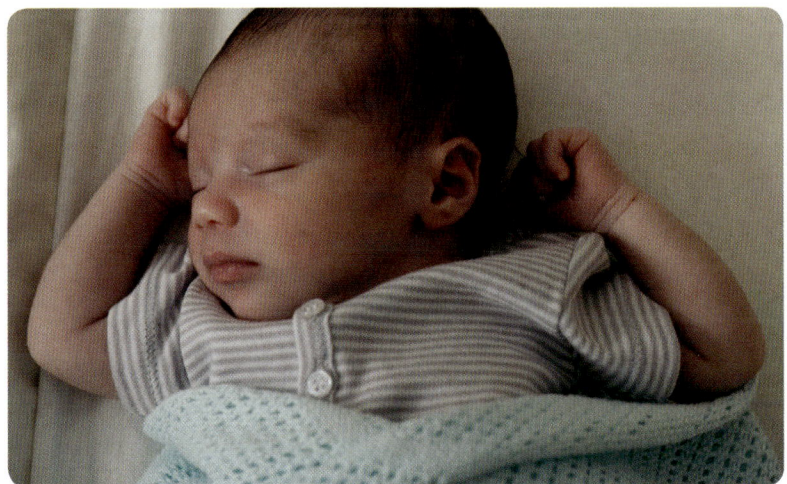

Verdreht Neugeborene verwechseln häufig Tag und Nacht; sie schlafen tagsüber mehr und wachen nachts oft auf.

Häufige Fragen
Kurzschläfer

Mein Baby schläft nie länger als 15 Minuten am Stück. Was kann ich tun?

Wacht Ihr Baby auf, sobald Sie es in sein Bettchen legen, oder schläft es nur sehr kurze Phasen (weniger als 20 Minuten), ist es ein »Kurzschläfer«. Das gibt es in den ersten Tagen häufig. Ursache sind winzige Zuckungen des Körpers. Ihr Baby fällt zuerst in einen leichten, aktiven Schlaf. Sie sehen, wie seine Augen unter den Lidern rollen, wenn es all die sensorischen Informationen des Tages verarbeitet. Beim Übergang in den Tiefschlaf erlebt es ein plötzliches Zucken seiner Muskeln, eine sogenannte hypnagogische Zuckung. Sie tritt auch bei Erwachsenen auf, doch wir schlafen meist trotz der kleinen Störung weiter. Ihr Baby schreckt dadurch auf und wird wach.

Folgende Tipps helfen, die Wirkung dieses Zuckens zu minimieren:
● Pucken Sie Ihr Baby, um die Bewegung einzugrenzen; dann stört sie seinen Schlaf nicht.
● Sorgen Sie für ein neutrales Hintergrundgeräusch im Babyzimmer; gleichmäßige Klänge senken den Bewusstseinszustand (s. S. 30), sodass das Baby länger schläft.
● Wenn Ihr Baby häufig nach 15 Minuten aufwacht, setzen Sie sich zu ihm; lassen Sie Ihre Hand auf ihm liegen, nachdem Sie es in seinem Bettchen beruhigt haben. Wenn das Zucken seinen Schlaf stört, behalten Sie den Druck Ihrer Hand bei, damit es in den Tiefschlaf findet.

Ernährung: Was jetzt zu erwarten ist

- Es braucht Zeit, bis sich das Stillen einspielt. Dies geschieht am besten, wenn das Baby nach Bedarf gestillt wird. Bei Schwierigkeiten holen Sie sich bitte Unterstützung bei einer Stillberaterin (s. Hilfreiche Adressen, S. 214f.)
- Es kann bis zu sechs Wochen dauern, bis sich das Stillen eingespielt hat und ausreichend Milch gebildet wird.
- Für eine gute Milchbildung müssen Sie gut essen und sich viel ausruhen. Die Milchbildung aufzubauen ist wichtiger als den Haushalt zu erledigen.
- Es ist normal, dass Babys in den ersten Tagen nachts beinahe so oft trinken wie tagsüber. Stillen Sie Ihr Baby dann, wenn es Hunger hat.
- Ihr Baby verlangt vielleicht am frühen Abend ein oder zwei »Cluster-Mahlzeiten« (Fütterungen kurz nacheinander). Geben Sie diesem Bedürfnis nach, wenn es dadurch später etwas länger durchschläft.

Die Ernährung des Babys

Das Stillen kann in den ersten Wochen eine echte Herausforderung sein. Früher, als die Menschen in engen Lebensgemeinschaften das Muttersein voneinander lernten, konnte man einer Schwester oder Tante beim Stillen zuschauen. Heute erleben wir das Stillen in der Regel bei unserem eigenen Kind das erste Mal – und das zudem in der stressigen Atmosphäre des Geburtszimmers. Lesen Sie einen Stillratgeber; dieser kann Ihnen in diesen ersten Tagen wertvolle Hilfe sein.

Milchbildung

In den ersten Tagen ist Stillen nach Bedarf unerlässlich, damit die Milchbildung in Gang kommt. Manche Babys trinken in den ersten 48 Stunden nur wenig, weil vorgeburtliche Reserven und das Kolostrum (die Milch, die vor der normalen Muttermilch gebildet wird), ihren Nahrungsbedarf decken. Kolostrum steckt voller Nährstoffe und Antikörper, die sehr wertvoll für das Immunsystem sind. Es wirkt auch leicht abführend und hilft dem Baby, den ersten Stuhlgang, das Mekonium (eine dunkle, klebrige Substanz), auszuscheiden. Nach dem zweiten Tag fordert Ihr Baby vermutlich durch Schreien und Suchen (es dreht Ihnen sein Gesicht mit offenem Mund zu) häufig kurze Mahlzeiten. Stillen Sie, wann immer Ihr Baby danach verlangt; so stellen Sie sicher, dass Ihr Körper ausreichend Milch bildet. Sie haben genug Milch, wenn Ihr Baby am Tag mindestens sechs Windeln einnässt, etwa alle zwei bis vier Stunden trinkt und dazwischen zufrieden und schläfrig ist.

Stillen nach Bedarf oder nach der Uhr?

Versuchen Sie keinesfalls, sich bereits auf einen Zeitplan zu fixieren: Stillen nach Bedarf ist in den ersten Tagen sehr wichtig, um die Milchbildung zu fördern. Muttermilch wird schneller verdaut als Flaschennahrung, daher müssen Stillbabys häufiger trinken. Wenn Sie stillen und Ihr Baby gedeiht, können Sie zwei- bis dreistündliche Fütterzeiten anstreben. Sobald sich Ihre Milchbildung steigert und Ihr Baby kräftiger saugt, werden diese Phasen länger (drei bis vier Stunden). Ein Flaschenbaby können Sie früher an feste Trinkzeiten heranführen. In diesem Alter kann es alle drei Stunden gefüttert werden.

Die sensorische Erfahrung des Trinkens

Trinken ist für Ihr Baby eine reiche Sinneserfahrung, unabhängig vom Alter und der Ernährungsform. Schaffen Sie einen beruhigenden Ort für das Füttern ähnlich der Gebärmutterwelt (s. S. 23ff.).
- Wickeln Sie Ihr gepucktes Baby beim Trinken aus; mit den Händen darf es Ihre Brust, Ihren Hals oder Ihr Gesicht berühren.

Still-Tipps

Obwohl Muttermilch die beste Milch für Ihr Baby ist, klappt das Stillen nicht immer auf Anhieb. Doch die Mühe lohnt sich.

Praxistipps zum Ausprobieren:

● In den ersten Tagen geht es darum, eine neue Fertigkeit zu erlernen. Dies geschieht am besten in einer ruhigen Umgebung.

● Nehmen Sie sich ein, zwei Minuten zur Vorbereitung. Stellen Sie ein Glas Wasser oder Saft bereit. Stillen macht durstig; trinken Sie bei jeder Mahlzeit mindestens 250 ml. Schalten Sie den Anrufbeantworter an oder legen Sie das Telefon neben sich.

● Wählen Sie einen bequemen Stuhl mit fester Rückenlehne und möglichst einen kleinen Hocker, um die Füße aufzustellen.

● Entspannen Sie sich, bevor Sie anfangen, damit die »Milchspendehormone« die Milch fließen lassen. Ihre Ruhe überträgt sich auf Ihr Baby. Bei Anspannung verwenden Sie Bachblüten, z. B. Notfalltropfen.

● Ziehen Sie direkt vor dem Anlegen Ihre Brustwarze leicht heraus, indem Sie sie zwischen Daumen und Zeigefinger rollen. Das bereitet sie zum Trinken vor; zudem wird etwas Milch ausgedrückt, was Ihr Baby zum Saugen animiert.

● Halten Sie Ihr Baby an sich, sein Körper ist Ihnen zugewandt. Sein Mund oder seine Wange sollte Kontakt zu Ihrer Brustwarze haben. Wenn seine Unterlippe die Brustwarze berührt, öffnet es den Mund. Nun nehmen Sie es fest an Ihre Brust.

● Das richtige Anlegen ist entscheidend, um Ihnen Schmerzen zu erspa-

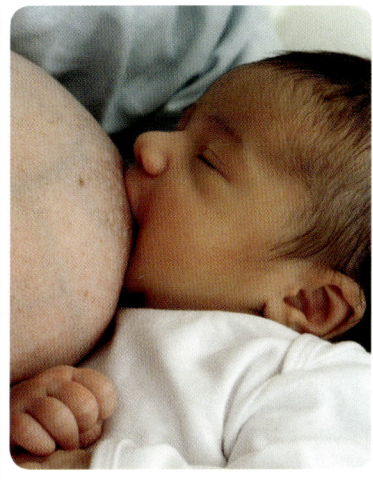

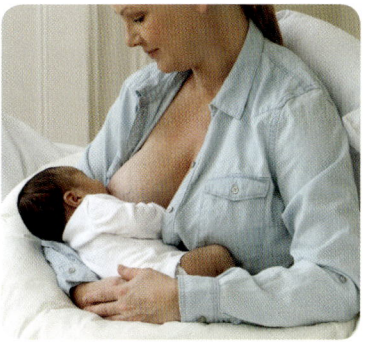

Anlegen Die Unterlippe umfasst den Großteil des Warzenhofs (*links*).
Wiegengriff Dabei liegt Ihr Baby beim Stillen quer zu Ihnen (*oben*).

ren und die Milchbildung anzuregen. Die Unterlippe Ihres Babys soll fast den gesamten Warzenhof (den dunklen Bereich um die Brustwarze) unterhalb der Brustwarze umschließen. Die Oberlippe ist nach außen gestülpt und fasst einen Teil des Warzenhofs oberhalb der Brustwarze. Wenn nicht, stülpen Sie seine Oberlippe mit Ihrem Finger nach außen.

● Achten Sie auf falsches Anlegen: Wenn Ihr Baby nur die Brustwarze im Mund hat, werden die Milchgänge in den Brüsten nicht aktiviert. Der Milchfluss verringert sich. Dadurch werden Ihre Brustwarzen rissig und entzünden sich, was sehr schmerzhaft ist.

● Ist Ihr Baby richtig angelegt, trinkt es gut – Lippen und Kiefer massieren die Milchseen unter dem Warzenhof, sichern einen guten Milchfluss und ziehen an der Brustwarze, um Milch herauszudrücken.

● Sobald die Milch einschießt (etwa am dritten Tag), sind Ihre Brüste schwer und schmerzhaft. Lassen Sie Ihr Baby an jeder Brust einige Zeit saugen. Zunächst trinkt es die

wässrige Vormilch. Sie stillt seinen Durst. Wenn es länger trinkt, wird die reichhaltigere Hintermilch freigesetzt. Ihr Baby braucht sowohl die Vor- als auch die Hintermilch.

● Lassen Sie Ihr Baby nach Bedarf trinken: Stillen funktioniert nach dem Prinzip von Angebot und Nachfrage. Je mehr es trinkt, umso mehr Milch bilden Ihre Brüste.

● Probieren Sie verschiedene Stillpositionen aus, bis Sie diejenige finden, die für Sie am bequemsten ist. Legen Sie Ihr Baby z. B. quer auf Ihren Bauch.

● Wenn Ihr Baby die Brust nicht von selbst loslässt, schieben Sie Ihren sauberen Finger in seinen Mundwinkel, um den Sog zu unterbrechen. Nehmen Sie es dann vorsichtig von der Brustwarze.

● Wenn die Milch sehr schnell fließt, kann sich das Baby verschlucken und würgen. In aufrechter Position ist diese Gefahr größer. Dabei schluckt das Baby übermäßig viel Luft. Legen Sie sich hin und stillen Sie es, während es neben Ihnen liegt.

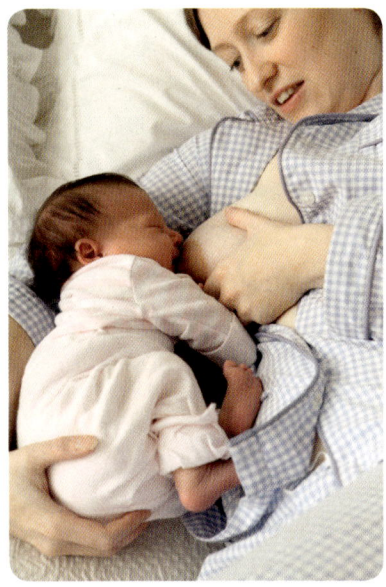

Angelehnt Wenn Ihre Milch für Ihr Baby zu schnell fließt, verschluckt es sich und muss würgen. Legen Sie sich in diesem Fall beide zum Stillen hin. Möglicherweise kann es so besser trinken.

● Benutzen Sie in den ersten sechs Lebenswochen Ihres Baby kein Parfüm. Es würde seine Empfindungen beim Stillen stören.

● Sprechen Sie mit gleichbleibender Stimme, damit Ihr Sprechen beruhigend wirkt. Entspannen Sie sich beim Stillen.

● Beobachten Sie, wie Ihr Baby auf den Geschmack Ihrer Milch reagiert. Manche Babys reagieren negativ auf intensive Geschmackreize wie Knoblauch oder Gewürze.

● Lernen Sie seine Signale während des Trinkens zu verstehen. Wenn es z. B. Blickkontakt herstellt, erwidern Sie ihn, aber respektieren Sie auch, wenn es wegschaut. So gewinnt es »sensorischen Freiraum«, um sich auf die anstehende Aufgabe zu konzentrieren.

● Manche Babys haben Schwierigkeiten, Saugen, Schlucken und Atmung zu koordinieren, wenn es gleichzeitig andere Reize gibt. Beschränken Sie bei einem sensiblen Baby (s. S. 15) zusätzliche Reize beim Füttern. Wenn Sie mit ihm sprechen, dann sehr ruhig. Vermeiden Sie zu viel Stupsen und Bewegung; Ihre Berührung sollte fest und ruhig sein. Ist Ihr Baby ein schwieriger Trinker, können Sie es zu den Mahlzeiten pucken.

So entwickelt sich Ihr Baby

Haben Sie gesehen, wie zusammengekauert Ihr Neugeborenes ist, so wie es in der Gebärmutter lag? Schieben Sie in den ersten Wochen seine Beine zu seinem Bauch hin – in die »physiologische Beugung«. Diese stabile Lage vermittelt Ihrem Baby Sicherheit. Wenn seine Arme ausgestreckt sind und es nicht zusammengerollt ist, wird es unruhig; seine Arme rudern herum, als versuche es, etwas zu greifen. Die erste Bewegungsaufgabe Ihres Babys ist es, seine Rückenmuskulatur zu kräftigen, um den Rücken zu strecken. Seine Halsmuskulatur ist noch sehr schwach und es ist wichtig, dass sie stärker wird, um den Kopf halten zu können.

Primitive Reflexe In den ersten Tagen steuern primitive Reflexe die Bewegungen Ihres Babys; es macht sehr wenige willentliche Bewegungen. Der Greifreflex hält seine Hände die meiste Zeit geschlossen. Der Moro-Reflex wird ausgelöst, wenn sein Kopf nach hinten kippt – es schließt die Fäuste und breitet die Arme aus. Dies ist ein überschießender Reflex als instinktive Überlebensreaktion, wenn wir fallen. Der Suchreflex wird ausgelöst, wenn Sie Babys Wange in der Nähe des Mundes berühren. Es wendet seinen Kopf zu Ihnen und öffnet den Mund, was zum Trinken wichtig ist. Ebenso ist der Saugreflex unverzichtbar fürs Trinken. Wenn sein Kopf sich auf eine Seite dreht, wird der asymmetrische tonische Nackenreflex (ATNR) ausgelöst: Arm und Bein auf der Körperseite, zu dem sich das Gesicht dreht, strecken sich (s. gegenüber).

Meilensteine

In diesem Stadium entrollt sich das Baby gleichsam – körperlich wie sozial. Seine Bewegungen und die meisten Interaktionen werden durch seine Reflexe beeinflusst. Diese Reflexe verschwinden im Lauf der ersten drei Monate allmählich. Etwa mit zwei Wochen erreicht es diese Meilensteine:

Entwicklungsbereich	Meilensteine
Grobmotorik	Es hält den Kopf für einige Sekunden, wenn es an Ihrer Schulter liegt.
Feinmotorik	Die Fäuste sind meist geschlossen.
Hand-Augen-Koordination	Es fixiert auf eine Distanz von 20–25 cm, wenn der Kopf abgestützt ist. Es übt das Scharfsehen auf weitere Entfernung und verfolgt Gegenstände mit den Augen.
Sprache	Es imitiert Ihren Gesichtsausdruck und Zungenbewegungen.
Sozialer/emotionaler Bereich	Es stellt Blickkontakt her und hält Ihrem Blick stand. Es wendet sich einem Geräusch zu.
Regulation	Es koordiniert Saugen und Schlucken.

Soziales Bewusstsein

Ihr Baby sucht direkt nach der Geburt Ihr Gesicht, weil es vom ersten Tag an ein soziales Wesen ist. Es ist kein Zufall, dass es Gesichter allen anderen visuellen Informationen vorzieht und seine Muttersprache identifizieren kann (die Sprache, die es im Uterus am meisten gehört hat). Innerhalb von 24 Stunden erkennt Ihr Baby Ihren Geruch. Nach wenigen Tagen kann es Ihre Stimme von anderen unterscheiden und am Ende der ersten Woche erkennt es Ihr Gesicht.

Ihr Neugeborenes schläft lange Zeit; in den nächsten zwei Wochen werden die Wachphasen länger. Direkt nach der Geburt erlebt es eine Phase des aufmerksamen Wachzustands (s. S. 31), um Mama und Papa kennenzulernen. In diesem Zustand macht es Zungen- und Mundbewegungen, um das Sprechen zu imitieren.

Eingerollt Ihr Neugeborenes ist noch zusammengekauert wie ein kleiner Ball; diese Position wird Flexion genannt. So fühlt es sich stabil und geborgen.

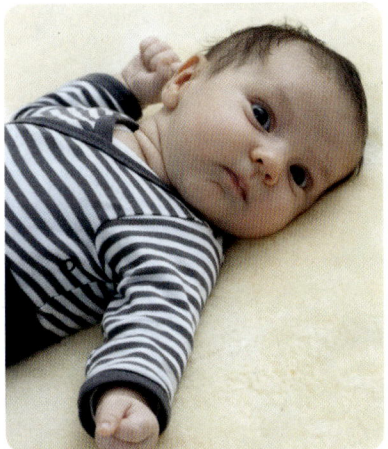

ATNR (s. S. 100) Ihr Baby streckt Arm und Bein auf der Seite aus, zu der es schaut. Das unterstützt die Entwicklung der Hand-Augen-Koordination.

Sinnvoll fördern

In den ersten zwei Wochen hat Ihr Baby viel zu lernen; konzentrieren Sie sich daher nicht auch noch auf seine Entwicklung. Lassen Sie es langsam angehen. Aus der Perspektive Ihres Babys bedeutet es schon genügend Anregung, nur zu leben und in diese neue Welt einzutauchen.

Nervenbahnen stärken

Das Gehirn Ihres Babys stellt sehr schnell Nervenverbindungen her. So können Sie seine Entwicklung unterstützen:

● Gestalten Sie seine Welt möglichst ruhig, damit es seine wenigen aufmerksamen Wachphasen genießt.

● Fördern Sie gute Trinkgewohnheiten und guten Schlaf, damit es genug Energie zum Aufbau von Gehirnverbindungen hat.

● Reagieren Sie aufmerksam auf seine Bedürfnisse.

Zeitpunkt

In den ersten zwei Wochen schläft Ihr Neugeborenes viel und schottet daher viele Reize ab. Seine Wachzeiten sind auf 40 bis 60 Minuten begrenzt (s. S. 51); so bleibt wenig Zeit für Anregung. Während der kurzen Phase vor oder nach einer Mahlzeit, wenn Ihr Baby zufrieden im aufmerksamen Wachzustand ist (s. S. 31), regen Sie es mit Sprechen oder Spielsachen an.

Bis zum Alter von drei Monaten müssen Sie das Maß an Sinneseindrücken sorgsam anpassen. Im ersten Schritt müssen Sie verstehen, was Ihr Baby überfordert und wie Sie es beruhigen. Jedes Baby verkraftet unterschiedlich viele Reize. Das Geheimnis dieser Phase lautet, die richtige Kombination aus etwas Anregung und viel Beruhigung zu finden. Mit etwa zehn Tagen bis zwei Wochen wird Ihr Baby munterer und schläft schon etwas weniger. Nun nimmt es mehr und mehr Stimulation auf. Dabei besteht die Gefahr der Reizüberflutung, die zu längeren Schreiphasen führt – häufig als Koliken bezeichnet (s. S. 112). Beachten Sie seine Verhaltenszeichen; dann können Sie seine Stimmungen vorhersehen und Schreiphasen begrenzen, indem Sie es bei Anzeichen von Irritation und Unruhe von Reizen fernhalten.

Umgebung

Eine beruhigende Umgebung ist das Geheimnis eines zufriedenen Babys. Am besten gedeiht es, wenn Sie anfangs die Gebärmutterwelt nachahmen.

Sehen Das Kinderzimmer sollte eine beruhigende Farbe haben (weich, gedämpft, neutral) und das Licht sanft sein. So können Sie Ihr Baby, wenn es unruhig wird, in einen Raum bringen, der visuell beruhigend wirkt. Setzen Sie es nur wenig fremden Gesichtern aus; begrenzen Sie in den ersten Wochen die Anzahl der Besucher. Wenn Sie an belebte Orte gehen, z. B. ins Einkaufszentrum, legen Sie eine Decke über den Kinderwagen oder tragen Sie Ihr Baby im Tragetuch.

Hören Sanfte und gleichmäßige Geräusche sind am beruhigendsten für Ihr Baby. Beschränken Sie Besuche in sehr lauter Umgebung so weit wie möglich.

Fühlen Fester Druck und Berührungen des Rückens wirken beruhigend. Da leichte Berührung das Baby irritieren kann, achten Sie darauf, dass kratzende Stoffstücke, z. B. Etiketten in Hemden, Spitze oder erhabene Muster, keinen Kontakt zu seiner Haut haben.

Bewegung Langsames Schaukeln und sich wiederholende, rhythmische Bewegungen statt sprunghafter, unberechenbarer Bewegungen beruhigen es.

Riechen Schwach ausgeprägte Gerüche sind besser als stechende. Benutzen Sie in den ersten sechs Wochen kein Parfüm oder Aftershave. Ihr eigener Körper riecht für Ihr Baby am besten. Waschen Sie die Babykleidung mit parfümfreiem Waschmittel. Ein Esslöffel Essig als Weichspüler hinterlässt keinen Geruch auf der Kleidung.

Aktivitäten

Schlafenszeit

Das Konzept der beruhigenden Sinnesreize gilt insbesondere im Schlafbereich Ihres Babys.

Sehen Ein visuell beruhigender Raum ist für den Schlaf unverzichtbar. Dank Rollläden oder dunkler Vorhänge lernt Ihr Baby, Schlaf mit Dunkelheit zu verbinden. Gedämpftes Licht ermöglicht es, die Nachtmahlzeiten sanft zu gestalten.

Hören Gleichmäßige Klänge sind besonders beruhigend und unterstützen das Einschlafen – etwa fließendes Wasser, Staubsauger, Waschmaschine oder entsprechende CDs.

Fühlen Pucken Sie Ihr Baby, insbesondere während der Schlafphasen. Dies verhindert, dass sich die Arme infolge des Schreckreflexes ruckartig bewegen, wodurch das Baby aufschreckt. Neutrale Wärme ist für Ihr Baby beruhigend; halten Sie seine Temperatur mit einer Puckdecke konstant.

Bewegung Schaukeln oder sanftes Wippen vor dem Schlafen hilft ihm, zur Ruhe zu kommen.

Motorische Entwicklung Die Schlafposition des Babys beeinflusst seine Entwicklung. In Bauchlage besteht die Gefahr einer Überwärmung, die das Risiko für den plötzlichen Kindstod erhöht. Am sichersten schläft Ihr Baby auf dem Rücken oder der Seite. Die Seitenlage ist für die Muskelentwicklung besser als flaches Liegen auf dem Rücken. Wenn Ihr Baby in Seitenlage schläft, stützen Sie es mit einem Keil oder einer Rolle (kein Kissen) ab, damit es nicht auf den Bauch rollt.

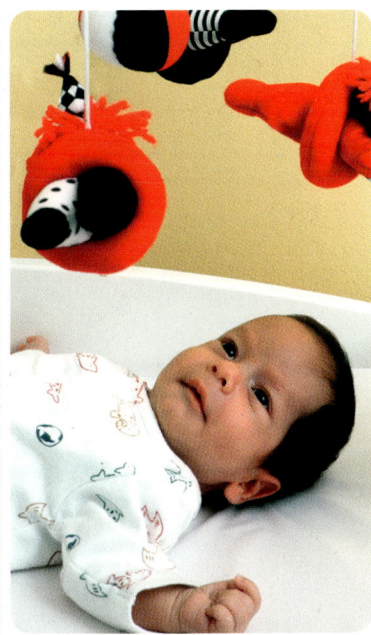

Riechen Ein kleines Kleidungsstück oder Stück Stoff, das nach Ihnen riecht, beruhigt Ihr Kleines zur Schlafenszeit. Sie können ihm auch ein Kuscheltier oder eine Decke geben, die Sie bei sich getragen haben.

Beim Wickeln

Wenn Sie es wickeln, ist Ihr Baby wach und munter. Nun ist die passende Gelegenheit, es anzuregen – außer nachts. Anregung lenkt zudem sensible Babys sehr gut ab, die sich beim Wickeln aufregen.

Sehen Ein Mobile über dem Wickeltisch ermuntert Ihr Baby zum genauen Hinschauen und stärkt die Augenmuskulatur. Wenn es beim Wickeln unruhig ist, hilft Ablenkung. Für sehr kurze Phasen der Stimulation sind Mobiles in Schwarz-Weiß und kontrastierenden Farben geeignet.

Hören Sprechen Sie mit dem Baby ruhig in Ammensprache – dem höheren Singsang-Ton, den die meisten Eltern automatisch annehmen. Er hilft Ihrem Baby, sich auf Ihre Stimme zu konzentrieren.

Bewegung Die Halsmuskulatur Ihres Babys ist schwach – stützen Sie seinen Kopf, wenn Sie es auf die Wickelunterlage legen.

Badezeit

In den ersten Tagen ist das Baden oft anstrengend, weil sich Ihr Baby an den Temperaturwechsel beim Ausziehen gewöhnen muss. Warum baden Sie es nicht morgens, wenn es munterer ist?

Sehen Ihr Gesicht wirkt beruhigend. In einer Entfernung von 20–25 cm zu Ihnen kann es Ihre Augen fixieren.

Hören Die ersten Male baden ist für Ihr Baby eine ganz neue Erfahrung. Beruhigen Sie es mit Ihrer Stimme.

Bewegung Lassen Sie Ihr Baby beim Baden strampeln, damit es seine Beine streckt.

Weitere Aktivitäten

Wachzeiten

Ihr Neugeborenes ist zwischen seinen Schlafphasen weniger als eine Stunde wach; in dieser Zeit wird es vor allem gefüttert und gewickelt. Regen Sie es an, wenn es zufrieden mit Ihnen kommuniziert, aber achten Sie auf die subtilen Zeichen, mit denen es Ihnen zeigt, dass es genug hat.

Sehen Um die Augenmuskulatur zum Fokussieren anzuregen, legen Sie etwas für Ihr Baby Interessantes in 20–25 cm Entfernung zu seinem Gesicht. Wenden Sie ihm beim Sprechen Ihren Mund zu. Sprechen Sie mit lebhafter Mimik. Lippenstift hilft ihm, Ihren Mund genau zu betrachten.

Hören Ihre Stimme wirkt besonders beruhigend. Sprechen Sie in Ammensprache – einem Singsang mit langen Vokalen und kurzen Sätzen.

Fühlen Fassen Sie Ihr Baby fest, aber sanft an, und stützen Sie immer seinen Kopf ab. Wenn es schreit, reiben oder tätscheln Sie seinen Rücken. Beschränken Sie das Umhertragen des Babys durch Besucher. Bauen Sie so bald wie möglich die Babymassage in Ihren Tagesablauf ein (s. gegenüber).

Bewegung Das Tragen im Tragetuch imitiert am besten das Leben in der Gebärmutter. Auch wenn der Vater es kaum erwarten kann, mit seinem Kleinen zu spielen, bitten Sie ihn, jetzt noch keine schnellen Bewegungen durchzuführen, es z. B. nicht in die Luft hochzuheben. Diese Bewegungen lösen Stressreflexe aus und sind zu viel für Ihr Baby.

Motorische Entwicklung Legen Sie Ihr Baby jeden Tag einige Male in die Bauchlage, wenn es im aufmerksamen Wachzustand ist. So kann es das Heben des Kopfes üben. Das stärkt die Nackenmuskulatur. In den ersten Tagen legen Sie es dabei am besten auf Ihren Bauch. Sprechen Sie in Ammensprache, um es anzuregen, den Kopf ein wenig zu heben. Wenn sich sein Hals kräftigt, streckt es sich und verliert seine gekrümmte Haltung.

Unterwegs

In vielen Kulturen bleiben frisch gebackene Mütter in den ersten Wochen zu Hause, um sich zu erholen und den Bindungsprozess zu fördern. Das ist eine gute Idee; bleiben Sie am Anfang möglichst zu Hause. Wenn Sie weggehen, schirmen Sie Ihr Baby gegen Reize und Keime ab.

Sehen Verhängen Sie den Kinderwagen mit einem Tuch, um helles Licht und Reize auszublenden.

Hören Wenn Ihr Baby im Auto quengelt, spielen Sie ihm beruhigende Musik vor.

Bewegung Eine Fahrt im Kinderwagen oder ein Spaziergang im Tragetuch wirkt beruhigend.

Mahlzeiten

Versuchen Sie nicht, Ihr Baby dabei anzuregen. Es muss sich auf sein Überleben konzentrieren und Sie müssen das Stillen bzw. Füttern lernen.

Fühlen Ihr Baby kann in den ersten Wochen so schläfrig sein, dass es bei den Mahlzeiten kaum wach bleibt. Dann können Sie mit Sinnesreizen seinen Bewusstseinszustand erhöhen: Um es wach zu halten, streichen Sie mit feuchter Watte über seine Wange oder kitzeln Sie seine Füße.

Spielsachen

In diesem Alter sind Sie das Lieblingsspielzeug Ihres Babys. Raffiniertes Spielzeug ist überflüssig. Wenn Sie jedoch Spielsachen wünschen, hier einige altersgerechte Vorschläge:

Sehen Ihrem Baby gefallen Mobiles in Schwarz-Weiß. Sie erleichtern es ihm, seinen Blick zu fixieren. Mobiles, Babytrapeze und jede Aktivität, die Bewegung einschließt, regen es zum Beobachten an und trainieren die Augenmuskulatur. Babys betrachten am liebsten menschliche Gesichter – schneiden Sie die Abbildung eines Babygesichts aus einer Zeitschrift aus und hängen Sie es über den Wickelplatz oder den Autositz.

Hören Spielen Sie Ihrem Baby sanfte Musik vor – Klassik und Wiegenlieder. CDs und Downloads mit Geräuschen wie in der Gebärmutter oder gleichmäßigen Klängen wirken beruhigend. Sie können gleichbleibende Töne selbst aufnehmen, z. B. Waschmaschine oder Staubsauger.

Fühlen In diesem Alter berühren Sie Ihr Baby nur mit den Händen. Andere taktile Spielsachen brauchen Sie nicht.

Bewegung Eine Babywippe macht Spaß und ist wunderbar. Diese Art der Bewegung fördert den Aufbau von Muskelspannung und Koordination.

Riechen Lavendel und Kamille sind beruhigende Düfte. Geben Sie diese Aromaöle aber nicht direkt auf den Körper oder ins Badewasser, sondern verwenden Sie sie in einer Duftlampe.

Die sanfte Kunst der Babymassage

Wenn es eine Aktivität gibt, die Teil Ihrer täglichen Routine mit dem Baby sein sollte, dann ist es die Babymassage. Der Übergang aus der sanften, warmen Gebärmutter in die kalte, sterile Welt draußen ist für Ihr Baby dramatisch. Die meisten Babys benötigen die feste, tröstende Berührung ihrer Eltern. Ruhige Phasen der Massage sind eine wunderbare Möglichkeit, Ihre Beziehung aufzubauen. Beide atmen dabei tief durch, entspannen sich und Sie fühlen, dass Sie etwas Wohltuendes tun. Die Massage ist auch für gesundheitlich stabile Frühgeborene geeignet; bei regelmäßiger Massage nehmen Frühgeborene schneller zu. Zu den immensen Vorteilen für Ihr Baby gehören:

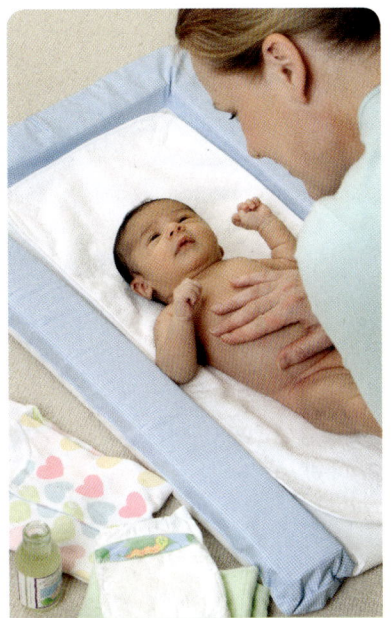

Gesunde Sinne fördern
Massage ist ein hervorragender Weg, um eine Bindung zu Ihrem Kind zu schaffen. Wenn Sie vor Beginn der Massage alles vorbereitet haben – saubere Windel, Kleidung zum Wechseln – sind Sie während der Massage entspannt.

Bindung Der Tastsinn ermöglicht es besonders gut, eine Bindung aufzubauen. Ruhige Berührung, wie eine feste Umarmung, und die beruhigende Massage lassen Sie mit Ihrem Baby in Verbindung treten. Das ist besonders hilfreich, wenn Sie noch eine gewisse Distanz empfinden, z. B. wenn Sie nach der Geburt getrennt wurden oder Ihr Baby adoptiert haben.

Körperbild Holen Sie vor Beginn der Massage seine Erlaubnis ein, es zu berühren. Machen Sie sich das zur Gewohnheit, egal wie alt Ihr Baby ist; es stärkt sein Selbstwertgefühl und den Respekt vor seinem Körper. Auch wenn es nur durch Blickkontakt reagieren kann, achten Sie auf diese subtilen Signale. Wenn es schreit oder unruhig wird, hören Sie besser auf und versuchen Sie es ein anderes Mal wieder. Massage knüpft auch Verbindungen im Gehirn, die die Entwicklung des Körperbewusstseins und des Körperbilds steuern.

Beruhigung Der feste Druck der Massagestriche beruhigt das Nervensystem und ist daher ein hervorragendes Heilmittel bei Koliken (s. S. 112).

Wohlbefinden Massage fördert die Gesundheit, besonders auch bei kranken und zu früh geborenen Babys. Die Massage tut dem Körper gut durch eine verbesserte Atmung, eine bessere Zirkulation von Lymphflüssigkeit und Blut und eine verbesserte Magen-Darm-Funktion. Babys, die regelmäßig massiert werden, schreien weniger, schlafen besser und nehmen schneller zu.

Schlaf Bei Ihrem älteren Baby unterstützt Massage die Regulierung des Schlaf-Wach-Zyklus. Indem Sie die Massage mit seinem Einschlafritual verbinden, können Sie Ihr Baby darauf einstimmen, leichter einzuschlafen.

Wann massieren?

Im aufmerksamen Wachzustand (s. S. 31) reagiert Ihr Baby am besten und profitiert am meisten von einer Massage. Um diesen Zustand zu erkennen, achten Sie auf ruhige Bewegungen, offene Augen mit klarem Blick und regelmäßige Atmung. Da Babys Routine mögen, empfiehlt es sich, das Baby jeden Tag etwa zur gleichen Zeit zu massieren. Neugeborene sind nach dem Vormittagsschlaf oft am empfänglichsten für eine Massage. Beim älteren Baby können Sie die Massage mit dem Einschlafritual verbinden.

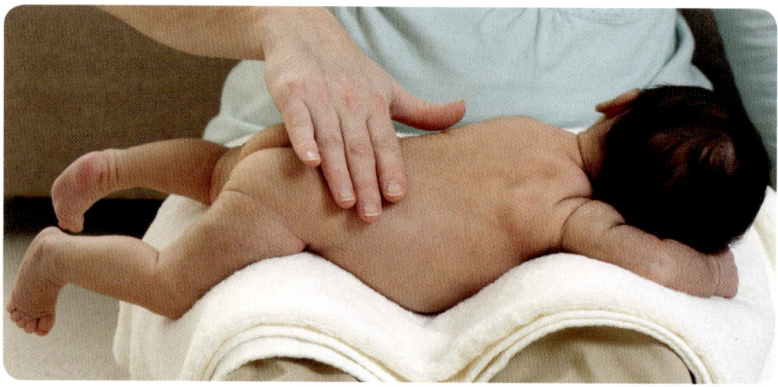

Rückenmassage Legen Sie Ihr Baby auf einem Handtuch auf Ihren Schoß. Streichen Sie seinen Rücken hoch und hinunter mit sanftem, aber festem Druck.

Was Sie benötigen

Verwenden Sie 3–5 Tropfen neutrales Trägeröl, z. B. Mandel-, Sonnenblumen- oder Olivenöl extra virgine. Verreiben Sie ein wenig davon in Ihren Händen, um es anzuwärmen. Verwenden Sie gerade so viel, dass Ihre Hände geschmeidig über die Haut des Babys gleiten.

Vorbereitung
● Sorgen Sie für eine entspannende Umgebung ohne Ablenkungen.
● Setzen Sie sich bequem hin, z. B. gegen die Wand gelehnt. Ziehen Sie Ihr Baby aus und legen Sie es in Rückenlage zwischen Ihre Beine auf den Boden oder auf ein Handtuch auf Ihrem Schoß. Sie können das Handtuch zuvor anwärmen.

● Ihre Fingernägel müssen kurz geschnitten sein; legen Sie vor der Massage Schmuck ab, der Ihr Baby kratzen könnte.
● Halten Sie frische Kleidung bereit, damit Sie Ihr Baby nach der Massage sofort anziehen können.
● Wenn Ihr Baby etwa vier Monate alt ist, halten Sie einige Spielsachen bereit, die es während der Massage betrachten oder mit denen es spielen kann.

Vorsicht
● Massieren Sie Ihr Baby in den Tagen nach einer Impfung nicht, da es leichtes Fieber haben kann. Dann fühlt es sich nicht wohl und kann die Massage nicht genießen.

Die Massagesitzung

Stimmen Sie die Massagedauer auf das Alter des Babys ab. Ein Neugeborenes massieren Sie nur wenige Minuten, ein älteres Baby bis zu 20 Minuten. Legen Sie Ihr Baby zunächst auf den Rücken; beenden Sie die Massage, wenn Sie meinen, dass es genug hat.

Bitten Sie zu Beginn um Erlaubnis. Legen Sie Ihre Hände einen Moment auf die Hüften Ihres Babys und fragen Sie es, ob Sie es massieren dürfen. So drücken Sie Respekt aus und signalisieren, dass die Massage jetzt beginnt.

Babys Beine

Beine Beginnen Sie an den Hüften. Streichen Sie ein Bein von der Hüfte bis zum Zeh hinunter, dann zurück zum Oberschenkel. Wenn es einfacher ist, halten Sie das Bein des Babys hoch. Wiederholen Sie den Vorgang bis zum Knöchel.
Füße Mit dem Daumen streichen Sie dreimal fest über die Fußsohle, von der Ferse zu den Zehen. Danach drücken Sie Ihren Daumen drei Sekunden in den Fuß.
Zehen Drücken Sie jeden Zeh, ziehen Sie ihn leicht von der Zehenwurzel bis zur Spitze.
Wiederholen Sie alles am anderen Bein.

Babys Bauch

Bewegen Sie Ihre Hände auf dem Bauch immer im Uhrzeigersinn – der Richtung des Stuhlgangs. Die folgenden Striche wirken hervorragend bei Babys mit Koliken und Verdauungsproblemen. Mag Ihr Baby keine Berührungen am Bauch oder der

WAS MEIN BABY WILL

Brust, lassen Sie diese Schritte aus und fahren Sie mit den Armen fort.

Ruhige Berührung Dieser Anfangsgriff teilt Ihrem Baby mit, dass Sie es nun massieren werden. Legen Sie einfach Ihre Hand auf seinen Bauch und halten Sie diesen Kontakt eine Zeitlang.

Schaufelrad Legen Sie eine Hand unter die Rippen des Babys und lassen sie in den Lendenbereich gleiten. Vor dem Abheben der Hand legen Sie Ihre andere Hand unter die Rippen und wiederholen den Vorgang. Machen Sie abwechselnd mit beiden Händen weiter, wobei immer eine Hand Hautkontakt hat.

»I love you« Mit Ihrer dominanten Hand streichen Sie unterhalb des Brustkorbs von Ihnen aus rechts (Babys linke Seite) hinunter zur Hüfte in Form des Buchstabens »I«. Dann legen Sie die Hand auf seine andere Seite, gleiten mit der Hand oben quer über den Bauch und hinunter zur Leiste. Es entsteht ein »L«. Nun legen Sie Ihre Hand in den rechten Hüftbereich (von Ihnen links), streichen hinauf zum Brustkorb, dann quer und auf der anderen Seite hinunter – ein »U«.

Abschluss der Bauchmassage Legen Sie Ihre Hände im Schulterbereich auf Babys Brust und streichen Sie mit beiden Händen den Körper hinunter bis zu den Zehen. Führen Sie die Hände nacheinander wieder hoch zu den Schultern. Wiederholen. *Mit ruhiger Berührung beenden.*

Babys Arme

Arme Streichen Sie einen Arm hinunter, oben von der Schulter bis zur Hand. Wiederholen, dabei abwechselnd jeweils eine Hand auf die Schulter legen. Eine Hand hält immer Hautkontakt.

Hände Drücken Sie drei bis fünf Sekunden Ihren Daumen in den Handballen Ihres Babys zwischen Daumen und kleinem Finger. Das sollte es veranlassen, die Hand zu öffnen.

Finger Fassen Sie sehr vorsichtig den Ansatz eines Fingers und streichen Sie bis zur Spitze des Fingers, wobei Sie ihn vorsichtig rollen und drücken. Bei jedem Finger wiederholen. Dieser Griff kann mit einem Fingerspiel verbunden werden, wie
»Das ist der Daumen«
Den Daumen drücken.
»der schüttelt die Pflaumen«
Den Zeigefinger bearbeiten.
»der liest sie auf«
Den Mittelfinger bearbeiten.
»der bringt sie nach Haus«
Den Ringfinger bearbeiten.
»und der Kleine, der isst sie alle auf.«
Den kleinen Finger bearbeiten.
Alle Griffe am anderen Arm und der anderen Hand wiederholen.

Babys Kopf

Nehmen Sie Babys Kopf in Ihre Hände, schauen Sie es an. Legen Sie Ihre Daumen in die Stirnmitte und streichen vorsichtig nach außen zu den Ohren. Gleiten Sie nun mit den Händen hinunter zu den Schultern.

Babys Rücken

Drehen Sie Ihr Baby um. Streichen Sie sanft seinen Rücken. Beim größeren Baby legen Sie beide Hände gleichzeitig auf beide Seiten des Rückens; beim kleinen Baby eine Hand, die andere liegt auf dem Po. *Mit Schmusen beenden.*

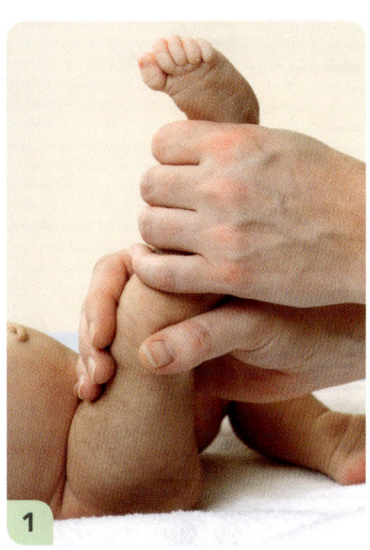

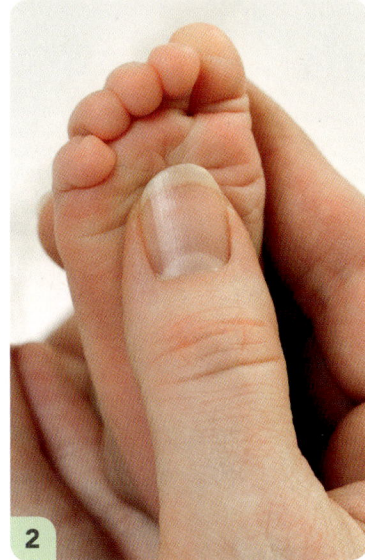

Babymassage-Griffe
❶ Beine: Beginnen Sie an den Hüften. Streichen Sie das Bein fest von der Hüfte zum Zeh und zurück zum Oberschenkel. Zum Knöchel hinab wiederholen.
❷ Füße: Streichen Sie die Sohle jedes Fußes aus; mit sanftem Daumendruck in den Fuß (drei Sekunden) beenden.

Kapitel 9

Ihr Baby: zwei bis sechs Wochen

Kaum zu glauben – nun sind Sie schon bald einen Monat lang Mutter. Die Tage fliegen vorüber (die Nächte weniger). Natürlich erleben Sie auch Zweifel und stehen vor manchem Rätsel. Das ist völlig normal. Die meisten Eltern stellen sich in dieser Phase Unmengen an Fragen: Hat es noch Hunger? Was habe ich wohl gegessen, dass es solche Blähungen hat? Kann es sich selbst beruhigen oder will es mir sagen, dass es müde ist? Woher kommen alle diese Pickelchen? Ist es normal, dass es nachts eine Mahlzeit auslässt? Ihr Leben scheint sich nur noch um dieses kleine Wesen zu drehen. Die Strategien auf den folgenden Seiten erleichtern Ihnen den nächsten Monat. Und Sie erfahren, wie Sie das Baby allmählich an einen gewissen Rhythmus heranführen können, sodass Ihr Leben strukturierter und berechenbarer wird.

Babyzentrierte Routine

● Dehnen Sie die Wachphasen Ihres Babys nicht über 60 Minuten am Stück aus; nutzen Sie diese Zeit zum Wickeln, Baden, Füttern und zur Anregung.

● Vermutlich schläft es die meiste Zeit des Tages, etwa 18 bis 20 Stunden.

● Ihr Baby trinkt tagsüber alle drei bis vier Stunden. Füttern Sie es weiterhin nach Bedarf, auch wenn es dann öfter trinkt.

● Mit etwa vier bis sechs Wochen erlebt es einen Wachstumsschub, der 24 bis 48 Stunden anhält. In dieser Zeit füttern Sie es wenn nötig zweistündlich.

Ein Tag im Leben Ihres Babys

In diesen ersten Wochen ist kein Tag wie der andere. Alles, was gleich bleibt, sind Ihre Gefühlsschwankungen. Natürlich gibt es jeden Tag Hoffnungsschimmer, wenn Ihr Baby Ihnen ein Signal gibt, das Sie erkennen, oder sogar zu gleichbleibender Zeit nach einer Mahlzeit verlangt. Insgesamt ist es aber noch zu früh, einen festen Rhythmus zu erwarten.

Mamas Welt: Alltagsstruktur

Vielleicht hat man Ihnen geraten – oder es ist Ihr eigener Wunsch –, Ihrem Baby einen festen Tagesablauf aufzuerlegen. Doch so sehr Sie sich auch nach etwas Routine im Alltag sehnen, Ihr Baby ist zu klein für einen strikten Schlaf- oder Fütterrhythmus. Dafür gibt es gute Gründe:

Babys sind Individuen Jedes Baby filtert Informationen unterschiedlich. Manche können sehr gut mit Interaktion und Anregung umgehen (ausgeglichenes Baby, Sonnenschein), andere werden schon bei viel weniger Austausch überreizt (zurückhaltendes Baby, sensibles Baby). Die Letzteren sind insgesamt unruhiger; sie müssen häufig schlafen, sonst sind sie anfällig für Überreizung. Ein sensibles Baby in diesem Alter zwei Stunden lang wach zu halten, tut ihm gar nicht gut.

Wachsendes Verständnis Sobald Sie die Zeichen Ihres Babys erkennen, wissen Sie, dass es durch Wegdrehen signalisiert, genug Anregung erhalten zu haben.

Jeder Tag ist anders An manchen Tagen wacht Ihr Baby morgens früher auf als sonst. Manchmal schläft es über zwei Stunden fest, während dieselbe Schlafphase am nächsten Tag nur 45 Minuten dauert. Wenn Sie die Schlafzeiten Ihres Babys strikt planen, statt auf seine Schläfrigkeitssignale zu achten, kostet Sie das viel Nerven und Sie wissen nie, wann es wirklich müde ist. Letztlich kämpfen Sie darum, es wach zu halten, nur um an diesem Rhythmus festhalten zu können.

Mahlzeiten variieren Man kann in diesem Stadium unmöglich allen Babys den gleichen Fütterungsplan auferlegen. Es gibt nicht nur große Unterschiede zwischen Säuglingsnahrung und Muttermilch, auch die Milchbildung jeder Mutter und die Zusammensetzung ihrer Milch unterscheiden sich von anderen.

Die ersten Tage erscheinen manchmal endlos, doch ein geordneter Ablauf ist nicht weit – in wenigen Monaten können Sie eine flexible Routine befolgen. Im Moment ist von einem starren Rhythmus abzuraten, doch mit einem babyzentrierten Ablauf (s. Kasten gegenüber) werden Ihre Tage bald berechenbarer.

Gesunde Sinne fördern
In diesem Alter ist es zu früh für eine strikte Routine. Achten Sie auf die Signale Ihres Babys und versuchen Sie zu erkennen, was es möchte.

Eine verwirrende Zeit

Sicher lernen Sie allmählich, die Signale Ihres Babys zu verstehen; bald werden Sie seine Bedürfnisse besser kennen. An manchen Tagen scheint sich ein Rhythmus abzuzeichnen – am nächsten ist nichts mehr berechenbar. Nach etwa sechs Wochen fühlen Sie sich vielleicht wie gefangen in dieser scheinbar endlosen Abfolge von Wickeln, Stillen und Beruhigen und sehnen sich nach ein wenig Freiheit. Die Verantwortung wiegt schwer und kann gelegentlich zu Niedergeschlagenheit führen. Doch Sekunden später, die Nase in den Halsfalten Ihres Babys vergraben, werden Sie wieder von Liebe und Freude überwältigt. Diese gemischten Gefühle sind beim ersten Kind (aber auch bei weiteren Babys) völlig normal, sie werden sich ausgleichen, wenn Sie Routine in der Versorgung Ihres Babys gewinnen.

Ihr Baby: zwei bis sechs Wochen

Häufige Fragen **Die Last der Verantwortung**

Ich halte mich für eine entspannte Mutter, aber immer wieder merke ich, dass ich nachschaue, ob mein Baby noch atmet oder ob die Katze auf seinem Kopf liegt. Was kann ich tun, um mich sicherer zu fühlen?

Viele Mütter beobachten ängstlich ihr schlafendes Baby und fühlen sich manchmal überfordert von der schweren Verantwortung für dieses neue Lebewesen. Die Natur stellt damit sicher, dass unsere Babys überleben – wir werden hochsensibel und sorgen uns wegen Dingen, die wir nie für möglich gehalten haben. Ihr Baby ist jedoch ziemlich robust und wird bestimmt gedeihen. Wenn Sie allerdings vor Angst und Unsicherheit im Umgang mit Ihrem Baby wie gelähmt sind, leiden Sie eventuell an einer Wochenbettdepression (s. S. 59).

Häufige Fragen
Windelausschlag

Meinem Baby ging es gestern so schlecht und ich konnte nicht herausfinden warum. Heute ist sein Po mit roten Bläschen überzogen. Ist das Windelausschlag?

Ein Windelausschlag verursacht bei der Mutter nicht selten Schuldgefühle. Viele Babys leiden daran. Ursache ist das Ammoniak im Urin und Stuhl, das auf der zarten Haut von Babys Po brennt.

Windelausschlag verhindern:

● Wechseln Sie häufig die Windel und säubern Sie Genitalien und Po bei jedem Wickeln.
● Verwenden Sie keine parfüm- oder alkoholhaltigen Wischtücher. Am besten säubern Sie den Windelbereich mit Wattepads und abgekochtem, abgekühltem Wasser.
● Bei Wegwerfwindeln müssen Sie keine Schutzcreme auftragen, da die Windel die Feuchtigkeit sehr schnell von der Haut ableitet.
● Spülen Sie Stoffwindeln sehr gründlich und wickeln Sie Ihr Baby oft, da diese die Haut nicht so gut trocken halten wie Einmalwindeln. Oder legen Sie eine Windeleinlage in die Stoffwindel.

Gelegentlich ist ein Windelausschlag besonders aggressiv: Er breitet sich bis in die Hautfalten an den Oberschenkeln aus, die Haut ist gerötet und wund. Dieser Ausschlag kann vom Hefepilz *Candida albicans* besiedelt sein. Der Kinderarzt verschreibt in diesem Fall eine Salbe.

Babywelt: Koliken

Zehn bis 14 Tage nach der Geburt hat manches Baby abendliche Schreiphasen, bei denen es die Beine anzieht und Schmerzen zu haben scheint. Der Begriff »Koliken« geistert bedrohlich durch Ihren Kopf. Koliken werden unter Experten viel diskutiert; zur Erklärung der Ursachen werden Verdauungsstörungen oder Blähungen ebenso angeführt wie die Unverträglichkeit von Nahrungsmitteln und überängstliches Bemuttern! Doch Koliken sind nichts, das man fürchten müsste. Mithilfe der folgenden Ratschläge können Sie diesen Phasen unerklärlichen Schreiens vorbeugen bzw. so reagieren, dass diese nicht länger als 15 bis 20 Minuten dauern.

Grundlegendes ausschließen

Wenn Ihr Baby häufig unruhig ist, schließen Sie zuerst körperliche Ursachen des Unbehagens aus, bevor Sie Koliken als Ursache erwägen. Dazu gehören:

Hunger Ihr Baby muss in dieser Altersphase weiterhin regelmäßig gefüttert werden. Wenn es also schreit und mehr als zwei bis drei Stunden seit der letzten Mahlzeit vergangen sind, könnte es Hunger haben – füttern Sie es.

Die falsche Flaschennahrung Stillbabys leiden seltener an Verdauungsstörungen, weil die Antikörper in der Muttermilch einen natürlichen Schutz für das Verdauungssystem bieten. Ist Ihr Flaschenbaby nach Mahlzeiten unruhig und hat Ekzeme, Durchfall oder Verstopfung, besprechen Sie mit dem Kinderarzt, ob es die richtige Säuglingsnahrung erhält.

Laktoseintoleranz Gelegentlich kann das unreife Verdauungssystem eines kleinen Babys die Laktose in der Milch nur schwer verdauen. Die meisten Babys wachsen aus diesem Problem heraus, das Verdauungsbeschwerden, plötzlichen Durchfall und allgemeines Unwohlsein verursachen kann. Es besteht kein Grund, das Milchpulver zu wechseln oder mit dem Stillen aufzuhören, wenn Ihr Baby nicht sehr krank ist oder nicht gedeiht. Der Kinderarzt wird Sie beraten.

Verstopfung Schwierigkeiten beim Stuhlgang sind bei kleinen Babys häufig. Das bedeutet nicht notwendigerweise Verstopfung. Ihr Baby kann aber Verstopfung haben, wenn es sich beim Stuhlgang sehr anstrengt und der Stuhl aus harten, kleinen Kügelchen besteht. Der Kinderarzt kann ein Mittel zum Aufweichen des Stuhlgangs verschreiben. Bei Stillbabys tritt dieses Problem selten auf.

Reflux Dabei stößt das Baby auf und erbricht eventuell auch etwas geronnene Milch; etwas Mageninhalt gelangt so zurück in die Speiseröhre. Manchmal würgt es Milch hoch und schluckt sie wieder, statt sie zu erbrechen. Diese aufgestoßene Milch enthält Magensäure und brennt in der Speiseröhre; dadurch können die Schleimhäute der Speiseröhre entzündet und gereizt sein. Babys mit Reflux sind oft unruhig; sie mögen insbesondere nach dem Trinken nicht flach liegen. In extremen Fällen verweigert das Baby einige Zeit das Trinken. Reflux ist nicht häufig und gut behandelbar (s. S. 141).

Allergien Zwar sind Allergien auf dem Vormarsch, doch nur selten hat ein Baby eine Milchallergie. Falls Ihr Baby eine schwere Neurodermitis oder wiederkehrende Erkältungen und Husten hat, sollten Sie Allergien als Ursache ausschließen. Sprechen Sie mit dem Kinderarzt.

Gestörte Darmflora Wird die Mutter etwa zum Zeitpunkt der Geburt mit Antibiotika behandelt, werden die für die Verdauung notwendigen gesunden Bakterien, die normalerweise den Darm des Babys besiedeln, zerstört. Diese fehlenden Bakterien können durch eine probiotische Behandlung ersetzt werden. Oft wird das Baby danach ruhiger. Der Kinderarzt berät Sie dazu.

Krankheit Wenn Ihr Baby sehr unruhig wird, nicht mehr trinkt oder Fieber hat, bringen Sie es zur Klärung der Ursache bitte sofort zum Arzt.

Umgebungsfaktoren Um auszuschließen, dass das Unbehagen durch das Umfeld verursacht wird, kontrollieren Sie, ob Ihrem Baby zu warm oder zu kalt ist, ob die Windel nass oder schmutzig ist oder ob helles Sonnenlicht, kratzende Kleidung oder andere Störfaktoren es irritieren.

Was sind Koliken?

Wenn Sie die genannten Ursachen für Schreien und Unwohlsein ausgeschlossen haben, stellen Sie vielleicht fest, dass nichts Konkretes die Unruhe Ihres Babys erklären kann. Wenn das Schreien vor allem zwischen 17 und 20 Uhr auftritt, werden oft »Koliken« als Ursache angenommen. Entgegen der allgemeinen Annahme sind Koliken keine Folge von Verdauungsstörungen. Die Tatsache, dass Koliken klassischerweise am frühen Abend auftreten, beweist, dass hinter diesen langen Schreiphasen etwas anderes stecken muss. Bestünde ein Verdauungsproblem, müsste das Schreien zu jeder Tageszeit auftreten. Ursache der Koliken ist das unreife Gehirn des Neugeborenen. Es kann Informationen in den ersten Tagen noch nicht sehr gut ausfiltern, was zu Phasen der Überreizung führt.

Sichergehen Achten Sie auf Krankheitszeichen: Wenn Ihr Baby sehr unruhig ist, nicht trinken mag oder Fieber hat, kann es krank sein. Stellen Sie es gleich dem Kinderarzt vor.

Fakten zu Koliken

Den klassischen Verlauf von Koliken, die mit etwa zwei Wochen beginnen, ihren Höhepunkt im Alter von sechs Wochen haben und mit 14 Wochen nachlassen, erleben Eltern und Babys weltweit, unabhängig von ihrer Kultur.

Koliken werden meist Verdauungsproblemen zugeschrieben, weil das schrille Schreien vom Anziehen der Beine, von Blähungen, Grimmassen und anscheinend auch Bauchschmerzen begleitet wird. Doch wären es Verdauungsstörungen, müssten die Probleme zu jeder Tageszeit auftreten. Der wirkliche Grund ist die Unreife des Gehirns, wodurch leicht eine Überreizung entsteht.

Wie Koliken entstehen

Während des Tages nimmt Ihr Baby eine Vielzahl an Anregungen aus der Umgebung und aus dem Austausch mit Menschen auf und verarbeitet sie. Als Neugeborenes kann es übermäßige sensorische Reize nicht ausfiltern. Sie sammeln sich an und senken seine Fähigkeit, weitere Stimulation zuzulassen. Dies gilt insbesondere für sensible und zurückhaltende Babys. Diese verringerte Reizschwelle beeinträchtigt Ihr Baby vor allem am Ende des Tages, besonders wenn es tagsüber wenig geschlafen hat (im Schlaf regeneriert sich das sensorische System). Am

Abend kann Ihr kleines Baby in einen Zustand der Übererregung gelangen. In diesem Zustand wird die Verarbeitung von Darmgasen und anderen inneren Sinnesreizen (mit denen es zu früherer Stunde zurechtkam) zur zusätzlichen Belastung. Es wird unruhig oder schreit schon als Reaktion auf normale Interaktion und Sinneseindrücke, z. B. die Aufregung, wenn Papa nach Hause kommt oder ein Bad. Diese Unruhe verunsichert die Eltern. Sie verschlimmern die Situation unbeabsichtigt, indem sie ihr Baby tätscheln oder überfüttern, wenn es keine Reize

mehr verarbeiten kann. So wird das bereits gestresste Sinnessystem weiter angeregt. Das führt zu einer längeren Phase der Unruhe und des Schreiens, was den Kolik-Kreislauf verstärkt.

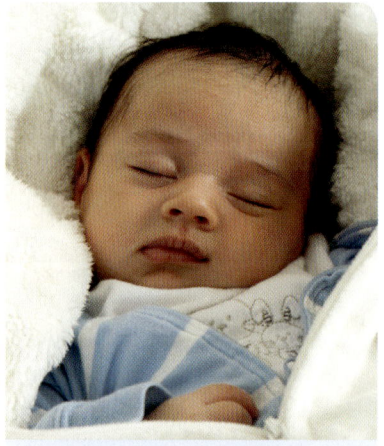

Gesunde Sinne fördern

So beugen Sie Koliken vor:
- Stellen Sie sicher, dass Ihr Baby tagsüber regelmäßig schläft.
- Erkennen Sie seine Signale für Überlastung.
- Sorgen Sie für eine beruhigende sensorische Umgebung.

Interaktion und Sinneseindrücke können Ihr Baby überfordern. Am Ende eines langen Tages voll Trubel und Anregung gerät es leicht unter Stress und ist überreizt – Unbehagen und Schreien sind die Folge.

Koliken vorbeugen Entscheidend zur Vorbeugung gegen Koliken ist regelmäßiger Schlaf am Tag. Babys, die tagsüber regelmäßig schlafen, werden seltener überreizt, weil ihr Gehirn sich wieder aufladen und daher mehr Eindrücke verarbeiten kann. Babys, die tagsüber lange wach sind, sind meist unruhig und müssen abends beruhigt werden.

Nehmen Sie sich Zeit, die Signale Ihres Babys verstehen zu lernen, besonders am Abend, wenn es ausdrückt, dass es genug Anregung bekommen hat. Zu diesen Signalen gehören Augenreiben, Abwenden des Blickes, Nuckeln an den Händen (s. S. 38f.). Verändern Sie seine sensorische Umgebung entsprechend, indem Sie Reize vermeiden oder einschränken (es z. B. aus einem lauten Zimmer wegbringen). Auf der Seite 35 finden Sie weitere Vorschläge.

Koliken überstehen Selbst wenn Sie wissen, dass Koliken die Folge einer Übererregung sind, und wenn Sie die Signale Ihres Babys beobachtet und für guten Schlaf gesorgt haben, kann es an manchen Tagen abends schreien. Dies gilt besonders für sensible Babys. Wenn es unruhig wird, schließen Sie zunächst körperliche Gründe dafür aus. Könnte es

hungrig oder müde sein oder sich unwohl fühlen? Wenn Ihr Baby unruhig ist oder schreit, ohne dass es körperliche Ursachen gibt (s. Tabelle
S. 45), versuchen Sie die folgenden sieben Beruhigungsmethoden.

Sieben Beruhigungsmethoden

Diese Techniken nutzen die Fähigkeit Ihres Babys, sich über sein Sinnessystem selbst zu beruhigen und beruhigt zu werden. Helfen Sie Ihrem
Baby dabei, eine Methode zur Selbstberuhigung zu finden.

Herunterschalten Wenn Sie die Ansprüche Ihres Babys als anstrengend empfinden, drosseln Sie das Tempo und geben Sie ihm Zeit, sich
mit einer der sechs folgenden Strategien zu beruhigen. Das Gehirn Ihres
Babys braucht etwa fünf Minuten, bis eine neue Methode wirkt. Wider-
stehen Sie dem Versuch, zu schnell zwischen den Techniken zu wechseln.

Sensorische Bewusstheit Gestalten Sie die sensorische Umgebung Ihres Babys ruhiger; halten Sie es von Reizen fern, wenn es müde
oder überreizt ist. Verschlimmern Sie die Überreizung nicht durch lange
Phasen des Aufstoßens und Herumhantierens. Lassen Sie es nie länger
als fünf Minuten Bäuerchen machen – wenn die Luft dann nicht aufge-
stiegen ist, wird sie irgendwann als Blähung abgehen. Es verschlimmert
die Unruhe, wenn Sie weiterhin versuchen, es aufstoßen zu lassen. Das
Baby verschluckt wieder Luft und hat noch mehr Luftblasen im Bauch.

Nuckeln Ein Baby hat im Mund mehr beruhigende Sinnesrezeptoren
als anderswo an seinem Körper; Saugen ist ein entscheidender Schritt zur
Beruhigung. Es kann an seinen eigenen Händen, am Schnuller oder an
Ihrem Finger nuckeln. Helfen Sie Ihrem Baby, seine Hände im Mund zu
behalten, indem Sie es mit den Händen in Gesichtsnähe einwickeln. Geben
Sie ihm Raum, Selbstberuhigungsmethoden von allein zu entwickeln, statt
es sofort zu füttern. Leiten Sie es an, seine Hände zum Mund zu führen,
am Schnuller oder seiner Hand zu saugen oder die Hände an die Mittellinie
seines Körpers zu bringen. Wenn Ihr Baby einen Schnuller zum Ruhigwerden benötigt, unterstützen Sie dies, da er wunderbar beruhigend wirkt.

Schlaf Achten Sie darauf, dass Ihr Baby nicht übermüdet ist. Versuchen
Sie nicht, es länger als eine Stunde am Stück wach zu halten. Schlaf beruhigt es und hilft ihm, sein sensorisches Gleichgewicht wiederherzustellen.

Einwickeln/Pucken Wenn Ihr Baby unruhig ist und keine Mahlzeit ansteht, wickeln Sie es ein (s. S. 26). So helfen Sie ihm, Ruhe und
Schlaf zu finden. Pucken wirkt besänftigend, weil es irritierende Reflex-
bewegungen unterbindet.

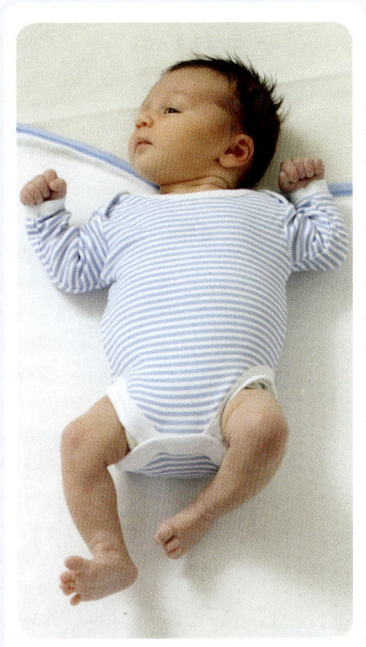

Pucken

Wickeln Sie Ihr Baby für alle Schlafphasen ein, ebenso bei Unruhe
oder Erregtheit. Sie können Ihr
Baby mit gebeugten Knien pucken
– der beruhigende Effekt ist derselbe. Entscheidend ist, dass seine
Hände in die Nähe des Gesichts
eingewickelt sind, damit es sich
selbst beruhigen kann. Stellen
Sie jedoch sicher, dass es tagsüber auch Zeiten hat, in denen es
nicht eingewickelt ist und sich frei
bewegen, die Hüften beugen und
strampeln kann. Das ist wichtig,
damit sich der Hüftknochen richtig
ausbildet.

Häufige Fragen
Baby will nicht schlafen

Mein drei Wochen altes Baby quengelt viel; es ist ein richtiger Kampf, bis es schläft. Es bleibt vier Stunden wach und wacht dann nach 30 Minuten wieder auf. Abends schreit es und fällt um 21 Uhr in einen unruhigen Schlaf. Was tun?

Wenn Ihr Baby sich gegen den Schlaf wehrt und sehr erregt ist, wickeln Sie es in eine Jerseydecke aus 100 Prozent Baumwolle und setzen sich zu ihm an seinen ruhigen, verdunkelten Schlafplatz. Halten Sie es eng an sich und wiegen Sie es sanft ohne Blickkontakt, bis es schläfrig ist; dann legen Sie es in sein Bett.

Legen Sie eine CD mit gleichmäßigen Klängen oder Wiegenliedern ein; sie schluckt Hintergrundgeräusche. Ist es unruhig, legen Sie Ihre Hand auf seinen Körper oder lassen Sie es an Ihrem Finger oder einem Schnuller nuckeln. Hat es sich innerhalb einiger Minuten nicht beruhigt und beginnt zu schreien, nehmen Sie es sachte hoch und wiegen es (ein Tragetuch ist nun hilfreich), bis es schläfrig ist. Versuchen Sie wieder, es ins Bett zu legen. Schreit es weiter und schläft nicht innerhalb von 15 Minuten ein, tragen und wiegen Sie es, bis es beinahe eingeschlafen ist, dann legen Sie es vorsichtig ins Bett.

Es ist in dieser Phase wichtiger, dass Ihr Baby schläft, als sich Sorgen zu machen, weil es nicht allein einschläft. Jetzt bilden sich noch keine schlechten Schlafgewohnheiten aus.

Tragetuch Wenn Ihr Baby abends schreit und nicht in seinem Bett liegen mag, nehmen Sie es heraus, pucken es und legen es in ein Tragetuch. Tragen Sie es umher, schirmen Sie es durch Ihren Körper von der Welt ab und wiegen Sie es, bis es einschläft. Dann legen Sie es in sein Bettchen. Keine Sorge, Sie »verwöhnen« Ihr Baby damit nicht; Babys unter drei Monaten entwickeln noch keine langfristigen Schlafgewohnheiten. Manche brauchen einfach ein bisschen zusätzliche sensorische Beruhigung, besonders Kolikbabys. Beim Tragen fühlt sich Ihr Baby sicher und geborgen. Sobald es tief schläft, können Sie es wieder in sein Bettchen legen.

Geräusche Gleichmäßige Töne, Ihre Stimme oder Wiegenlieder beruhigen ein kleines Nervenbündel. Spielen Sie eine CD mit solchen Klängen ab, die gleich laut sind wie das Schreien Ihres Babys – das wirkt Wunder bei Kolikbabys (s. S. 26).

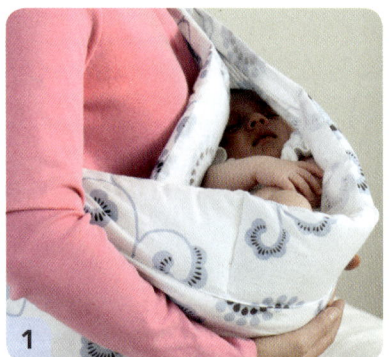

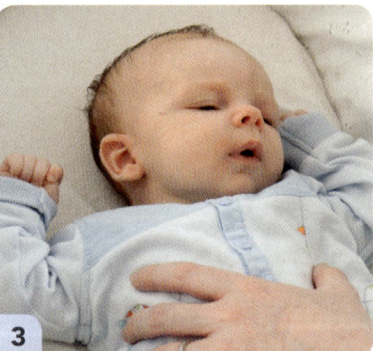

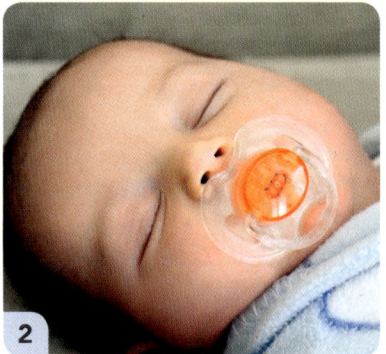

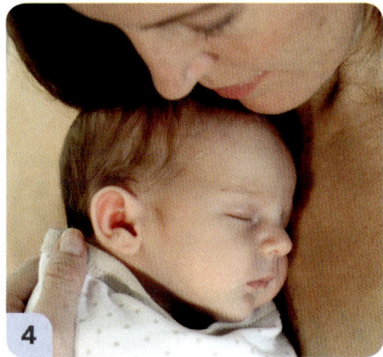

Das Baby beruhigen Beruhigen Sie Ihr schreiendes Baby mit diesen Strategien. ❶ Das Baby tragen: Im Tragetuch an Ihrem Körper fühlt sich Ihr Baby geborgen. Ihre Bewegung wirkt zusätzlich beruhigend. ❷ Das Nuckeln am Schnuller beruhigt. Schnuller sind eine hervorragende Beruhigungsmethode für Babys, die ihre Hände nur schwer im Mund behalten können. ❸ Legen Sie Ihre Hand mit festem, ruhigem Griff einige Minuten auf Babys Körper. Das vermittelt Geborgenheit. ❹ Festes Einwickeln in eine Decke oder den Pucksack imitiert die beruhigende Gebärmutterwelt.

Dem Baby helfen zu schlafen

Ihr Baby ist nun kein Neugeborenes mehr. Jede Woche bringt neue Herausforderungen, Sie kommen aber auch Ihrer eigenen guten Nachtruhe ein wenig näher. Das Befolgen einiger Prinzipien hilft Ihnen dabei.

Als Neugeborenes ist Ihr Baby vermutlich mühelos eingeschlafen und schlief lange Phasen am Stück. Wenn es zwei bis vier Wochen alt ist, wird es munterer und wehrt sich auch einmal gegen den Schlaf. Doch Schlaf ist unverzichtbar – und der beste Weg, Koliken und Überreizung zu vermeiden. Selbst wenn es noch zu früh ist, einen festen Schlafrhythmus einzuführen, können Sie Ihr Baby allmählich zu einem sanften, babyzentrierten Schlafmuster führen.

Wachphasen

Wenn Sie in diesem Alter an einen Schlafrhythmus denken, beachten Sie, dass die Länge der Wachphase bestimmt, wann es schlafen sollte. Es gibt kein bestimmtes Rezept für den Tagesablauf Ihres Babys; jeder Tag ist anders. Manchmal trinkt Ihr Baby direkt vor dem Einschlafen, an anderen Tagen wacht es etwa dann auf, wenn es Zeit für eine Mahlzeit ist. In dieser Phase sollte Ihr Baby zwischen den Schlafphasen nicht länger als 60 Minuten wach sein. Notieren Sie sich, wann es jeweils aufgewacht ist. Nach 50 Minuten achten Sie auf Müdigkeitssignale wie Gähnen oder Saugen an der Hand (s. S. 52f.) und bringen Sie Ihr Baby an seinen Schlafplatz, damit es zur Ruhe findet.

Schlafplatz

In diesem zarten Alter wird Ihr Baby überall zufrieden schlafen. Da so kleine Babys noch keine langfristigen Erinnerungen ausbilden, haben sie keine bestimmten Erwartungen an ihren Schlaf. Dennoch ist es ratsam, das Baby an einen gleichbleibenden Schlafplatz zu legen. An diesem Platz sollte es tagsüber mindestens zweimal sowie nachts schlafen. Gestalten Sie den Schlafplatz ruhig und ahmen Sie die beruhigende Sinnenwelt der Gebärmutter nach, damit es besser einschläft:

- **Fühlen** Wickeln Sie Ihr Baby zum Schlafen ein.
- **Sehen** Dämpfen Sie das Licht; unterwegs verhängen Sie den Kinderwagen beim Schlafen mit einem Tuch, um Ihr Baby abzuschirmen.
- **Hören** Gleichbleibende Klänge helfen ihm, sich zu beruhigen und länger und tiefer zu schlafen. Stellen Sie das Radio aus, spielen Sie eine CD mit gleichmäßigen Tönen ab oder schalten Sie eine Weile den Föhn an.
- **Bewegung** Tragen und wiegen Sie Ihr Baby, um es zu beruhigen, wenn es sich gegen den Schlaf wehrt. Verwenden Sie ein Tragetuch oder eine Wiege.
- **Riechen und Schmecken** Muttermilch und Ihr Geruch beruhigen.

Schlaf: Was jetzt zu erwarten ist

- Es ist normal, dass Ihr Baby während des leichten Schlafs nach 45 Minuten aufwacht. Ein typischer Schlafzyklus bei Babys umfasst in 45 Minuten leichten Schlaf, Tiefschlaf und wieder leichten Schlaf.
- Ungeachtet dessen, wie lange Ihr Baby geschlafen hat, zeichnen Sie auf, wie lange es wach ist; legen Sie es nach 50 bis 60 Minuten wieder schlafen (s. S. 51).
- Ihr Baby schläft länger am Stück, wenn es nachts von selbst aufwachen darf. Solange Ihr Baby zunimmt, können Sie das zulassen – Sie müssen es nachts zum Trinken nicht wecken.
- Akzeptieren Sie Hilfsangebote am Tag, damit auch Sie schlafen können, wenn Ihr Baby schläft.
- Ihr Baby muss nicht unbedingt immer zwischen seinen Schlafphasen trinken. Manchmal schläft es wieder ein, bevor eine Mahlzeit fällig ist. Lassen Sie es in diesem Fall schlafen und füttern Sie es, wenn es aufwacht.
- Viele Babys sind in diesem Alter länger wach und wollen manchmal nicht schlafen.

Ihr Baby: zwei bis sechs Wochen

Häufige Fragen
Trennungsangst?

Ich glaube, mein Baby hat Trennungsangst entwickelt. Es ist zufrieden, solange es getragen wird, will aber nicht allein einschlafen. In meiner Verzweiflung lasse ich es nun bei mir schlafen – damit wir beide ein wenig Ruhe finden. Ich befürchte, dass das eine bleibende Gewohnheit wird.

Viele Babys beginnen etwa in diesem Alter gegen das Einschlafen zu protestieren. Das ist keine Trennungsangst, keine Manipulation oder schlechte Angewohnheit. Das Baby braucht einfach sensorische Beruhigung, um abzuschalten. Es ist noch sehr klein; machen Sie sich keine Sorgen, dass es sich in so frühem Alter etwas Schädliches angewöhnt. Jetzt ist es wichtiger, dass es überhaupt schläft, als dass es lernt, allein einzuschlafen. Also tun Sie das, was nötig ist, damit es in den Schlaf findet.

Stellen Sie sicher, dass es nicht überreizt ist und nicht länger als 60 Minuten am Stück wach ist (einschließlich der Mahlzeiten). Wenn es beim Hinlegen quengelt, lassen Sie Ihre Hand auf ihm liegen; der feste Druck vermittelt Geborgenheit. Pucken Sie es immer zum Schlafen; es wird das Einwickeln sicher bald mögen. Achten Sie dabei darauf, dass seine Hände in der Nähe des Gesichts liegen, damit es sich selbst durch Nuckeln beruhigen kann.

Schlaf am Tag

Schlafen ist entscheidend, um Überreizung und Koliken vorzubeugen; dennoch widersetzen sich in dieser Phase viele Babys dem Einschlafen und/oder wachen nach sehr kurzer Zeit wieder auf. Damit Ihr Baby gut schläft, bringen Sie es 50 Minuten nach dem Aufwachen an seinen Schlafplatz. Achten Sie auf Anzeichen von Müdigkeit (s. S. 52f.). Selbst wenn es keine solchen Signale zeigt, helfen Sie ihm, zur Ruhe zu finden.

Damit das Baby schläfrig wird Bereiten Sie Ihr Baby mit Wickeln und Pucken zum Schlafen vor; anschließend beruhigen Sie es. Am besten wird es schläfrig durch gedämpftes Licht, Pucken und sanftes Wiegen oder Füttern, falls Zeit dafür ist. Besänftigen Sie es, bis seine Augenlider schwer, aber noch nicht geschlossen sind.

Vom Halbschlaf in den Schlaf Wenn Ihr Baby schläfrig ist, legen Sie es in sein Bett. Ist es unruhig, lassen Sie Ihre Hand auf ihm liegen, so fühlt es sich geborgen. Am besten sollte es von selbst einschlafen. Kommt es noch nicht zur Ruhe, tätscheln Sie es oder halten es eng an sich. Keine Sorge, wenn es gelegentlich in Ihrem Arm einschläft – jetzt bilden Babys noch keine langfristigen Erinnerungen aus.

Kurze Nickerchen Manche Babys schlafen in diesem Alter immer nur kurz – sie wachen innerhalb von 20 Minuten nach dem Einschlafen als Folge des hypnagogischen Zuckens (s. S. 30) beim Übergang vom leichten Schlaf in den Tiefschlaf auf. Pucken ist die beste Vorbeugungsmethode. Ist Ihr Baby ein Kurzschläfer, wickeln Sie es neu ein, ermuntern Sie es, am Daumen, Ihrem Finger oder einem Schnuller zu nuckeln, und tätscheln Sie es sanft. Bleibt es unruhig, nehmen Sie es heraus und wiegen es, halten Sie es eng an sich, bis es schläfrig ist, und legen Sie es wieder in sein Bett. Es ist jetzt wichtiger, dass es schläft, als sich Sorgen um schlechte Einschlafgewohnheiten zu machen.

Schlaflösungen für nachts

Wecken Sie Ihr Baby nachts nicht zum Füttern auf, außer der Arzt hat dazu geraten, z. B. bei Frühgeburtlichkeit, mangelnder Gewichtszunahme oder schlechtem Trinkverhalten. Wenn es nachts aufwacht, füttern Sie es, falls seit der letzten Mahlzeit mehr als zwei Stunden vergangen sind. Wird es ein oder zwei Stunden nach der letzten Mahlzeit wach, wickeln Sie es neu ein und streicheln Sie es in den Schlaf. Nestelt es nur, nehmen Sie es nicht heraus, weil es sonst richtig aufwacht. Gestalten Sie die Nachtmahlzeiten (zwischen 18 und 6 Uhr) sehr geruhsam – bleiben Sie mit ihm im Schlafzimmer, dämpfen Sie das Licht und achten Sie auf eine eingeschränkte Interaktion.

Die Ernährung des Babys

Das Füttern wird einfacher, wenn Sie Selbstvertrauen gewinnen; im Moment werden Sie noch darauf konzentriert sein, die Milchbildung aufzubauen oder die richtige Ernährungsmethode für Sie beide zu finden.

Stillen

Das Stillen klappt nun besser, da Sie inzwischen die Kunst des Anlegens beherrschen. Dennoch kann das Füttern, wie jedes andere Thema des Mutterseins, weiterhin Fragen aufwerfen. Vermutlich fragen Sie sich vor allem, ob Ihr Baby genug Milch bekommt – beim Stillen wissen Sie nie, wie viel es trinkt. Ihr Baby sollte inzwischen sein Geburtsgewicht wiedererlangt haben. Sofern es zunimmt, insgesamt zufrieden ist und alle zwei bis drei Stunden trinkt, können Sie sicher sein, dass Ihre Milchbildung gut ist. Achten Sie auch auf die Windeln: Ihr Baby sollte am Tag mindestens sechs Windeln einnässen und sein Urin sollte nicht dunkel sein oder stark riechen.

Hören Sie genau auf sein Schreien und erkennen Sie die subtilen Signale (s. S. 38f.), die seine Verfassung widerspiegeln. So lernen Sie allmählich, das Hungergeschrei vom Schreien aus Reizüberflutung oder Müdigkeit zu unterscheiden. Ist es kurz nach einer Mahlzeit unruhig, besänftigen Sie es durch andere Methoden wie Wiegen oder gleichmäßige Geräusche (s. S. 115f.).

Ihre Ernährung beim Stillen

Inzwischen haben Sie bestimmt gemerkt, dass eine ausreichende Milchbildung eine enorme Menge Energie erfordert. Wussten Sie, dass der Energieaufwand für die Milchbildung in 48 Stunden der gleiche ist wie für einen Halbmarathon? Diese Energie erhalten Sie aus Ihrer Nahrung. Wenn man kaum Zeit hat, sich eine Tasse Kaffee zu machen, gerät man leicht in Gefahr, nicht gut zu essen und auf Snacks und Fastfood zurückzugreifen. Dann nehmen Sie möglicherweise nicht genügend Nährstoffe auf oder trinken nicht genug, um den Bedarf für Sie und Ihr Baby zu stillen.

Insgesamt gilt, dass Sie sich ähnlich wie in der Schwangerschaft ernähren sollten, da Ihr Baby die Geschmacksrichtungen aus der Zeit in der Gebärmutter kennt. Achten Sie auf eine ausgewogene Ernährung. Essen Sie viele Kohlenhydrate (Vollkornbrot, Reis, Nudeln, Kartoffeln) und Eiweiß (Fisch, Fleisch, Milchprodukte, Eier) und nehmen Sie zusätzlich viel Flüssigkeit (mindestens zwei Liter am Tag) und eine reiche Auswahl an Obst und Gemüse zu sich.

Vielleicht bekommen Sie viele widersprüchliche Ratschläge, worauf Sie während der Stillzeit achten sollten. Es heißt, Sie sollten alle möglichen Nahrungsmittel meiden, damit Ihr Baby ruhiger wird, besonders wenn es an Koliken leidet. Neue Forschungen haben jedoch gezeigt, dass der

- Es dauert mindestens sechs Wochen, bis die Milchbildung voll aufgebaut ist. Sie müssen in dieser Zeit gut essen, sich viel ausruhen und regelmäßig stillen (tagsüber mindestens alle drei Stunden), um eine ausreichende Milchbildung sicherzustellen.
- Wenn Sie die Flasche geben und Ihr Baby nachts öfter als alle vier Stunden aufwacht, können Sie eventuell zu einem sättigenderen Milchpulver wechseln. Sprechen Sie darüber mit dem Kinderarzt.
- Ihr Baby verlangt am frühen Abend vielleicht nach ein oder zwei Cluster-Mahlzeiten (kurz aufeinanderfolgende Mahlzeiten). Lassen Sie sich darauf ein, wenn es so länger durchschläft.
- Ihr Baby kommt nachts eine längere Zeit ohne Mahlzeit aus. Solange es genügend zunimmt, lassen Sie es von selbst aufwachen.
- Zwischen der vierten und sechsten Lebenswoche erfolgt ein Wachstumsschub; dann will Ihr Baby häufiger gefüttert werden.

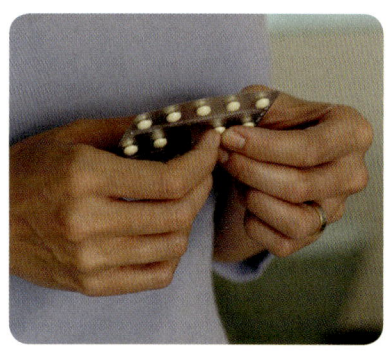

Unbedenklich? Fragen Sie Ihren Arzt, ob Medikamente, die Sie während der Stillzeit einnehmen, unbedenklich sind. Geringe Mengen gelangen über die Muttermilch zum Baby.

Verzicht auf Nahrungsmittel wenig Auswirkung auf Schreien und Koliken hat. Die einzigen Nahrungsmittel, die Sie weglassen oder einschränken sollten, sind:

● Blähende Nahrungsmittel wie Zwiebeln, Kohl und Bohnen.

● Milchprodukte, wenn Ihr Baby eine Laktoseempfindlichkeit oder schweren Reflux hat.

● Koffein, Zucker, Kakao und anregende Stoffe, wie künstliche Süßstoffe, die das Baby unruhig machen können.

● Alkohol und manche Medikamente sind zu vermeiden, da sie durch die Muttermilch zum Baby gelangen. Wenn Sie während der Stillzeit Medikamente einnehmen müssen, besprechen Sie mit dem Arzt, welche unbedenklich sind.

● Übermäßige Zufuhr von Vitamin B_{12} – mehr als 2,8 Mikrogramm pro Tag – kann die Milchbildung schwächen. Leber und Schalentiere enthalten viel Vitamin B_{12}.

Funktioniert die Milchbildung?

Wenn Ihr Baby zwischen den Mahlzeiten oft unzufrieden und hungrig wirkt, fragen Sie sich sicher, ob Sie genügend Milch haben. Ihre Milchbildung kann unzureichend für seinen Bedarf sein, wenn:

● Ihr Baby oft nach Milch verlangt, bevor seit dem letzten Füttern zwei Stunden vergangen sind.

● Ihr Baby zwischen den Mahlzeiten unruhig ist und sich nur beruhigt, wenn es häufiger trinkt.

● Es einen Wachstumsschub hat, der etwa mit vier bis sechs Wochen und erneut mit vier, sechs und neun Monaten erfolgt.

● Es größer oder schwerer ist als der Altersdurchschnitt – dann kann sein Energiebedarf größer sein.

● Es weniger als fünf bis sechs Windeln am Tag einnässt.

● Es nicht genügend zunimmt.

Die Milchbildung steigern

Es gibt verschiedene Möglichkeiten, die Milchbildung zu erhöhen:

Häufiger stillen Wenn Sie nicht genug Milch haben und Ihr Baby häufiger gestillt werden will, stillen Sie es einfach einige Tage lang häufiger. Vielleicht hat es einen Wachstumsschub.

Nahrungsaufwertung Präparate mit viel Alfalfa-Protein und der empfohlenen Tagesmenge an Vitamin B fördern eine gute Milchbildung. Ein Getränk mit Schlehensaft wirkt ebenfalls milchbildend; mit etwas Wasser gemischt ist es zudem erfrischend und energiespendend. Alternativ trinken Sie jeden Tag zwei Liter »Dschungelsaft« (s. Kasten gegenüber).

Abpumpen Nehmen Sie etwas Muttermilch ab, wenn Ihr Baby eine Mahlzeit auslässt oder nicht beendet, sowie immer am Ende einer Mahlzeit (s. S. 158f. Milch abpumpen). So meint Ihr Körper, er müsse Milch für Zwillinge oder zumindest für ein sehr hungriges Baby bilden. Abgepumpte Muttermilch ist im Kühlschrank bis zu 24 Stunden haltbar. Sie können sie in Plastikbehältern oder speziellen Plastikbeuteln auch einfrieren. Muttermilch ist tiefgekühlt bis zu drei Monaten haltbar und praktisch, wenn das Baby von einer anderen Person ein Fläschchen bekommt.

Wachstumsschübe

Wenn Ihr Baby tagsüber mehrere Tage lang ungewöhnlich gereizt, aber nicht krank ist, kann es einen Wachstumsschub haben. Wachstumsschübe haben einen bestimmten Zweck. So stellt die Natur sicher, dass die Milchbildung der Mutter sich dem Nahrungsbedarf des wachsenden Babys anpasst. Ihr Baby ist unzufrieden und will häufiger gestillt werden als bisher. Stillen Sie es, wann immer es hungrig zu sein scheint. Trinken Sie viel und nehmen Sie mehr Eiweiß und Kohlenhydrate auf. Etwa innerhalb eines Tages wird sich Ihre Milchbildung dem neuen Bedarf anpassen und Ihr Baby ist wieder zufriedener.

Ein Wachstumsschub dauert gewöhnlich 24 bis 48 Stunden. Sobald die Milchbildung erhöht ist, schläft Ihr Baby vermutlich mehrmals tief und etwas länger als bisher und verlangt wieder drei- bis vierstündlich nach Milch. Nach dem Wachstumsschub dehnen Sie die Zeitspannen zwischen den Mahlzeiten möglichst bis zu drei Stunden aus, indem Sie es zum Saugen ohne Nahrungsaufnahme (an seiner Hand oder am Schnuller) anleiten und es zwischen den Mahlzeiten in eine Baumwolldecke einwickeln oder sanft wiegen.

»Dschungelsaft«-Rezept

Mischen Sie folgende Zutaten:
- 50 ml Schlehenelixier
- 1 l Apfel- oder Traubensaft
- 2 l Wasser
- 1 Päckchen Elektrolytlösung mit Fruchtgeschmack oder 250 ml Elektrolytlösung
- 1 lösliche Vitamintablette
- Einige Tropfen Bachblüten »Bach Rescue Night«

Bewahren Sie das Getränk im Kühlschrank auf und trinken Sie es über den Tag verteilt. Es ist im Kühlschrank mindestens zwei bis drei Tage haltbar.

Häufige Fragen   Wenn das Stillen schwierig ist

Ich stille schon drei Wochen lang und dachte wirklich, ich hätte es nun heraus. Niemand hat mir gesagt, dass es so schwierig sein würde. Das Stillen tut weh und meine Kleine will alle zwei Stunden trinken. Morgens sind meine Brüste voll, aber tagsüber nicht. Ich überlege, ob ich aufgeben und ihr die Flasche geben soll. Hilfe!

Wenn Sie wirklich Schwierigkeiten mit dem Stillen haben (vielleicht sind die Brustwarzen rissig und verursachen Schmerzen, Sie haben Ängste wegen der Milchbildung, hatten früher eine Brustoperation oder haben einfach eine Abneigung gegen das Ganze) und Ihr Baby unzufrieden ist, ist es verständlich, dass Sie sich nicht gerade auf das nächste Stillen freuen. Viele Frauen kämpfen in den ersten Wochen damit. Wenn Ihnen das Stillen wichtig ist, haben Sie mit etwas Beharrlichkeit aber bestimmt Erfolg. Es kann einige Monate dauern, bis es sich ganz normal anfühlt. Vielleicht fehlt Ihnen nur der richtige Rat, z. B. ein Wechsel der Anlegeposition, die Verwendung der richtigen Brustsalbe oder selbst mehr zu trinken. Wenden Sie sich an eine Stillberaterin in Ihrer Gegend.

So entwickelt sich Ihr Baby

Mit jeder Woche, die vergeht, wirkt Ihr Baby weniger schlaff, ist weniger zusammengekauert und munterer. Es interessiert sich nun für die Welt und lernt aus jeder sensorischen Erfahrung.

Reflexe und Haltung In diesem Stadium steuern noch immer Reflexe die Bewegungen Ihres Babys; sie werden während der nächsten Wochen mehr und mehr in die Gesamtbewegung eingebunden und die primitiven Reaktionen verlieren sich. Es besitzt immer noch den asymmetrischen tonischen Nackenreflex – wenn sich sein Kopf auf eine Seite dreht, streckt es auf derselben Seite den Arm aus. Nun wirft es in dieser Position einen Blick auf seine Hand, aber weil seine Arme so herumrudern, kann es sie nicht lange fixieren. Arme und Beine bewegen sich viel, insbesondere die Arme fuchteln wild durch die Luft. Das verwirrt das Baby; es fühlt sich sicherer, wenn Sie Ihre Hände hinter seine Schulterblätter legen und etwas Druck ausüben, damit es seine Hände zur Mittellinie seines Körpers führt. Es umklammert seine eigenen Hände viel seltener. Gelegentlich öffnet es sie. Es greift noch nicht nach Gegenständen, betrachtet diese aber bewusst und greift beinahe mit den Augen nach ihnen.

Ihr Baby braucht nun Gelegenheit, seine Rücken- und Halsmuskulatur zu trainieren. Wenn Sie es auf seinen Bauch legen, beginnt es, seinen Kopf anzuheben. Wird es in Sitzposition gehalten, kann es den Kopf vielleicht schon kurze Zeit aufrecht halten. Ziehen Sie es aus der Rückenlage zum Sitzen hoch, beginnt es, den Kopf in einer Linie mit dem Körper zu halten. Mit sechs Wochen ist Ihr Baby schon viel weniger zusammengekauert, Hüften und Knie sind gestreckter und es ist in der Lage, den Kopf einige Minuten hochzuhalten.

Visuelle Entwicklung Ihr Baby bemüht sich sehr, seine Augenmuskulatur zu entwickeln. Die Muskeln in seinen Augen ermöglichen das Fokussieren und das klare Sehen. Es übt das Scharfsehen auf verschiedene Distanz. Es liebt Mobiles mit kontrastierenden Farben, die ihm helfen, den gezielten Blick beizubehalten und diese Muskeln zu trainieren. Die Muskeln um das Auge herum sind verantwortlich für die Koordination der Augenbewegungen. Nur so kann es ein Objekt beobachten, das sich bewegt. Ihr Baby mag Muster jeder Art. Es beobachtet Menschen, wenn Sie in seinem Blickfeld sind, und wendet ihnen den Kopf zu, wenn es ein Geräusch hört.

Soziales Bewusstsein Ihr Baby erkennt Ihr Gesicht und betrachtet konzentriert Ihre Gesichtszüge. Wenn Sie Ihre Zunge herausstrecken, imitiert es Sie. Wenn Sie lächeln, will es dies ebenfalls nachahmen. Um

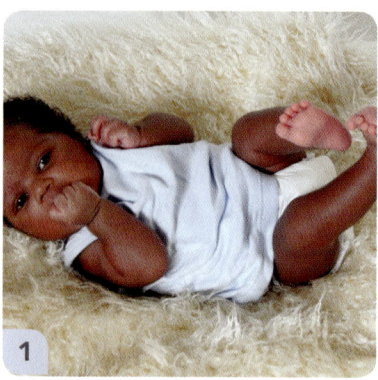

Neue Fähigkeiten des Babys

❶ Mit vier Wochen ist Ihr Baby nicht mehr so gekrümmt wie bei der Geburt; es beginnt, Gliedmaßen und Körper zu strecken.

❷ Sobald die Halsmuskulatur kräftiger wird, hebt Ihr Baby allmählich seinen Kopf, wenn es an Ihrer Schulter liegt.

die sechste Woche ist ein großer Meilenstein erreicht: Ihr Baby lächelt. Manche Babys lächeln sogar schon früher als mit sechs Wochen bewusst (nicht reflexartig). Ihr Baby liebt Sprache und reagiert auf Ihre Stimme. Wenn Sie mit ihm sprechen, hält es Ihrem Blick länger stand und versucht vielleicht sogar, selbst Gurgellaute zu bilden.

Regulation In diesem Stadium kann Ihr Baby Körpertemperatur und Herzschlag konstant halten. Seinen Schlaf-Wach-Zyklus oder den Bewusstseinszustand (aufmerksam-wach, unruhig-wach usw.) kann es noch nicht regulieren; darum ist es direkt vor dem Einschlafen unruhig. Als entscheidende Aufgabe muss Ihr Baby in diesem Alter lernen, ruhig zu bleiben, wenn es Reizen ausgesetzt ist.

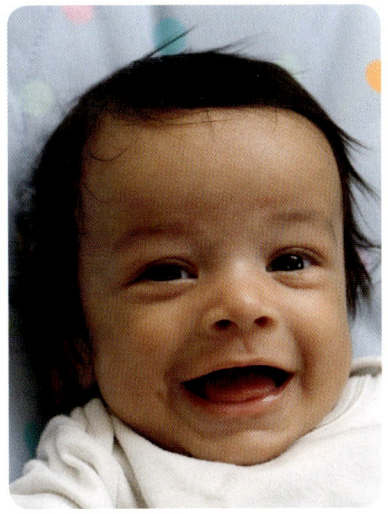

Breites Grinsen Mit etwa sechs Wochen (manchmal auch früher) erleben Sie etwas, das alle Mühe aufwiegt: das erste Lächeln Ihres Babys.

Meilensteine

Das wichtigste motorische Ziel Ihres Babys ist die Kräftigung seiner Rücken- und Halsmuskulatur. Das ist grundlegend für Kopfkontrolle und Körperkraft, die Voraussetzungen fürs Krabbeln und später fürs Laufen. Verbringt ein Baby anfangs keine Zeit in der Bauchlage, mag es sie später auch nicht, wenn es krabbeln lernen sollte. Diese Meilensteine erreicht Ihr Baby mit etwa sechs Wochen.

Entwicklungsbereich	Meilensteine
Grobmotorik	Es hält den Kopf einige Minuten selbst und kräftigt die Rückenmuskeln. Die Reflexe beginnen sich zu verlieren.
Feinmotorik	Es öffnet die Hände, wenn es entspannt ist, auch wenn sie meist geschlossen bleiben.
Hand-Augen-Koordination	Es trainiert die Augenmuskulatur, um weiter entfernte und nähere Gegenstände zu fixieren. Es verfolgt einen Gegenstand mit den Augen, wenn er vom seitlichen Blickfeld zur Körpermitte bewegt wird. Es führt die Hand zum Mund.
Sprache	Es imitiert Mimik und Zungenbewegungen.
Sozialer/emotionaler Bereich	Es lächelt mit etwa sechs Wochen.
Regulation	Es kann von einem Wachzustand in einen Schlafzustand gleiten, braucht aber normalerweise Hilfe.

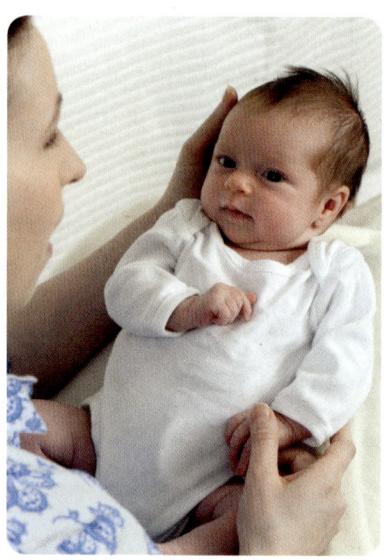

Kommunikation Mit dem Baby zu sprechen, selbst wenn es noch nicht mit Worten antworten kann, fördert schon jetzt seinen Spracherwerb.

Sinnvoll fördern

Im Moment besteht eine besondere Gefahr der Reizüberflutung. Da Ihr Baby Sinneseindrücke noch nicht regulieren oder ausfiltern kann, müssen Sie sicherstellen, dass es nicht überreizt wird. Wenn Ihr Baby Koliken hat, müssen Sie besonders darauf achten, seine Welt ruhig zu gestalten – im Gegensatz zu den anregenden Zeiten.

Zeitpunkt

Gestalten Sie den Tag Ihres Babys überwiegend ruhig. Im aufmerksamen Wachzustand ist es jedoch sehr empfänglich für Anregung und Austausch – gewöhnlich nach einer Mahlzeit, aber nicht direkt vor einer Schlafphase. Während dieser Wachzeit hängen Sie Mobiles neben seinen Wickelplatz oder massieren Sie es (s. S. 105ff.).

Nehmen Sie es im Tragetuch auf Spaziergänge mit und sprechen Sie mit ihm. Achten Sie immer auf Anzeichen der Überreizung wie Abwenden des Blicks.

Spielen Sie mit ihm, wenn es im aufnahmefähigen Zustand ist. Achten Sie dazu auf seine Signale, wie bewusstes Fixieren Ihres Gesichts, Lächeln oder Gurren (s. auch S. 38).

Umgebung

Ihr Baby wird erst noch vertraut mit seiner Welt und braucht einen ruhigen Rückzugsort, wenn es überreizt ist.

Sehen Denken Sie weiterhin daran, dass Ihr Baby sehr empfindlich ist gegenüber allen Sinneserfahrungen, insbesondere gegenüber visuellen Reizen. Verdunkeln Sie seinen Schlafplatz durch Rollläden oder dunkle Vorhänge, besonders zur Schlafenszeit. Wenn Sie es anregen wollen, wählen Sie schwarz-weiße und geometrische Muster sowie leuchtende Farben. Ihr Baby kann sie in 20–25 cm Entfernung am besten sehen.

Hören Ihre Stimme ist Musik für die Ohren Ihres Babys. Babys, mit denen in den ersten Jahren viel gesprochen wird, lernen bedeutend schneller sprechen als Babys, deren Mütter wenig mit ihnen reden. Sprache wirkt sich auch positiv auf den IQ aus. Singen Sie ihm vor, begleiten Sie Ihr Handeln mit Worten und beschreiben Sie die Dinge in seiner Umgebung.

Fühlen Beruhigen Sie Ihr Baby durch festen Druck auf seinen Rücken.

Bewegung Konzentrieren Sie sich auf beruhigende Bewegungen, wie sanftes Hochheben und Wiegen.

Motorische Entwicklung Legen Sie Ihr Baby zur Kräftigung seiner Halsmuskulatur immer wieder auf den Bauch. Schaffen Sie in jedem Raum einen sicheren Platz, wo es auf dem Bauch liegen kann, während Sie im Zimmer zu tun haben. Eine weiche Spieldecke auf dem Boden ist ideal.

Aktivitäten

Schlafenszeit

Es ist wichtig, dass das Babyschlaf-zimmer beruhigend wirkt, damit Ihr Baby vor der Schlafenszeit in einen schläfrigen Zustand kommt, besonders wenn es gegen den Schlaf ankämpft.

Sehen Halten Sie die Welt Ihres Babys visuell sehr gedämpft und beruhigend; vermeiden Sie abends helles Licht oder grelle Farben. Ein Dimmschalter und Rollos helfen tags wie nachts besser zu schlafen.

Hören Ein Rhythmus von 72 Schlägen pro Minute, ähnlich dem mütterlichen Herzschlag, wirkt schlaf-fördernd. Halten Sie Ihr Baby an Ihrer linken Körperseite an Ihr Herz, dann findet es zur Schlafenszeit Ruhe. Sie können ein Metronom oder eine CD mit Herztönen verwenden, damit Ihr Baby schneller einschläft. Auch gleichmäßige Geräusche fördern den Schlaf – bei Babys und Menschen jeden Alters.

Fühlen Pucken Sie Ihr Baby weiter-hin zum Schlafen – tags wie nachts.

Bewegung Ein Schaukelstuhl oder eine Wiege ist ein wunderbar beruhi-gender Sinnesreiz; schaukeln Sie Ihr Baby in den Halbschlaf.

Motorische Entwicklung Ihr Baby sollte weder in Bauchlage schlafen noch auf den Bauch rollen können, da dies das Risiko des plötzlichen Kindstodes erhöht. Die beste Schlaf-position ist die Rückenlage, mit den Füßen am Bettende. In Seitenlage stützen Sie es ab, damit es nicht auf den Bauch rollen kann. Wechseln Sie die Seiten ab, auf denen es schläft, damit sich beide Körperseiten gleich entwickeln.

Beim Wickeln

Manche kleinen Babys schreien und strampeln, wenn sie zum Baden ausgezogen oder beim Wickeln aus- und angezogen werden. Helfen Sie Ihrem Baby in diesem Fall, sich auf eine Sinnesanregung zu konzentrieren. Das lenkt es von der weniger angenehmen Erfahrung des Ausziehens ab.

Sehen Hängen Sie ein schwarz-weißes Mobile auf – z. B. mit Zebra-figuren, schwarz-weißen Stoffwürfeln oder schwarzen Mustern auf weißem Papier.

Es sollte etwa 20–25 cm vom Gesicht des Babys entfernt sein. Bis zum Alter von vier Wochen sollte das Mobile neben seinem Kopf hän-gen, nicht über der Wickelunterlage, da Ihr Baby wegen seiner unausge-reiften Nackenmuskulatur nicht nach oben schauen kann. Wechseln Sie täglich die Aufhängeseite, sodass jede Seite des Halses gekräftigt wird.

Wenn die Nackenmuskulatur mit etwa vier Wochen kräftig genug ist, um den Kopf gerade zu halten, kön-nen Sie das Mobile in die Mitte über seinen Kopf hängen.

Badezeit

Das Bad bildet den Beginn des Ein-schlafrituals, also regen Sie Ihr Baby nicht zu sehr an. Spielen Sie leise mit ihm und ziehen Sie es danach in Ruhe an.

Fühlen Wenn Ihr Baby zur Badezeit sehr unruhig ist, wickeln Sie es in ein großes Mulltuch, bevor Sie es in die Wanne legen. Das schränkt seine Reflexe ein und der feste Druck besänftigt es. Der Raum sollte so warm sein, dass Ihr Baby sich auch nackt wohlfühlt. Massieren Sie die Arme und Beine des Babys beim Waschen. Halten Sie ein Bein mit Ihrer linken Hand, drücken und strei-chen Sie mit Ihrer Hand zum Fuß hin. Mit der rechten Hand wiederholen. Wechseln Sie die Hände ab, als wür-den Sie das Bein »melken«. Einige Male wiederholen, dann das andere Bein massieren. Anschließend tun Sie dasselbe mit den Armen. Nach dem Bad trocknen Sie Ihr Baby mit einem warmen Handtuch und festem Druck ab.

Weitere Aktivitäten

Sehen Während Sie Ihr Baby in der Wanne halten, können Sie wunderbar Blickkontakt zu ihm herstellen. Schauen Sie es an, sprechen Sie mit ihm, aber achten Sie auf Signale, dass es genug hat.

Hören Spielen Sie ihm leise Musik vor, besonders nach dem Bad oder während der Massage.

Motorische Entwicklung Ermuntern Sie Ihr Baby, in der Wanne zu strampeln und seine Gliedmaßen zu strecken.

Bewegung Manche Babys mögen beim Baden nicht nach hinten geneigt werden. Dann ist ein Badeeimer zu empfehlen. Er ist praktisch und in ihm tauchen Sie Ihr Baby ein, ohne es nach hinten zu neigen. Badeeimer benötigen auch weniger Wasser und Platz als normale Babywannen.

Wachzeiten

Zwar ist Ihr Baby öfter wach, doch bleibt es vermutlich höchstens 15 Minuten am Stück im aufmerksamen Wachzustand. Regen Sie es in dieser Zeit an, aber achten Sie auf Signale dafür, dass es eine Pause braucht.

Sehen Stellen Sie Blickkontakt her, wenn Ihr Baby wach ist. Wenn es wegschaut, ist das ein Zeichen, dass es sich sammelt. Leiten Sie es mit einem leuchtend bunten Bild oder Gegenstand an, dies zu fokussieren und im Blick zu behalten. Wenn Sie das Spielzeug langsam in seinem Blickfeld bewegen, folgt es ihm mit den Augen.

Hören Sprechen Sie mit Ihrem Baby, wenn es auf Ihrem Schoß liegt. Wenn es den Kopf wendet, um Sie anzuschauen, kräftigt es seine Halsmuskulatur und stellt sein Hör- und Seh-

vermögen unter Beweis. Singen Sie Wiegenlieder und lachen Sie mit ihm.

Fühlen Eine beruhigende Babymassage verbessert das Körperbewusstsein des Babys und stärkt Ihre Bindung. Massieren Sie es nach der Morgenmahlzeit, wenn es zufrieden und im aufmerksamen Wachzustand ist (s. S. 31). Babymassagetechniken finden Sie auf S. 105ff.

Bewegung Räumliche Bewegung fördert die Entwicklung der Muskeln. Wenn das Gehirn Bewegung registriert, baut sich Muskelspannung auf und das Gleichgewichtsgefühl

entwickelt sich. Es trägt zur Ausbildung des Körperbewusstseins bei, wenn Ihr Baby wahrnimmt, wie sich sein Körper durch den Raum bewegt. Um diesen Sinn beim Spielen anzuregen, wiegen Sie es und drehen Sie sich, während Sie es tragen. Rhythmische, gerade Bewegung (Schaukeln von Seite zu Seite oder von hinten nach vorne) wirkt beruhigend. Wenn Ihr Baby wach, aber etwas quengelig ist durch die visuelle Stimulation, wiegen Sie es. Tragen Sie Ihr Baby jeden Tag im Tragetuch oder Tragesitz. Gehen Sie mit ihm spazieren und zeigen Sie ihm die Umgebung.

Motorische Entwicklung Wenn Ihr Baby zufrieden, satt und ausgeschlafen ist, besonders am Morgen, legen Sie es zur Stärkung der Halsmuskulatur in die Bauchlage. Schläft es in dieser Stellung ein, drehen Sie es um – es sollte nicht auf dem Bauch schlafen. Mag es die Bauchlage anfangs nicht, legen Sie ein zusammengerolltes Handtuch unter seine Brust; so kann es seinen Kopf heben und Sie oder ein Spielzeug betrachten. Legen Sie Ihr Baby mit dem Bauch auf Ihre Brust. Die Motivation, Ihr Gesicht zu betrachten, regt es an, den Kopf zu heben. Betten Sie sich selbst dazu mit Kissen etwas hoch, damit Ihr Baby nicht gegen die Schwerkraft ankämpfen muss. Legen Sie sich dann etwas flacher hin, damit es sich mehr anstrengen muss. Geben Sie Ihrem Baby etwas Interessantes zu betrachten, wenn es auf dem Bauch liegt; das spornt es an, den Kopf anzuheben. Während einer Massage (s. S. 105) bearbeiten Sie auch seine Hände, öffnen Sie seine Finger und Handflächen. Spielen Sie Fingerspiele mit Versen, damit Ihr Baby ein Bewusstsein von seinen Händen gewinnt.

Unterwegs

Nun wird es Ihnen immer selbstverständlicher, Ihr Baby auf Ausflüge mitzunehmen. Es ist unterwegs zufrieden, wenn Sie auf seine Signale achten.

Sehen Verhängen Sie weiterhin das Verdeck des Kinderwagens mit einer Decke, um helles Licht und zu viele Eindrücke zu reduzieren. Einen Kinderwagen mit verstellbarer Schiebestange stellen Sie so ein, dass Ihr Baby Blickkontakt zu Ihnen hat.

Fühlen Forschungen haben gezeigt, dass Babys im Tragetuch oder Tragesitz ruhiger sind als Babys im Autositz, Kinderwagen oder Kinderbett. Das liegt an dem festen Druck und der Bewegung. Natürlich muss Ihr Kind auf Autofahrten in seinem Babysitz sitzen; nehmen Sie es aber heraus, wenn Sie am Ziel sind.

Mahlzeiten

Natürlich steht die Ernährung im Mittelpunkt, aber mit einfachen Mitteln können Sie gleichzeitig die Entwicklung Ihres Babys fördern.

Sehen Befestigen Sie eine Schleife am Träger Ihres BHs. Es dient nicht nur zur Erinnerung, an welcher Brust Sie das nächste Mal stillen müssen, sondern Ihr Baby hat beim Trinken auch etwas zum Anschauen.

Hören Sprechen Sie mit Ihrem Baby oder lesen Sie ihm vor; so wird es vertraut mit Veränderungen in der Tonlage. Sprechen Sie mit ihm in Ihrer Babystimme. Wenn Ihr Baby unruhig wird oder nicht mehr trinkt, braucht es vielleicht Ruhe, um Saugen, Schlucken und Atmen zu koordinieren.

Fühlen Leiten Sie es an, seine Fäuste zu öffnen und die Hände an Ihre Brust zu legen. So spürt es beim Trinken Ihre Haut und fühlt sich Ihnen nahe.

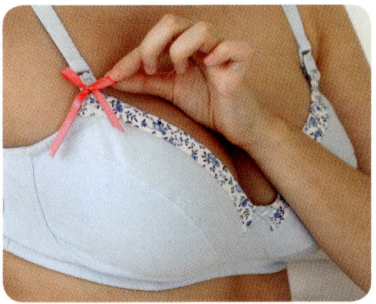

Spielsachen

In diesem Alter spielt Ihr Baby am liebsten mit Ihnen; es gibt jedoch auch einige interessante leuchtend bunte Spielsachen – zum Kaufen oder Selbermachen.

Sehen Ein hängender Spiegel ist ein wunderbares Spielzeug; hängen Sie ihn über Ihr Baby, damit er beim Schwingen Licht und Dunkelheit reflektiert. Kaufen Sie einen Babyspiegel, der bruch- und babysicher ist. Kaufen oder basteln Sie ein Mobile in Schwarz-Weiß und hängen Sie es über den Wickelplatz. Nicht übers Bettchen – das ist ein Schlafbereich, kein Spielplatz. Stellen Sie Karten mit Gesichtsmotiven aus Glückwunschkarten oder Zeitschriften her. Befestigen Sie diese Karten an der Kopfstütze vor Babys Autositz oder legen Sie sie neben es, wenn es flach liegt.

Hören Kaufen oder basteln Sie eine Rassel, der Ihr Baby lauschen und zu der es sich hinwenden kann (es kann sie aber noch nicht halten). CDs mit Beruhigungsmusik oder Gebärmuttergeräuschen sind ebenfalls geeignet.

Fühlen Berühren Sie Ihr Baby mit Ihren Händen – sein Berührungssinn entwickelt sich besonders gut, wenn Sie es in diesem Alter regelmäßig massieren. Massagetechniken finden Sie in Kapitel 8 (S. 105).

Nähen Sie eine Patchworkdecke aus verschiedenen Stoffen – Fell, Kunstpelz, Cord, Denim, Seide und Baumwolle – und nähen Sie ein paar Knöpfe auf (sehr fest). Legen Sie Ihr Baby auf die Decke und lassen es die verschiedenen Materialien erkunden.

Kapitel 10

Ihr Baby: sechs Wochen bis vier Monate

Endlich haben Sie die magische Sechs-Wochen-Marke erreicht. Sie ist aus vielen Gründen ein bedeutender Meilenstein: Sie haben sich gut von der Geburt erholt und Ihre Milchbildung ist gut etabliert. Ihr Baby lächelt und wird berechenbarer – Sie haben das Muttersein allmählich heraus. Diese Phase bedeutet für die meisten Mütter einen Wendepunkt. Natürlich gibt es Momente, in denen Sie die Erkenntnis ein wenig erschreckt, dass Sie auch in absehbarer Zukunft noch 24 Stunden am Tag verfügbar sein müssen. Doch Ihr Baby ist inzwischen so süß, dass dies all die Erschöpfung und die Gefühlsschwankungen der letzten zwei Monate wettmacht.

Babyzentrierte Routine

● Beschränken Sie die Wachphasen Ihres Babys auf 60 bis 80 Minuten und planen Sie diese Zeit zum Füttern, Wickeln, für Ausflüge und Anregungen.

● Vermutlich schläft Ihr Baby täglich 18 bis 19 Stunden.

● Ihr Baby muss tagsüber etwa alle drei bis vier Stunden gefüttert werden. Mit ungefähr sechs Wochen gibt es oft einen Wachstumsschub. Dann müssen Sie 24 Stunden lang häufiger füttern.

● Eine der Nachtmahlzeiten (meist zwischen 22 und 23 Uhr) fällt in dieser Phase oft weg. Ihr Baby sollte nun sechs bis sieben Stunden am Stück schlafen, bevor es zwischen 1 und 2 Uhr wieder Hunger hat.

Ein Tag im Leben Ihres Babys

Zwar verläuft immer noch jeder Tag anders, doch Sie können am Ende dieser Phase erwarten, dass sich ein regelmäßiger Mahlzeiten- und Schlafrhythmus herausbildet. Ihr Baby kann Sie in eine babyzentrierte Struktur führen. Da Ihr Baby weiterhin ausschließlich Milch bekommt, müssen Sie flexibel sein. Während eines Wachstumsschubs können sich z. B. Dauer und Häufigkeit der Mahlzeiten ändern. Zudem gibt es Tage, etwa wenn es heiß ist, an denen Ihr Baby zur Flüssigkeitsversorgung mehr Milch braucht.

Mamas Welt: ein Lernprozess

Die ersten drei Monate sind in jeder Hinsicht eine Phase gewaltiger Veränderung. Ihr Körper hat sich rapide umgestellt – er sichert die Milchbildung, passt sich an neue Hormonspiegel an und erholt sich von den anstrengenden neun Monaten Schwangerschaft. Während der 40 Schwangerschaftswochen verändert sich Ihr Körper langsam, doch die Rückbildung verläuft sehr schnell – es dauert nur etwa sechs Wochen, um annähernd die körperliche Verfassung wie vor der Schwangerschaft wiederzuerlangen. Wenn Sie Ihren Körper betrachten, hoffen Sie natürlich, dass das noch nicht die ganze Rückbildung war. Ihr Bauch sieht vermutlich noch immer wie ein verknautschtes Kissen aus. Es dauert einen guten Teil des ersten Jahres, bis er wieder normal wird, und selbst dann wird er nie mehr so sein wie früher.

Wenn Ihr Baby Koliken hat, fragen Sie sich womöglich, was genau Sie falsch machen. Denken Sie daran, dass jedes Baby anders ist. Koliken sind kein Ausdruck mütterlicher Unzulänglichkeit. Die Versorgung eines unruhigen Babys, das nicht schläft, stellt eine riesige Belastung für Sie und Ihren Partner dar. Ihre Beziehung und Ihre gegenseitige Unterstützung erfordern ebenfalls persönliches Wachstum und Anpassung.

In den letzten ein, zwei Monaten haben Sie gelernt, eine schmutzige Windel zu wechseln, Ihr Baby zu stillen und mit sehr wenig Schlaf auszukommen! Nun kommt der nächste Schritt: das Baby in eine flexible Routine zu führen, die Ihnen beiden entspricht.

Eine flexible Tagesstruktur schaffen

Ihr Baby ist nun reif für eine Tagesstruktur; jetzt können Sie eine flexible Routine aufbauen. Wenn Sie mit einem regelmäßigen Schlafrhythmus beginnen, wird eine Tagesstruktur mit Mahlzeiten und Spielphasen automatisch folgen. Es gibt drei entscheidende Grundsätze, nach denen Sie erfolgreich ein babyzentriertes Schlafmuster aufbauen können:

1 **Wachzeiten beobachten** Nach einer Stunde Wachsein bringen Sie Ihr Baby ins Bett und lassen es einschlafen.

2 **Signale des Babys beachten** Ihr Baby zeigt Ihnen, wann es müde wird – es reibt seine Augen oder Ohren oder nuckelt an den Händen (typische Anzeichen für Müdigkeit s. S. 52f.).

3 **Temperament des Babys erkennen** Ihr Baby ist ein Individuum. Versuchen Sie eine Routine zu schaffen, die seiner sensorischen Persönlichkeit entspricht (s. S. 14f.).
● Ein sensibles Baby braucht oft Hilfe beim Einschlafen durch Tätscheln oder Wiegen oder es möchte weniger Sinneseindrücke. Dehnen Sie seine Wachzeiten nicht aus, da es leicht überreizt wird.
● Der Sonnenschein gibt vielleicht keine klaren Müdigkeitssignale, braucht seinen Schlaf aber genauso. Achten Sie darauf, dass es vor dem Schlafen nicht übermäßig angeregt wird.
● Ein ausgeglichenes Baby verkraftet mehr Anregung und findet auch dann zur Ruhe, wenn es länger wach war. Es zeigt eindeutige Signale; das erleichtert den Aufbau einer Routine.
● Das zurückhaltende Baby liebt feste Abläufe und gibt klare Signale, wann es Schlaf braucht; es kommt am besten in seinem eigenen Bett zur Ruhe.

Eine Routine finden

Vielleicht fällt es Ihnen noch schwer, das Baby in eine Tagesstruktur zu führen, doch es gibt Wege, um dies zu fördern. Denken Sie jedoch daran, dass Ihr Baby noch sehr jung ist. In diesem Alter ist es wichtiger, es zu trösten und seine Bedürfnisse nach Nahrung und Schlaf zu erfüllen, als an einer strengen Routine festzuhalten. Babys brauchen viel Berührung und Bewegung; daher liegt Ihr Baby am liebsten in Ihren Armen.

Das erste Prinzip lautet, sich nicht auf einen strikten Ablauf nach der Uhr zu fixieren. Befolgen Sie auch keine strenge Abfolge von Füttern/Wachsein/Schlafen oder Wachsein/Füttern/Schlafen. Beobachten Sie vielmehr, wann es trinkt und wie lange es wach ist (Wachzeiten s. S. 51). In diesem Alter muss es tagsüber alle drei bis vier Stunden trinken und kann nur eineinhalb Stunden wach sein. Bringen Sie es also 75 Minuten nach seinem letzten Schlaf in sein Zimmer, schaukeln Sie es sanft, damit es schläfrig wird, und legen Sie es zum Schlafen hin. Manchmal wird Ihr Baby vor dem Schlafen trinken, ein anderes Mal nach dem Aufwachen – das ist normal. Macht Ihr Baby nur kurze Nickerchen und wacht nach 20 Minuten auf, pucken Sie es zum Schlafen. Lassen Sie es nicht schreien. Wenn es nicht wieder einschlafen will, nehmen Sie es hoch. Legen Sie es dann wieder hin, wenn die nächste Schlafenszeit fällig ist.

Häufige Fragen
Selbstberuhigungs-methoden

Mein Baby will an seinen Händen nuckeln, »verliert« sie aber immer wieder. Wie kann ich die Selbstberuhigung fördern?

Viele Babys unter drei Monaten haben Mühe, ihre Hände lang genug im Mund zu halten, um sich selbst zu beruhigen. Aufgrund der primitiven Reflexe (ATNR und Schreckreflex, s. S. 100) rutschen die Hände immer wieder aus dem Mund heraus. Mit etwa zwölf bis 14 Wochen besitzt Ihr Baby mehr Kontrolle über seine Arme und ist in der Lage, die Hände am Mund zu halten. Nun gewinnt es auch Vergnügen daran, an seinen Händen zu saugen. Bis zu diesem Zeitpunkt pucken Sie es mit den Händen nah am Gesicht, damit es gut an den Händen oder am Daumen lutschen kann. Oder geben Sie ihm einen Schnuller. Es ist egal, woran Ihr Baby zur Beruhigung nuckelt.

Gesunde Sinne fördern

Auch wenn Sie allmählich eine babyzentrierte Routine entwickeln, seien Sie nicht entmutigt oder ärgerlich, wenn Ihr Baby es manchmal anders macht. Jedes Baby ist ein Individuum.

Grundbedürfnisse klären

Klären Sie zuerst mögliche körperliche Ursachen des Schreiens. Auf S. 112 finden Sie Weiteres zum Umgang mit den Symptomen.

Prüfen Sie diese Möglichkeiten:

- Hunger
- Falsches Milchpulver
- Laktoseintoleranz
- Verstopfung
- Reflux
- Allergien
- Gestörte Darmflora
- Krankheit
- Störungen im Umfeld

Babywelt: der Kolik-Kreislauf

Wenn Ihr Baby jeden Abend unerklärliche Schreiphasen hat, leidet es vermutlich an Koliken (s. S. 112). War es bislang zufrieden und hatte keine Koliken, wird es wahrscheinlich davon verschont bleiben. Sie haben das Glück, ein ausgeglichenes Baby zu haben, das leichter ruhig und gelassen bleibt. Vielleicht sind Sie auch genau richtig mit Ihrem Sonnenschein oder Ihrem zurückhaltenden Baby umgegangen und konnten so Koliken verhindern. Doch wenn Ihr Baby eher sensibel ist oder tagsüber ungern schläft, können Koliken und Unruhe bis etwa zur zwölften Woche zu Ihrem Leben gehören. Wirkt Ihr Baby ruhelos und scheint im Wachzustand eher unglücklich zu sein, kontrollieren Sie noch einmal seine grundlegenden Bedürfnisse (s. Kasten links). Ist hier alles in Ordnung, liegt die Ursache des Schreiens in seiner Sinnenwelt: Es ist wahrscheinlich übermüdet, überreizt oder beides und abends am Ende seiner Kräfte.

Den Kolik-Kreislauf durchbrechen

Ein Ritual vor dem Einschlafen hilft, das wiederkehrende abendliche Schreien zu verkürzen: wach sein, baden, füttern und dann schlafen.

❶ **Letzter Schlaf** Achten Sie nach dem letzten Nachmittagsschlaf darauf, wie lange Ihr Baby wach ist; es sollten nicht mehr als 60 bis 80 Minuten sein. Wenn Ihr Baby z. B. um 17 Uhr aufwacht, streben Sie eine Schlafenszeit zwischen 18.00 und 18.30 Uhr an.

❷ **Baden** Eine halbe Stunde vor dem Schlafen baden Sie Ihr Baby; dann folgt eine Massage. Bei häufigen Koliken ist vielleicht ein morgendliches Bad besser, weil die Stimulation am Abend zu viel sein kann.

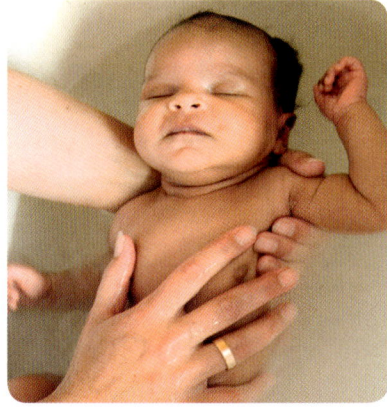

Baden Als Teil des abendlichen Einschlafrituals baden Sie Ihr Baby; danach bekommt es eine Massage.

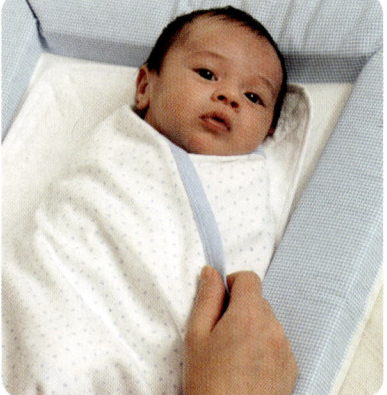

Pucken Nach dem Baden wickeln Sie Ihr Baby ein; dadurch beruhigt es sich als Vorbereitung auf das Schlafen.

③ Füttern Ziehen Sie Ihr Baby an seinem Schlafplatz um und pucken Sie es zur Abendmahlzeit. Füttern Sie es in einem verdunkelten Raum mit wenig Ablenkung. Spielen Sie eine CD mit konstanten Geräuschen ab. Dann legen Sie es so schläfrig, wie es ist, in sein Bettchen.

Sensorische Beruhigungsmethoden

Wenn Ihr Baby zu schreien beginnt, befolgen Sie diese vier Schritte. Sie helfen Ihnen, den Kolik-Kreislauf zu verkürzen.

Schritt eins

● **Pucken und aufstoßen lassen** Wickeln Sie Ihr Baby für die letzte Mahlzeit ein. Sobald es getrunken hat, nehmen Sie es fünf Minuten lang hoch, damit es sein Bäuerchen machen kann. Ein längerer Versuch am Abend verschlimmert die Koliken, weil das Baby zu viel bewegt wird.

● **Fester Druck** Wenn Ihr Baby sich windet und unruhig ist, legen Sie ihm im Bettchen fest Ihre Hand auf. Beruhigen Sie es einfach. Machen Sie dies, bis es einschläft, oder fünf Minuten lang.

● **Tätscheln und »pscht« sagen** Schreit Ihr Baby, tätscheln Sie es und sagen »pscht«, um es zu beruhigen, während es eingewickelt im Bett liegt. Viele Babys schlafen innerhalb von fünf Minuten ein. Wenn nicht, machen Sie mit Schritt zwei weiter.

Schritt zwei

● **Pucken und aufstoßen lassen** Wenn es weiterhin schreit, nehmen Sie es aus dem Bett und versuchen nochmals fünf Minuten, es aufstoßen zu lassen. Pucken Sie es neu, falls die Decke zu locker ist.

● **Wiegen und fester Druck** Nach dem Bäuerchen bzw. nach fünf Minuten wiegen Sie es, bis es schläfrig ist. Legen Sie es ins Bett und legen Sie ihm Ihre Hand mit festem Druck auf – bis es einschläft bzw. fünf Minuten lang.

● **Tätscheln und »pscht« sagen** Wenn Ihr Baby zu schreien beginnt, tätscheln Sie es und sagen »pscht«, während es im Bett liegt. Wenn es nach fünf Minuten noch schreit, fahren Sie mit Schritt drei fort.

Schritt drei

● **Füttern** Nehmen Sie Ihr Baby hoch und lassen Sie es trinken (Cluster-Mahlzeit, s. S. 138). Viele Babys finden danach zur Ruhe.

● **Pucken und aufstoßen lassen** Nach dem Füttern pucken Sie Ihr Baby und versuchen fünf Minuten, es aufstoßen zu lassen. Wiegen Sie es, bis es schläfrig ist, und legen Sie es in sein Bett.

● **Fester Druck** Wenn es unruhig ist, legen Sie ihm Ihre Hand mit festem Druck auf. Beruhigen Sie es in seinem Bettchen, bis es einschläft bzw. fünf Minuten lang.

Den Kolik-Kreislauf verkürzen

❶ Pucken und aufstoßen lassen: Nach der Abendmahlzeit nehmen Sie Ihr Baby für fünf Minuten zum Aufstoßen hoch.

❷ Legen Sie es ins Bett und legen Sie ihm Ihre Hand mit festem Druck auf. Lassen Sie es strampeln, während Sie es beruhigen.

❸ Beginnt es zu schreien, tätscheln Sie es für fünf Minuten und sagen »pscht«.

● **Tätscheln und »pscht« sagen** Beginnt Ihr Baby zu schreien, tätscheln Sie es und sagen »pscht«, während es gepuckt im Bett liegt. Wenn es nach fünf Minuten noch schreit, fahren Sie mit Schritt vier fort.

Schritt vier

● **Tragen und beruhigen** Wenn Ihr Baby schreit, nehmen Sie es heraus, pucken es und nehmen es in ein Tragetuch oder einen Tragesitz. Wiegen Sie es, bis es einschläft, vor der Außenwelt durch Ihren Körper geschützt. Sie verwöhnen Ihr Baby damit nicht! Manche Babys brauchen etwas mehr sensorische Beruhigung, besonders Kolikbabys.

● **Zurück ins Bettchen** Sobald Ihr Baby eingeschlafen ist, legen Sie es in sein Bett. Wird es unruhig, sobald Sie es ins Bett legen, legen Sie ihm Ihre Hand mit festem Druck auf. Lassen Sie es sich nesteln, während Sie es in seinem Bettchen beruhigen – bis es einschläft.

Weitere Strategien zum Umgang mit Koliken

Achten Sie auf regelmäßige Schlafenszeiten am Tag und sensorische Beruhigung, um Reizüberflutung zu vermeiden. So sollten Sie Koliken umgehen können. Ist Ihr Baby weiterhin unruhig, überprüfen Sie, ob seine Grundbedürfnisse erfüllt sind (s. S. 112f.), und wenden Sie die Schritt-für-Schritt-Methode an, wenn es schreit (s. S. 133f.). In manchen Fällen können auch andere Methoden Erfolg haben:

Chiropraktik Ein Chiropraktiker bearbeitet die Wirbelsäule des Babys, um Muskelverhärtungen zu lösen und Gelenkblockaden zu reduzieren. Dies soll die Schleimbildung im Verdauungssystem verringern und kann bei Blähungen, Krämpfen und Verstopfung helfen.

Homöopathie Homöopathie ist eine Alternativmedizin mit wenigen Nebenwirkungen. Sprechen Sie mit einem zugelassenen Homöopathen, wenn Sie diese Methode anwenden wollen.

Naturheilkunde Oft werden Hausmittel (z. B. eine Wärmflasche auf dem Bauch) und Kräutertees empfohlen. Denken Sie daran, dass diese Maßnahmen starke Auswirkungen auf das Körpersystem Ihres Babys haben können; besprechen Sie die Wirkungen jedes Heilmittels (auch eines »natürlichen«) vor der Anwendung mit Ihrem Arzt oder dem Apotheker.

Medikamente Es gibt zahlreiche verschreibungspflichtige und rezeptfreie Medikamente. Die meisten wirken beruhigend und sollten daher mit äußerster Vorsicht eingesetzt werden; geben Sie sie nur nach Verordnung des Arztes.

Im Tragetuch Legen Sie Ihr Baby ins Tragetuch und wiegen Sie es, bis es einschläft. Die Wärme und die Bewegung Ihres Körpers beruhigen es.

Die Schnuller-Diskussion

Wohl alle frisch gebackenen Eltern fragen sich, ob sie ihrem Baby einen Schnuller geben sollten. Manche Babys lernen früh, an den eigenen Händen zu nuckeln. Fördern Sie diese Fähigkeit zur Selbstberuhigung. Sie ist die erste selbstständige Fähigkeit, die Ihr Baby erwirbt. Ihr Leben wird einfacher, wenn sich Ihr Baby selbst beruhigen kann – vor allem zur Schlafenszeit. Viele Babys unter drei Monaten brauchen dazu allerdings Anleitung. Helfen Sie Ihrem Kleinen, seine Hände zu finden. Gelingt das nicht (ein häufiges Problem), versuchen Sie es mit einem Schnuller. Die ersten drei Lebensmonate Ihres Babys bedeuten insgesamt eine riesige Umstellung. Setzen Sie sich keine unrealistischen Ziele – z. B. ohne Schnuller auszukommen.

Dem Baby helfen zu schlafen

Ein gewisses Tagschlaf-Muster bildet sich in diesen Wochen heraus, da der Schlaf-Wach-Zyklus regelmäßiger wird. Wenn Sie Ihrem Baby die Möglichkeit zur Selbstberuhigung geben, wird es vielleicht nachts von selbst einschlafen und braucht weniger sensorische Unterstützung von Ihnen, wie in den Schlaf gewiegt zu werden.

Wachphasen

Ihr Baby muss vermutlich dreimal am Tag schlafen: einmal länger und zweimal kürzer. Macht es immer nur kurze Nickerchen, braucht es vier Schlafphasen. Dazwischen kann es nun eine bis eineinhalb Stunden wach sein.

Nach etwa einer Stunde achten Sie auf Schlafsignale, wie Gähnen und Reiben an den Ohren (s. S. 52f.). Bringen Sie es ins Bett und lassen es ruhig werden oder füttern Sie es, wenn es Zeit dafür ist.

Der letzte Nachmittagsschlaf
Dieser Schlaf kann tückisch sein. Am besten streben Sie eine abendliche Schlafenszeit zwischen 18 und 19 Uhr an. Handhaben Sie den letzten Tagschlaf so:
- Vor 16.30 Uhr lassen Sie Ihr Baby für einen vollständigen Zyklus von 45 Minuten (s. S. 30) schlafen. Wenn es länger schläft, wecken Sie es um 17.15 Uhr, damit es nachts gut zur Ruhe findet.
- Wird es nach 16.30 Uhr schläfrig, lassen Sie Ihr Baby nur ein kurzes Nickerchen machen – wecken Sie es nach 15 bis 30 Minuten oder um 17.15 Uhr, damit es abends keine Einschlafprobleme gibt.
- Kommt die letzte Schlafphase nach 17.30 Uhr, ziehen Sie die Bettgehzeit vor, wenn Ihr Baby erschöpft ist. In diesem Alter liegt die angemessene Zeit zum Schlafengehen zwischen 17.30 und 19.00 Uhr.

Schlafplatz

Bis jetzt waren Sie beim Schlafen vielleicht flexibel und Ihr Baby hat vermutlich genauso gut unterwegs wie an einem bestimmten Platz geschlafen. Doch das wird anders, sobald es munterer wird – jetzt braucht es einen gleichbleibenden Ort für den Tag- wie den Nachtschlaf. Dafür gibt es drei Gründe:

Alter
Vor dem Alter von drei oder vier Monaten entwickelt ein Baby keine bestimmten Vorstellungen vom Schlafen. Mit vier Monaten erwartet es allmählich den gleichen Schlafort und dasselbe Einschlafritual. Vielleicht war es Ihnen angenehm, Ihr Neugeborenes beim Schlafen in Ihrer Nähe zu haben, und Sie würden das gerne beibehalten. Doch eventuell schlafen Sie inzwischen nicht mehr so gut, wenn es direkt bei Ihnen

- In diesem Alter verkraftet Ihr Baby weiterhin nur etwa 60 bis 80 Minuten Wachsein. Achten Sie auf seine Signale (s. S. 52f.) und beginnen Sie jeweils 60 Minuten nach seinem letzten Schlaf ein Schlafritual, dann bildet sich tagsüber ein Rhythmus heraus.
- Je nach Dauer seiner Schlafphasen schläft Ihr Baby drei- bis viermal am Tag.
- Sobald Sie eine Struktur in seinem Schlaf erkennen, fördern Sie diese durch konsequentes Verhalten: Legen Sie es jeden Tag am selben Platz zur selben Zeit schlafen.
- Ihr Baby sollte spätestens um 19 Uhr im Bett sein. Wenn Sie es von selbst aufwachen lassen, sollte es sieben bis acht Stunden durchschlafen, bevor es wieder Hunger hat (etwa 1 bis 3 Uhr).
- Legen Sie sich auch selbst tagsüber während mindestens einer Schlafphase Ihres Babys hin.

135

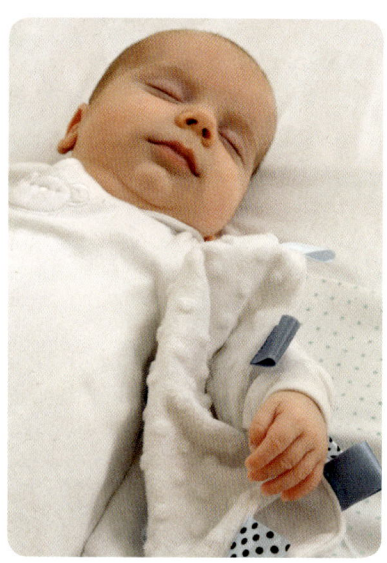

Selbstberuhigung Ermuntern Sie Ihr Baby, ein Trostobjekt zu benutzen, z. B. eine kleine Decke oder ein Stofftier; das hilft ihm, sich selbst zu beruhigen.

ist, und wollen es allmählich in sein eigenes Bett oder Zimmer legen. Dann sollten Sie nun ernsthaft darüber nachdenken, bevor es solche Schlafassoziationen entwickelt. Wenn es älter ist, wird es viel schwerer, es auszuquartieren.

Konsequent sein Wenn Ihr Baby bislang an jedem beliebigen Ort geschlafen hat, ist es nun Zeit für einen festen Schlafplatz. Das Einschlafen an einem gleichbleibenden Platz ist unerlässlich für den Aufbau einer Schlafroutine. Gewöhnen Sie sich nicht an, Ihr Baby überall oder jederzeit schlafen zu lassen. Natürlich sind Sie an manchen Tagen sehr beschäftigt oder mit Ihrem Baby zu den Schlafenszeiten tagsüber nicht zu Hause. Stellen Sie aber auch an diesen Tagen sicher, dass Ihr Baby wenigstens zu einem Tagschlaf in seinem eigenen Bett ist und abends dort einschläft.

Beruhigen Sorgen Sie unbedingt für eine beruhigende Schlafumgebung, damit Ihr Baby nicht überreizt wird. Dämpfen Sie das Licht und bieten Sie ihm ein Trostobjekt – eine weiche Decke oder einen Teddy – zur Selbstberuhigung an, falls es nachts aufwacht.

Zeit für das eigene Zimmer?

Auch wenn allgemein gilt, dass der sicherste Schlafplatz für das Baby in den ersten sechs Monaten das eigene Bett im Elternschlafzimmer ist, gibt es keine eindeutigen Empfehlungen, wann das Baby ein eigenes Zimmer bekommen sollte. Diese drei grundlegenden Kriterien helfen Ihnen bei der Entscheidung:

● Lassen Sie sich von Ihrem Bauchgefühl und Ihren persönlichen Umständen leiten.
● Es ist einfacher, wenn Sie Ihr Baby ins eigene Zimmer legen, bevor es drei oder vier Monate alt ist, da in diesem Alter Schlafassoziationen entstehen. Je älter es wird, umso eher bilden sich Gewohnheiten. Das macht den Umzug in ein eigenes Schlafzimmer schwerer.
● Es ist schwierig, ein Kleinkind an ein eigenes Zimmer zu gewöhnen, insbesondere vor der Geburt eines Geschwisterchens. Entschließen Sie sich deutlich früher dazu.

Noch unsicher? Diese Zeichen weisen darauf hin, dass es an der Zeit ist für einen Umzug Ihres Babys ins eigene Bett oder das eigene Zimmer:

● In Ihrer Wohnung gibt es einen separaten Platz, wo Ihr Baby schlafen kann.
● Ihr Baby stört Ihren eigenen Schlaf oder den Ihres Partners und Sie schlafen eher weniger als mehr.

● Sie sind wegen Schlafmangel tagsüber erschöpft und dies beeinträchtigt die emotionale Beziehung zu Ihrem Baby. Emotional verlässliche Eltern sind für Ihr Baby besser als Co-Sleeping. Sie müssen ausgeruht sein, um auf Ihr Baby eingehen zu können.
● Sie haben ein sensibles Baby, das nachts durch Ihre Bewegungen und Geräusche gestört wird und im Familienbett schlechter schläft. Sensible Babys schlafen oft im eigenen Zimmer besser.
● Sie und Ihr Partner sind unterschiedlicher Meinung, wo Ihr Baby schlafen sollte. Sie müssen beide einverstanden sein, wenn Sie Ihr Schlafzimmer mit einem Baby oder Kleinkind teilen wollen.
● Das Baby muss nachts nur einmal gefüttert werden. Mit vier Monaten sinkt der nächtliche Nahrungsbedarf deutlich. Solange es gesund und munter ist, ist nun ein guter Zeitpunkt für den Umzug ins eigene Zimmer.
● Sie planen ein weiteres Baby. Es ist riskant, ein Kleinkind und ein Baby im Elternbett schlafen zu lassen. Erwarten Sie nicht, dass Ihr Kleinkind bereit ist, einige Tage vor der Ankunft eines neuen Babys umzuziehen. Es sollte lange vor der Ankunft des Babys sein eigenes Zimmer bekommen.

Weitere Schlaftipps

Regelmäßiger Schlaf ist in diesem Alter unverzichtbar. Er beugt nicht nur einer Reizüberflutung vor und macht Ihr Baby in seinen Wachphasen zufriedener und aufmerksamer, sondern lässt es auch nachts besser schlafen.

Tagsüber bringen Sie Ihr Baby zehn Minuten vor der Schlafenszeit an seinen Schlafplatz. Pucken Sie es (oder füttern Sie es, wenn es Zeit dafür ist) und wiegen Sie es sachte von einer Seite zur anderen, damit es von den vorherigen Anregungen abschalten kann. Dieses Abschalten stellt sicher, dass es nicht übermüdet oder überreizt ist, wenn es einschlafen soll. Sobald es ruhig und schläfrig ist, legen Sie es »zufrieden und wach« hin.

Ein Schlafzyklus Ihres Babys dauert 45 Minuten. Mit sechs Monaten kann es allmählich mehrere Zyklen verbinden und schläft tagsüber auch einmal länger als 45 Minuten. Ebenso gibt es aber viele Babys, die weiterhin jeweils nur etwa 45 Minuten schlafen. Auch das ist völlig normal. In diesem Stadium will Ihr Baby wahrscheinlich nachts noch einmal gefüttert werden. Wacht es öfter auf, reagieren Sie nicht sofort auf jeden Mucks (lassen Sie es einige Minuten nesteln, sofern es nicht richtig schreit). Wenn Sie ihm die Gelegenheit geben, zu diesen Zeiten ohne Sie wieder zur Ruhe zu kommen, lernt es bald, sich selbst zu besänftigen, und findet nachts von allein wieder in den Schlaf. Wenn Ihr Baby schreit, reagieren Sie, aber halten Sie die Nachtmahlzeit so kurz wie möglich. Jetzt macht Ihr Baby nicht mehr jede Windel schmutzig. Wenn es nur Wasser gelassen hat, wechseln Sie die Windel nachts nicht, sonst würde es richtig aufwachen.

Schlafzyklen verbinden

Mit den Tipps lernt Ihr Baby, mehrere Schlafzyklen zu verbinden und tags wie nachts länger zu schlafen:
● Lauschen Sie ein paar Minuten, wenn Ihr Baby aufwacht. Vielleicht kommt es durch Selbstberuhigungsmethoden, wie Daumenlutschen oder Zusammenführen der Hände, wieder zur Ruhe.
● Bleibt es unruhig, reagieren Sie, indem Sie es ruhig neu einwickeln. Leiten Sie es an, die Hände zum Mund zu nehmen, oder geben Sie ihm einen Schnuller oder ein Trostobjekt. Tätscheln Sie es, damit es einschläft.
● Fahren Sie damit zwei bis drei Minuten fort. Bleibt es tagsüber trotzdem wach, akzeptieren Sie, dass der Schlaf vorbei ist, und nehmen Sie es hoch. Beobachten Sie die Wachphase, um festzustellen, wann es wieder schlafen sollte. Nachts füttern Sie es, wenn mehr als drei Stunden vergangen sind, und legen es dann wieder hin.
● Wacht Ihr Baby nach einem kurzen Schlaf auf und ist reizbar und müde, ist seine nächste Wachphase bestimmt kürzer als sonst. Lassen Sie sich von seinen Signalen leiten und legen Sie es wieder schlafen, wenn es bereit dazu ist.

Ernährung: Was jetzt zu erwarten ist

- Füttern Sie Ihr Baby tagsüber mindestens alle vier Stunden.
- Mit sechs Wochen ist ein Wachstumsschub zu erwarten. Füttern Sie Ihr Baby während Wachstumsschüben häufiger, dann erhöht sich Ihre Milchbildung.
- Wenn Sie die Flasche geben, trinkt Ihr Baby seltener und jeweils größere Mengen – bis zu 200 ml pro Mahlzeit – vier bis fünf Mal während 24 Stunden.
- Nimmt Ihr Baby zu, verlängern Sie die Abstände zwischen den Mahlzeiten bis zu drei Stunden. Leiten Sie Ihr Baby an, dazwischen an seinen Händen oder einem Schnuller zu nuckeln (Saugen ohne Nahrungsaufnahme) oder wiegen Sie es sanft. Ist es unruhig, pucken Sie es oder nehmen Sie es in das Tragetuch oder den Tragesitz.
- Ihr Stillbaby braucht am frühen Abend vielleicht eine Cluster-Fütterung (s. rechts). Ist es beim Hinlegen noch unruhig, versuchen Sie es mit einer zusätzlichen Stillmahlzeit oder einem Fläschchen mit abgepumpter Muttermilch.
- Die meisten Babys lassen nun eine der Nachtmahlzeiten aus und trinken nachts nur noch ein- oder zweimal.
- Milch deckt den gesamten Nahrungsbedarf Ihres Babys. Denken Sie noch nicht an feste Nahrung, sein Verdauungssystem ist dafür noch nicht ausgereift genug.

Die Ernährung des Babys

Wenn Ihr Baby sechs Wochen alt ist, ist Ihre Milchbildung gut eingespielt. Haben Sie bisher erfolgreich gestillt, werden Sie vermutlich noch einige Zeit weiterstillen. Wollen Sie zu Säuglingsnahrung wechseln oder Ihr Baby mit einer Kombination aus Brust und Flasche ernähren, haben Sie gewiss nach reiflicher Überlegung die richtige Entscheidung getroffen. Dann sollten Sie zu dieser Lösung stehen. Beikost ist erst später ein Thema; daher liegt Ihr Augenmerk in diesem Stadium weiterhin darauf, bei den Milchmahlzeiten alles richtig zu machen.

Stillen

Inzwischen sind Sie geübt im Stillen; was Ihnen vor drei Monaten noch fremd war, gelingt nun ganz einfach. Alle Anzeichen, die Ihnen gezeigt haben, dass Sie genügend Milch bilden, wie die Empfindung des Milchspendereflexes und harte, empfindliche Brüste, lassen nun vielleicht nach. Wenn Ihr Baby während eines Wachstumsschubs gleichzeitig unruhiger ist als bisher, glauben Sie vielleicht, nicht genug Milch zu haben. Das Völlegefühl verschwindet jedoch einfach deshalb, weil das Brustgewebe inzwischen sehr effektiv Milch nach Bedarf bilden kann. Ihre Brüste bilden genau die Menge an Milch, die Ihr Baby benötigt – und zwar dann, wenn es sie benötigt.

In diesem Alter lassen viele Babys beim Trinken die Brust los, um sich umzuschauen. Das geschieht nicht deshalb, weil die Mutter nicht genügend Milch hat, und auch nicht unbedingt, weil das Baby bereits satt ist. Es entdeckt einfach, wie interessant die Welt ist. Wenn Sie Ihr Baby und die Brust mit einer Mullwindel oder einem Schal abdecken, ist es während der Stillzeit abgeschirmt. Oder Sie lassen ihm die Zeit, sich umzuschauen, und stillen danach weiter.

Da Sie beim Stillen nicht sagen können, wie viel Ihr Baby trinkt, müssen Sie sich auf andere Anzeichen verlassen, dass es genug Milch bekommt. Wenn Ihr Baby abends unruhig ist und häufig vor Mitternacht aufwacht, können Sie das sogenannte Cluster-Füttern ausprobieren (geben Sie ihm in der Phase zwischen Baden und Zubettgehen mehrere Mahlzeiten). Oder bieten Sie ihm zusätzlich eine Flasche mit abgepumpter Muttermilch an, wenn Sie es abends hinlegen. Wenn es nach dem Einschlafen innerhalb einer Stunde aufwacht, stillen Sie es nochmals. Gehen Sie dabei sehr ruhig mit ihm um: Wickeln Sie es nicht (außer es ist wirklich nötig), regen Sie es nicht an und lassen Sie es nur fünf Minuten aufstoßen (s. S. 133). Es sollte schnell wieder zur Ruhe kommen, wenn es diese Mahlzeit gebraucht hat. Wird es eher noch ruheloser, haben Sie es vielleicht überfüttert und es fühlt sich nicht wohl. Durch einige Versuche werden Sie bald herausfinden, ob Ihr Baby mit dem Cluster-Füttern ruhiger wird.

Wachstumsschübe und Milchbildung

Sofern Ihr Baby tagsüber drei bis vier Stunden ohne Mahlzeit auskommt, nachts sechs bis sieben Stunden am Stück durchschläft, munter und zufrieden ist, zunimmt und am Tag sechs nasse Windeln hat, besteht kein Grund, sich wegen der Milchbildung zu sorgen.

Wenn Ihr Baby unruhig wird oder häufiger nach Milch verlangt, hat es vielleicht einen Wachstumsschub. Solche Schübe treten mit etwa sechs Wochen und etwa vier Monaten auf. Dann müssen Sie 24 bis 48 Stunden lang häufiger stillen. Durch Wachstumsschübe stellt die Natur sicher, dass die Milchbildung steigt, um den zunehmenden Nahrungsbedarf des Babys zu decken.

Zwiemilchernährung und Nachfüttern

In diesem Alter besteht noch keinerlei Notwendigkeit, dem Baby zusätzlich Flaschen mit Säuglingsnahrung zu geben. Wenn es unruhig wird und mehr Milch braucht, stillen Sie es einfach öfter. Hat der Kinderarzt zum Zufüttern geraten oder wollen Sie wieder berufstätig sein, gibt es zwei Möglichkeiten:

● **Nachfüttern** Dabei geben Sie Ihrem Baby direkt nach dem Stillen eine Flasche mit Milch. Sie können die Stillmahlzeit mit abgepumpter Muttermilch oder mit Flaschennahrung ergänzen. Nachfüttern ist nicht notwendig, wenn Ihr Baby gut zunimmt und zwischen den Mahlzeiten zufrieden ist.

● **Zwiemilchernährung (Zufüttern)** Dabei geben Sie Ihrem Baby zusätzliche Mahlzeiten mit der Flasche, wobei aber das Stillen die Norm bleibt. Das kann der Fall sein, wenn Sie wieder berufstätig sein wollen oder Ihr Baby zu einer bestimmten Mahlzeit nicht stillen können.

Säuglingsnahrung

Bei der Flaschenernährung ist es wichtig, das richtige Milchpulver zu wählen. Lassen Sie sich von Ihrem Kinderarzt beraten und beachten Sie die folgenden Richtlinien, die Ihnen viel Zeit und Sorge ersparen können.

● Wenn Sie oder der Vater Ihres Babys an Allergien leiden, kann eine hypoallergene (HA) Flaschennahrung empfehlenswert sein. Gibt es keine familiäre Allergieneigung, können Sie eine Pre-Nahrung auf Kuhmilchbasis auswählen. Sie ist speziell angepasst für Babys unter sechs Monaten.

● Wenn Ihr Baby bei der Geburt besonders groß war und sehr hungrig ist, braucht es vielleicht eine sättigendere Nahrung, die mehr Kasein enthält. (Kasein ist das wichtigste Eiweiß in Milch.)

● Wenn Ihr Baby an Reflux leidet (s. S. 141) kann eine spezielle »Anti-Reflux«-Nahrung richtig sein. Beraten Sie sich mit dem Kinderarzt.

Die Milchbildung steigern

Viele Mütter meinen, dass ihre Milchbildung etwa um den vierten Monat wegen der erhöhten Nachfrage ihres Babys nachlässt. Am einfachsten erhöhen Sie die Milchbildung, indem Sie häufiger stillen. Ist Ihr Baby über den Wachstumsschub (24–48 Stunden) hinaus besonders hungrig und unruhig, könnte zu wenig Milch gebildet werden. Nehmen Sie sich ein bisschen Zeit, die Milchbildung mithilfe folgender Tipps zu erhöhen:

● Trinken Sie viel zusätzlich – Wasser, Rooibos-Tee oder verdünnten Fruchtsaft.

● Verzichten Sie auf Koffein und Alkohol – sie gelangen über die Milch nicht nur zum Baby, sondern wirken auch entwässernd und beeinträchtigen die Milchbildung.

● Essen Sie gut. Bei Ihrem ausgefüllten Leben denken Sie vielleicht nicht mehr an eine gute Ernährung. Achten Sie auf regelmäßige Mahlzeiten mit Eiweiß, Fett, Kohlenhydraten sowie vielen Vitaminen und Mineralstoffen.

● Schlafen Sie möglichst oft, wenn Ihr Baby schläft. Schlaf und Ruhe fördern die Bildung von Milch.

● Fragen Sie den Frauenarzt, ob Sie ein Vitaminpräparat einnehmen sollten.

● Mixen Sie sich einen »Dschungelsaft« (s. Rezept S. 121) und trinken Sie ihn den Tag über.

● Planen Sie Ihr Leben nicht zu genau; übernehmen Sie sich nicht. Die Milchbildung leidet oft an den Tagen, an denen man sich zu viel vornimmt.

Sich nah fühlen Das Füttern ist eine sinnliche Erfahrung, egal welche Methode Sie wählen. Wenn Sie die Flasche geben, versuchen Sie die Sinneseindrücke des Stillens nachzubilden, um Ihrem Baby dieselbe Nähe zu schenken.

Gesunde Sinne fördern
Außerhalb der Fütterzeiten müssen Quengeln oder Nuckeln an den Händen nicht Hunger bedeuten. Überlegen Sie, ob Ihr Baby übermüdet ist oder genug Anregung hatte. Erkennen Sie seine Signale und geben Sie ihm die Möglichkeit zur Selbstberuhigung.

- Geben Sie die Säuglingsnahrung wie vom Kinderarzt empfohlen. Eine falsche Zubereitung der Flaschenmilch gefährdet die Gesundheit des Babys.
- Sterilisieren Sie das gesamte Zubehör immer gründlich.
- Geben Sie keine normale Kuhmilch; sie ist für Babys unter einem Jahr nicht geeignet. Sie enthält zu wenig Eisen und Vitamin A, C und D, aber zu viel Eiweiß und Natrium und ist schwer verdaulich.
- Geben Sie eine Flaschennahrung mindestens 48 Stunden lang, bevor Sie zu einer anderen wechseln. Hören Sie nicht auf widersprüchliche Ratschläge von Freunden und Angehörigen zur Wahl des Milchpulvers.
- Schenken Sie Ihrem Flaschenbaby die gleiche Sinneserfahrung wie beim Stillen: Halten Sie das Baby im Arm, damit es Ihre Wärme und Ihre Haut spüren kann.
- Wenn Sie Ihr Baby schlucken hören, trinkt es wahrscheinlich zu schnell und schluckt zu viel Luft. Wählen Sie einen Sauger mit kleinerem Loch und neigen Sie die Flasche weniger. Sie werden bald herausfinden, ob es gern schnell trinkt oder sich lieber Zeit lässt.

Die Sinneserfahrung beim Flaschenfüttern

Die sensorische Erfahrung, die ein Baby während des Stillens macht – der Geruch der Mutter und die Wärme ihres Körpers (s. auch S. 98) –, fördert den Bindungsprozess. Schaffen Sie diese Sinnenwelt auch beim Flaschegeben, indem Sie folgende Techniken anwenden:

- Nehmen Sie Ihr Baby beim Füttern eng an Ihren Körper, damit es Ihre Berührung und weitere Sinneseindrücke wahrnimmt, z. B. Ihren Geruch. Halten Sie Ihr Baby im Arm, schieben Sie ihm nicht einfach die Flasche in den Mund.
- Genauso wie Sie Ihr Baby beim Stillen von der einen an die andere Brust legen, wechseln Sie beim Flaschegeben die Seite – von links nach rechts. So erhält Ihr Baby Sinneseindrücke auf beiden Körperseiten.

Schuldgefühle wegen Flaschenfütterung Für Eltern gehören Schuldgefühle zum Leben. Ein besonders gravierender Faktor ist dabei die Entscheidung, nicht zu stillen bzw. abzustillen, weil das Stillen zu schmerzhaft ist oder weil Sie meinen, nicht genug Milch zu haben. Wenn Sie sich nach intensivem Bemühen entscheiden, die Flasche zu geben, oder wenn Sie aus anatomischen oder gesundheitlichen Gründen nicht stillen können, sind Sie vielleicht enttäuscht und glauben, bei einem so wichtigen Teil des Mutterseins versagt zu haben.

Entscheidend ist jedoch, dass Sie als Mutter für das Baby emotional verfügbar sind – nicht ob Sie die perfekte Geburt oder die perfekte Stillerfahrung erleben. Wenn Sie die emotionalen Bedürfnisse Ihres Babys auf andere Weise als durch das Stillen befriedigen, brauchen Sie keine Schuldgefühle, Traurigkeit oder Ärger zuzulassen.

Reflux

Wenn Ihr Baby während der Mahlzeiten sehr unruhig ist und auch schlecht schläft, fragen Sie den Arzt, ob eventuell ein gastroösophagealer Reflux besteht. Ursache dafür ist die Unreife der Verschlussklappe zwischen Magen und Speiseröhre (Ösophagus). Dieses Ventil kräftigt sich erst mit der Zeit; bis dahin steigt der saure Mageninhalt häufig in die Speiseröhre hoch. Das verursacht Beschwerden, manchmal übermäßiges Spucken geronnener Milch oder sogar schwallartiges Erbrechen. Das Baby trinkt nicht gut, was sein Wachstum und seine Entwicklung beeinträchtigen kann. Wenn Sie einen Reflux vermuten, sprechen Sie mit dem Kinderarzt über ein Medikament zur Neutralisierung der Magensäure. Selten ist eine Operation erforderlich. In der Regel ist ein Reflux nichts Ernstes, sofern das Baby gedeiht und zunimmt.

Erhöhen Bei Reflux lindert es oft die Beschwerden, wenn Sie den Kopfteil der Matratze durch einen Keil erhöhen. Die Neigung verhindert, dass der saure Mageninhalt wieder aufsteigt.

Reflux erkennen Diese Erkrankung lässt sich lindern, also achten Sie auf typische Symptome. Ihr Baby leidet möglicherweise an Reflux, wenn es:
- zum Einschlafen nicht flach liegen will, insbesondere nach einer Mahlzeit.
- am zufriedensten ist, wenn es aufrecht getragen wird.
- sich sehr häufig verschluckt und würgt.
- ein unruhiger Trinker ist.
- in aufrechter Haltung oder in Bauchlage besser schläft.
- häufig spuckt und/oder an schwallartigem Erbrechen leidet.

Was ist zu tun? Bei einem Reflux müssen Sie besonders sorgsam mit dem Baby umgehen; glücklicherweise legt sich das Problem mit der Zeit. Befolgen Sie diese Tipps, um die Beschwerden zu lindern:
- Füttern Sie Ihr Baby in einer ruhigen Umgebung mit minimalen Sinneseindrücken. Reizüberflutung erhöht die Wahrscheinlichkeit des Spuckens.
- Halten Sie Ihr Baby nach einer Mahlzeit aufrecht; gehen Sie vorsichtig mit ihm um (keine heftigen Bewegungen).
- Erhöhen Sie die Matratze im Kinderbett durch einen Keil.
- Füttern Sie Ihr Baby häufiger mit kleinen Mengen.
- Spielen Sie gleichmäßige Geräusche ab, die einen tiefen Schlaf fördern.
- Versuchen Sie es mit einem probiotischen Mittel, das die Verdauung unterstützt. Beraten Sie sich dazu mit dem Kinderarzt.
- Wenn Sie stillen, verzichten Sie selbst eine Woche lang auf Milchprodukte und achten Sie auf eine mögliche Veränderung. Ersetzen Sie Milchprodukte durch Nüsse und Samen.
- Wenn Sie die Flasche geben, fragen Sie Ihren Kinderarzt nach einer speziellen Anti-Reflux-Nahrung. Möglicherweise kann die Nahrung angedickt werden, um den Rückfluss zu verhindern. Vielleicht empfiehlt der Kinderarzt auch eine laktosefreie Nahrung.

Visuelle Entwicklung

Ihr Baby verfolgt nun einen Gegenstand, der sich bogenförmig in 15 cm Entfernung von seinem Gesicht bewegt; es folgt Ihnen mit den Augen, wenn Sie sich im Zimmer bewegen. Und es entdeckt plötzlich seine Hände. Es betrachtet sie, bewegt die Finger und bestaunt das Ergebnis. Das ist der erste aktive Schritt zur Hand-Augen-Koordination. Da in seinem Mund mehr Sinnesrezeptoren sind als sonstwo am Körper, gewinnt das Baby großes Vergnügen am Saugen an der Hand. Dabei lernt es auch viel über die Form und die Größe seiner Hände, was wichtig ist für die spätere Feinmotorik.

So entwickelt sich Ihr Baby

Die Bewegungen Ihres Babys werden nun koordinierter und weniger zufällig. Die Rücken- und Bauchmuskulatur kräftigt sich, es beginnt die Welt mit Augen und Händen zu erkunden. Es ist ein wahrer Sonnenschein und sehr gesellig. Es kommuniziert durch Gurgeln und Quieken.

Bewegen, Streifen, Ergreifen Diese Aktivitäten bestimmen die sich entwickelnde Feinmotorik. Mit sechs Wochen erscheinen die Bewegungen Ihres Babys sehr planlos, weil die Sicherheit der gekrümmten Haltung aus der Gebärmutter in dem Maße verloren geht, in dem sich Hals- und Rückenmuskulatur entwickeln und es sich streckt. Die primitiven Reflexe Ihres Babys verschwinden, weil sie nicht mehr gebraucht werden. Da es aber noch keine Kontrolle über seine Bewegungen besitzt, fuchteln die Arme ziellos herum und seine Beine strampeln viel. Mit vier Monaten werden Sie feststellen, dass seine Bewegungen willentlicher werden; es beginnt, mit Absicht zu handeln. Bald ist es fähig, seine Arme zu kontrollieren und nach Gegenständen zu langen. Dieses Umherstreifen mit den Armen ist wichtig für die Hand-Augen-Koordination und unterstützt die Entwicklung der Armmuskulatur. Vielleicht beginnt es sogar nach Dingen zu greifen, die an seinem Babytrapez hängen. Unterstützen Sie diese Versuche, auch wenn sie nur selten erfolgreich sind.

Kopfkontrolle: Bereit zum Umdrehen Das zwei Monate alte Baby bemüht sich, seinen Kopf zu kontrollieren – ein Teil seiner grobmotorischen Fähigkeiten. In Rückenlage hält es seinen Kopf in der Mittellinie des Körpers und betrachtet ein über ihm hängendes Mobile. Geben Sie Ihrem Baby die Möglichkeit, seine Rückenmuskulatur zu entwickeln, indem es in Bauchlage seinen Kopf anhebt. So entwickelt sich insgesamt Körperkraft. Mit drei Monaten kann es seinen Kopf in Bauchlage vielleicht schon eine Zeitlang um 45 Grad anheben. Es hält seinen Kopf auch aufrecht, wenn es auf Ihrem Schoß sitzt. Es bemüht sich sehr, seine Bauchmuskeln zu kräftigen. Gleichmäßig entwickelte Rücken- und Bauchmuskeln sind Voraussetzung für das Umdrehen, was mit etwa sechs Monaten gelingt.

Lächeln und Kommunizieren Ihr Baby reagiert auf Ihre Stimme und bildet Gurgellaute. Mit zwölf Wochen beginnt es zu gurren, zu quieken und sogar zu plappern. Es erkennt Mama und Papa und reagiert auf Ihre Ansprache. Ihr Baby verbindet Geräusche mit dem Gegenstand, der sie hervorruft, und dreht sich einer Geräuschquelle zu. Mit drei Monaten erkennt es seine Milchflasche bzw. die Haltung und die Bewegungen, mit denen Sie das Stillen vorbereiten, und zappelt in Vorfreude auf die Mahlzeit. Jetzt hat es auch Spaß am Baden.

Meilensteine

Ihr Baby kräftigt als Vorbereitung aufs Umdrehen seine Rücken- und seine Bauchmuskulatur. Das Erkunden der Welt in Bauchlage ist die Voraussetzung für das spätere Krabbeln. Meilensteine in diesem Stadium sind der Erwerb des bewussten Sehens und die Fähigkeit, die Blickrichtung zu steuern sowie den Körper mit den Händen zu erforschen. Diese Entwicklungsstufen erlangt es mit vier Monaten.

Anschauen und betrachten Nun entdeckt Ihr Baby seine Hände. Sie können beobachten, wie es sie bewusst betrachtet und dabei seine Finger bewegt. Das ist der erste Schritt zur Hand-Augen-Koordination.

Entwicklungsbereich	Meilensteine
Grobmotorik	Auf dem Rücken zu liegen und Knie sowie Füße in die Luft zu heben kräftigt die Bauchmuskulatur und bereitet das spätere Krabbeln vor. Es rollt von der Rücken- in Seitenlage. Es hält in Bauchlage den Kopf einige Minuten und stützt sein Gewicht auf den Unterarmen ab.
Feinmotorik	Es beginnt, Knie und andere Körperteile mit den Händen zu erkunden. Es bringt die Hände in der Mittellinie des Körpers zusammen. Es nimmt seine Hände bewusst in den Mund.
Hand-Augen-Koordination	Es verfolgt Gegenstände, die sich durch sein Blickfeld bewegen, mit den Augen. Es bringt die Hände zum Mund, damit es sie untersuchen kann.
Sprache	Es beginnt Laute zu bilden, sobald es lernt, den Kehlkopf zu steuern.
Sozialer/emotionaler Bereich	Es lächelt, wird sozial offen und verbindet Menschen mit Spaßhaben und Spielen. Es bleibt ruhiger, auch wenn es mit einem höheren Reizpegel konfrontiert wird.
Regulation	Es reguliert zunehmend seinen Bewusstseinszustand und bleibt auch bei hohem Reizpegel ruhig, da es sich selbst besänftigen kann.

»Ihr Baby ist ein wahrer Sonnenschein und sehr gesellig; es kommuniziert durch Gurgeln und Quieken.«

Sinnvoll fördern

Anregungen sind ganz entscheidend für die Entwicklung des Babys. Ihr Baby ist dabei noch abhängig von Ihnen: Sie müssen wissen, wann es Stimulation gut aufnimmt und wie viel es verarbeiten kann. Nun können Sie zunehmend Anregungen in seinen Tagesablauf einbauen (s. Aktivitäten, gegenüber). Achten Sie aber unbedingt darauf, dass es nicht überfordert wird.

Ihr Baby lernt jetzt auch, sich selbst zu beruhigen; fördern Sie diese Fähigkeit. Wenn es sich selbst besänftigt, indem es an den Händen saugt oder sie in der Mittellinie seines Körpers zusammenführt, greifen Sie nicht ein. Füttern Sie es dann nicht (außer es ist Zeit für eine Mahlzeit) und schieben Sie ihm nicht sofort den Schnuller in den Mund. Lassen Sie es das Nuckeln ausprobieren, damit es lernt, sich selbstständig zu beruhigen.

Ganz individuell

Das ausgeglichene Baby und der Sonnenschein blühen in anregender Umgebung auf. Ein sensibles Baby wird von Sinnesreizen stärker beeinflusst, insbesondere von visuellen Eindrücken; es verkraftet nicht so viel Anregung. Das zurückhaltende Baby kann in einer belebten oder neuen sensorischen Umgebung ebenfalls unruhig sein.

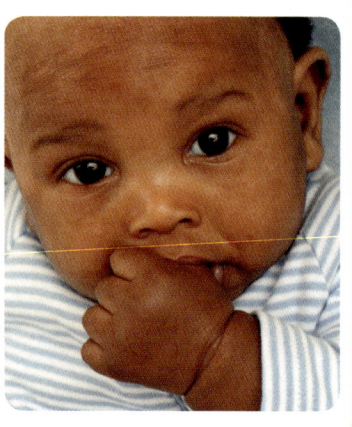

Zeitpunkt

Mit zunehmendem Alter verbringt Ihr Baby mehr Zeit im aufmerksamen Wachzustand. Jetzt ist es in jeder Wachphase gut zehn Minuten lang sehr empfänglich für Anregungen (aufmerksamer Wachzustand). Bald zeichnet sich ab, dass es zu einer bestimmten Tageszeit besonders lange aufmerksam ist – oft am Vormittag (nach seinem ersten Tagschlaf). Nun ist die Zeit, mit ihm zu spielen, ihm ein neues Spielzeug zu geben, es zu massieren oder einen kurzen Ausflug zu machen.

Umgebung

Ihr Baby hält sich nun in verschiedenen Umgebungen auf und lernt von jedem neuen Ort und jedem Sinnesreiz.

Sehen Geometrische Muster, leuchtende Farben und Gesichter betrachtet es weiterhin am liebsten. Mobiles mit Naturmotiven sind nun eine Bereicherung und eine wunderbare Sinneserfahrung. Nehmen Sie es im Kinderwagen oder dem Tragetuch mit nach draußen, wann immer es das Wetter erlaubt.

Hören Ihr Baby liebt den Klang der menschlichen Stimme. Sprechen Sie so viel wie möglich mit ihm, in unterschiedlicher Tonlage und mit abwechslungsreicher Mimik. Imitieren Sie die Laute und das Gurren Ihres Babys; hören Sie zu, wenn es »spricht«, damit es erkennt, dass Sprache ein Austausch ist – das ist der Beginn des Sprechens!

Fühlen Fester Druck und Streicheln des Rückens wirken beruhigend; Ihr Baby profitiert nun sehr von der Babymassage. Kitzeln und berühren Sie Ihr Baby sachte während der Spielzeiten, um es anzuregen. Achten Sie dabei auf seine Reaktion – sensible Babys werden durch leichte und unerwartete Berührung leicht irritiert.

Bewegung Langsame, rhythmische Bewegung beruhigt Ihr Baby. Wiegen Sie es vor dem Schlafen in einem Tragetuch. Schnelle, unregelmäßige Bewegungen bringen es dagegen in einen Alarmzustand und sollten nur beim Spiel stattfinden. Beobachten Sie immer die Reaktion Ihres Babys und führen Sie stimulierende Bewegungen nur aus, wenn es sie mag.

Motorische Entwicklung Zur Entwicklung der Rücken- und Bauchmuskulatur muss Ihr Baby viel Zeit in Bauchlage verbringen. Legen Sie es auf eine weiche Decke auf dem Boden. Legen Sie sich zu ihm – das regt es an, den Kopf zu heben.

Aktivitäten

Schlafenszeit

Eine ruhige Schlafumgebung ist für die Entwicklung guter Schlafgewohnheiten unverzichtbar.

Sehen Alle visuellen Eindrücke sollten sehr beruhigend sein. Dämpfen Sie das Licht, ziehen Sie Vorhänge oder Rollos zu und legen Sie keine leuchtend bunten Spielsachen in oder neben das Bett.

Hören Der besänftigende Klang von Wiegenliedern oder gleichmäßigen Tönen (s. S. 27) beruhigt Ihr Baby. Singen Sie ihm vor dem Schlafen leise vor, damit es abschalten kann.

Fühlen Pucken Sie Ihr Baby weiterhin für die Nacht, solange es dies mag. Wenn es sich beim vollständigen Einwickeln wehrt und unruhig ist, wickeln Sie die Decke bis unter die Arme.

Motorische Entwicklung Wenn Ihr Baby abgestützt (s. S. 125) in Seitenlage schläft, wechseln Sie die Seiten ab, damit sich jede Körperhälfte gleich entwickelt.

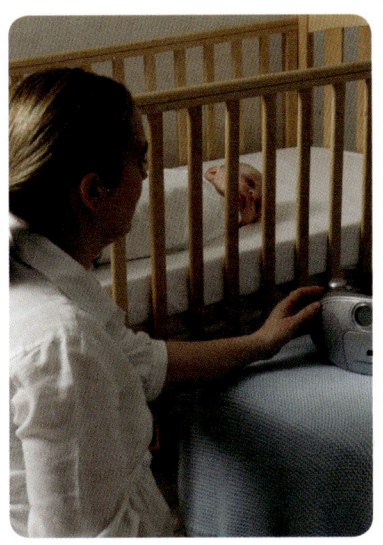

Beim Wickeln

Das Wickeln ist eine gute Gelegenheit zur visuellen Anregung, da Ihr Baby fest auf dem Rücken liegt und sich munter umschaut.

Sehen Hängen Sie weiterhin ein schwarz-weißes oder leuchtend buntes Mobile über die Wickelunterlage, direkt über Babys Kopf. Es kann nun den Kopf in der Mittellinie des Körpers halten und es betrachten. Tauschen Sie das Mobile immer wieder aus. Als einfaches Mobile hängen Sie einen Kleiderbügel mit täglich wechselnden Gegenständen auf, z. B. Lametta, ein babysicherer Spiegel, rot-weiße Pompons, Garnrollen und andere interessante Formen und Oberflächen.

Hören Sprechen Sie beim Wickeln mit Ihrem Baby, damit es mit Sprache vertraut wird. Ihre Stimme beruhigt es auch, wenn es das Wickeln nicht mag oder nicht stillhält.

Fühlen Wenn es nackt auf der Wickelmatte liegt, legen Sie Ihre Hände auf verschiedene Körperstellen und benennen Sie sie. Wenn Sie z. B. seine Knie berühren, führen Sie seine Hände ebenfalls dorthin; so beginnt es, Namen und Körperteile zu verbinden.

Motorische Entwicklung Wenn Sie Ihr Baby von der Wickelunterlage nehmen, heben Sie es nicht einfach hoch – es soll dabei helfen. Das stärkt seine Bauchmuskeln. Legen Sie Ihre Hände auf seine Schultern und ziehen es vorsichtig in Sitzposition; dabei muss es seinen Kopf halten, was die Halsmuskulatur kräftigt. Es lernt dabei auch die fürs Sitzen erforderliche Bewegung.

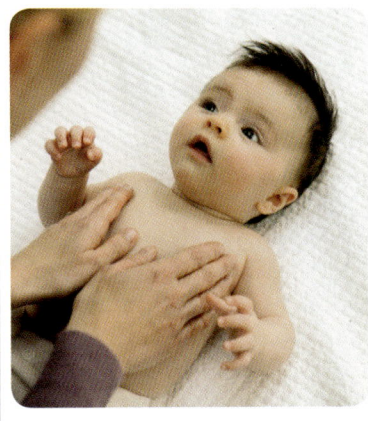

Badezeit

Vermeiden Sie eine Überreizung beim Baden, da es zum Einschlafritual gehört. Bitten Sie den Vater, beim Baden mitzumachen.

Sehen Sie sind das Lieblingsbadespielzeug Ihres Babys. Stellen Sie Blickkontakt her und zeigen Sie ihm bunte Badespielsachen.

Hören Kinderreime mit Überraschungselement, wie »Da kommt der Bär«, liebt das Baby jetzt. Beim Baden macht es besonderen Spaß. Bald weiß Ihr Baby im Voraus, welche Handlung folgt.

Fühlen Beziehen Sie Massage und feste Berührung ins Einschlafritual ein. Massieren Sie die Gliedmaßen des Babys und dehnen Sie sie vor dem Baden. Dann massieren Sie seinen Bauch sanft im Badewasser. Füllen Sie einen Schwamm mit Wasser und drücken Sie ihn über seinem Bauch aus – so wird es mit den verschiedenen Empfindungen von Wasser vertraut.

Motorische Entwicklung Ermuntern Sie Ihr Baby, in der Wanne zu strampeln und nach Spielzeug oder Ihrem Gesicht zu greifen.

Weitere Aktivitäten

Wachzeiten

Wenn Ihr Baby nun öfter wach ist, spielen Sie im aufmerksamen Wachzustand leise mit ihm. Achten Sie auf Anzeichen, dass es genug hat.

Sehen Schneiden Sie Grimassen; so lernt Ihr Baby etwas über das Gesicht und wird angeregt, Sie zu imitieren. Das Nachahmen einer bestimmten Handlung ist der Beginn geplanter Muskelbewegungen. Zeigen Sie Ihrem Baby im aufmerksamen Wachzustand ein Buch mit Gesichtern, damit seine Augen das Fixieren üben können. Zeigen Sie ihm seine Hände. Dies sind die ersten Körperteile, von denen Ihr Baby lernt, dass es sie besitzt. Beobachten Sie, wie es diese »Anhängsel« erstaunt betrachtet und das erste Mal erkennt, dass diese wackeligen Dinger ihm gehören! Mit vier Monaten benötigt es allmählich mehr Anregung. Stellen Sie im Wohnzimmer ein Babytrapez auf und legen Sie es jeden Tag zehn Minuten darunter. Stützen Sie es mit ein paar Kissen ab – so hat es eine neue Perspektive auf die Welt.

Hören Sprechen Sie so viel wie möglich mit Ihrem Baby. Es erkennt Ihre Stimme und lernt schon viel über Sprache und die Regeln des sozialen Austausches. Es lächelt als Reaktion auf freundliche Ansprache; variieren Sie beim Sprechen Ihre Tonlage.

Fühlen Allmählich wird deutlich, dass Ihr Baby zu einer bestimmten Tageszeit eine längere Phase im aufmerksamen Wachzustand hat. Massieren Sie Ihr Baby nun. Streben Sie an, es mindestens zweimal wöchentlich zu massieren. Massagetechniken finden Sie auf S. 105.

Bewegung Schwingen Sie Ihr Baby vorsichtig im Kreis sowie auf und ab. Stellen Sie sich auf sein Tempo ein. Gefällt ihm das nicht, versuchen Sie es nach ein paar Tagen nochmals.

Motorische Entwicklung Legen Sie Ihr Baby weiterhin jeden Tag eine Weile in Bauchlage. Wenn es ihm anfangs nicht gefällt, legen Sie es auf Ihren Bauch und lehnen Sie sich etwas zurück. Lehnen Sie sich jeden Tag ein Stück weiter zurück, bis Ihr Baby horizontal liegt und seine Halsmuskulatur trainiert. Wenn es in Bauchlage ist, legen Sie Spielsachen oder einen Spiegel vor es hin, damit es danach greift. Um die Bauchmuskulatur in der Rückenlage zu stärken, hängen Sie einen Ball mit Glöckchen in Fußnähe. Bei jedem Strampeln wird es durch die Bewegung und das Klingen des Balls belohnt. Das spornt es zu neuen Versuchen an. Geben Sie Ihrem Baby

Rasseln und Spielsachen aus verschiedenen Materialien in die Hand. Auch wenn es noch nicht mit ihnen umgehen kann und sie schnell fallen lässt, fördert dies die Entwicklung des aktiven Greifens. Und es erfährt etwas über Ursache und Wirkung: »Wenn ich meine Hand bewege, macht das Spielzeug ein Geräusch oder bewegt sich.« Fingerspiele machen Ihrem Baby seine Hände bewusst.

Unterwegs

Mit drei Monaten kann Ihr Baby bestimmte Reize selbst ausblenden; Sie müssen seine Umgebung nicht mehr so stark regulieren wie bisher. So können Sie mehr Kontakte pflegen und öfter als bisher mit ihm weggehen. Gestalten Sie Unternehmungen als Lernanlässe.

Sehen Schirmen Sie den Kinderwagen unterwegs weiterhin mit einer

Decke ab, um helles Licht und zu viele visuelle Eindrücke zu minimieren. Wenn Ihr Baby drei Monate alt wird, müssen Sie das nicht mehr so strikt tun, da es Reize nun besser verarbeiten kann. Bringen Sie ein Mobile oder einen Spiegel, den es betrachten kann, über oder in dem Kinderwagen an. Auch während einer Autofahrt geben Sie ihm etwas zum Anschauen. Befestigen Sie einen Spiegel oder die Abbildung eines Gesichts an der Kopfstütze des Sitzes vor ihm. Das lenkt es ab, wenn es sich langweilt oder unruhig wird.

Hören Spielen Sie ihm während der Autofahrt Kinderlieder vor, die von Kindern gesungen werden. Auch Musik, die Sie während der Schwangerschaft oft gehört haben, beruhigt Ihr Baby.

Bewegung Tragen Sie Ihr Baby im Tragetuch oder Tragesitz. So sieht es die Welt aus Ihrer Perspektive; erzählen Sie ihm, was es sieht. Es liebt die Bewegung Ihres Laufrhythmus. Im Tragetuch setzen Sie Ihr Baby nun aufrecht hin, sodass es nach außen sehen kann. Im Tragesitz tragen Sie es mit dem Gesicht nach außen, damit es die Welt in sich aufnimmt.

Manche Babys vertragen das Autofahren nicht und leiden dabei sehr. Versuchen Sie in diesem Fall Folgendes:

● Legen Sie ein Wattepad mit etwas Lavendelöl ins Auto; der Duft wirkt beruhigend.

● Spielen Sie beruhigende Musik ab: Wiegenlieder oder sanfte Musik, die Sie in der Schwangerschaft gehört haben.

● Legen Sie ihm im Autositz etwas Schweres, z. B. einen schweren Teddy

oder eine dicke Decke, auf den Schoß. Das vermittelt Geborgenheit.

Motorische Entwicklung Bewegungsloses Sitzen im Auto ist nicht ideal für die Entwicklung der Muskeln. Nehmen Sie es daher nach Ankunft am Zielort sofort aus dem Sitz.·

Mahlzeiten

Nachdem es bisher beim Trinken eher schläfrig war, wird Ihr Baby nun während der Mahlzeiten zunehmend munter. Ist es abgelenkt, reduzieren Sie Stimulation auf ein Minimum.

Sehen Verknoten Sie ein rotes oder weißes Band an Ihrer Kleidung, das Ihr Baby beim Trinken anschauen und anfassen kann.

Hören Wenn Ihr Baby in einer lauten oder interessanten Umgebung die Konzentration verliert und nicht gut trinkt, sprechen Sie während der Mahlzeiten nicht mit ihm und entfernen Sie Reize (schalten Sie z. B. den Fernseher aus). Trinkt es trotz lebhaftem Umfeld gut, können Sie mit ihm sprechen.

Motorische Entwicklung Durch den Seitenwechsel beim Füttern, auch beim Flaschegeben, werden beidseitig Hören, Sehen und Körperbewegungen entwickelt.

Spielsachen

Sie bleiben das wichtigste Spielzeug für Ihr Baby. Der Austausch mit Ihnen, nicht besondere Spielsachen, verschaffen ihm die glücklichsten Momente und die besten Lernerfahrungen.

Sehen Babytrapeze und Mobiles schaffen visuelle Anregungen und fördern die Hand-Augen-Koordination. Befestigen Sie am Mobile interessante Gegenstände, die es gern betrachtet und nach denen es greifen will. Geeignet sind z. B. folgende Dinge an einem Kleiderbügel: eine Spirale aus Aluminiumfolie; ein Kuscheltier, das mit dem Gesicht nach unten hängt, damit Ihr Baby das Gesicht sehen kann; ein babysicherer Spiegel; bunte Rasseln; eine Kette aus Muscheln oder Kiefernzapfen; aufblasbare Spielsachen; Stoffbälle.

Hören Als Rassel füllen Sie kleine leere Flaschen oder Döschen mit Reis, Nudeln oder Kernen. Sie müssen unbedingt sicher verschlossen werden; kleben Sie sie eventuell zu, damit Ihr Baby sie nicht öffnen kann.

Fühlen Spielsachen mit Strukturen wecken Interesse und schärfen den Tastsinn. Füllen Sie z. B. einen Strumpf mit einer Plastiktüte oder mit Bohnen – Ihr Baby wird begeistert damit hantieren. Für eine Struktur-Patchworkdecke nähen Sie Stoffstücke aus verschiedenen Materialien zusammen sowie Knöpfe darauf. Es dürfen keine losen Enden oder Schlingen heraushängen, in denen sich kleine Finger verfangen können. Nutzen Sie diese Decke für die Bauchlage.

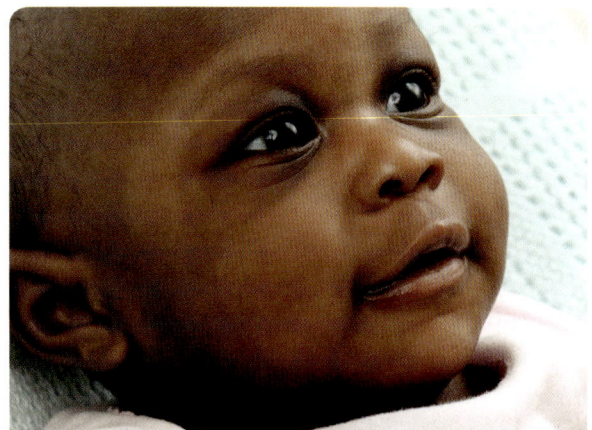

Kapitel 11

Ihr Baby: vier bis sechs Monate

Ihr Baby ist nun vier Monate alt. Gratulieren Sie sich – das erste »Elterntrimester« haben Sie geschafft. Von jetzt an wird alles einfacher. Ihr Baby strahlt, wenn es Sie sieht oder hört, und Sie müssen nachts nicht mehr so oft aufstehen. Die Tage Ihres Babys bekommen ein klares Muster mit bestimmten Zeiten für Füttern, Schlafen und Spielen. Doch gerade wenn Sie mit den Signalen und dem Rhythmus Ihres Babys vertraut geworden sind, stellen sich neue Herausforderungen. Sie müssen wichtige Entscheidungen treffen, z.B. ab wann Sie zufüttern wollen, und Sie müssen die Frage der Kinderbetreuung klären, falls Sie wieder arbeiten wollen. Die Informationen in diesem Kapitel helfen Ihnen, mögliche Ängste zu überwinden, und vermitteln Ihnen das Wissen, das Sie für diese Entscheidungen brauchen.

Babyzentrierte Routine

● Versuchen Sie die Wachzeiten Ihres Babys auf eineinhalb bis zwei Stunden zu beschränken. Planen Sie diese Zeit für Wickeln, Füttern und Spielen ein.

● Ihr Baby schläft tagsüber vermutlich drei bis fünf Stunden, verteilt auf drei oder vier Male, und nachts zehn bis zwölf Stunden mit einer Unterbrechung. Damit schläft es insgesamt 14 bis 18 Stunden.

● Ihr Baby trinkt tagsüber alle drei bis vier Stunden.

● Um den vierten Monat gibt es einen Wachstumsschub; Ihr Baby muss dann 24 bis 48 Stunden lang öfter gefüttert werden.

Es lohnt sich! Auch wenn das Muttersein anstrengend ist: Die freudige Reaktion Ihres Babys auf Ihr Kommen macht alle Mühe wett.

Ein Tag im Leben Ihres Babys

Der Tagesablauf Ihres Babys folgt nun einer verlässlichen Struktur. Falls Sie immer noch nicht recht wissen, wann Sie es füttern sollten und wann es schlafen müsste, führen Sie es nun konsequent zu regelmäßigen Mahlzeiten und Schlafenszeiten hin (s. S. 130f.). Eine Tagesstruktur erspart Ihnen viel Stress. Beobachten Sie seine Signale – dann wissen Sie bald, wann es Zeit zum Schlafen ist und wann es Hunger hat.

Mamas Welt: Höhen und Tiefen

Ihr Baby ist jetzt einfach süß und Sie beobachten entzückt seine Entwicklung. Wenn es einen Rhythmus gefunden hat und Ihr Leben berechenbar wird, fühlen Sie sich in Ihrer Mutterrolle allmählich sicher.

Dennoch wird es weiterhin Tage voller Gefühlsschwankungen und Unsicherheit geben. Dies gilt insbesondere für Übergangsphasen, z.B. wenn Sie feststellen, dass Ihr Baby kein hilfloses Neugeborenes mehr ist. Das Leben Ihres Babys wird nun von Veränderung bestimmt; viele Entscheidungen sind zu treffen. Es stellt sich die Frage, wann es Zeit für Beikost ist oder ob Milch den Nahrungsbedarf noch deckt. Wenn Sie in dieser Phase Flaschen einführen, dann vielleicht mit gemischten Gefühlen. All diese Ereignisse zeigen, dass Ihr Baby älter wird. Manchmal sind Sie froh, dass die allerersten Tage vorüber sind, dann wieder wird Ihnen schmerzhaft bewusst, dass Sie die Zeit nicht anhalten können und Ihr Baby nun schnell größer wird.

Wer bald wieder berufstätig sein will, ist oft erstaunt über die widersprüchlichen Gefühle. Sie spüren eine gewisse Traurigkeit; vermutlich werden Sie Ihr Baby vermissen, seine ersten Schritte und Wörter werden Sie vielleicht nicht selbst miterleben. Zwischendurch blitzt das Gefühl auf: Gott sei Dank kann ich etwas für mich tun und komme ein bisschen heraus aus dem eintönigen Mutterdasein. Daraus wiederum entstehen die allgegenwärtigen Schuldgefühle.

Es ist verständlich, dass Sie an manchen Tagen ziemlich deprimiert sind, besonders wenn Ihr Baby nachts nicht durchschläft. Vielleicht wacht es nachts wieder früher auf, weil es Hunger hat, und Sie sind müde und frustriert wegen des ständigen Schlafmangels.

Achten Sie auf Ihre Stimmung: Wenn Sie tieftraurig oder ängstlich sind oder sich stark überfordert fühlen, wenden Sie sich an Ihren Arzt oder einen Psychologen – vielleicht haben Sie eine Wochenbettdepression (s. S. 59). Diese kommt bei ein bis zwei von zehn Frauen in den ersten zwei Jahren nach der Geburt ihres Kindes vor.

Babywelt: Zeit für Routine

In den letzten vier Monaten haben Sie sich bestimmt nach mehr Struktur im Alltag gesehnt. Eventuelle Versuche, dem Baby schon einen Rhythmus nahezubringen, haben sich als wenig realistisch erwiesen. Mit vier bis sechs Monaten ist Ihr Baby nun bereit für regelmäßige Abläufe.

Einen Schlafrhythmus schaffen

Einen Schlafrhythmus einzuführen ist ganz einfach:

1 **Zeit beachten** Notieren Sie, wann Ihr Baby aufgewacht ist. Legen Sie es eineinhalb bis zwei Stunden später wieder hin.

2 **Verhaltenssignale wahrnehmen** Wenn seine Wachphase (s. S. 51) zu Ende geht, achten Sie auf Zeichen von Müdigkeit. Machen Sie auch Ihren Partner und andere Betreuer damit vertraut, damit sie Müdigkeit am Verhalten des Babys erkennen. Als Schlafsignal reibt es seine Augen, zupft an den Ohren, gähnt, hat Schluckauf, nuckelt am Daumen oder der Hand oder zieht Stoff oder Kleidung an sein Gesicht (s. S. 52f.).

3 **Hinlegen** Bringen Sie Ihr Baby an seinen Schlafplatz; tragen und wiegen Sie es und summen Sie ein Wiegenlied, damit es schläfrig wird. Beim Hinlegen sollte es schläfrig, aber wach sein.

Einen Mahlzeitenrhythmus finden

Bis jetzt waren die Fütterungszeiten recht flexibel, da Sie sich von Ihrem Baby haben leiten lassen. Nun ist es an der Zeit, durch regelmäßige Abstände zwischen den Mahlzeiten einen bestimmten Rhythmus einzuführen. Am Ende dieser Altersphase können Sie mit Beikost beginnen. Einen festen Ablauf mit Milchmahlzeiten etablieren Sie so:

1 **Zeit beachten** Mit vier Monaten bekommt Ihr Baby vier oder fünf Mahlzeiten am Tag, die erste etwa um 6 oder 7 Uhr. Drei Stunden danach (9 oder 10 Uhr) füttern Sie es wieder, wenn es Hunger hat, und so weiter über den Tag verteilt.

2 **Verhaltenszeichen wahrnehmen** Achten Sie auf Signale, mit denen Ihr Baby zeigt, dass es Hunger hat. Dazu gehören Nuckeln an den Händen, Suchen nach der Brustwarze oder dem Sauger und Unruhe.

3 **Das Baby füttern** Lassen Sie es nach drei bis vier Stunden das nächste Mal trinken.

Wenn Ihr Baby sechs Monate alt wird, denken Sie über Beikost nach. Der Fütterungsrhythmus wird sich dann entsprechend verändern. Mit vier Monaten bekommt Ihr Baby tagsüber vier- oder fünfmal Milch. Mit sechs Monaten können Sie auf vier Milchmahlzeiten und einmal Beikost reduzieren. Bieten Sie Milch und Beikost zu gleichbleibenden Zeiten an, damit es jeden Tag zu festen Zeiten gefüttert wird. Auf Seite 161 finden Sie einen Ernährungsplan mit Beikost.

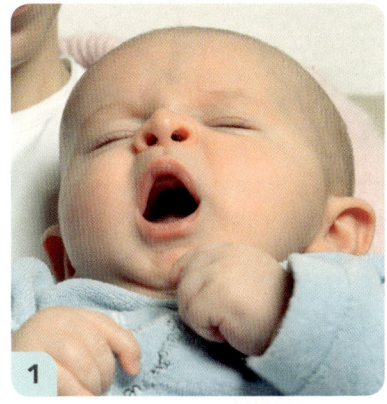

Einen Schlafrhythmus finden

1 Notieren Sie die Schlafenszeiten und achten Sie auf Signale der Müdigkeit, wie Gähnen.

2 Tragen Sie Ihr Baby, wenn es vor dem Schlafen zur Ruhe kommen muss.

3 Legen Sie es in sein Bett, wenn es schläfrig, aber noch wach ist; so lernt es, allein einzuschlafen.

Wann anregen?

Selbst wenn die Signale von Wachheit, Müdigkeit und Überreizung bei den meisten Babys sehr typisch sind (s. S. 38ff.), ist jedes Baby anders. Inzwischen hat Ihr Baby seine eigenen Signale entwickelt, die zeigen, wie es seine Sinneseindrücke bewältigt, und Sie sollten diese sicher deuten können. Regen Sie Ihr Baby an, wenn es im aufmerksamen Wachzustand ist – gut ausgeruht und nicht zu hungrig.

Der aufmerksame Wachzustand: Zeit zum Anregen

Mit vier Monaten hat Ihr Baby zwischen den Schlafphasen längere Phasen des aufmerksamen Wachzustands. In dieser Zeit liebt es den Austausch mit Ihnen. Es ist munter, zeigt kaum körperliche Unruhe und ist auf einen bestimmten Reiz konzentriert. In dieser Verfassung reagiert Ihr Baby am besten auf seine Umwelt und lernt aus seinen Begegnungen mit Menschen und seiner Umwelt. Wenn es Blickkontakt herstellt, nach Ihnen ruft und nach Spielsachen greift, ermöglichen Sie ihm neue Aktivitäten (s. S. 164ff.), um die Entwicklung seines Gehirns zu fördern. Dabei bilden sich Nervenbahnen, die das Lernen ermöglichen.

Weniger ist mehr: Zeit zum Abschalten Wenn man weiß, wie positiv Anregung auf das Gehirn des Babys wirkt, möchte man es gern möglichst oft anregen, um seine Intelligenz und Entwicklung zu fördern. Doch beachten Sie unbedingt, dass sich weitere Anregung oder Interaktion nachteilig auswirkt, wenn Ihr Baby schon genug Reize bekommen hat.

Achten Sie auf Signale, dass Ihr Baby überreizt ist – es strampelt oder zappelt aufgeregt, es schaut weg und saugt kräftig an seinen Händen. Diese Warnsignale drücken den unruhigen Wachzustand aus. Jetzt ist ein Lernen kaum möglich, da das Baby zu viele Reize aus seinen Muskeln erhält und seine Versuche der Selbstberuhigung viel Kraft kosten. Wechseln Sie bei solchen Signalen die sensorische Umgebung (s. S. 32f.) und helfen Sie Ihrem Baby, sich selbst zu beruhigen (s. S. 45). Lassen Sie es an den Händen oder am Schnuller nuckeln. Verpassen oder ignorieren Sie diese Signale und erhält es weitere Sinneseindrücke, wird es bald schreien.

Schreien: Zeit zum Beruhigen und Schlafen
Auch nach den Kolik-Wochen kann es noch längere Schreiphasen geben, wenn das Baby überreizt oder müde ist. Schreien ist ein klares Signal, dass es genug erlebt hat. Ihr Baby fühlt sich unter Stress und überfordert. Nutzen Sie sensorische Besänftigungsmethoden (s. S. 45), damit es sich beruhigt. Schreien zeigt oft an, dass es Zeit für ein Schläfchen ist. Wenn Sie die Wachzeiten Ihres Babys beobachten (s. S. 51) und allmählich einen Rhythmus einführen, wissen Sie, wann Sie es schlafen legen sollten.

Von der Ruhe zum Schreien

❶ Im aufmerksamen Wachzustand wirkt Ihr Baby ruhig und interessiert. Das ist die richtige Zeit für Anregung.

❷ Wenn es müde oder hungrig wird oder genügend Anregung hatte, wird es mürrisch – der unruhige Wachzustand.

❸ Wird es nicht durch Nuckeln, Schmusen oder Schlafen beruhigt, schreit es.

Dem Baby helfen zu schlafen

Mit vier Monaten sollte Ihr Baby nachts nur noch einmal aufwachen. Zwischen vier und sechs Monaten kann es jedoch sein, dass Ihr Baby gerade dann, wenn Sie meinen, alles richtig gemacht zu haben, nachts wieder weniger schläft und mitten in der Nacht nach einer Mahlzeit verlangt. Selbst wenn Sie darauf vorbereitet sind, erscheint das als Rückschritt. Doch es gibt gute Gründe für die Schlafunterbrechungen in dieser Zeit.

Sensorische Hilfen für guten Schlaf

Beachten Sie die Müdigkeitssignale des Babys und stellen Sie sicher, dass seine Schlafumgebung schummrig und beruhigend ist. Das fördert einen regelmäßigen Tagschlaf und gute Schlafgewohnheiten bei Nacht.

Hilfen für den Tagschlaf
Der Schlaf am Tag ist unverzichtbar und wirkt sich darauf aus, wie gut Ihr Baby nachts schläft. Wehrt sich Ihr Baby tagsüber gegen das Einschlafen, haben Sie seine Wachzeiten (s. S. 51) möglicherweise nicht im Blick behalten. Ist Ihr Baby länger als zwei Stunden am Stück wach, dreht es nochmals auf und kommt nicht von selbst zur Ruhe. Dann haben Sie ein übermüdetes Baby, das nicht abschalten kann, und Sie müssen zu komplizierten Methoden greifen, damit es einschläft, z. B. um den Block fahren oder es in den Schlaf wiegen. Das ist eine klassische Falle beim vier bis sieben Monate alten Baby und kann zu schlechten Schlafgewohnheiten führen.

Hilfen fürs abendliche Einschlafen
In diesem Alter werden ein regelmäßiges Bad und ein Einschlafritual am Abend unverzichtbar. Sie schaffen den Rahmen für den Schlaf. Werden sie von jetzt an in gleichbleibender Weise ausgeführt, wirken sie im Gehirn des Babys als Signal, vom aufmerksamen Wachzustand abzuschalten und in den so wichtigen Halbschlaf zu finden. Das Besondere an einem Einschlafritual ist, dass es von etwa zwei Monaten bis weit ins Kleinkindalter unverändert beibehalten werden kann. Wenn Ihr Baby z. B. auf Reisen in ungewohnter Umgebung schlafen muss, kommt es mithilfe eines gleichbleibenden Rituals viel leichter zur Ruhe. Die Schlüsselfaktoren für ein gutes Einschlafritual sind ein beruhigendes Bad, ein verdunkelter Raum, ein gleichbleibender Schlafplatz (für tags und nachts) und besänftigende Handlungsabläufe.

Schlaf: Was jetzt zu erwarten ist

- Ihr Baby ist nun tagsüber länger wach; bereiten Sie es aber nach eineinhalb bis zwei Stunden Wachsein zum Schlafen vor. Schlechte Gewohnheiten entstehen, wenn Sie seine Wachphasen ausdehnen und Ihr Baby übermüdet schlafen legen. Ein fester Schlafrhythmus am Tag ist in dieser Phase unverzichtbar.
- Die Schlafphasen am Tag können 45 Minuten (ein Schlafzyklus) oder länger dauern.
- Vermutlich pucken Sie Ihr Baby zum Schlafen nicht mehr; Sie können es nun nachts in einen Schlafsack legen.
- Geben Sie Ihrem Baby die Chance, sich selbst zu beruhigen, indem es z. B. an den Händen nuckelt oder die Hände zusammenhält. Dann sollte es von allein wieder in den Schlaf finden, wenn es nachts aufwacht und keinen Hunger hat.
- Babys, die sich selbst beruhigen können, schlafen gewöhnlich mit etwa vier Monaten nachts »durch« (zehn Stunden). Die erste Nachtmahlzeit (1 oder 2 Uhr) entfällt. Wenn Sie Ihr Baby um 18 oder 19 Uhr hinlegen, schläft es bis etwa 4 bis 6 Uhr, bevor es eine Mahlzeit benötigt.
- Irgendwann zwischen vier und sechs Monaten wacht Ihr Baby nachts wieder häufiger auf und hat Hunger; es braucht mehr Nahrung, um durch die Nacht zu kommen.

»Der Schlaf am Tag ist unverzichtbar und wirkt sich darauf aus, wie gut Ihr Baby nachts schläft.«

Gesunde Sinne fördern

Legen Sie Ihr Baby jeden Abend etwa zur gleichen Zeit am gleichen Ort in einem weichen Schlafsack hin – so entsteht ein regelmäßiger Schlafrhythmus.

Einschlafritual

Bestimmen Sie eine altersentsprechende Schlafenszeit – meist zwischen 18 und 19 Uhr je nach dem Zeitpunkt des Mittagsschlafs und den Aktivitäten am Tag.

Baden Sie Ihr Baby etwa eine Stunde vor der Schlafenszeit. Verwenden Sie anfangs parfümfreie Babybadezusätze, da Babys zu dieser Tageszeit empfindlich auf Düfte reagieren. Gestalten Sie alle Abläufe möglichst geruhsam. Wenn Papa während der Badezeit nach Hause kommt, sollte er ebenfalls sehr ruhig mit dem Baby umgehen, damit es nicht aufgeregt ist (leichter gesagt als getan!). Wickeln Sie Ihr Baby nach dem Bad in ein warmes, weiches Handtuch. Kapuzenhandtücher sind besonders angenehm.

Gehen Sie mit ihm direkt in seinen Schlafbereich (schon vorbereitet, damit er sensorisch beruhigend wirkt). Bringen Sie Ihr Baby erst am nächsten Morgen wieder aus diesem Zimmer. Spielen Sie Schlaflieder oder gleichmäßige Geräusche ab oder singen Sie Ihrem Baby vor. Wenn es sich gern massieren lässt, wirkt eine Massage mit parfümfreiem Trägeröl wie Oliven-, Avocado- oder Traubenkernöl besänftigend. Ziehen Sie ihm für die Nacht weiche Kleidung an, wickeln Sie es mit einer saugfähigen Windel und legen Sie es in einen Schlafsack.

Schalten Sie das Licht aus oder dämpfen Sie es. Geben Sie Ihrem Baby in Ihren Armen die letzte Mahlzeit des Tages. Danach halten Sie es höchstens fünf Minuten zum Aufstoßen hoch. Ist es noch nicht schläf-

Die Signale des Babys missverstehen

Ihre Reaktion auf die Signale Ihres Babys wirkt sich darauf aus, wie gut es selbst in den Schlaf findet. Nur allzu leicht missversteht oder übersieht man die Anzeichen der Müdigkeit. Dann wird das Baby übermüdet und schläft nur schwer ein.

Zustand des Babys	Signale	Ihre Reaktion
Müdes Baby erlangt das Ende der Wachphase.	Müdigkeitssignale: Augen reiben, an Händen nuckeln, wegsehen.	Müdigkeitssignale ignorieren oder übersehen.
Baby dreht nochmals auf und wirkt munter.	Signale der Überreizung: strampeln, schreien, schnaufen.	Übermüdetes Baby kann nicht beruhigt werden.
Es ist nun lange wach gewesen und wird quengelig.	Unruhesignale: quengeln, Augen reiben, jammern.	Baby in den Schlaf wiegen oder füttern.

Baby will jeden Abend dieselbe Behandlung.

rig, stehen Sie auf und wiegen es oder singen Sie ihm ein Wiegenlied vor. Sobald es schläfrig ist, legen Sie es in sein Bettchen. Wiederholen Sie diesen Ablauf jeden Abend.

Wenn Sie es konsequent durchführen, wird das Ritual zu einer wichtigen Einschlafhilfe. Besonders hilfreich ist es nach einem lebhaften Tag oder wenn Ihr Baby woanders schläft, z. B. in den Ferien oder nach einem Umzug.

Sensorische Beruhigung

Nutzen Sie die Strategien in den einzelnen Sinnesbereichen sowie sensorische Beruhigungsmethoden (s. S. 45), damit Ihr Baby schläfrig wird. Beenden Sie die Handlung, bevor es ganz einschläft, sonst wird sie zur Gewohnheit.

Sinnesbereich	Einbeziehung ins Einschlafritual
Fühlen	● Warmes Bad ● Weiches, warmes Handtuch ● Weiche, warme Kleidung ● Beruhigende Massage nach dem Bad
Bewegung	● Das Baby sanft im Arm wiegen ● Im Kinderwagen schieben, bis es schläfrig ist ● Mit dem Baby im Tragetuch umhergehen
Saugen	● Schnuller ● Daumen ● Brust oder Flasche
Sehen	● Eine Gutenachtgeschichte vorlesen ● Dunkler Raum ● Nachtlicht bei Kleinkindern
Riechen	● Lavendel ● Kamille ● Vanille ● Vertrauter Geruch des Trostobjekts
Hören	● Gleichmäßige Geräusche ● Wiegenlied ● Sanfte klassische Musik
Körperlage	● Das Baby im Arm halten ● Das Baby in gleicher Position ins Bett legen

Schlafgewohnheiten

Ein regelmäßiger Tagschlaf-Rhythmus verhindert schlechte Schlafgewohnheiten.

● Beobachten Sie die Wachphasen (s. S. 51); legen Sie Ihr Baby nach eineinhalb bis zwei Stunden hin.
● Erkennen Sie Müdigkeitssignale.
● Bringen Sie es zehn Minuten vor der Schlafenszeit in sein Zimmer.
● Beruhigen Sie es, bis es schläfrig ist (s. Tabelle gegenüber).
● Lassen Sie es selbst einschlafen.
● Lassen Sie es selbst aufwachen.

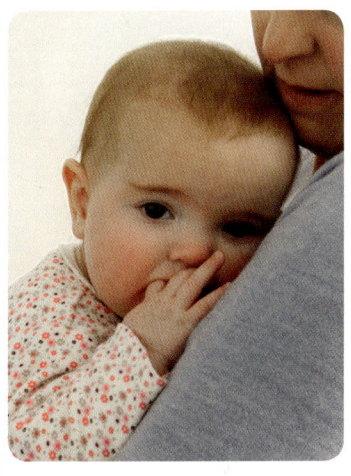

Schlafassoziationen

Ab vier bis sechs Monaten entwickelt ein Baby Erinnerungen und
bestimmte Erwartungen hinsichtlich seines Schlafplatzes. Dort, wo
es einschläft, will es auch wieder
einschlafen, wenn es nachts aufwacht. Ist das in Ihren Armen, Ihrem
Bett oder Zimmer, erwartet Ihr
Baby nachts dieselbe Umgebung.
Überlegen Sie sich also gut, ob Sie
mit seiner »Einschlafhilfe« einverstanden sind.

Schlafprobleme lösen

Vielleicht war Ihr Baby von Anfang an ein guter Schläfer. In diesem Fall
kann es weiterhin zufrieden einschlafen, nachts gut schlafen und auch
selbst wieder zur Ruhe finden. Doch zwischen vier und sechs Monaten
verändert sich bei manchen Babys das Schlafmuster. Ein bisher guter
Schläfer wacht plötzlich frühmorgens auf. Oder ein Baby, das nachts nie
durchgeschlafen hat, wacht nun noch häufiger auf. Es gibt vier Gründe
für Schlafunterbrechungen in diesem Alter. Mit den folgenden Ratschlä-
gen behalten Sie die Situation im Griff.

Veränderter Nahrungsbedarf Bis zu diesem Stadium deckt
Milch den Nahrungsbedarf Ihres Babys und es sollte nachts gut zehn
Stunden ohne Füttern auskommen. Nach dem vierten Monat jedoch
wachen viele Babys häufiger auf, weil Milch sie nicht mehr die ganze
Nacht sättigt. Nun können Sie über Beikost nachdenken. Die Ratschläge,
ab wann zugefüttert werden soll, sind widersprüchlich. Zudem ist es
wichtig zu wissen, dass das Zufüttern in diesem Alter keine Garantie für
ungestörten Nachtschlaf ist.

Im Kasten auf Seite 160 können Sie nachlesen, ob Ihr Baby reif für
Beikost ist. Bis dahin füttern Sie es, wenn es mehr als vier Stunden nach
einer Mahlzeit aufwacht. Füttern Sie es im Dunkeln, wickeln Sie es nur,
wenn die Windel voll ist, und legen Sie es dann wieder hin. Beruhigt es
sich nach der Mahlzeit nicht, nehmen Sie es in den Arm, bis es schläfrig
ist; wiegen Sie es eventuell sanft, legen Sie es dann hin und lassen Sie
Ihre Hand fest auf seinem Bauch liegen.

Gesundheitsprobleme Wacht Ihr Baby, das bisher gut geschlafen hat, plötzlich öfter auf, könnte es zahnen oder krank sein.
● **Zahnen** Die meisten Babys bekommen ihre Zähne nach dem sechsten Lebensmonat, nur sehr selten früher (s. S. 171). Wenn Ihr Baby
jedoch tagsüber unruhig ist, einen streng riechenden Stuhlgang hat, oft
aufwacht und unzufrieden wirkt, kann Zahnen die Ursache sein. Zeigt
es all diese Anzeichen und ist ein kleiner weißer Zahn im Zahnfleisch zu
sehen, lindern Sie seine Beschwerden durch Zahnungsgel oder andere
vom Kinderarzt empfohlene Schmerzmittel.
● **Ohrenentzündung** Ist Ihr Baby erst kürzlich in die Krippe gekom-
men oder hat es ältere Geschwister, kann es sich nun Erkältungen
einfangen. Wenn es nach einer überstandenen Erkältung nicht ruhiger
wird, lassen Sie vom Arzt die Ohren untersuchen. Verstopfte Gehör-
gänge drücken auf das Trommelfell und das Baby kann nachts aufwachen. Bei einer Ohrenentzündung verschreibt der Arzt ein geeignetes
Medikament.

Kurzer Tagschlaf In diesem Alter schlafen Babys tagsüber oft nicht länger als 45 Minuten am Stück, weil sie Schlafzyklen noch nicht verbinden können und während der leichten Schlafphase (s. S. 30) aufwachen. Später verbindet das Baby von allein mehrere Schlafzyklen und schläft einmal am Tag länger am Stück. So unterstützen Sie diesen Prozess:

❶ Wenn Ihr Baby nach 45 Minuten aufwacht und grummelt, gehen Sie nicht zu ihm. Warten Sie einige Minuten, sofern es nicht heftig schreit.

❷ Gehen Sie in sein verdunkeltes Zimmer, wickeln Sie es wieder ein, geben Sie ihm eine Decke oder einen Schnuller und tätscheln es fünf Minuten sanft.

❸ Beruhigt es sich trotz dieser Hilfe nicht, beenden Sie diese Schlafphase und nehmen es hoch; beobachten Sie es während der Wachzeit genau (s. S. 51), um die Signale für den nächsten Schlaf zu erkennen. Legen Sie es hin, sobald es schläfrig ist.

Schlafgewohnheiten Will Ihr Baby nach dem Aufwachen immer gefüttert, gewiegt oder gestreichelt werden, muss es lernen, ohne diese Unterstützung einzuschlafen. Nur so ist es in der Lage, allein wieder in den Schlaf zu finden, wenn es nachts aufwacht. Schlafhilfen wie Daumen, Schnuller, eine Schmusedecke oder ein Kuscheltier helfen ihm dabei. Um es an ein solches Trostobjekt zu gewöhnen, geben Sie ihm in den nächsten Wochen konsequent eine kleine Schmusedecke oder ein Kuscheltier. Wann immer Ihr Baby beim Aufwachen schreit, sei es aus Schmerzen, Müdigkeit oder dem Bedürfnis nach Zuwendung, nehmen Sie die Schlafhilfe, legen Sie sie auf Ihre Schulter und nehmen Sie dann Ihr Baby ebenfalls an die Schulter. Bald wird es dieses Objekt mit Trost und Wohlbehagen verbinden. Nachts geben Sie ihm dieses Trostobjekt statt der »Krücke« (Füttern oder Wiegen), die es bislang einforderte.

Sicheres Schlafen

Wegen der Erstickungsgefahr dürfen Babys kein Federbett bekommen. Eine Schlafhilfe in Form eines Kuscheltiers oder einer Schmusedecke ist jedoch wichtig. Wählen Sie für Ihr Baby ein kleines Objekt, damit auch nahe am Gesicht keine Erstickungsgefahr besteht.

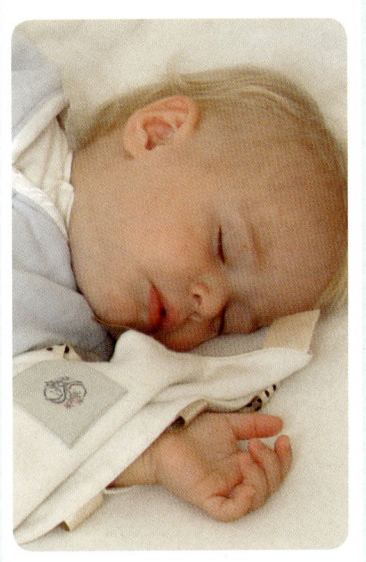

Häufige Fragen   Hat mein Baby Hunger?

Meine fünf Monate alte Tochter hat bisher sehr gut geschlafen; ab der achten Woche schlief sie nachts durch. Seit Kurzem wird sie jedoch morgens immer früher wach und schläft kaum wieder ein. Letzte Nacht wachte sie um 1 Uhr auf und danach jede Stunde. Ich gebe ihr immer wieder einen Schnuller, bin aber völlig erschöpft. Wann wird sie wieder durchschlafen?

Da Ihre Tochter bisher gut geschlafen hat und jetzt nicht mehr, besteht wohl ein echtes Problem, das gelöst werden muss. Zwischen vier und sechs Monaten verändert sich der Nahrungsbedarf des Babys. Wahrscheinlich wacht Ihre Tochter aus Hunger auf. Wenn Sie ihr einen Schnuller geben, lösen Sie ihr Problem – den Hunger – nicht und sie wird immer wieder aufwachen. Sie sollten Ihre Tochter in diesem Fall immer füttern, wenn sie nachts aufwacht. Wenn sie satt ist, schläft sie schnell ein und lange durch, da ihr Nahrungsbedarf gestillt ist. Fragen Sie Ihren Kinderarzt, ob Sie Beikost einführen sollen. Ihr Baby macht eindeutig klar, dass ihm die Milchmahlzeiten nicht mehr ausreichen.

Die Ernährung des Babys

Ihr Kleines wächst. Bisher wurde sein gesamter Nahrungsbedarf durch Milch – Muttermilch oder Flaschennahrung – gedeckt. Nun kann allmählich zusätzliche Nahrung erforderlich werden. Dann stehen Sie vor der Frage, wann und wie Sie Beikost einführen sollten. Vielleicht wollen Sie auch wieder berufstätig sein. Möchten Sie dabei trotzdem weiter stillen, ist es nun sinnvoll, Milch abzupumpen. Das stellt Ihre Milchbildung sicher und die Betreuungsperson kann Ihr Baby mit Ihrer Muttermilch füttern.

Muttermilch abpumpen

Wenn Sie Ihr Baby stillen, ihm aber gelegentlich eine Flasche geben wollen, können Sie dazu Milch abpumpen. Vielleicht möchten Sie, dass Ihr Partner einmal eine Nachtmahlzeit übernimmt, oder Sie wollen nach einer Stillmahlzeit nachfüttern (z. B. abends) oder wieder zum Arbeiten gehen. Das Abpumpen ist anfangs oft etwas mühsam und wenig ergiebig. Mit der Zeit gewöhnen sich Ihre Brüste an die Saugwirkung der Pumpe und die Milch fließt gut.

Richtlinien

● Pumpen Sie zu Hause die Milch nach dem Stillen ab. Dabei wird die reichhaltige Hintermilch freigesetzt.

● Bei der Arbeit pumpen Sie immer dann ab, wenn Ihr Baby normalerweise trinken würde. So bilden Sie weiterhin genug Milch.

● Ist dieser Zeitplan schwierig einzuhalten, versuchen Sie tagsüber mindestens einmal abzupumpen. Der Mittag ist gut geeignet – legen Sie die Füße hoch, essen Sie eine Kleinigkeit und lesen Sie eine Zeitschrift.

Ernährung: Was jetzt zu erwarten ist

● Wenn Sie voll gestillt haben, hat sich Ihre Milchbildung dem wachsenden Bedarf Ihres Babys angepasst. Ihre Milchbildung funktioniert in dieser Phase reibungslos.

● In 24 Stunden müssen Sie vier- bis sechsmal stillen. Streben Sie an, Ihr Baby tagsüber alle dreieinhalb bis vier Stunden zu füttern.

● Mit vier Monaten ist ein Wachstumsschub zu erwarten; stillen Sie Ihr Baby während 24–48 Stunden häufiger. Die Milchversorgung erhöht sich entsprechend der Nachfrage.

● Ein Flaschenbaby trinkt nun seltener, dafür größere Mengen (120–240 ml) – vier- bis fünfmal in 24 Stunden.

● Irgendwann in dieser Phase wirkt Ihr Baby hungriger und will öfter trinken; nachts wacht es häufiger auf. Um seinen wachsenden Bedarf zu decken, müssen Sie es länger stillen oder sich überlegen, ob Sie zu- oder nachfüttern wollen, ihm mehr Flaschennahrung geben, eine andere Säuglingsnahrung füttern oder Beikost einführen.

Milch abnehmen

❶ Mit der Hand: Sie können eine Handpumpe (s. Abbildung) oder eine elektrische Pumpe benutzen. Legen Sie den Trichter über Brustwarze und Warzenhof und betätigen Sie mehrmals den Hebel.

❷ Jemand anders kann Ihr Baby mit abgepumpter Muttermilch füttern, wenn Sie unterwegs sind, oder Sie können damit nachfüttern.

1

2

- Lassen Sie abgepumpte Muttermilch abkühlen, bevor Sie sie in den Kühlschrank oder eine Kühlbox stellen.
- Haben Sie am Arbeitsplatz keine Kühlmöglichkeit oder sind Sie unterwegs, lohnt sich die Anschaffung einer guten Kühlbox. Es gibt auch Sets mit Muttermilchpumpe und Kühltasche.
- Muttermilch hält sich im Kühlschrank 24 Stunden, in der Tiefkühltruhe drei Monate. Frieren Sie Muttermilch in gespülten und sterilisierten Eiswürfeltabletts oder in kleinen Kunststoffdosen ein – es gibt auch spezielle Beutel.
- Tauen Sie tiefgefrorene Muttermilch im Behälter in einem Krug warmem Wasser auf. Stellen Sie sie nicht in die Mikrowelle und erwärmen Sie sie nicht – das zerstört wertvolle Nährstoffe.
- Sterilisieren Sie gründlich alle Teile der Pumpe sowie den Behälter.
- Schütten Sie übrig gebliebene Milch aus dem Kühlschrank nach 24 Stunden weg.

Richtlinien für die Ernährung

Als Faustregel dafür, wie viel Muttermilch oder Flaschennahrung Sie anbieten, gilt: 150 ml Milch pro Kilogramm Körpergewicht des Babys, aufgeteilt auf die Anzahl der Mahlzeiten in 24 Stunden.

Beispiel: Gewicht des Babys = 5 kg

5 x 150 ml = 750 ml in 24 Stunden

750 ml geteilt durch sechs Mahlzeiten (wenn Sie alle vier Stunden füttern) = 125 ml pro Mahlzeit. Das ist allerdings nur ein Richtwert – manche sehr hungrigen Babys brauchen mehr, während andere mit weniger auskommen. Lassen Sie sich von Ihrem Baby leiten – wenn es jedes Mal die Flasche leer trinkt und noch hungrig wirkt, geben Sie ihm ein bisschen mehr (zunächst 25 ml). Wenn es satt ist, wird es nicht mehr trinken – wenn es noch hungrig ist, trinkt es begierig!

Veränderter Nahrungsbedarf

Zwischen vier und sechs Monaten verändert sich der Nahrungsbedarf Ihres Babys. Während Milch ihm bisher sämtliche Kalorien geliefert hat, braucht es jetzt von allem ein wenig mehr, speziell Eisen. Ob Sie Beikost einführen können, hängt vom Alter und der Bereitschaft des Babys ab. Die Weltgesundheitsorganisation empfiehlt, in den ersten sechs Monaten voll zu stillen. Andere Forschungen besagen, dass ab dem vierten Monat jederzeit mit Beikost begonnen werden kann. Diese Widersprüchlichkeit zeigt umso deutlicher, dass Sie Ihr Baby ganz individuell betrachten sollten. Wenn Sie meinen, Ihr Baby sei schon vor dem Alter von sechs Monaten so weit, sprechen Sie mit dem Kinderarzt. Das gilt insbesondere für Frühgeborene. Geben Sie grundsätzlich erst dann Beikost, wenn Ihr Baby reif dazu ist.

Gesunde Sinne fördern

Nimmt Ihr Baby zu und ist nicht krank, füttern Sie es nicht, wenn seit der letzten Mahlzeit weniger als drei Stunden vergangen sind. Ist es quengelig, helfen Sie ihm, sich selbst zu beruhigen: Leiten Sie es an, an seinen Händen zu nuckeln, oder wiegen Sie es. Sie können ihm auch 50–80 ml abgekochtes, abgekühltes Wasser anbieten.

Wann Beikost einführen?

● Ihr Baby ist zwischen vier und sechs Monaten alt.
● Es kommt tagsüber nicht länger als dreieinhalb Stunden ohne Milchmahlzeit aus.
● Es wacht nachts wieder öfter auf.
● Es sitzt abgestützt im Hochstuhl und verfügt über gute Kopfkontrolle.
● Es ist sehr interessiert an Nahrung und greift nach einem Löffel.

Wichtige Anmerkung: Mit sechs Monaten braucht Ihr Baby weiterhin 600 – 800 ml Milch am Tag, auch wenn es Beikost bekommt.

Beikost einführen

Zunächst sollten Sie völlig sicher sein, dass Ihr Baby bereit ist für Beikost. Anzeichen dafür sind im Kasten links aufgeführt; besprechen Sie sich dazu auch mit Ihrem Kinderarzt. Vor der 17. Woche ist das Verdauungs- und Immunsystem noch nicht ausreichend entwickelt, um feste Nahrung zu verdauen. Achten Sie unbedingt auf die Signale Ihres Babys. Bieten Sie ihm Beikost dann an, wenn es im aufmerksamen Wachzustand und nicht zu ausgehungert ist. Sie können ihm zunächst Milch geben und dann ein, zwei Löffelchen Brei zum Probieren. Richtwerte gibt der folgende Ernährungsplan.

Ernährungsplan Die Empfehlung des Forschungsinstituts für Kinderernährung in Dortmund sieht vor, dass im Abstand von jeweils vier Wochen je eine Milchmahlzeit durch einen Brei ersetzt wird – zuerst die Mittagsmahlzeit, dann kommt ein abendlicher Milchbrei hinzu und nach weiteren vier Wochen ein milchfreier Getreidebrei am Nachmittag. Morgens füttern Sie Ihr Baby am längsten mit Milch – manche Babys brauchen sie auch noch spätabends oder nachts. Bis Ihr Kind etwa zehn Monate alt ist, benötigt es 500–600 ml Flaschennahrung oder Mutter- milch am Tag (einschließlich des Milchbreis). Danach bekommt es noch mindestens 400 ml täglich (am Morgen sowie abends im Milchbrei).

Schritt eins Als erste Beikost empfiehlt sich ein Frühkarottenbrei. Wenn sich das Baby daran gewöhnt hat, geben Sie ihm eine Mischung aus Karotten- und Kartoffelbrei mit etwas Sonnenblumen- oder Rapsöl. Danach folgen weitere milde Gemüsesorten und allmählich fügen Sie eine kleine Menge püriertes Fleisch hinzu.
● Füttern Sie den Gemüsebrei am Mittag.
● Mit etwas Muttermilch oder Flaschennahrung können Sie ihn verflüssigen.
● Geben Sie jeden Tag ein wenig mehr, bis das Baby etwa 150 g Brei isst.
● Grundrezept: 50 g Kartoffeln schälen und kochen, 100 g Karotten schälen und garen; Kartoffeln zerdrücken, Karotten pürieren. Beides vermengen, 1 EL Öl oder Butter dazugeben.
● Sie können auch mildes Obstmus anbieten: z. B. Birne, Banane, Apfelkompott.

Schritt zwei Nach etwa vier Wochen ersetzen Sie die abendliche Milchmahlzeit durch einen Milch-Getreide-Brei. Dieser Brei ist nötig, weil Ihr Baby nun einen erhöhten Energie- und Nährstoffbedarf hat.
● Zur Zubereitung sind Getreideflocken geeignet, die zusammen mit der Flüssigkeit aufgekocht oder in die kochende Milch eingerührt werden.

- Geben Sie dem Brei etwas Obstmus zu.
- Ihr Baby bekommt etwa 200–250 g Brei.
- Grundrezept: 200 ml pasteurisierte Vollmilch aufkochen, 20 g Vollkorngetreideflocken einrühren, etwas abkühlen lassen und 20 g Obstmus oder Obstsaft dazugeben.

Schritt drei Nach weiteren vier Wochen wird die Milchmahlzeit am Nachmittag durch einen milchfreien Getreide-Obst-Brei ersetzt. Er trägt dank seines hohen Vitamin- und Mineralstoffgehalts zu einer ausgewogenen Ernährung bei. Bereiten Sie den Brei abwechslungsreich mit verschiedenen Getreideflocken und Obstsorten zu.

- Grundrezept: 100 ml Wasser erhitzen, 20 g Getreideflocken einrühren, 1 TL hochwertiges Pflanzenöl oder Butter dazugeben, 100 g Obst nach Wahl musen und untermischen.

Schritt vier Nach dem sechsten Monat können Sie nach und nach auch Fisch, durchgegarte Eier, Milchprodukte (allerdings keine Kuhmilch als Getränk) und Hülsenfrüchte sowie Nussbutter einführen. Der Brei kann etwas gröbere Stücke enthalten. Reiben, hacken und zerdrücken Sie einen Teil der Speisen und mischen Sie ihn unter den pürierten Brei.

Beikost einführen Als frühe Beikost sind auch Reisflocken geeignet, die mit etwas Muttermilch oder Flaschennahrung verrührt werden.

Ernährungsplan für das Baby mit drei Breimahlzeiten

Sobald Ihr Baby dreimal am Tag Brei bekommt – das wird etwa zehn bis zwölf Wochen nach Beginn des Zufütterns sein – könnte sein Mahlzeitenplan folgendermaßen aussehen.

Tageszeit	Was es bekommt
6–8 Uhr	Brust/Flasche
10 Uhr	Zwieback
12 Uhr	Gemüse-Kartoffel-Fleisch-Brei/Obstmus
14 Uhr	Eventuell Milch
16 Uhr	Getreide-Obst-Brei
18 Uhr	Milchbrei
18.30 Uhr	Schlafenszeit – es sollte acht bis zehn Stunden ohne weitere Milchmahlzeit auskommen.

Erste Mahlzeiten Bieten Sie Ihrem Baby die erste Beikost an, wenn es ruhig und nicht zu hungrig ist. Sie können ihm zuerst die halbe Milchmahlzeit geben, damit es nicht ausgehungert, aber auch noch nicht satt ist.

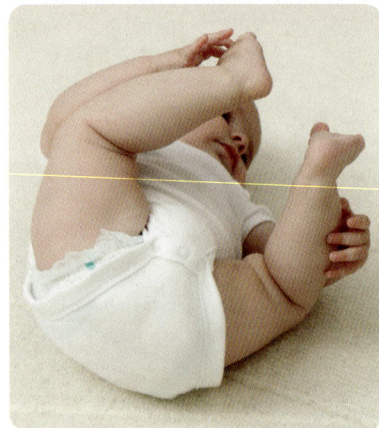

Fähigkeiten entwickeln sich

❶ Schauen und fühlen: Ihr Baby greift allmählich nach Dingen; mit sechs Monaten kann es ein Spielzeug in seiner Hand drehen.

❷ Hin und her: Das Rollen ist in dieser Phase ein wichtiger Meilenstein. Ihr Baby rollt zunächst vom Bauch auf den Rücken.

So entwickelt sich Ihr Baby

Zwischen vier und sechs Monaten lernt Ihr Baby, seinen Kopf zu kontrollieren, es kann geschickter greifen und lernt bald sitzen. Am Ende dieser Phase gelingt ihm vermutlich das Umdrehen. Es entdeckt auch, welches Vergnügen ihm sein Mund bereiten kann. Wenn Sie es festhalten, kann es irgendwann sein Gewicht auf seinen Beinen tragen.

Hände und Mund Sobald die primitiven Reflexe verschwinden, kann das Baby bestimmte Körperbewegungen steuern und sogar nach Gegenständen greifen. In Rückenlage hält es seinen Kopf bereits in der Mittellinie des Körpers und es beginnt, Gegenstände mit beiden Händen zu halten. Es ist dabei noch ziemlich ungeschickt, aber es kann alle möglichen Sachen in den Mund stecken! Missverstehen Sie dies nicht als Hunger oder frühes Zahnen. Da die taktilen Rezeptoren im Mund feiner sind als am übrigen Körper, lernt es über seinen Mund viel über die Welt und manches über die Form und Beschaffenheit von Dingen, wenn es sie mit Kiefer und Lippen erkundet.

Umdrehen In Bauchlage drückt sich Ihr Baby auf seinen Ellenbogen hoch. Es beginnt, sich auf den Handflächen aufzurichten, indem es die Arme streckt. In dieser Position greift es auch nach Dingen. Und plötzlich klappt der stützende Arm zusammen und es rollt dabei versehentlich auf den Rücken. In Rückenlage greift es begeistert nach seinen Zehen; dabei kann es sein Gleichgewicht verlieren und auf die Seite rollen. Dieses zufällige Rollen steht am Beginn des Umdrehens. Das Baby lernt dieses etwa bis zum sechsten Monat – gewöhnlich dreht es sich vom Bauch auf den Rücken, vielleicht sogar wieder zurück. Das Spiel mit den Füßen ist auch aus anderen Gründen wichtig: Ihr Baby trainiert dabei seine Bauchmuskulatur. Wenn es in Bauchlage spielt, hebt es den Kopf und kräftigt dabei die Rückenmuskulatur. Die Entwicklung der Bauch- und Rückenmuskulatur ist unverzichtbar für das Umdrehen und das Krabbeln, die zu den wichtigsten Meilensteinen im ersten Lebensjahr gehören.

Sitzen und Erkunden Bis zum sechsten Monat lernt Ihr Baby sitzen, was Ihr Leben sehr erleichtert. Zuerst braucht es zusätzlichen Halt – es stützt sich oft vorne auf seinen Händen ab –, doch am Ende dieser Phase kann es für kurze Momente beinahe frei sitzen. Etwa zur selben Zeit beginnt es, bewusst zu greifen. Seine Hände werden zu nützlichen Werkzeugen. Es kann mit Spielsachen hantieren – sie halten und umdrehen. Es hält Gegenstände mit der ganzen Hand, schlägt sie aneinander und nimmt kleine Dinge im Pinzettengriff mit Daumen und Zeigefinger auf. Es kann aber noch nicht willentlich loslassen.

Spaß mit dem Mund In diesen Wochen entdeckt Ihr Baby seinen Mund. Es erkennt, dass er nicht nur zum Erkunden von Spielsachen gut ist, sondern auch als Spielgefährte. Es spielt mit seinem Speichel, bildet Blasen und spielt mit Lauten. Es entdeckt, dass es manche Ihrer Laute nachahmen kann, und bildet selbst Vokale. Das ist der Beginn der Lallphase. Selbst taube Babys lallen – dies zeigt, dass unser Gehirn auf frühen Spracherwerb programmiert ist. Ihr Baby lacht sehr gern und es quiekt und gluckst voller Entzücken, wenn Sie es kitzeln oder herumschwingen.

Meilensteine

Ihr Baby ergreift Besitz von seiner Welt; aufgeregt stellt es fest, welche Wirkung es auf seine Umgebung hat. Sein wichtigster motorischer Meilenstein ist das Umdrehen, aber mit Unterstützung sitzt es jetzt auch. Das Umdrehen fördert das Ausbalancieren der Bauchmuskulatur und ist wichtig für alle Entwicklungsbereiche. Es setzt nun seine Hände bewusst zur Manipulation von Gegenständen ein. Es lernt, Dinge zielgerichtet zu ergreifen und schließlich auch wieder loszulassen. Ihr Baby erreicht eine aktivere Phase, in der es Sinnesreize sucht. Es plappert gern mit Ihnen, stellt Kontakt her und ist entzückt von der Wirkung, die es auf Menschen hat. Die folgenden Meilensteine erreicht es mit etwa sechs Monaten.

Entwicklungsbereich	Meilensteine
Grobmotorik	Es rollt aktiv vom Bauch auf den Rücken. In Bauchlage drückt es sich auf den Armen hoch. Es sitzt mit Unterstützung aufrecht und greift aus dieser Position nach Dingen.
Feinmotorik	Es greift mit den Händen nach Spielsachen. Es spielt mit seinen Füßen.
Hand-Augen-Koordination	Die Augen verfolgen Dinge ohne Kopfbewegung. Es erkundet Gegenstände mit dem Mund.
Sprache	Es beginnt sich plappernd zu unterhalten und imitiert Laute. Es bildet die Laute »ka« und »da«.
Sozialer/emotionaler Bereich	Es bevorzugt Menschen, die es kennt, und beginnt, bei unbekannten Menschen zu fremdeln.
Regulation	Wenn es sich nicht unbehaglich fühlt, findet es nachts allein wieder in den Schlaf. Es gibt Warnsignale, bevor es schreit.

Auf dem Sprung

Bis zum dritten Lebensmonat kann Ihr Baby noch kein Gewicht auf seinen Beinen abstützen. Nun steht es gern auf Ihrem Schoß, wenn Sie es festhalten. Mit sechs Monaten hüpft es sehr gerne in dieser Position. Auf diese Art und Weise trainiert es die Muskeln, die es zum Stehen benötigt. Ihr Baby liebt jetzt Bewegungsspiele. Es ist wichtig, diesen Sinn anzuregen, da das Gleichgewichtssystem bedeutsam ist für die Muskelspannung und die Koordination von verschiedenen Bewegungen. Auf der nächsten Seite finden Sie Bewegungsspiele.

Soziales Bewusstsein

Ihr Baby ist nun visuell sehr munter. Es interessiert sich für alles Neue. Plötzlich lässt es sich bei den Mahlzeiten leicht ablenken und Sie müssen es vielleicht in einem ruhigen Zimmer füttern. Unterwegs können Sie Ihr Baby beim Stillen auch mit einem Schal oder Tuch abschirmen. Vertrautes erkennt Ihr Baby nun und dies fördert seine Entwicklung. Es versteht und liebt Routine. Auch seine Konzentrationsspanne nimmt zu und es verbringt mehr Zeit mit dem Untersuchen und Spielen mit Gegenständen.

Selbstregulation

Ihr Baby hat die Fähigkeit entwickelt, auch beim Auftreten von vielen Sinneseindrücken ruhig zu bleiben. Es kann seine Schlaf- und Wachzustände regulieren und selbstständig einschlafen, wenn Sie dies zulassen.

Sinnvoll fördern

Ihr Baby ist wie ein Schwamm, der alle Arten von Reizen aufsaugt. Neue Eindrücke und Geräusche, denen Sie es aussetzen, unterstützen seine Gehirnentwicklung. Seine Augenmuskeln sind nun weiter entwickelt und es schaut interessiert bestimmte Dinge an. Fördern Sie die Augenbewegungen, indem Sie Ihrem Baby Gelegenheit geben, einen Gegenstand zu verfolgen. Es schult sein Gehör, wenn es Klängen lauscht und sie mit Bedeutung verbindet. Mit sechs Monaten lässt es sich gern schaukeln, umdrehen, schwingen und allgemein bewegen. Viel Bewegung ist wichtig für seine Muskeln und verbessert sein räumliches Bewusstsein; dies ist Voraussetzung für die Entwicklung späterer Fähigkeiten wie Krabbeln.

Neue Fähigkeiten fördern Ein Spielzeug knapp außer Reichweite spornt Ihr neugieriges Baby an, neue Fähigkeiten zu erproben, z. B. aus der Rückenlage über die Schulter zu greifen, um an ein interessantes Objekt heranzukommen.

Zeitpunkt

Ihr Baby verbringt nun mehr Zeit im aufmerksamen Wachzustand (s. S. 31). Leiten Sie es morgens zu den Aktivitäten an, die auf diesen Seiten beschrieben sind; legen Sie es unter ein Babytrapez oder geben Sie ihm Spielsachen. Wenn es nachmittags länger wach ist, machen Sie gemeinsam einen Ausflug oder Bewegungsspiele, wie Schaukeln, Rollen und Schwingen. Bewegung am Spätnachmittag verbessert die Dauer und Qualität des Nachtschlafs.

Umgebung

Mit vier Monaten kann Ihr Baby mehr Anregungen verarbeiten. Koliken sind nun vorüber und es ist ruhiger als bisher.

Sehen Zeigen Sie Ihrem Baby öfter visuell interessante Orte und Gegenstände; achten Sie dabei aber auf Anzeichen der Überreizung. Legen Sie es so hin, dass ein Mobile oder ein buntes Bild in seiner Sichtweite ist. Sein Schlafplatz sollte weiterhin visuell beruhigend sein. Lassen Sie es nicht fernsehen – das bringt gar nichts für seine Entwicklung.

Hören Erzählen Sie Ihrem Baby – so detailliert wie möglich – in Ammensprache alles, was Sie tun oder sehen.

Nennen Sie immer wieder seinen Namen, damit es ihn lernt. Bald erkennt und liebt es den Klang seines Namens. Lachen und schäkern Sie mit Ihrem Baby; es versteht Witze noch nicht, lacht aber, wenn es überrascht wird.

Fühlen Lassen Sie Ihr Baby weiterhin Dinge mit dem Mund erkunden; das ist ein wichtiger Lernprozess. Stellen Sie einen Schatzkorb zusammen: einen kleinen Korb mit verschiedenen Sachen, die unterschiedliche Oberflächen und Klänge haben. Das können Haushaltsgegenstände sein wie Kochlöffel, strukturierte Stoffe, verschieden

große Bauklötze und kleine Spielsachen. Achten Sie darauf, dass alles babysicher und giftfrei ist – Ihr Baby wird alles in den Mund stecken.

Motorische Entwicklung Legen Sie Ihr Baby – öfter auch in Bauchlage – auf eine weiche Decke auf den Boden. Das fördert die motorische Entwicklung und hilft ihm, Meilensteine wie Sitzen und Umdrehen zu erreichen. Unterwegs nehmen Sie Ihr Baby am Zielort sofort aus dem Kinderwagen oder Autositz, damit es seine Muskeln trainieren kann. Nehmen Sie eine Matte mit, wenn Sie sich wegen schmutziger Böden sorgen.

Aktivitäten

Schlafenszeit

Ihr Baby verkraftet nun tagsüber mehr Anregung, braucht aber vielleicht immer noch Hilfe, um zur Ruhe zu kommen, sich vor dem Schlafen zu entspannen und schläfrig zu werden.

Sehen Gestalten Sie seinen Schlafplatz dämmrig und ruhig und vermeiden Sie visuelle Stimulation vor dem Schlafen (tagsüber und abends). Hängen Sie keine Mobiles oder bunte bzw. interessante Dinge über sein Bett.

Hören Singen Sie Wiegenlieder und spielen Sie beruhigende Musik ab, während es einschläft. Gleichmäßige Geräusche, etwa vom Ventilator oder Luftbefeuchter, helfen ihm, zur Ruhe zu kommen.

Fühlen Decken, Bettzeug und Schlafkleidung sollten weich sein und keine kratzenden Nähte haben. Ein

rauer Saum am Schlafanzug kann Ihr Baby zwischendurch aufwachen lassen.

Bewegung Behalten Sie langsame, rhythmische Bewegung vor der Schlafenszeit bei, wie sanftes Wiegen. Legen Sie das Baby hin, wenn es schläfrig, aber noch wach ist.

Beim Wickeln

Wenn Sie Ihr Baby zum Wickeln auf den Rücken legen, betrachtet und berührt es gern Dinge.

Sehen Hängen Sie ein Mobile, das Sie immer neu gestalten können, über den Wickelplatz (s. S. 125). Mit fünf Monaten leiten Sie es an, nach interessanten Dingen zu greifen, die Sie mit Gummiband am Mobile befestigen. So kann Ihr Baby sich danach ausstrecken und das Objekt zu sich herziehen.

Hören Beschreiben Sie, was Sie beim Wickeln tun, z. B.: »Ich ziehe dir dein Hemd an, jetzt die Hose …«

Motorische Entwicklung Um das Umdrehen zu fördern, führen Sie die entsprechenden Bewegungen beim Anziehen durch. Winkeln Sie sein Bein leicht an und rollen Sie das Baby zur Seite, legen Sie die Windel darunter und rollen es zurück. Die Halskontrolle und die Bauchmuskulatur stärken Sie, indem Sie es am Schluss an den Armen vorsichtig zum Sitzen hochziehen.

Badezeit

Das Einschlafritual beginnt mit dem Bad, also sollte Ihr Baby sich dabei nicht aufregen. Spielen Sie ruhig mit ihm und gehen Sie nach dem Bad geruhsam mit ihm um.

Hören Sprechen Sie mit Ihrem Baby, erzählen Sie ihm von seinem Tag. Plaudern und kommunizieren Sie miteinander.

Fühlen Wenn Ihr Baby nackt ist oder nur eine Windel anhat, berühren Sie mit unterschiedlichen Materialien – Bürste, verschiedene Stoffe, Handschuhe, Schwamm – verschiedene Teile seines Körpers. Geben Sie ihm unterschiedliches Badespielzeug, wie Schwämme, Plastikenten, Gießkanne. Nach dem Bad trocknen Sie es gut ab und massieren es (s. S. 105).

Bewegung Die taktile Empfindung und die Wärme des Badewassers schaffen Geborgenheit, in der Bewegung Spaß macht. Schwingen Sie Ihr Baby in und aus der Wanne.

Riechen Verwenden Sie einen Babybadezusatz mit beruhigendem Duft, wie Lavendel.

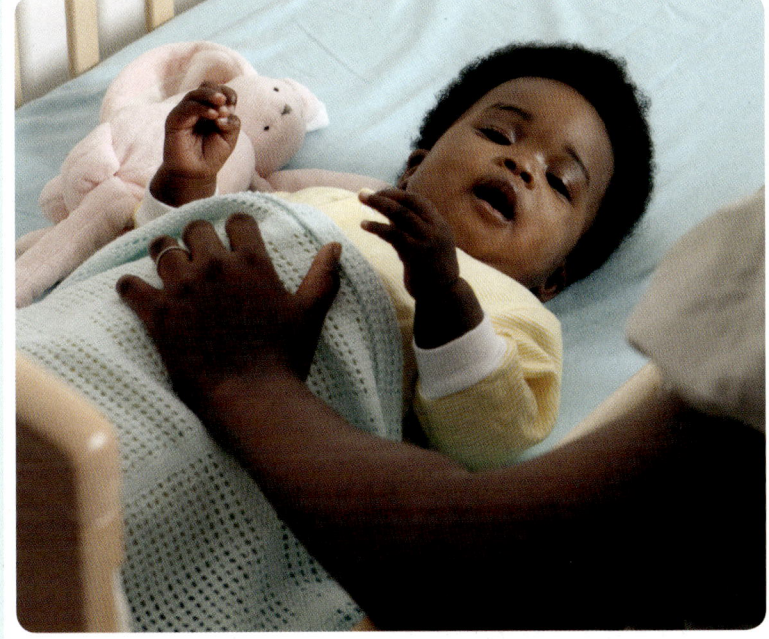

Weitere Aktivitäten

Wachzeiten

Mit zunehmendem Alter verbringt Ihr Baby längere Phasen im aufmerksamen Wachzustand; nun können Sie es etwas mehr anregen. Achten Sie aber auf seine Signale und überlassen Sie ihm die Führung – ist es überreizt, hören Sie auf.

Sehen Das Verfolgen von Gegenständen mit den Augen fördern Sie, indem Sie einen Ball durch sein Blickfeld bewegen, einen Ball wegrollen und Seifenblasen pusten. Zeigen Sie Ihrem Baby interessante Dinge in Haus und Garten, wie fahrende Autos und Tiere. Spielen Sie Guckguck: Verdecken Sie kurz ein Spielzeug oder Babys Gesicht und decken Sie es dann wieder auf.

Hören Glöckchen läuten, Rasseln schütteln, Experimente mit der Stimme oder Bewegung um eine Geräuschquelle herum verfeinern das Hörvermögen. Sagen Sie Verse auf, singen Sie lustige Lieder. Ahmen Sie das Plappern Ihres Babys nach, wenn es neue Laute ausprobiert. Imitieren Sie sein »da« oder »ka«, damit es die Laute wiederholt.

Fühlen Lassen Sie Ihr Baby auf verschiedenen Unterlagen spielen und sich rollen, z. B. auf Gras, einem Schaffell oder einer Fleecedecke. Bald liegt es nicht mehr so gern auf dem Rücken, also nutzen Sie diese Wochen für Massagen.

Bewegung Tragen Sie Ihr Baby in verschiedenen Positionen – Ihnen zu- oder abgewandt oder über Ihrem Arm liegend. Schaukeln Sie es, tanzen Sie mit ihm, spielen Sie Flugzeug und lassen Sie es durch die Luft schweben (zunächst langsam). Es liebt

Wipp- und Hüpfspiele, bei denen es auf Ihrem Schoß steht oder sitzt. Verse wie »Hoppe, hoppe Reiter«, bei denen es auf Ihrem Knie reitet, machen ihm großen Spaß. Am Spätnachmittag sollte es mindestens fünf bis zehn Minuten Bewegung haben. Ziehen Sie es z. B. in einer Kiste umher, schaukeln es in einer Hängematte oder gemeinsam im Schaukelstuhl.

Motorische Entwicklung Sobald Ihr Baby mit Unterstützung sitzen kann, spornen Sie es an, nach Spielsachen zu greifen, indem Sie sie knapp außer Reichweite legen. Es trainiert das Sitzen, wenn Sie es mit Kissen abstützen und bei zunehmender Balance einige wegnehmen. Lassen Sie Ihr Baby oft auf dem Boden spielen; das fördert die Entwicklung der Muskeln. Zur Stärkung der Halsmuskulatur und als Vorbereitung aufs Krabbeln legen Sie es auf den Bauch. Hängen oder legen Sie ein Mobile, eine Rassel, einen Babyspiegel oder Ball vor Ihr Baby. Eine Variation des Flugzeugspiels: Sie

liegen mit an die Brust gezogenen Knien auf dem Rücken und legen Ihr Baby in Bauchlage auf Ihre Schienbeine, wobei Sie seine Arme halten. Bewegen Sie es zu sich hin und wieder weg. Setzen Sie sich auf den Boden und legen Sie es in Krabbelposition über Ihre Beine, dann schaukeln Sie es hin und her. Spielen Sie Spiele mit Geben und Nehmen – sie trainieren das Greifen und Loslassen.

Unterwegs

Nach vier Monaten Muttersein fühlt man sich oft isoliert und ist froh, dass das Baby jetzt alt genug ist für die Begegnung mit der Außenwelt. Es besucht nun gern neue Orte. Begrenzen Sie allerdings neue und aufregende Erfahrungen weiterhin, wenn es müde oder ein sensibles Baby ist.

Sehen Lassen Sie Ihr Baby die Welt betrachten oder Dinge, die sich bewegen. Das entwickelt die Augenmuskulatur. Wenn Sie zu seiner Schlafenszeit unterwegs sind, decken Sie den Kinderwagen mit einer Decke ab oder setzen Sie es im Tragesitz mit dem Gesicht zu Ihnen, um es von der Außenwelt abzuschirmen.

Hören Spielen Sie im Auto Aufzeichnungen von Kinderliedern oder beruhigende klassische Musik ab.

Fühlen Verknoten Sie im Auto Stoffspielsachen an einem Kleiderbügel, den Sie an den Haltegriff über dem Fenster hängen. So kann Ihr Baby damit spielen.

Bewegung Tragen Sie Ihr Baby bei Ausflügen möglichst oft im Tragetuch oder Tragesitz. Der Austausch direkt in Ihrer Höhe fördert die Sprachentwicklung; Ihre Körperbewegung regt

sein Bewegungssystem an und verbessert das Gleichgewichtsgefühl.

Motorische Entwicklung Beim Tragen stützen Sie Ihr Baby nun weniger ab, indem Sie es tiefer an seinem Körper anfassen. So braucht es seine Bauch- und Halsmuskeln, um sich aufrecht zu halten. Lassen Sie Ihr Baby nicht lange im Autositz. In dieser Position ist es passiv, Bauch- und Rückenmuskulatur werden nicht beansprucht.

Mahlzeiten

Beim Füttern ist Ihr Baby nun leicht abzulenken. Schalten Sie entsprechende Sinnesreize aus, damit das Trinken nicht zu lange dauert. Mit der Beikost lernt es neue Konsistenzen der Nahrung kennen.

Sehen Wenn visuelle Reize Ihr Baby ablenken, füttern Sie es eine Zeitlang in einer eintönigen Umgebung. Zeigen Sie in Ihrem Gesicht, dass Ihnen selbst das Essen Spaß macht. Das spornt es an, sich fürs Essen zu interessieren, denn bald werden Sie Beikost einführen.

Fühlen Anfangs würgt ihr Baby vielleicht, weil sich die festere Kost im Mund so ungewohnt anfühlt. Geben Sie ihm daher zunächst sehr dünnflüssigen Brei. Später pürieren Sie Obst und Gemüse selbst, damit es sich nicht an die sehr feine Beschaffenheit von Gläschenkost gewöhnt.

Motorische Entwicklung Fingerfood wie Karotten und Apfelschnitze fördert das Greifen. Ihr Baby wird es vermutlich nicht essen, beißt aber gern darauf herum. Behalten Sie es aber im Auge; es könnte sich verschlucken oder ein kleines Stück abbeißen.

Spielsachen

Das Spielen mit Spielzeug aus unterschiedlichem Material und mit verschiedener Funktion fördert die Entwicklung. Dabei müssen Sie keineswegs viel für Spielsachen ausgeben. Ermöglichen Sie Ihrem Baby einfach eine breite Vielfalt an Sinneserfahrungen – insbesondere für den Tastsinn.

Sehen Lassen Sie Ihr Kind Bücher mit einfachen, bunten Bildern betrachten. Pappbücher sind praktisch, da Ihr Baby sie bestimmt auch mit dem Mund untersuchen wird. Abbildungen von Gesichtern faszinieren es weiterhin. Es lächelt sein eigenes Spiegelbild an – das fördert die Selbstwahrnehmung. Das Spiel mit Fingerpuppen verbessert visuelle und sprachliche Fähigkeiten. Babytrapeze mit Spielsachen unterstützen das Fokussieren und das Greifen.

Hören Lesen Sie Ihrem Baby vor und lassen Sie es Lieder hören. Das fördert die Sprachentwicklung. Geben Sie ihm Rasseln zum Festhalten und Schütteln.

Fühlen Verwenden Sie Spieldecken aus unterschiedlichem Material. Für eine »Fühlschlange« füllen Sie einen langen Strumpf mit unterschiedlichen Dingen: eine zusammengeknüllte Plastiktüte, Nudeln, Watte usw. Nähen Sie das Ende zu, damit Ihr Baby nichts herausholen kann – es könnte daran ersticken. Nähen Sie außen verschieden strukturierte Stoffstücke auf.

Bewegung Lassen Sie Ihr Baby mit einem großen Ball spielen und sich darüber rollen. Stellen Sie im Garten eine Babyschaukel auf. Nähen Sie eine Hängematte aus elastischem Stoff; das Schaukeln ist beruhigend. Setzen Sie Ihr Kleines in eine ausgepolsterte Kiste und ziehen Sie es umher.

Motorische Entwicklung Legen Sie Ihr Baby in Bauchlage auf eine strukturierte Matte. Bieten Sie ihm Gegenstände von unterschiedlichen Formen, Größen, Gewichten und Materialien an, damit es verschiedene Formen des Greifens übt. Ein großer, weicher Stoffwürfel erfordert einen anderen Griff als eine Erbse.

Kapitel 12

Ihr Baby: sechs bis neun Monate

Inzwischen haben Sie ein halbes Jahr Elternsein »überlebt«. Ihr sorgenfreies Dasein ohne Kind scheint schon lange her zu sein! Jetzt erleben Sie eine besonders schöne Phase im Leben Ihres Babys. Niemand kennt Ihr Baby besser als Sie. Sie kennen die Vielfalt seiner Lautäußerungen, seiner Gesichtsausdrücke und seine Eigenheiten ganz genau. Ihr Baby liebt Sie mehr als alle anderen Menschen. Es entwickelt nun Trennungsangst; es fremdelt und es protestiert, sobald Sie das Zimmer verlassen. Allerdings bedeutet diese Phase auch eine Art Ruhe vor dem Sturm. Mit etwa neun Monaten wird Ihr Baby immer mobiler – das Wort »ruhelos« wird dann eine ganz neue Bedeutung bekommen.

Babyzentrierte Routine

● Beschränken Sie die Wachphasen Ihres Babys am Tag auf zwei bis zweieinhalb Stunden.

● Ihr Baby muss zwei- oder dreimal täglich schlafen; nachts schläft es etwa zwölf Stunden. Insgesamt schläft es 14 bis 16 Stunden pro Tag.

● Ihr Baby benötigt tagsüber mit sieben bis acht Monaten ein bis zwei Milchmahlzeiten und dreimal Brei. Nachts müssen Sie ihm keine Milch mehr geben.

Gesunde Sinne fördern

Treffen Sie sich mit anderen Müttern, z. B. zum gemeinsamen Frühstück oder in der Krabbelgruppe. Dort finden Sie die Gesellschaft und Unterstützung, die Sie im Moment brauchen.

Ein Tag im Leben Ihres Babys

Ihr Baby hat nun sicher einen Rhythmus, der sich im Lauf der Zeit zwar etwas verändert, im Wesentlichen aber jeden Tag gleich bleibt. Unterstützen Sie diese Routine, indem Sie dafür sorgen, dass es zu festen Zeiten in der gewohnten Umgebung schläft.

Mamas Welt: Bleibe ich ganz auf der Strecke?

Vielleicht erleben Sie – wie viele Mütter – die Beziehung zu Ihrem sechs Monate alten Baby als besonders schön. Zum ersten Mal bekommen Sie für all Ihre Mühe wirklich etwas zurück. Sie haben das Gefühl, einen neuen kleinen Gefährten gefunden zu haben, mit dem Sie gern etwas unternehmen. Begeistert verfolgen Sie, wie sich Ihr Baby entwickelt und zu einer eigenen kleinen Persönlichkeit wird. Nun knüpfen Sie auch einige der besten Freundschaften Ihres Lebens – zu Müttern von Babys im gleichen Alter. Die Gesprächsthemen gehen Ihnen dabei nie aus – ob es um das Schlafen, um Schnupfen oder andere Fragen geht. Dennoch denken Sie in ruhigen Momenten oder an Tagen ohne Kontakt zu anderen Erwachsenen sicher auch über Ihr Leben nach. Häufige persönliche Schwierigkeiten in dieser Phase sind:

● **Einsamkeit** Als Mutter fühlen Sie sich vielleicht einsam, besonders wenn Sie keine Angehörigen in der Nähe haben und der Rhythmus Ihres Babys kaum zulässt, dass Sie Freunde treffen.

● **Keine Zeit für sich** Vorbei sind die Zeiten, in denen Sie spontan einen Einkaufsbummel gemacht haben oder etwas trinken gegangen sind. Nun müssen Sie immer dieses kleine Wesen berücksichtigen – das kann recht hinderlich sein.

● **Anders als geplant** Gerade wenn Sie meinen, dass Ihr Leben etwas berechenbarer geworden ist, schläft Ihr Baby plötzlich länger oder hat leichtes Fieber. Dann müssen Sie Ihre Pläne wieder ändern.

● **Aufgabenverteilung** Eine unerfreuliche Realität des Elternseins ist die Diskussion darüber, welcher Elternteil mehr tut als der andere. In ruhigen Momenten wissen Sie, dass das ein lächerliches Thema ist. Aber manchmal vergleichen Sie doch, wer mehr Aufgaben übernimmt.

● **Zu Hause bleiben oder arbeiten gehen** Egal, wie Sie sich entscheiden, Sie werden Erfüllung darin finden – sei es als »Vollzeitmutter«, die das Zentrum im Leben ihres Babys bildet und wichtige Weichen für die künftige Generation stellt, oder als berufstätige Mutter, die es schafft, die Anforderungen zu Hause und am Arbeitsplatz zu vereinbaren.

Babywelt: Gründe fürs Schreien

In dieser Phase hat sich Ihr Baby gut ins Leben eingefunden; die früheren Schreiphasen, verursacht durch Koliken oder Reizüberflutung, sind vorüber. Doch mit zunehmendem Alter stellen sich neue Herausforderungen und manch ein Kummer kann Ihr Baby quälen.

Die Zähne des Babys

Zu den angenehmen Seiten in diesem Alter zählen ein regelmäßiger Tagesablauf und die Freude an Beikost. Wird die Routine gestört, weil Ihr Baby schlecht isst und schlecht schläft, fragen Sie sich wohl als Erstes, ob es Zähne bekommt. Doch nicht immer ist das Zahnen die Ursache der Probleme. Machen Sie sich damit vertraut, was zum Zahnen gehört (s. Kasten rechts), damit Sie nicht jedes Problem darauf schieben.

Man spricht vom Zahnen, wenn tatsächlich ein Zahn durchs Zahnfleisch hindurchtritt und sichtbar wird. Bei der Geburt sind die Milchzähne, mit Ausnahme der Backenzähne, bereits ausgebildet und liegen verborgen im Kiefer. Meist bricht der erste Zahn mit etwa sieben Monaten durch. Manche Babys bekommen schon vor dem sechsten Monat ihre Zähne, andere erst mit eineinhalb Jahren. Dabei spielen genetische Faktoren eine Rolle; sehr frühes oder spätes Zahnen ist oft familiär veranlagt. Fragen Sie die Großeltern, wann Sie selbst und Ihr Partner den ersten Zahn bekommen haben. Es ist gut möglich, dass bei Ihrem Baby der erste Zahn etwa zur gleichen Zeit erscheint.

Nuckeln an den Händen und Kauen auf allen möglichen Dingen müssen nicht unbedingt auf das Zahnen hinweisen. Es gehört zu den normalen Entwicklungsstufen in diesem Alter, dass Ihr Baby auf Fingern und Händen herumbeißt und mit dem Speichel spielt. Mundeln und Speichelfluss vor dem sechsten Monat sind sehr selten Anzeichen des Zahnens. Ihr Baby schiebt seine Hände aus anderen Gründen in den Mund:

● **Ab neun Wochen** Ihr Baby will sich vielleicht einfach beruhigen. In diesem Alter verschwinden die Reflexe des Babys und es kann zum ersten Mal seine Hände im Mund behalten; das Nuckeln an den Händen bereitet ihm Wohlbehagen und besänftigt.

● **Ab drei Monaten** Ihr Baby erkundet seinen Körper. Es steckt nun alles in den Mund, kaut ausgiebig auf den Händen, sabbert und bildet Blasen. In diesem wichtigen Stadium lernt Ihr Baby viel über Größe, Form und Beschaffenheit der Dinge. Wir untersuchen unbekannte Gegenstände mit Augen und Händen; die Augen und Hände Ihres Babys können Eigenschaften von Dingen noch kaum deuten. Daher lernt es mehr, wenn es etwas in den Mund steckt, statt es nur anzuschauen.

Wenn Ihr Baby auf Dingen kaut und zugleich eines der folgenden Symptome zeigt, wenden Sie sich an den Arzt, um eine Krankheit auszuschließen, bevor Sie ans Zahnen denken:

● Starker Speichelfluss, der zu einem roten, fleckigen Ausschlag am Mund führt.

● Weigerung, beim Füttern einen Löffel in den Mund zu nehmen.

● Häufiger, weicher Stuhl mit säuerlichem Geruch.

● Windelausschlag.

● Leichtes Fieber ohne andere Ursache.

● Laufende Nase.

● Zerren an den Ohren.

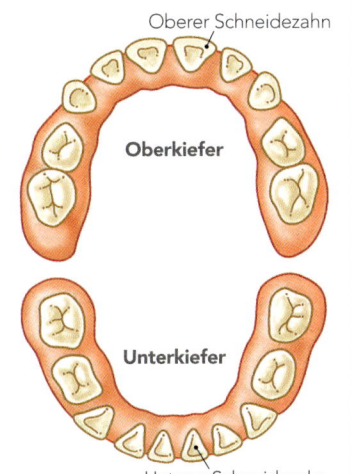

Erste Zähne Gewöhnlich brechen zuerst die beiden unteren Schneidezähne durch, danach die oberen Schneidezähne.

171

Traditionelle Heilmittel beim Zahnen

Es gibt viele Mittel gegen Zahnungsbeschwerden. Probieren Sie diese aus, wenn Medikamente oder Beißringe nicht wirken:

● Homöopathische Mittel lindern Beschwerden und können sehr wirksam sein. Lassen Sie von einem erfahrenen Homöopathen eine Diagnose stellen.

● Nelkenöl ist ein natürliches Betäubungsmittel. Mischen Sie einen Tropfen Nelkenöl mit zwei Esslöffeln Sonnenblumenöl und verreiben Sie die Mischung auf dem Zahnfleisch des Babys. Testen Sie die Mischung zunächst in Ihrem eigenen Mund, damit sie nicht zu stark ist. Verspüren Sie eine Reizung, geben Sie mehr Sonnenblumenöl zu.

● Kalte Nahrungsmittel lindern Schmerzen des Zahnfleisches. Schneiden Sie ein Brötchen auf und frieren Sie die Hälften in Frühstücksbeuteln ein. Lassen Sie Ihr Baby an einer Hälfte kauen. Die Kälte betäubt das Zahnfleisch und die Brötchenkante massiert das Zahnfleisch. Geeignet sind auch Gemüsesticks, wie Karotten und Gurke – schneiden Sie sie in Stücke und legen sie in den Kühlschrank.

● Als natürliches Beißobjekt befeuchten Sie die Ecke eines Waschlappens mit Wasser und frieren ihn ein. Den gefrorenen Waschlappen geben Sie Ihrem Baby. Das Empfinden des Stoffes und die Kühlung des Zahnfleisches tun ihm gut.

● **Ab sechs Monaten** Nun beginnt das Durchbrechen der Zähne. Jedes Baby reagiert anders. Vielleicht haben Sie beide Glück und erleben diese Periode ohne Probleme. Es kann aber auch harte Tage (und Nächte) geben. Im Allgemeinen haben sensible Babys die größten Schwierigkeiten mit dem Zahnen. Sie empfinden die Beschwerden heftiger. Ausgeglichene Babys merken oft kaum, dass sich etwas verändert hat. Und eines Tages grinst Ihr Baby Sie mit einem neuen Zähnchen an.

Zahnungsbeschwerden lindern

Wichtig ist festzustellen, ob sich das Baby auch tagsüber unwohl fühlt – sonst schiebt man leicht jedes nächtliche Aufwachen oder Grummeln tagsüber auf das Zahnen. Zusätzlich zu den Kriterien auf der vorherigen Seite prüfen Sie, ob Sie im Zahnfleisch einen Zahn erkennen können (ein harter weißer Höcker im Zahnfleisch). Ist das der Fall, versuchen Sie folgende Maßnahmen:

● Wenn Ihr Baby quengelig oder gereizt ist, geben Sie ihm ein vom Kinderarzt empfohlenes Medikament: Zahnungsgel oder Paracetamol-Saft. Vielleicht hat es Kopfweh (wenn es sehr quengelig ist und am Kopf reibt). Oder der Mund tut weh (er ist rot und entzündet), insbesondere beim Essen. Wenden Sie sich in diesem Fall an den Kinderarzt.

Linderung Das Kauen auf einem Beißring beruhigt Ihr Baby. Es gibt viele bunte Modelle, mit denen Ihr Baby gerne spielt und die ihm bei einer Entzündung im Mund zum Nuckeln und Daraufbeißen dienen.

WAS MEIN BABY WILL

- Bewahren Sie Schnuller und Beißringe des Babys im Kühlschrank auf – die Kälte lindert Zahnfleischentzündungen.
- Vielleicht beißt Ihr Baby lieber auf Ihrem Finger herum als auf einem Beißring (keine Sorge, das hält Ihr Finger gut aus). Ihr Finger ist auch ein guter Ersatz, wenn kein Beißring vorhanden ist. Drücken Sie mit Ihrem sauberen Finger auf das entzündete Zahnfleisch, um die Schmerzen zu lindern.

Trennungsangst

Zwischen sieben und acht Monaten entwickeln Babys Trennungsangst. Sie reicht von leichter Aufregung bis zu schwerem Kummer, wenn das Baby – auch nur für einen Moment – allein gelassen wird. Dieses Verhalten ist völlig normal. Alle Kinder erleben eine gewisse Trennungsangst; bei zurückhaltenden und sensiblen Babys kann sie jedoch bedeutend stärker ausgeprägt sein. Der Grund für diese Angst vor Trennung und die besondere Anhänglichkeit Ihres Babys liegt darin, dass es noch keine Vorstellung von der »Objektpermanenz« erworben hat – von dem Wissen, dass ein Gegenstand oder eine Person weiter existiert, auch wenn man sie nicht sieht. Ihr Baby hat Angst, dass Sie verschwinden und nicht mehr zurückkommen, wenn es Sie aus den Augen verliert. Vielleicht will es ständig in Ihren Armen sein und schreit untröstlich, wenn Sie es zurücklassen wollen, selbst wenn Sie nur in ein anderes Zimmer gehen. Auch auf Fremde kann es sehr unglücklich reagieren, selbst auf Angehörige. Ein Baby, das keinen Moment allein sein mag, ist sehr anstrengend. Sie fühlen sich wie in einer Falle. Das Fremdeln verstärkt sich meist zwischen acht und neun Monaten. Es lässt nach, sobald der erste Geburtstag näher rückt und Ihr Baby eine Vorstellung von der Objektpermanenz erworben hat.

Verlass mich nicht! Mit sechs bis neun Monaten entwickelt Ihr Baby Trennungsangst, weil es noch nicht weiß, dass Sie wiederkommen werden, wenn Sie weggehen.

Trennungsangst lässt sich am besten durch intensive Zuwendung lindern. Tragen Sie Ihr Baby, sprechen und schmusen Sie mit ihm. Wenn Sie es absetzen müssen, um etwas zu erledigen, sprechen Sie weiter mit ihm. Spiegeln Sie seine Gefühle, indem Sie sagen: »Ich weiß, du willst bei Mama sein, und ich bin ja da. Aber ich muss ... und dann trage ich dich wieder.« Geben Sie Ihrem Baby ein Spielzeug, während Sie Ihre Arbeit erledigen – das lenkt es ab und fördert sein eigenes Spielverhalten.

Sagen Sie bei jedem Weggehen »Tschüss« – schleichen Sie niemals einfach aus dem Zimmer. Wenn Sie in einen anderen Raum gehen, sprechen Sie weiter mit ihm. So lernt es, dass Sie weiterhin existieren, auch wenn es Sie nicht sieht. Wenn Sie zurückkommen, begrüßen Sie es freundlich und zärtlich.

Die Entwicklung der Objektpermanenz lässt sich durch Versteckspiele beschleunigen. Dabei lernt es, dass Dinge noch existieren, auch wenn es sie nicht sehen kann.

Schlaf: Was jetzt zu erwarten ist

● Bringen Sie Ihr Baby tagsüber in sein Bett, wenn es zwei bis zweieinhalb Stunden wach gewesen ist.

● Der Schlafrhythmus könnte folgendermaßen aussehen: ein Morgenschlaf um etwa 9 Uhr; ein ein- bis zweistündiger Mittagsschlaf sowie ein Nachmittagsschlaf von 15 bis 45 Minuten (diese Schlafphase fällt mit etwa neun Monaten oder bei Verlängerung der anderen Schlafenszeiten weg).

● Wenn Ihr Baby nachmittags um 16.30 Uhr noch schläft, wecken Sie es, damit es abends wieder zur Ruhe findet. Dies ist die einzige Schlafphase, bei der Sie Ihr Baby eventuell wecken sollten. Zu den anderen Zeiten wecken Sie es nicht auf.

● Legen Sie es am Abend nicht nach 18 bis 19 Uhr schlafen. So wacht Ihr Baby morgens zwischen 5 und 7 Uhr auf.

● Wenn Ihr Baby nachts aufwacht, geben Sie ihm Gelegenheit, sich selbst zu beruhigen, bevor Sie reagieren.

Dem Baby helfen zu schlafen

Nach sechs Monaten Elterndasein erwarten Sie bestimmt, in der Nacht durchschlafen zu können. Es ist sehr ernüchternd, wenn das Baby nachts immer noch aufwacht. Schlafprobleme können in dieser Phase durch Trennungsangst, das Zahnen und einen veränderten Nahrungsbedarf entstehen. So kann das nächtliche Aufwachen wieder zur Gewohnheit werden.

Sensorische Hilfen für guten Schlaf

Die Sinnenwelt Ihres Babys birgt den Schlüssel zum Schlafen. Auf Seite 18ff. und Seite 35 finden Sie Hinweise, wie Sie das sensorische Umfeld sanft gestalten können.

Bewegungsreize Ein aktiver Tag mit Bewegung lässt uns gut schlafen. Das ist bei Babys nicht anders. Sie brauchen tagsüber eine gute Dosis an Bewegung, wenn sie nachts gut schlafen sollen. Damit Ihr Baby genug Bewegungsreize bekommt, lassen Sie es in einer Hängematte oder einer Schaukel schwingen – am besten zweimal am Nachmittag, jeweils mindestens fünf Minuten lang. Wenn es die Bewegung gut verträgt, kann dies auch länger sein.

Sinnesfreundlicher Schlafplatz Die Umgebung sollte den Schlaf fördern und nicht zu viel Anregung bieten:

● Lassen Sie Ihr Baby konsequent am gleichen Ort schlafen (legen Sie es jedes Mal am gleichen Ort ins Bett); dann unterstützen die sensorischen Eigenschaften des Umfelds das Einschlafen.

● Verdunkeln Sie die Fenster, damit es nicht vom Tageslicht geweckt wird, insbesondere wenn es ein Frühaufsteher ist.

● Nehmen Sie Babys Spielsachen, außer seinem Trostobjekt, aus dem Bettchen.

● Schalten Sie das Babyfon nachts aus, wenn Ihr Zimmer gleich neben dem Kinderzimmer liegt, damit Sie nicht beim kleinsten Mucks reagieren. Nur so hat es die Möglichkeit, sich selbst zu beruhigen.

● Lassen Sie es auch den Mittagsschlaf in seinem Bett machen.

Reizüberflutung Vermeiden Sie eine Überreizung vor den Schlafenszeiten, denn dabei werden Hormone ausgeschüttet, die Ihr Baby wach halten. Dann findet es kaum ohne Hilfe zur Ruhe. Achten Sie auf Signale der Überreizung, wie Quengeln oder Reiben an Augen und Ohren (s. S. 40). Beschränken Sie die Wachphase (s. S. 51) auf zwei bis zweieinhalb Stunden, um einer Übermüdung vorzubeugen. Gehen Sie außerhalb der Schlafenszeiten in die Krabbelgruppe und nach draußen.

Selbstberuhigung

Finden Sie eine Methode, mit der sich Ihr Baby selbst besänftigen kann, wenn es nachts aufwacht. Es sollte nicht von Ihnen abhängig sein.

Sinnesbereich	Abhängig von Ihnen	Unabhängige Beruhigungsmethode
Fühlen	• Ihr Haar streicheln • In den Schlaf gestrei-chelt werden	• Ein Stück Satin, Seide oder Fleece streicheln. • Eigenes Gesicht berühren • Übers eigene Haar streichen
Bewegung	• Auto • Kinderwagen	• Den Kopf wiegen • Die Hände bewegen
Saugen	• In den Schlaf wiegen • Ihr Finger • Brust/Flasche	• Daumen • Schnuller (ist mit neun Monaten eine unabhängige Einschlafhilfe)
Körperlage	• In Ihren Armen • In bestimmter Position tragen	• Sich an den Kopfteil des Bettes schmiegen • Bestimmte Schlafposition
Hören	• Singen der Mutter	• Summen oder grummeln • Singen für sich • CD mit gleichmäßigen Klängen

Schlafhilfe Alle Babys benötigen eine Besänftigungsmethode, um nachts selbstständig wieder zur Ruhe zu finden. Manche dieser Tröster findet Ihr Baby am eigenen Körper. Es kann am Daumen nuckeln, summen oder seine Haare zwirbeln. Lassen Sie es zu und fördern Sie es, dass Ihr Baby solche unabhängigen Beruhigungsmethoden entwickelt. Nur so kann es in der Nacht wieder einschlafen, ohne Sie zu Hilfe zu rufen. Wenn Ihr Baby keine solchen Strategien entwickelt, führen Sie seine Hände zu seinem Mund oder seinen Haaren, wenn es unruhig ist.

Nuckeln

Saugen ohne Nahrungsaufnahme hilft Babys, sich zu beruhigen. Manche Babys lernen sehr früh, an den eigenen Händen zu nuckeln. Einige finden schon den Daumen, während andere einen Schnuller brauchen. All dies sind hervorragende Beruhigungshilfen für nachts. Leiten Sie Ihr Baby zu einer Methode an, die Ihnen beiden zugutekommt (s. nächste Seite).

Nachtschreck

Wenn das Baby nachts kreischt, schreit und wach wirkt, aber Ihre Anwesenheit nicht bemerkt, erlebt es einen sogenannten »Nacht-schreck«. Dieser unterscheidet sich vom Albtraum dadurch, dass Ihr Baby tatsächlich tief schläft, während es bei einem Albtraum aufwacht. Der Nachtschreck steht in direkter Verbindung zur Über-müdung und tritt bei Kleinkindern und Babys auf, die tagsüber nicht genügend geschlafen haben oder zu spät ins Bett gebracht wurden.

Trostobjekte

Eine Schmusedecke oder ein anderes Trostobjekt ist die beste Schlafhilfe für Ihr Baby; die meisten Babys nehmen dies gerne an. Wählen Sie etwas aus, das Ihr Baby bestimmt mag: etwas Weiches – so klein, dass Sie es in die Wickeltasche stecken können und dass keine Erstickungsgefahr besteht. Wichtig ist, dass Sie den Tröster ersetzen können, wenn Ihr Kleinkind ihn später einmal verliert. Gute Trostobjekte sind ein kleiner Teddy, eine kleine Fleecedecke, eine Stoffwindel.

Ein Trostobjekt einführen

Geben Sie Ihrem Baby immer den Tröster, wenn es unruhig ist – sei es aus Schmerzen, Aufregung oder Müdigkeit. Legen Sie ihn auf Ihre Schulter (Decke oder Kuscheltier) und lassen Sie Ihr Baby sich daran ankuscheln.

Ein oder zwei Wochen lang bieten Sie das Trostobjekt konsequent beim Beruhigen an, dann wird Ihr Baby Tag und Nacht in diesem Objekt Trost finden.

Daumenlutschen Diese Selbstberuhigungsmethode ist die erste selbstständige Fähigkeit, die Ihr Baby erlernt. Ihr Leben wird leichter, wenn Ihr Baby sich selbst besänftigen kann. Wenn es sich nur bei Ihnen beruhigt, wird es jedes Mal, wenn es nachts aufwacht oder tagsüber unruhig ist, nach Ihnen rufen und Sie zum Trösten brauchen.

Der Vorteil des Lutschens am Daumen oder der Hand besteht darin, dass Ihr Baby damit sehr früh von Ihnen unabhängig ist. Nachteilig ist, dass Daumenlutscher später häufiger eine kieferorthopädische Behandlung benötigen. Ob das Daumenlutschen zu schiefen Zähnen führt, hängt jedoch von der familiären Veranlagung für Zahnprobleme ab und davon, wie lange das Kind am Daumen nuckelt. Die Gewohnheit des Daumenlutschens aufzugeben ist etwas schwieriger, da man einen Daumen nicht einfach »verlieren« kann (so wie den Schnuller).

Schnuller Nuckeln beruhigt Ihr Baby sensorisch; gelingt ihm dies nicht von selbst (durch Lutschen an der Hand oder dem Daumen) ist ein Schnuller eine sehr wirksame Hilfe. Den Schnuller können Sie später wieder loswerden. Dies wird von Ihrem Baby abhängen – manche geben den Schnuller schon im ersten Lebensjahr wieder auf, andere müssen dafür belohnt werden, dass sie als Kleinkind irgendwann darauf verzichten. Sie können den Schnuller vom sechsten Monat an nur zu den Schlafenszeiten geben, wenn Sie nicht wollen, dass Ihr Kind ihn tagsüber nimmt.

Schnuller verwenden lernen Viele Babys wachen mit etwa sechs bis neun Monaten mitten in der Nacht auf und man muss ihnen den Schnuller wieder geben. Sie können ihn noch nicht selbst nehmen. Mit etwa neun Monaten ist dies aber möglich. Wenn Ihr Baby älter als acht Monate ist und Sie ihm den Schnuller immer noch geben müssen, leiten Sie es durch diese drei Schritte zur Selbstständigkeit an:

❶ In den ersten Tagen geben Sie ihm den Schnuller, wenn es nachts schreit. Tagsüber schieben Sie ihm den Schnuller jedoch nicht in den Mund. Geben Sie ihm den Schnuller in die Hand, damit es lernt, ihn am Tag selbst in den Mund zu schieben.

❷ Gelingt ihm das tagsüber, machen Sie nachts dasselbe – schieben Sie ihm den Schnuller nicht in den Mund, sondern geben Sie ihn Ihrem Baby in die Hand. Sie können den Schnuller auch an einer kleinen Decke befestigen und ihm diese in die Hand geben. Den entscheidenden Schritt – den Schnuller in den Mund zu schieben – muss es dann selbst tun.

❸ Nachdem dies gelungen ist (oft innerhalb weniger Tage), geben Sie ihm den Schnuller nicht mehr in die Hand, sondern führen Sie seine Hand im Dunkeln zum Schnuller. In der nächsten Nacht legen Sie alle Schnuller, die Sie haben, in sein Bett. So hat es eine hohe Chance, einen zu finden, selbst wenn es schon welche aus dem Bett geworfen hat.

Tagsüber gut schlafen

Die vielfältigen Sinneseindrücke können Ihr Baby immer noch überfordern. Bei zu vielen Anregungen wird es schnell übermüdet, quengelig und schwierig, besonders zu den Schlafenszeiten. Vermeiden Sie Übermüdung und Reizüberflutung, indem Sie tagsüber einen Schlafrhythmus einhalten (s. S. 151). Wenn Sie bereits einen festen Ablauf haben, aber Ihr Baby nicht schlafen will, können Übermüdung oder schlechte Schlafgewohnheiten die Ursache sein.

Übermüdetes Baby Wenn Ihr Baby übermüdet ist, weil ihm eine Schlafphase fehlt, kommt es nur schwer zur Ruhe. So wird es leichter schläfrig:

● Nehmen Sie sich 20 Minuten Zeit, um Ihr Baby zu beruhigen; bringen Sie es in einen abgedunkelten Raum. Wickeln Sie es und spielen Sie gleichmäßige Geräusche ab.

● Halten Sie Ihr Baby in Ihren Armen und wiegen Sie es, bis es sehr schläfrig ist. Dann legen Sie es hin und lassen Ihre Hand mit festem Druck auf seinem Bauch liegen. Halten Sie es sanft fest, auch wenn es zappelt.

● Wenn Ihr Baby so unruhig ist, dass Sie es in den Schlaf wiegen müssen, machen Sie sich keine Vorwürfe. Achten Sie einfach das nächste Mal darauf, wie lange es wach ist (s. S. 51), damit es nicht übermüdet wird.

Schlafgewohnheiten aufgeben Wenn Sie einige hektische Tage hatten und Ihr Baby auch auswärts geschlafen hat, hauptsächlich im Buggy oder Autositz, will es vielleicht nur noch dort einschlafen. Mit folgenden Schritten gewöhnen Sie es wieder an sein Bett:

● Verzichten Sie einige Tage auf Autofahrten während der Schlafenszeiten. Legen Sie Ihr Baby stattdessen in seinem Zimmer in den Autositz oder Buggy und schaukeln Sie es so in den Schlaf. So wird die Bewegung beibehalten, aber die Schlafumgebung verändert.

● Ist Ihr Baby immer nur in seinem Buggy eingeschlafen, schaukeln Sie den Buggy, bis es schläfrig ist; dann hören Sie auf und lassen es von selbst einschlafen. Schaukeln Sie es jeden Tag etwas kürzer.

● Sobald Ihr Baby ohne Bewegung einschläft, legen Sie es zur Schlafenszeit in sein Bett. Zum Schläfrigwerden braucht es zunächst vielleicht noch etwas Unterstützung – ein bisschen Tätscheln, Streicheln oder »Pscht«.

Abends zur Ruhe finden

Das Einschlafritual Ihres Babys muss beruhigend und gleichbleibend sein – so dient es dem Gehirn als Anhaltspunkt, um abzuschalten und schläfrig zu werden. Streben Sie eine Schlafenszeit zwischen 18 und 19 Uhr an. Achten Sie auf Signale von Überreizung und stellen Sie sicher, dass Sie zu Hause sind, nicht unter vielen Menschen. Das Bad ruhig zu gestalten

Den Mittagsschlaf verlängern

Mit sechs Monaten verbinden die meisten Babys während einer Schlafphase – meist dem Mittagsschlaf – bereits mehrere Schlafzyklen (ein Schlafzyklus dauert 45 Minuten, s. S. 30). Bei den beiden kürzeren Schlafphasen wacht Ihr Baby etwa 45 Minuten nach dem Einschlafen wieder auf. So fördern Sie einen längeren Mittagsschlaf:

● Geben Sie Ihrem Baby vor dem Schlafen sein Mittagessen, mit vollem Bauch schläft es besser. Der Mittagsschlaf kann zwischen 11 und 13 Uhr liegen. Schläft es schon um 11 Uhr, geben Sie ihm davor sein Mittagessen und nach dem Aufwachen einen gesunden Snack.

● Bewegt sich Ihr Baby nach 45 Minuten, warten Sie fünf Minuten ab, ob es sich wieder beruhigt. Sie können auch in sein verdunkeltes Zimmer gehen, ihm sein Trostobjekt geben und es wieder in den Schlaf streicheln.

● Funktionieren diese Methoden nicht, nehmen Sie Ihr Baby hoch; versuchen Sie aber an jedem folgenden Tag weiterhin, es zu einem längeren Mittagsschlaf zu bringen. Behalten Sie im Auge, wie lange Ihr Baby wach ist, damit Sie wissen, wann es wieder schlafen muss.

Trennungsangst in der Nacht

Mit etwa acht Monaten kann Trennungsangst den Schlaf behindern. Ihr Baby hat Angst, dass es Sie nicht mehr gibt, wenn es Sie nicht sieht. Es gerät in Panik, weil es eine enge Bindung zu Ihnen entwickelt hat; es protestiert und schreit, wenn Sie weggehen. Wenn Ihr Baby nachts aufwacht, will es wissen, ob Sie noch da sind. Dieses Verhalten steht in Zusammenhang mit der Entwicklung von Objektpermanenz (das Verständnis, dass Dinge weiterhin existieren, auch wenn wir sie nicht sehen).

● Wenn Sie meinen, das nächtliche Aufwachen werde durch Trennungsangst verursacht, gehen Sie zu Ihrem Baby. Reden Sie ihm sanft zu, es solle wieder schlafen, geben Sie ihm sein Trostobjekt (Schmusedecke oder Kuscheltier) und verlassen das Zimmer. Fangen Sie nicht an, es zu füttern oder zu wiegen. Zeigen Sie ihm einfach, dass Sie noch da sind.

● Ein Trostobjekt ist in diesem Stadium unverzichtbar. Damit kann Ihr Baby sich selbst beruhigen, wenn es nachts aufwacht und Sie nicht bei ihm sind.

● Sagen Sie tagsüber immer »tschüss«, wenn Sie Ihr Baby verlassen, selbst wenn Sie nur unter die Dusche gehen. Begrüßen Sie es bei Ihrer Rückkehr fröhlich; so lernt es, dass auf eine Trennung ein freudiges Wiedersehen folgt.

● Meistern Sie diese Phase mit viel Zärtlichkeit und Schmusen und denken Sie daran, dass sie nicht lange dauert.

ist manchmal schwierig, wenn das Baby gern in der Wanne planscht. Versuchen Sie, möglichst geruhsam mit ihm umzugehen. Schließen Sie eine besänftigende Massage an (s. S. 105) und füttern Sie Ihr Baby dann in seinem verdunkelten Zimmer. Nehmen Sie es zwischen 18 Uhr und 6 Uhr morgens nicht aus diesem Raum – dann hat es nicht das Gefühl, außerhalb etwas zu verpassen.

Wenn Ihr Baby nach der letzten Mahlzeit wieder munter ist, wiegen Sie es. Sobald es schläfrig ist, legen Sie es in sein Bett, sagen ihm gute Nacht und verlassen das Zimmer. Bleiben Sie nicht da, um es zu beobachten. Viele Babys plappern und spielen sogar ein wenig, bevor sie einschlafen.

Schlaf-Coaching Findet Ihr Baby weiterhin nicht zur Ruhe, ist es Zeit für schlafunterstützende Maßnahmen (s. S. 198f.). Dadurch lernt Ihr Baby, von allein einzuschlafen. Das tut seiner emotionalen Entwicklung gut und ist altersgemäß.

Wird Ihr Baby nach dem Hinlegen unruhig – sobald Sie das Zimmer verlassen oder kurz danach –, kehren Sie zurück. Für ein erfolgreiches Coaching müssen Sie sich vielleicht einige Nächte zu ihm setzen, bis es sich selbst beruhigen kann. Helfen Sie ihm, indem Sie es in der ersten Nacht streicheln und besänftigen; in den folgenden Nächten verringern Sie Ihre Unterstützung schrittweise. Setzen Sie sich einfach neben sein Bett, ohne mit ihm zu sprechen. Zeigen Sie keine Sorge oder Betroffenheit; schließen Sie nur Ihre Augen. Geben Sie ihm sein Trostobjekt. Wenn es aufsteht, helfen Sie ihm, sich wieder hinzulegen. Ansonsten sitzen Sie einfach bei ihm. Vielleicht will es gewiegt oder gefüttert werden; bleiben Sie konsequent. Behalten Sie dies bei, bis es einschläft. Das kann ein paar Stunden dauern. Wiederholen Sie diese Prozedur bei jedem Aufwachen. Innerhalb einer Woche sollte es die Kunst der Selbstberuhigung lernen.

Schlaflösungen für nachts

In diesem Alter können Babys nachts durchschlafen. Weckt es Sie also nachts immer noch, suchen Sie nach den Gründen.

Ihr Baby und seine Sinne Sensible Babys schlafen oft von Anfang an schlecht. Sie nehmen den geringsten Sinnesreiz intensiv wahr. Damit Ihr Baby dennoch schläft:

● Spielen Sie gleichmäßige Klänge in seinem Zimmer ab, die andere Geräusche von außen schlucken.

● Legen Sie Ihr Baby nicht in Ihr Bett oder Ihr Schlafzimmer; es schläft ungestört von Ihren Bewegungen und Geräuschen besser.

● Schneiden Sie Etiketten aus Hemden und Schlafanzügen heraus – sie können kratzen. Ebenso können Sie Hemden verkehrt herum anziehen. Es gibt auch nahtlose Unterwäsche.

● Nehmen Sie Ihr Baby nachts nicht hoch, sonst wird es noch munterer. Lassen Sie stattdessen Ihre Hand mit festem Druck auf seinem Körper liegen; das wirkt beruhigend.

Der Sonnenschein sucht vielleicht auch nachts Gesellschaft und Sinneseindrücke. Wenn Ihr Baby auf allen Vieren im Bettchen schaukelt oder sich sogar an den Stäben in den Stand hochzieht, ist es vielleicht nicht müde genug zum Schlafen. Damit es gut schläft:

● Sorgen Sie am Spätnachmittag für viel Bewegung; leisten Sie sich eine Hängematte oder Babyschaukel. Machen Sie vor dem Abendbrei einen Spaziergang mit ihm im Tragetuch.

● Lassen Sie Ihr Baby am besten überhaupt nicht fernsehen; das Sitzen vor dem Bildschirm tut ihm nicht gut.

Ein zurückhaltendes Baby schläft gut, solange seine Routine unverändert bleibt. Nach einem Umzug, im Urlaub oder der Verlegung in sein eigenes Zimmer muss es sich erst wieder eingewöhnen. Damit es gut schläft:

● Gestalten Sie sein Zimmer genau wie vorher, mit den gleichen Gerüchen und dem gleichen Bettzeug.

● Nehmen Sie auf Reisen sein Reisebett, sein Bettzeug und sein Trostobjekt mit, um möglichst viel Gewohntes beizubehalten.

Veränderter Nährstoffbedarf
Milch allein genügt Ihrem Baby nun nicht mehr. Wenn es nachts aufwacht und trinken will, müssen Sie zunächst klären, ob es tagsüber genug Nahrung bekommt, bevor Sie zu schlafunterstützenden Maßnahmen greifen.

In diesem Alter hat Eiweiß bzw. Eiweißmangel starke Auswirkung auf den Schlaf. Eiweiß ist aus zwei Gründen unverzichtbar. Zum einen wird es langsamer verdaut und sättigt daher länger. Zum anderen ist Eiweiß der Baustoff des Körpers und liefert die Bausteine für die Gehirnentwicklung. In Verbindung mit Fett liefert Eiweiß dem Körper Fettsäuren, die unverzichtbar sind für das Gehirnwachstum und die er selbst nicht produziert. Nachts, wenn Ihr Baby schläft und sein Gehirn Informationen verarbeitet, sind diese essenziellen Fettsäuren von entscheidender Bedeutung. Wenn ein Baby nachts hungrig aufwacht, dann hat es oft nicht genügend Eiweiß zu sich genommen, vor allem bei der Abendmahlzeit. Darum ist der abendliche Milchbrei so wichtig (s. S. 181).

Zahnen
Wenn das Baby nachts unruhig ist, vermutet man oft als Erstes, dass es Zähne bekommt. Auf Seite 172 können Sie nachlesen, wie Sie Zahnungsbeschwerden tagsüber und nachts am besten lindern.

● Zeigt es viele Symptome des Zahnens und erkennen Sie einen kleinen Zahn im Zahnfleisch, bereiten Sie sich auf drei unruhige Nächte vor.

● Geben Sie ihm das Trostobjekt. Beruhigen Sie es; füttern Sie es nicht. Füttern löst das Problem nicht und wird zur schlechten Angewohnheit.

Häufige Fragen
Unruhiger Schlaf

Mein Baby fing mit sieben Monaten an zu krabbeln und wacht seitdem nachts oft auf. Es versucht im Schlaf zu krabbeln und steht sogar im Bett. Was kann ich tun?

Der Erwerb neuer Fertigkeiten ist oft von Schlafstörungen begleitet. Das Gehirn verarbeitet die neuen Fähigkeiten während der Phasen des aktiven Schlafs; dabei verstärken sich die Nervenbahnen. Die meisten Babys schlafen dennoch weiter, manche wachen aber auf und wollen das Krabbeln oder Stehen üben. Sie können dabei nichts für Ihr Baby tun; lassen Sie es spielen und »üben«, sofern es nicht wirklich schreit. Beginnt es zu schreien, gehen Sie zu ihm und beruhigen es durch Tätscheln oder Wiegen. Viele Babys üben eine Fähigkeit und schlafen dann von selbst wieder ein.

Ernährung: Was jetzt zu erwarten ist

- Milch wird zweitrangig gegenüber festerer Kost. Ihr Baby braucht aber weiterhin mindestens 600 ml Milch am Tag.
- Wenn Sie noch nicht zugefüttert haben, müssen Sie jetzt damit beginnen.
- Sofern Ihr Baby gut gedeiht, braucht es nachts keine Milch mehr, sobald es tagsüber drei Beikostmahlzeiten bekommt.
- Wenn Sie die Flasche geben, verwenden Sie eine altersgerechte Säuglingsnahrung.
- Mit neun Monaten bekommt es drei Beikostmahlzeiten am Tag (mittags, nachmittags, abends).
- Vormittags können Sie ihm auch ein wenig Brot und zwischendurch etwas Fingerfood geben.
- Ihr Baby muss nun unbedingt auch eiweißreiche Nahrungsmittel bekommen, wie Milchprodukte, Geflügel, rotes Fleisch und Gemüse. Eiweiß ist unverzichtbar für das Wachstum und die Entwicklung; Aminosäuren sind ein wichtiger Baustein für die Gehirnentwicklung.

Achtung Wenn Sie oder der Vater Ihres Babys an Allergien leiden oder Ihr Kind bereits Anzeichen einer allergischen Reaktion zeigt, verzichten Sie zunächst auf bestimmte Eiweißarten wie Nüsse, Fisch, Soja und Eier. Lassen Sie sich vom Kinderarzt beraten.

Die Ernährung des Babys

Spätestens jetzt sollten Sie mit dem Zufüttern beginnen. Nach wenigen Wochen wird Ihr Baby immer neue Geschmacksrichtungen und Konsistenzen probieren. Mit spätestens sieben Monaten sollte die Beikost des Babys auch Eiweiß enthalten.

Milchmahlzeiten

Die Muttermilch verändert sich entsprechend den Bedürfnissen des wachsenden Babys. Wenn Sie mit der Flasche füttern, wechseln Sie spätestens jetzt zu einer Folgemilch. Sie enthält mehr Eiweiß. Geben Sie Ihrem Baby noch keine Kuhmilch zum Trinken, sondern nach den Angaben des Herstellers zubereitete Säuglingsnahrung. Ihr Baby benötigt täglich mindestens 600 ml Milch (auch im Brei). Trinkt es seine Milch nicht mehr so gern, können Sie sie allmählich durch Milchprodukte in der Beikost ersetzen (Brei, Joghurt, andere Milchprodukte).

Beikost

Auch wenn Muttermilch oder Flaschennahrung weiterhin eine wichtige Rolle spielt, deckt sie ab dem sechsten Monat nicht mehr den gesamten Nährstoffbedarf. Wenn Sie noch keine festere Kost eingeführt haben, befolgen Sie den Ernährungsplan in Kapitel 11 (s. S. 160f.). Beginnen Sie

Neue Speisen Beikost bietet Ihrem Baby Gelegenheit, verschiedene Konsistenzen zu erleben; das fördert die Entwicklung der Mundmuskulatur.

mit einem Gemüsebrei und führen Sie dann im Abstand von jeweils etwa vier Wochen den Abendbrei und den nachmittäglichen Obst-Getreide-Brei ein. Ab dem sechsten, siebten Monat können Sie, sofern Ihr Baby bereits seit einiger Zeit Beikost isst und sie gut verträgt, schrittweise weitere Nahrungsmittel einführen.

Abwechslungsreiche Beikost Die Sinne Ihres Babys lieben Genuss. Essen liefert ihm weitere neue Sinneseindrücke. Geben Sie jeweils nur ein neues Nahrungsmittel, etwa dreimal nacheinander, bevor Sie ein weiteres einführen.

Lassen Sie das Essen nicht zum »Thema« zwischen Ihnen beiden werden. Respektieren Sie die Stimmungen und Gefühle Ihres Babys – genauso wie wir hat es an manchen Tagen wenig Appetit. Wenn es satt ist, nehmen Sie die Speise weg. Zwingen Sie es nicht zum Essen. Kombinieren Sie nach und nach verschiedene Geschmacksrichtungen, z. B. Nudeln mit Fleisch. So erweitern Sie die kulinarische Welt Ihres Babys:

● **Konsistenzen** Kost mit gröberen Stücken fördert und entwickelt das Kauvermögen des Babys. Dabei lernt es, die Muskeln von Zunge, Lippen und Wangen zu kontrollieren; das ist Voraussetzung für die Sprachentwicklung. Geben Sie nicht nur Gläschenkost oder Brei, sonst wird Ihr Baby später ein heikler Esser. Babys sollten Speisen mit unterschiedlicher Beschaffenheit bekommen, etwa mit Klümpchen und kleinen Stückchen. Babys, die von Anfang an Selbstgekochtes essen, kennen dies und sind daher als Kleinkinder seltener schwierige Esser.

● **Fingerfood** Dieses fördert die feinmotorische Kontrolle der Finger und entwickelt die Geschmacksknospen im Mund. So isst Ihr Baby später auch würzigere und gröbere Kost gern. Als Fingerfood geeignet sind ungesalzene Reiswaffeln oder Grissini, Toast, geschältes weiches Obst, kleine Stücke gekochtes Gemüse und Trockenobst. Beobachten Sie Ihr Baby, damit es keine Stücke abbeißt, an denen es sich verschlucken kann.

Eiweiß Eiweißreiche Nahrungsmittel sind jetzt besonders wichtig. Eiweiß ist der entscheidende Baustoff für optimales Wachstum und die bestmögliche Entwicklung. Mit sechs bis neun Monaten braucht Ihr Baby Eiweiß aus tierischen und pflanzlichen Quellen, kombiniert mit vielfältigen Kohlenhydraten, Fetten, Obst und Gemüse sowie verteilt auf mehrere Mahlzeiten.

Babys unter sechs Monaten sollten nur Eiweiß aus Muttermilch oder Flaschennahrung bekommen, da manche Eiweiße allergische Reaktionen hervorrufen können und das Verdauungssystem eines kleinen Babys sie noch nicht verarbeiten kann. Wenn Ihr Baby älter als sechs Monate ist, braucht es zusätzliches Eiweiß in seiner Nahrung. Geeignete Eiweißarten zeigt Ihnen der Kasten oben rechts.

Eiweiß für Babys

Pflanzliches Eiweiß

● Hülsenfrüchte: Kidneybohnen, Wachsbohnen, Linsen, Erbsen.
● Gemahlene Nüsse und Nussbutter: Erdnuss, Cashew, Mandeln.
● Avocado, Brokkoli.
● Samen: Sesam, Sonnenblumen, Kürbis.
● Naturreis, Buchweizen, Quinoa.

Tierisches Eiweiß

● Milchprodukte: Joghurt, Hüttenkäse, Frischkäse, Hartkäse, ungesalzene Butter.
● Eier, gut durchgegart.
● Fisch: Thunfisch, Sardinen, Lachs, Makrele, Seehecht.
● Geflügel: Hähnchen, Pute.
● Schweinefleisch und Schinken (bitte Salzgehalt beachten).
● Rotes Fleisch: Rindfleisch, Lamm, Kaninchen.

Ungeeignete Lebensmittel

Salzen Sie die Speisen für Ihr Baby niemals; lesen Sie bei Produkten, die Sie verwenden, die Zutatenliste, um sicherzustellen, dass sie kein Salz enthalten. Seien Sie besonders wachsam bei verarbeitetem Fleisch (wie Schinken) und Fertiggerichten. Selbst Babykost enthält manchmal viel Salz, das die Nieren des Babys belastet. Geben Sie den Speisen auch keinen Zucker bei. Verzichten Sie auf Produkte mit Süßstoffen, Farb- und Konservierungsstoffen sowie auf verarbeitete Nahrungsmittel, Fertigsaucen und Gewürze.

Bekommt es genug? Der Eiweiß-
bedarf Ihres Babys wird durch zwei
eiweißreiche Beikostmahlzeiten und
seine Milchmahlzeiten gedeckt.

Fingerfood Geben Sie Ihrem Baby
jetzt auch gegarte ganze Nahrungsmittel;
das fördert die Vielfalt und gute Essgewohnheiten.

Ernährungsplan für Babys mit 9 Monaten

Die folgende Übersicht stellt nur eine grobe Richtlinie dar. Ihr Baby kann in diesem Alter, auch abhängig von Ihren familiären Essgewohnheiten, bereits einen individuellen Mahlzeitenrhythmus entwickelt haben. Wichtig sind bis zum ersten Lebensjahr zwei Milchmahlzeiten (einschließlich Brei) pro Tag.

Uhrzeit	Mahlzeit	Nahrungsmittel und Mengen
7 Uhr	Brust oder Flasche	Ca. 210 ml
10 Uhr	Milchbrei oder etwas Brot oder Zwieback mit Butter; evtl. Käse; Joghurt	Milchbrei nach Appetit ● Alternativ eine Scheibe Brot mit etwas Butter oder Frischkäse; evtl. eine Scheibe Käse, etwas Joghurt ● Alternativ Zwieback mit Obst; evtl. etwas Milch ● Ein Stück frisches Obst, z. B. Banane, reife Birne
12 Uhr	Mittags-mahlzeit	Gemüse-Fleisch-Brei, der zunehmend auch stückiger sein kann; gelegentlich Fisch statt Fleisch; als Nachtisch etwas Obst oder gelegentlich Joghurt: ● Karotten-Kartoffel-Brei mit Rindfleisch ● Kohlrabi-Kartoffel-Brei mit Hähnchen ● Süßkartoffel-Spinat-Brei mit Lachs ● Fischfilet mit Gemüsesauce und Nudeln ● Hackfleisch mit Kohlrabi und Tomaten ● Frisches Obst mit Joghurt oder gemahlenen Mandeln oder Samenkernen
15 Uhr	Obst-Getreide-brei	Obst-Getreide-Brei aus 20 g Getreideflocken, entsprechend Wasser zum Anrühren und ca. 100 g Obst sowie 1 TL hochwertiges Pflanzenöl oder Butter
18 Uhr	Milchbrei	Milchbrei aus 200 ml pasteurisierter Vollmilch, 20 g Getreideflocken und 20 g Obst
22 Uhr	Brust oder Flasche, wenn nötig	Evtl. Brust oder Flasche

Nahrungsergänzungen

Ihr Baby sollte alle Nährstoffe aus seinem Essen erhalten. Ist es ein guter Esser, braucht es keine Vitaminzusätze, sofern in der Familie keine Krankheiten bestehen. Isst es jedoch nicht gut, sprechen Sie mit dem Kinderarzt. Vielleicht empfiehlt er eine Nahrungsergänzung.

● **Vitamin D** Babys bekommen zur Vorbeugung gegen Rachitis ab dem siebten bis zehnten Lebenstag ein Jahr lang täglich eine Vitamin-D-Tablette. Häufig wird zusätzlich Fluorid gegeben, das den Zahnschmelz härtet und vor Karies schützt. Rachitis ist eine Störung des Knochenwachstums und wird durch einen Mangel an Vitamin D hervorgerufen. Muttermilch und Säuglingsmilch decken den Vitamin-D-Bedarf nicht ausreichend.

● **Vitaminpräparate** Vor dem sechsten Monat brauchen Babys normalerweise keine zusätzlichen Vitamine. Wird Ihr Baby nach dem sechsten Monat weiterhin überwiegend gestillt, sprechen Sie mit dem Kinderarzt, ob es Vitamin A und C bekommen sollte.

● **Eisen** Bei der Geburt besitzen Babys einen Eisenvorrat, der mit vier bis sechs Monaten zur Neige geht. Eisen ist unverzichtbar für die Funktion des zentralen Nervensystems und für die Sauerstoffversorgung des Gehirns. Eisenmangel schwächt die Immunabwehr, was zu häufigen Infektionen, Müdigkeit, Appetitverlust und Schlafstörungen führt. Gute Eisenquellen sind grünes Blattgemüse, Eigelb und rotes Fleisch, wie Rindfleisch. Fertige Babynahrung ist oft mit Eisen angereichert. Wenn Ihr Baby schlecht isst und nicht genügend eisenreiche Lebensmittel aufnimmt, könnte ein Eisenpräparat sinnvoll sein. Beraten Sie sich darüber unbedingt mit Ihrem Kinderarzt, da ein Übermaß an Eisen giftig wirken kann.

Widerwillig? Wenn Ihr Baby nicht gut und abwechslungsreich isst, halten Sie vielleicht Vitaminpräparate für angebracht. Sprechen Sie darüber mit Ihrem Kinderarzt.

Häufige Fragen
Verweigerung von Beikost

Mein sieben Monate alter Sohn will keine Beikost essen. Ich versuche es, seit er fünfeinhalb Monate ist, doch er lehnt sie ab. Ich habe alles ausprobiert: selber kochen, Gläschenkost, Milchbrei, Obstmus, Joghurt! Er hat kein Untergewicht und will fünfmal am Tag sein Fläschchen. Er wacht nachts auf und hat Hunger. Was kann ich tun?

Ihr Baby braucht nun Beikost. Milch liefert nicht mehr alle fürs Wachstum notwendigen Nährstoffe. Vermutlich lehnt Ihr Sohn das Zufüttern ab, weil er wegen der vielen Milch keinen Appetit hat. Geben Sie ihm nur noch drei Flaschen am Tag und nachts nur eine – so lange, bis er isst. So hat er Hunger auf Beikost. Beginnen Sie mit Gemüsebrei und füttern Sie dann Obstmus und später Milchbrei. Sobald er gut isst, verzichten Sie auch auf das Fläschchen nachts. Geben Sie ihm möglichst Selbstgekochtes. Wenn er trotzdem nicht essen will und bei festerer Kost würgt, sprechen Sie mit dem Kinderarzt. Er kann Sie an einen Logopäden überweisen, der feststellt, ob eine Überempfindlichkeit des Mundes besteht.

So entwickelt sich Ihr Baby

In diesen Monaten wird Ihr Baby immer geselliger. Es will die Aufmerksamkeit anderer erregen und kommuniziert mit seiner Umwelt. Ihr Baby erlebt eine aufregende Zeit, da es sitzen, »stehen« (mit Unterstützung) und schließlich krabbeln lernt. Ebenso lernt es, mit Gegenständen zu hantieren und erwirbt ein Verständnis von der »Objektpermanenz« (s. gegenüber).

Umdrehen und Sitzen In Rückenlage trainiert Ihr sechs Monate altes Baby nun seine Bauchmuskeln, die es zum Sitzen und Krabbeln benötigt. Es hebt nicht nur gern die Beine hoch und hält seine Füße fest, sondern es hebt auch den Kopf und betrachtet seine Füße. Alle diese schwierigen Übungen zahlen sich aus, wenn Ihr Baby sich vom Bauch auf den Rücken und vom Rücken auf den Bauch drehen kann. Es protestiert nun heftig gegen das Wickeln, weil es in dieser Position so passiv bleiben muss. Das Wickeln wird eine echte Herausforderung für Sie, weil es immer versucht, sich auf den Bauch zu drehen.

Ihr Baby kann nun frei sitzen. Am Ende dieser Phase kann es sich aus dem Liegen hinsetzen und umgekehrt. Es ist begeistert von dieser neuen Fähigkeit. Da das Baby nun gerne eine Weile im Sitzen für sich spielt, wird für viele Mütter das Leben zum ersten Mal seit der Geburt des Babys etwas normaler. Zumindest bekommen Sie ein wenig Freiraum!

Krabbeln Ihr Baby bewegt sich bald gekonnt ins Sitzen und wieder zurück. Es greift nach Spielsachen und dreht sich sogar zur Seite, um ein etwas weiter weg liegendes Spielzeug zu erreichen. Auf diese Weise gelangt es eines Tages in die Krabbelstellung – es greift zu weit und landet auf allen Vieren. Zunächst schaukelt es in dieser Position ein wenig vor und zurück, dann plumpst es auf den Bauch. Nach ein paar Tagen Schaukeln setzt es sich in Bewegung, meistens zuerst rückwärts. Es ist egal, wie Ihr Baby zum Krabbeln kommt; es kann zuerst auf dem Bauch robben oder aus der Bauchlage in eine Krabbelposition gehen. Wichtig ist, dass es überhaupt krabbelt oder zumindest eine Form der Vorwärtsbewegung findet. Lernt es nur langsam krabbeln, helfen Sie ihm, indem Sie es oft auf den Bauch legen.

Bewegung und Handgeschicklichkeit Wenn Ihr Baby beim Stehen gehalten wird, trägt es sein Gewicht schon ganz allein und wippt gern auf seinen Füßen. Jede Bewegung macht ihm nun Spaß. Ihr Baby liebt es zu hüpfen, sich zu bewegen und zu schwingen.

Jetzt kann es ein Spielzeug von einer Hand in die andere nehmen und mit Dingen hantieren. Es hält gern etwas fest und untersucht Dinge nicht nur mit dem Mund, sondern immer zielgerichteter mit den Händen.

Ihr geselliges Baby

Ihr Baby entwickelt sich zu einer wahren Plaudertasche. Ein Singsang-Geplapper, Glucksen und kleine Schreie gehören zu seinem neuen verbalen Repertoire. Es imitiert sogar Unterhaltungen. Es kennt seinen Namen und weiß, was »nein« bedeutet. Es versteht soziale Situationen immer besser und winkt zum Abschied.

Ihr Baby hängt nun sicher sehr an einem Trostobjekt, wie der Schmusedecke oder einem Kuscheltier. Das ist Ausdruck seiner wachsenden Selbstständigkeit: Es hat nun einen anderen Trostspender außer Ihnen.

Objektpermanenz entwickeln Mit etwa acht Monaten fremdelt Ihr Baby; es merkt sofort, wenn Sie außer Sicht sind (s. S. 173). Mit neun Monaten erwirbt es eine Vorstellung von »Objektpermanenz«: das Bewusstsein, dass etwas noch existiert, auch wenn es nicht zu sehen ist. Es schaut sich um und sucht nach einem heruntergefallenen Spielzeug, es liebt Guckguck-Spiele. Nun mag es auch Fingerspiele und andere Körperspiele wie »Da kommt der Bär«.

Robben Wenn Ihr Baby krabbeln übt, drückt es sich auf seinen Armen hoch und versucht sich so vorwärtszuschieben.

Meilensteine

Ihr Baby liebt den Austausch mit Menschen und lässt sich auf seine Umwelt ein. Die bessere Körperbeherrschung bedeutet, dass es Arme und Hände zum Untersuchen von Dingen und zum Lernen frei hat. Es entwickelt seine Gefühle weiter, seine Persönlichkeit bildet sich heraus. Folgende Meilensteine erreicht es mit neun Monaten.

Entwicklungsbereich	Meilensteine
Grobmotorik	Es sitzt stabil und erkundet dabei Dinge. Es kann knien. Krabbeln ist die wichtigste Fortbewegungsart. Es klettert, um die Umgebung zu erkunden. Es trägt sein Gewicht beim Stehen.
Feinmotorik	Es lässt Gegenstände willentlich los. Es schlägt Dinge zusammen und zerreißt Papier. Es nimmt kleine Dinge wie Erbsen mit Daumen und Zeigefinger auf (Pinzettengriff).
Hand-Augen-Koordination	Es nimmt Dinge von einer Hand in die andere. Es untersucht Dinge aufmerksam mit den Augen.
Sprache	Es kombiniert Laute wie »ba-ba« und »da-da«. Es kennt die Bedeutung von »nein« und »tschüss«.
Sozialer/emotionaler Bereich	Es setzt Bewegungen, wie Zeigen und Greifen, zur Kommunikation ein. Die Angst vor Fremden lässt am Ende dieses Stadiums nach.
Regulation	Die Selbstberuhigung ist gut entwickelt – es sollte in den Schlaf zurückfinden. Es reguliert seinen Appetit und äußert klar, wann es Hunger hat oder satt ist.

Festhalten Wenn es nun mit den Händen geschickter wird, untersucht Ihr Baby Gegenstände mehr mit den Händen als mit dem Mund.

Achtung: Babygeher

Viele Eltern erwägen die Anschaffung eines sogenannten Babygehers. Doch es gibt zwei wichtige Argumente, die gegen die Lauflernhilfen sprechen:

● Sie erhöhen die Sturzgefahr: Aufgrund der Gewichtsverteilung Ihres Babys kann das Gestell leicht umkippen. In den USA gehört das Umkippen mit dem Babygeher zu den häufigsten Ursachen von Kopfverletzungen bei Babys im ersten Lebensjahr.

● Sie behindern die Entwicklung: Lauflernhilfen werden meist dann genutzt, wenn das Baby seine fürs Krabbeln erforderlichen Fähigkeiten üben sollte. Sie behindern nicht nur die Entwicklung des Krabbelns auf motorischer Ebene, sondern senken auch die Motivation zu krabbeln, weil das Baby mit dem Babygeher überallhin gelangen kann. Zudem hat die gestützte Stehhaltung negative Auswirkung auf die Entwicklung von Hüften, Beinen und Füßen.

Wenn Sie dennoch eine Lauflernhilfe verwenden wollen, setzen Sie sie nicht als Babysitter ein. Setzen Sie Ihr Baby nicht länger als zehn Minuten am Tag unter ständiger Aufsicht hinein. Besser ist ein Schiebewagen.

Sinnvoll fördern

Ihrem Baby genügt es nicht mehr, einfach dazusitzen und die Welt zu beobachten; es will mobil werden. Sein innerer Drang, sich zu bewegen, ist der Katalysator für eine wahrhafte Explosion der motorischen Fähigkeiten: Es dreht sich auf dem Bauch, es robbt und krabbelt. Es setzt beide Hände gleichzeitig ein. Da es immer mehr Sinnesreize verkraftet, können Sie es nun nach den hier genannten Vorschlägen häufiger anregen. Achten Sie aber immer genau auf Warnsignale der Überreizung oder Verunsicherung. Behalten Sie einen festen Tagesablauf bei, er tut Ihrem Baby gut. Ermutigen Sie es, wenn es danach strebt, wichtige Meilensteine wie Umdrehen und Krabbeln zu erreichen. Sie legen das Fundament für die spätere Entwicklung.

Zeitpunkt

Bauen Sie sowohl Anregungen als auch Beruhigungsstrategien in Ihren Tag ein. Doch zum ersten Mal treten nun anregende Aktivitäten in den Vordergrund. Die Wachphasen Ihres Babys dauern nun zwei bis zweieinhalb Stunden; in dieser Zeit verkraftet es beinahe eine Stunde Anregung. Jetzt bietet sich ein Babyschwimmkurs oder Babyturnen an – es wird begeistert sein.

Beenden Sie zehn Minuten vor dem Tagschlaf und eine Stunde vor dem abendlichen Zubettgehen die anregenden Reize und spielen Sie nur noch ruhig mit ihm.

Umgebung

Mit zunehmendem Alter können Sie die Umgebung des Babys eher anregend als beruhigend gestalten. Das betrifft jedoch nicht die Schlafenszeiten.

Sehen Ihr Baby lernt nun viel über seinen Gesichtssinn und erkundet Gegenstände visuell. Geben Sie ihm jeweils nur wenige Spielsachen, die es genau untersuchen kann. Zu viel Spielzeug auf einmal behindert die Konzentration. Lassen Sie nicht im Hintergrund das Fernsehen laufen – die Kombination stupider visueller Reize mit Klängen ist für Ihr Baby nicht förderlich.

Hören Sprechen Sie mit Ihrem Baby immer über das, was Sie tun. Sie können im Hintergrund Musik und Kinderlieder abspielen.

Fühlen Spielplätze und die Natur liefern tolle Gelegenheiten, das Umfeld mit dem Tastsinn zu erkunden. Lassen Sie Ihr Baby auf einem Bauernhof oder am Strand alles »erfühlen«.

Motorische Entwicklung In Parks und auf Spielplätzen lässt sich die Muskelentwicklung wunderbar fördern. Zeigen Sie ihm Gras und Blätter und erkunden Sie gemeinsam die Spielgeräte.

Aktivitäten

Schlafenszeit

Auch wenn Ihr Baby nun mehr Sinnesanregungen verkraftet und länger im aufmerksamen Wachzustand bleibt, setzen Sie es vor dem Zubettgehen nur wenigen Reizen aus. Insbesondere der Sonnenschein und das sensible Baby finden bei Überreizung nur schwer zur Ruhe.

Sehen Viele Babys wachen in diesem Alter sehr früh auf. Lassen Sie das Zimmer verdunkelt, um längeres Schlafen zu fördern. Stellen Sie nichts Buntes oder Interessantes in Bettnähe.

Hören Wiegenlieder sind beruhigend, doch wenn Ihr Baby nicht daran gewöhnt ist, können sie es eher anregen als besänftigen. Gleichmäßige Geräusche helfen ihm, in einen tieferen Schlaf zu finden.

Fühlen Verwenden Sie weiche Decken, Bettwäsche, Schlafkleidung. Geben Sie ihm ein Kuscheltier oder eine Schmusedecke als Trostobjekt, das es als Selbstberuhigungshilfe nutzen kann (s. S. 176). Schläft es trotz intensiver Ursachenforschung weiterhin schlecht (s. S. 112), schreiben Sie auf, was es nachts anhat. Manchmal ist ein störendes Etikett oder kratzender Stoff der Grund. Das gilt insbesondere für sensible Babys.

Bewegung Beruhigende Bewegung wird nun weniger wichtig. Das Wiegen kann Ihr Baby sogar eher anregen als einschläfern.

Beim Wickeln

Gegen Ende dieser Phase will Ihr Baby zum Wickeln nicht mehr auf den Rücken gelegt werden.

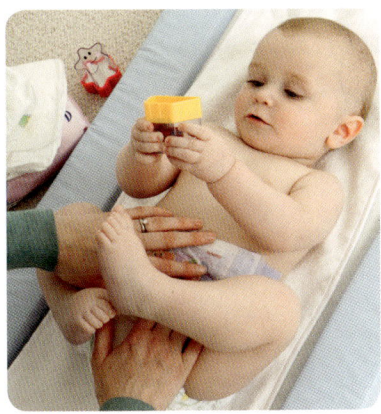

Sehen Lustige Mobiles mit auswechselbaren Motiven machen weiterhin Spaß. Ihr Baby betrachtet sie gern und freut sich, wenn es danach greifen kann. Lassen Sie es Spielsachen mit den Händen untersuchen, z. B. Bauklötze und bunte Bücher, um es beim Wickeln zu beschäftigen.

Hören Ein Musikmobile über dem Wickelplatz lenkt es ebenfalls ab.

Motorische Entwicklung Damit es lernt, sich aus dem Liegen aufzusetzen, halten Sie es nach dem Wickeln an einem Arm und rollen Sie es zur Seite und dann hoch zum Sitzen. So bekommen seine Muskeln ein Gefühl von dem notwendigen Bewegungsablauf.

Badezeit

Sie leitet weiterhin das Einschlafritual ein, sollte also ruhig ablaufen.

Sehen Geben Sie ihm Badespielsachen, die es beim Hin- und Herschwimmen beobachten kann; das trainiert die Augenmuskulatur.

Hören Singen und sprechen Sie mit Ihrem Baby. Nutzen Sie zusätzlich andere Sinne, um sein Körperbild zu stärken – benennen Sie z. B. die Körperteile, die Sie gerade waschen.

Fühlen Lenken Sie die Aufmerksamkeit Ihres Babys durch Berührungen auf einen Körperteil – reiben Sie seinen Bauch fest mit einem Waschlappen oder pusten Sie auf seinen Bauch. Ermuntern Sie es, danach zu greifen. Reiben Sie seine Zehen vorsichtig mit einer weichen Bürste und sagen Sie: »Das sind deine Zehen.« Geben Sie etwas Schaumbad ins Wasser; Ihr Baby wird den Schaum begeistert untersuchen.

Motorische Entwicklung Ihr Baby kann nun in der Wanne sitzen. Verwenden Sie eine Sitzhilfe oder eine rutschfeste Wanneneinlage, damit es nicht unter Wasser rutscht. Lassen Sie es niemals allein in der Wanne, keine Sekunde lang. Geben Sie ihm Spielzeug zum Ausgießen. Das Gießen entwickelt die Schultermuskulatur. Plastikbecher sollten so klein sein, dass es gut damit umgehen kann.

Riechen Lavendel- oder Kamillenbäder wirken beruhigend.

Weitere Aktivitäten

Wachzeiten

Das ist die beste Zeit zum Lernen. Ihr Baby kann nun mehr Sinneseindrücke verarbeiten. Im aufmerksamen Wachzustand lernt es viel über die Welt.

Sehen Ausflüge machen Ihrem Baby große Freude. Lassen Sie es im Sportwagen die Welt entdecken, zeigen und beschreiben Sie ihm interessante Dinge. Zur Kräftigung der Augenmuskulatur lassen Sie es einen wegrollenden Ball beobachten oder zeigen Sie ihm ein Flugzeug oder Auto, das sich bewegt. Ihr Baby liebt Versteckspiele. Damit es die Objektpermanenz besser begreift, lassen Sie es ganz oder teilweise versteckte Gegenstände finden.

Hören Zeigen Sie Ihrem Baby, wo Geräusche herkommen, damit es die gehörten Klänge mit ihrer Bedeutung verbindet. Sprechen und gestikulieren Sie ausdrucksstark.

Imitieren Sie seine Lautbildung. Lesen Sie ihm vor, zeigen Sie ihm bunte Bilder. Setzen Sie Ihr Baby beim Kochen auf den Küchenboden mit Töpfen und Pfannen zum Daraufschlagen. Geben Sie ihm andere Gegenstände, die interessante Geräusche machen. Finger- und Handpuppen regen zur Kommunikation an. Stofftiere und Fingerspiele mit Musik machen ihm nun viel Spaß: »Backe, backe, Kuchen«, »Zehn kleine Zappelmänner« usw.

Fühlen Bei einem Fühlspaziergang lassen Sie Ihr Baby verschiedene Oberflächen in der Natur spüren, wie Blätter, Baumrinde usw. Beschreiben Sie die Eigenschaften der Dinge, z. B. weiches Blatt, grober Sand, nasses Gras.

Halten Sie eine Auswahl an Fühlobjekten, wie Gummitiere, verschiedene Stoffe, Holzklötze und kleine Gummibälle, bereit, mit denen es in jedem Zimmer spielen kann.

Bewegung Setzen Sie sich mit Ihrem Baby auf eine Schaukel und schaukeln Sie in alle Richtungen. Spielzeuge zum Ziehen und Schieben machen ihm Spaß. Lassen Sie das Baby sich auf Ihrem Schoß in den Stand hochziehen und hüpfen. Babyschaukeln sind umstritten, weil sie manchmal einen verkehrten Stand des Kindes begünstigen. Im Zweifelsfall verwenden Sie sie nicht. Setzen Sie Ihr Baby nicht länger als zehn Minuten am Tag in die Schaukel; lassen Sie es dabei nie unbeaufsichtigt.

Motorische Entwicklung Setzen Sie Ihr Baby ins Gras oder auf den Teppich und lassen Sie es nach Spielzeugen greifen. Dabei trainiert es Sitzen und Gleichgewicht und wird zum Krabbeln

angeregt. Jetzt ist der richtige Zeitpunkt für einen Babyschwimmkurs. Die gemeinsame Zeit im warmen Wasser regt alle Sinne und die Muskelentwicklung an.

Um die Balance im Sitzen zu fördern, lassen Sie Ihr Baby auf Ihren Schoß sitzen und heben Sie langsam eines Ihrer Beine an, gerade so viel, dass es sein Gleichgewicht etwas verlagern muss, um nicht umzufallen. Spornen Sie Ihr Baby zum Krabbeln an, indem Sie Spielsachen knapp außer seiner Reichweite legen. In Bauchlage oder auf allen Vieren über Ihr Bein gelegt können Sie es schaukeln.

Lassen Sie das Baby über Hindernisse krabbeln, etwa Kissen, Decken und Ihren Körper.

Fördern Sie die Geschicklichkeit seiner Hände, indem Sie ihm verschieden geformte Dinge zum Festhalten geben. Spielen Sie Klatschspiele wie »Backe backe Kuchen«. Das Zerreißen von Papier fördert den gleichzeitigen Einsatz beider Hände. Geben Sie ihm verschiedene Papiersorten zum Zerknüllen. Heften Sie Aufkleber auf die Hand des Babys, die es abziehen kann.

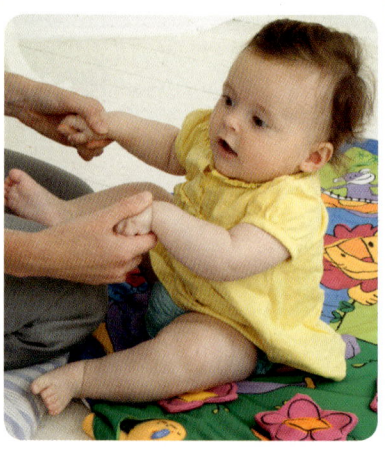

WAS MEIN BABY WILL

Unterwegs

Musik und Spielsachen machen das Reisen interessant. Ihr Baby mag Ausflüge im Buggy oder Tragesitz.

Sehen Vielleicht will Ihr Baby nun nicht mehr im Autositz sitzen. Lenken Sie es durch ein Mobile mit interessanten Naturobjekten ab. Hängen Sie dieses an den Haltegriff über dem Seitenfester.

Hören Leisten Sie sich eine gute CD mit Kinderliedern.

Bewegung Wenn Ihr Baby reisekrank wird oder das Autofahren nicht mag, reagiert es vielleicht überempfindlich auf die Bewegung. Nuckeln (am Schnuller, einer Flasche oder einer Schnabeltasse mit Tee oder verdünntem Fruchtsaft) schafft Abhilfe. Sehr kalte Getränke lindern Reiseübelkeit.

Mahlzeiten

Sie bieten eine wunderbare Gelegenheit zum Entdecken und Lernen.

Fühlen Lassen Sie Ihr Baby mit seinem Essen spielen, mit Nudeln, Brotkanten, Wackelpudding, Wassermelone, Eis und Getreideflocken. Beschreiben Sie die Eigenschaften der Nahrungsmittel.

Motorische Entwicklung Fingerfood essen gehört zu den ersten Dingen, die Ihr Baby selbstständig tun kann. Fördern Sie seine Feinmotorik, indem Sie ihm kleine Stücke geben. Beaufsichtigen Sie es immer, falls es etwas verschluckt. Beobachten Sie, wie Ihr Baby nun im Hochstuhl Spielsachen loslässt und hinunterwirft. Befestigen Sie ein Band am Spielzeug, damit Ihr Baby es selbst wieder hochziehen kann.

Spielsachen

Es gibt ein riesiges Angebot an Spielzeug für dieses Alter; wir können hier unmöglich all die wunderbaren Dinge auflisten. Hüten Sie sich jedoch vor einem Überangebot. Machen Sie Ihr Baby mit einigen Spielzeugen vertraut, die Sie immer wieder austauschen. Geben Sie ihm nur wenige Gegenstände auf einmal, sonst ist es überfordert. Es vergisst, dass einige Sachen beiseite geräumt wurden, und wird sie später wieder neu entdecken. Das ist besonders sinnvoll nach Festen und Geburtstagen mit vielen Geschenken.

Sehen Empfehlenswert sind Bücher mit bunten, klaren Abbildungen, am besten Pappbilderbücher oder Plastikbücher. Stellen Sie persönliche Bücher her mit Fotos aus dem Alltag Ihres Babys (Tasse, Mama und Papa, Teddybär, Bett). Bücher, die sich am Buggy befestigen lassen, sind für unterwegs praktisch. Mithilfe von Versteck-Spielzeugen lernt Ihr Baby Objektpermanenz. Zeichnen Sie ein Gesicht auf einen Kochlöffel und stecken Sie ihn in eine leere Papprolle.

Schieben Sie den Löffel hoch, damit das Gesicht auftaucht, dann ziehen Sie es zurück und es verschwindet.

Hören Zeigen Sie ihm, wie man mit Rasseln und Glöckchen umgeht. Lassen Sie es CDs mit Liedern und Musik hören; zeigen Sie ihm Bilder von Tieren und ahmen Sie deren Laute nach.

Fühlen Jedes Objekt unterschiedlicher Beschaffenheit fasziniert Ihr Baby. Es gibt auch Stapelbecher mit verschiedenen Oberflächen. Geben Sie ihm Beißringe und Fühlbücher, damit es die verschiedenen Strukturen mit Händen und Mund erforschen kann.

Bewegung Schaukeln und Hängematten fördern den Bewegungssinn. Lassen Sie Ihr Baby darin aber niemals unbeaufsichtigt.

Motorische Entwicklung Spielzeugketten für den Buggy machen unterwegs Spaß und fördern feinmotorische Fähigkeiten. Vergessen Sie nicht die traditionellen, langlebigen Spielsachen wie Holzklötze und Bälle.

Kapitel 13

Ihr Baby: neun bis zwölf Monate

Das erste Jahr ist beinahe vorüber. Sie haben einen neuen Menschen in Ihr Leben aufgenommen und er hat Ihre Welt verändert, neu geformt und bereichert. Ihre Erziehungsfähigkeiten verbessern sich Tag für Tag, auch wenn Sie gelegentlich Selbstzweifel und Schuldgefühle haben. In den vergangenen neun Monaten sind Sie Experte geworden für Themen wie Babyernährung, Schlafen und Entwicklung – und wissen genau Bescheid über Babykost und kinderfreundliche Restaurants. Ihr Baby kommt nun in die aufregendste (und für Sie anstrengendste) Phase des ersten Lebensjahres. Es wird mobil und kann bald selbst entdecken, wie spannend seine Welt ist.

Babyzentrierte Routine

● Beschränken Sie die Wachzeiten Ihres Babys auf zweieinhalb bis drei Stunden und planen Sie dafür Essen, Wickeln, Ausflüge und Spielzeit ein.

● Ihr Baby schläft tagsüber vermutlich ein- bis dreimal, jeweils 45 Minuten bis zwei Stunden. Nachts sollte es elf bis zwölf Stunden ohne Mahlzeit durchschlafen.

● Innerhalb von 24 Stunden schläft es vermutlich zwölf bis 15 Stunden.

● Es bekommt nun ein bis zwei Milchmahlzeiten am Tag und dreimal Beikost.

Wahl der Kinderbetreuung

● Bei der Betreuung zu Hause: Hält sich die Betreuerin an die Routine des Babys?

● Bei Betreuung durch eine Angehörige oder Freundin: Ist sie mit den Grundsätzen moderner Erziehung vertraut? Ist sie bereit, einen Ratgeber zu lesen und einen Erste-Hilfe-Kurs zu absolvieren?

● Respektiert die Betreuungsperson Ihre Wünsche, z.B. kein Fernsehen, rauchfreie Wohnung?

● Wird Ihr Baby außerhalb Ihrer Wohnung betreut: Ist die Umgebung sauber und kindersicher?

● Wie reagiert die Betreuungsperson auf Wutanfälle des Kindes?

● Hält sich die Betreuerin an den Mahlzeitenplan Ihres Kindes?

● Hat die Betreuerin Erfahrung im Umgang mit Babys?

Ein Tag im Leben Ihres Babys

Ihr Leben scheint nun eine gewisse Struktur zu bekommen, die Tage werden berechenbarer und Sie können wieder planen. Veränderungen der Routine verkraftet Ihr Baby inzwischen besser. Sie können die Tage besser einteilen, wenn Ihr Baby einen halbwegs festen Ablauf hat.

Mamas Welt: Babybetreuung

Vielleicht haben Sie vor, bald wieder arbeiten zu gehen. Die Entscheidung, ob Sie Vollzeitmutter oder berufstätige Mutter sein wollen, ist nicht einfach; dabei spielen persönliche und wirtschaftliche Gründe eine Rolle. Manche Mütter finden Erfüllung in ihrer Mutterrolle, andere benötigen die Herausforderungen und Anregungen außerhalb der Familie, um ihr persönliches Gleichgewicht zu finden. Manche Mütter arbeiten wieder ganztags, andere finden eine Teilzeitstelle und können so Beruf und Familie leichter vereinbaren.

Die Suche nach einer Betreuung für das Baby bringt viele neue Gefühle mit sich. Es gibt wohl keine Mutter, der nicht das Herz blutet, wenn sie das erste Mal arbeiten geht und Ihr Baby in fremder Obhut zurücklässt. Damit die Trennung nicht so schwerfällt, ist es entscheidend, dass Sie die richtige Betreuungsform finden.

Die richtige Betreuung finden

Viele Untersuchungen haben gezeigt, dass es einem Baby nicht schadet, wenn es während der Berufstätigkeit der Eltern in einer qualitativ guten, verlässlichen und liebevollen Fremdbetreuung ist. Auch wenn das Baby eine enge Beziehung zur Betreuungsperson eingeht, beeinträchtigt diese das emotionale Band zwischen Mutter und Kind nicht. Solange es eine sichere, fürsorgliche Umgebung hat, lernt es etwas über zwischenmenschliche Bindungen und seine Grundbedürfnisse werden befriedigt. Vielleicht haben Sie das Glück, dass Ihr Baby bei Ihnen zu Hause betreut werden kann – von einer Kinderfrau, einem Au-pair, einer Freundin oder Angehörigen. Erfolgt die Betreuung außer Haus, können liebevoll geführte Kinderkrippen und Tagesmütter ein verlässlicher, angenehmer Ort für Ihr Baby sein. Vergewissern Sie sich bei einer Tagesmutter, ob sie vom Jugendamt zugelassen ist und damit Grundkenntnisse in Kinderpflege besitzt. Erzieherinnen in Kinderkrippen haben eine spezielle Ausbildung für die Betreuung von Kindern unter drei Jahren. Nehmen Sie sich Zeit, alle Möglichkeiten der Betreuung genau zu bedenken. Schauen Sie sich verschiedene Einrichtungen an; informieren Sie sich über Tagesmütter in Ihrer Gegend. Und vertrauen Sie Ihrem Instinkt!

So funktioniert die Beziehung
Die Betreuerin wird für Ihr Baby eine zentrale Bezugsperson sein. Sie müssen gegenseitig Vertrauen und Respekt entwickeln, so wie in jeder anderen Beziehung. Beachten Sie dazu diese Tipps:

❶ Finden Sie jemanden, der Sie respektiert und Ihre Erziehung unterstützt. Es funktioniert auf Dauer nicht, wenn Sie sich kritisiert oder übergangen fühlen.

❷ Wählen Sie eine Tagesmutter bzw. eine Einrichtung, die offen und freundlich reagiert, wenn Sie unangemeldet kommen.

❸ Respektieren Sie die Betreuerin und schaffen Sie einen professionellen Rahmen: angemessene Entlohnung, Einhalten von Absprachen, keine unentgeltlichen Dienste.

❹ Bevormunden Sie die Betreuerin nicht. Sie haben sie ausgewählt, weil sie für diese Aufgabe qualifiziert ist. Machen Sie sie mit den Signalen Ihres Babys und seiner Routine vertraut.

Babywelt:
zu Hause und unterwegs

Ob Sie zu Hause bleiben oder unterwegs sind – nun, da Ihr Baby mobil ist, gibt es neue Fragen und Risiken zu bedenken: Ist Ihre Wohnung kindersicher? Wollen Sie Ihr Baby durch Kurse fördern?

Kindersichere Wohnung
Ein mobiles Baby ist im Haushalt sehr gefährdet. Es untersucht alles, weiß aber nichts von Sicherheit und Grenzen; daher müssen Sie ihm immer auf

Kein Durchgang Treppengitter sind zum Schutz gegen Unfälle unverzichtbar.

Außer Reichweite Arzneien sollten weit oben stehen.

Krippe oder Tagesmutter auswählen

● Fühlen Sie sich vom ganzen Krippenteam oder der Tagesmutter willkommen geheißen?

● Ist die Atmosphäre entspannt und fröhlich?

● Ist die Krippe sauber, hell und luftig – kein Geruch von schmutzigen Windeln oder Essen?

● Sind Spielsachen und Spielausstattung in gutem Zustand oder reparaturbedürftig?

● Kennen die Betreuungspersonen die Namen aller Kinder?

● Wie ist der Betreuungsschlüssel? Bei Babys und auch noch bei Kleinkindern sollte eine Betreuerin auf maximal drei bis vier Kinder kommen.

● Wirken die Kinder zufrieden, glücklich und interessiert?

● Wie wird ein wütendes Kind behandelt?

● Ist das Betreuungspersonal gut ausgebildet und hat es Gelegenheit, regelmäßig an Weiterbildungen teilzunehmen?

● Gibt es jeden Tag bestimmte Aktivitäten für Babys aller Altersgruppen?

● Ist die Krippe oder die Wohnung der Tagesmutter für Sie gut erreichbar? Denken Sie an Verkehr und Stoßzeiten – wann müssen Sie den Arbeitsplatz verlassen, um Ihr Baby abzuholen?

● Gibt es ein Außengelände zum Spielen mit ansprechender Gestaltung? Ist genug Platz für alle Kinder?

Kleine Zähne pflegen

Zahnpflege bedeutet jetzt vor allem, Karies vorzubeugen, indem Sie auf bestimmte Dinge verzichten. Hier einige Tipps:

● Lassen Sie Ihr Baby nie mit einem Fläschchen Milch, Saft oder Tee im Mund einschlafen. Der Zucker in den Getränken fördert Karies.

● Verzichten Sie in diesem Alter ganz auf Süßigkeiten.

● Bieten Sie Ihrem Baby gesunde Nahrungsmittel an, die zum Kauen anregen; das stimuliert den Speichelfluss, der Speisereste wegspült.

● Geben Sie etwas Babyzahncreme auf Ihren sauberen Finger oder eine Babyzahnbürste und säubern Sie vorsichtig die neuen Zähnchen. Ausspülen ist nicht notwendig.

den Fersen bleiben, wenn Ihre Wohnung nicht kindersicher ist. Nehmen Sie sich die Zeit, Haus und Garten kindersicher zu machen.

● **Wasser** Ein Baby kann bereits in wenige Zentimeter hohem Wasser ertrinken, und zwar in weniger als einer Minute. Lassen Sie kein Wasser in Eimern oder Becken stehen und beaufsichtigen Sie das Baby immer im Bad. Decken Sie Teiche oder Vogeltränken im Garten ab oder zäunen Sie sie ein.

● **Zerbrechliches** Stellen Sie alle kostbaren Gegenstände und alles Zerbrechliche außer Reichweite. Das gilt auch für Geschirr.

● **Elektrische Geräte** Elektrokabel, z. B. von Bügeleisen und Wasserkocher, müssen außer Reichweite sein, damit Ihr Kind nicht kochendes Wasser oder ein heißes Bügeleisen zu sich herunterziehen kann. Sichern Sie alle Steckdosen mit Abdeckungen.

● **Badezimmer** Schließen Sie die Badezimmertür immer, da im Bad viele Gefahren lauern. Bewahren Sie Medikamente hoch oben auf, wo Ihr Baby sie nicht sehen kann.

● **Küche** Bewahren Sie alle Reinigungsmittel außer Reichweite in hohen Schränken auf. Sichern Sie Schubladen und Schränke, die gefährliche Dinge enthalten, wie Messer oder schwere Pfannen.

● **Möbel** Befestigen Sie Bücherregale und Schränke an der Wand und stellen Sie wacklige Möbel und Tische weg. Babys ziehen sich überall zum Stehen hoch und können schwere Gegenstände umwerfen.

● **Treppen** Befestigen Sie oben und unten Treppenschutzgitter.

Babykurse

Manchmal fühlen Sie sich sicher überwältigt angesichts all der Möglichkeiten, wie Sie Ihr Baby fördern können. Sie überlegen, ob Sie Ihr Baby zu einem Kurs anmelden sollen, der bestimmte Entwicklungsbereiche stärkt, Spielanregungen vermittelt oder die Möglichkeit zum Treffen mit anderen Müttern und Babys bietet. Falls Sie in einer Gegend neu sind, sind solche Kurse gut geeignet, um Kontakte zu knüpfen.

Achten Sie genau darauf, wann die Kurse stattfinden, denn Ihr Baby profitiert nur davon, wenn es aufmerksam-wach ist – egal ob bei Musik, Schwimmen oder Babyyoga. Ihr Baby hat nichts von dem Kurs, wenn er zu Zeiten stattfindet, in denen es Hunger hat oder müde ist. Vor allem sehr muntere und unruhige Babys können in der Kurssituation schnell überreizt werden, sodass sie vom Kurs kaum profitieren.

Wägen Sie die Vor- und Nachteile eines Kurses ab. Lassen Sie sich nicht von mütterlichem Pflichtgefühl dazu drängen, zusätzliche Aktivitäten zu planen, wenn Sie keinen wirklichen Nutzen darin sehen. Wenn Sie jedoch die Zeit und die Mittel dazu haben und genau darauf achten, ob der Kurs in den Tagesablauf Ihres Babys passt, bietet er eine gute Gelegenheit zu einer intensiven, ungestörten Zeit mit dem Baby.

Dem Baby helfen zu schlafen

Wenn Sie gedacht haben, Sie könnten am Ende des ersten Jahres sicher nachts durchschlafen, Ihr Baby aber immer noch nicht so weit ist, sind Sie bestimmt sehr desillusioniert und erschöpft. Dabei waren Ihre Erwartungen durchaus realistisch. Wenn Ihr Baby noch nicht durchschläft, unternehmen Sie diese Schritte.

Sensorische Schlafhilfen

Die Sinnesumgebung beeinflusst maßgeblich den Schlaf Ihres Babys. Schließen Sie zunächst sensorische Ursachen für Schlafprobleme aus – siehe unten. Wenn Sie auf alle Fragen mit »nein« geantwortet haben, lesen Sie nochmals nach, wie Sie über die Sinne das Einschlafen erleichtern (s. S. 174ff.).

- Spielen Sie am Spätnachmittag viele Bewegungsspiele?
- Schläft Ihr Baby immer am gleichen – ruhigen – Ort?
- Sind Sie sicher, dass es am Spätnachmittag nicht überreizt wurde?
- Hat Ihr Baby etwas zum Nuckeln (Daumen oder Schnuller)?
- Hat es ein Trostobjekt, wie Schmusedecke oder Kuscheltier?

Körperliche Unruhe Ihr Baby erkundet seine Welt und erwirbt jeden Tag neue motorische Fähigkeiten. Die Muskeln geben dabei dem Gehirn sehr viel sensorische Rückmeldung, die die Körperwahrnehmung verbessert: das Bewusstsein, wie sich der Körper im Raum bewegt. Dies unterstützt einen guten Schlaf. Die Muskelaktivität hebt die Stimmung und fördert den Schlaf, genauso wie ein langer Spaziergang oder ein Tag beim Schwimmen. Viele Eltern stellen fest, dass ihr Baby besser schläft, sobald es mobil wird. Allerdings gibt es eine Ausnahme, wenn ein Meilenstein neu erreicht wird: Wenn das Baby krabbeln, stehen und laufen lernt, kann es etwas ruhelos sein und seine neue Fähigkeit auch nachts üben (s. S. 179).

Kopf anstoßen und mit dem Körper schaukeln Manche Babys stoßen vor dem Einschlafen Ihren Kopf an, verdrehen ihn oder wiegen ihren Körper. Das wirkt höchst beunruhigend, ist aber keine Form der Selbstverletzung. Das Baby besänftigt sich durch diese rhythmische Bewegung. Wenn Sie sich Sorgen machen, wenden Sie sich an Ihren Kinderarzt.

Ursache dieser rhythmischen Bewegung ist oft ein sensorisches Bedürfnis. Manche Babys konzentrieren sich so wieder auf sich selbst, wenn sie überreizt und übermüdet sind. Dadurch balancieren sie ihr Erregungssystem aus, werden ruhiger und schlafen schließlich ein. Dieses Verhalten verliert sich meist mit etwa vier Jahren. Übermüdung und Überreizung begünstigen es. Achten Sie also auf einen Mittagsschlaf

Schlaf: Was jetzt zu erwarten ist

- Ihr Baby schläft problemlos ein, wenn es maximal zweieinhalb bis drei Stunden wach gewesen ist.
- In diesem Stadium lässt Ihr Baby den letzten Nachmittagsschlaf ausfallen und benötigt nur noch zwei Schlafphasen am Tag: morgens etwa um 9 oder 10 Uhr und einen Mittagsschlaf von ein bis zwei Stunden.
- Wecken Sie Ihr Baby, wenn es nach 16 Uhr noch schläft, damit es abends zur Ruhe findet.
- Empfehlenswert ist eine Schlafenszeit nicht nach 19 Uhr. Ihr Baby wacht dann morgens zwischen 5 und 7 Uhr auf.
- Sie können erwarten, dass Ihr Baby elf bis zwölf Stunden ohne Mahlzeit durchschläft.

Gesunde Sinne fördern

Während eines »Scheitelpunkts« ist es nicht leicht, die Bettzeiten und den Tagschlaf so zu planen, dass das Baby zufrieden schläft. Doch in wenigen Wochen wird es sich umgestellt haben.

oder regelmäßige Ruhephasen; legen Sie Ihr Baby abends früher ins Bett, wenn es den Mittagsschlaf ausgelassen hat. Leiten Sie es tagsüber zu intensiverer Bewegung an – schaukeln, einen kleinen Wagen mit Bauklötzen oder Büchern schieben und draußen spielen. Gehen Sie mit ihm in den Park, wenn Sie keinen Garten haben. Sehr selten stehen solche rhythmischen Bewegungen des Kopfes oder Körpers in Zusammenhang mit Nervenstörungen. Ein Kinderarzt kann diese seltenen Erkrankungen diagnostizieren; wenden Sie sich also im Zweifelsfall an Ihren Arzt.

Den Tagschlaf unterstützen

Dank Ihres sanften, konsequenten Vorgehens sollte Ihr Baby auch tagsüber zufrieden schlafen und leicht zur Ruhe finden. Denken Sie daran, dass es eher von selbst ruhig wird, wenn:

● Sie seine Wachphasen beachten – achten Sie darauf, wie lange es schon wach ist (s. S. 51), und stellen Sie sicher, dass es alle drei Stunden schläft. Wenn es übermüdet ist, wehrt es sich eher gegen den Schlaf.

● es selbst einschlafen darf; falls Sie ständig eingreifen und hinter seinem Bettchen wachen, während es sich einkuschelt, oder es immer in den Schlaf wiegen, kann es nicht lernen, allein einzuschlafen.

Scheitelpunkte Ihr Baby sollte in diesem Alter höchstens zweieinhalb bis drei Stunden wach sein. Wenn Sie beachten, wie lange es schon munter war, helfen Sie ihm, schnell und zufrieden einzuschlafen. Manchmal protestiert es nun gegen das Schlafen am Tag. Das geschieht oft an Wendepunkten der Entwicklung, wenn es im Begriff ist, eine bestimmte Schlafphase nicht mehr zu brauchen. Dann lassen Sie es nachmittags länger wach sein und verlegen gleichzeitig die abendliche Schlafenszeit etwas vor.

Diese schwierigen Zeiten sind altersabhängig. Die erste liegt zwischen neun Monaten und dem ersten Geburtstag:

● Zwischen sechs und neun Monaten haben die meisten Babys tagsüber zwei bis drei kurze Schlafphasen von etwa 45 Minuten sowie eine längere (abhängig von der Dauer der anderen).

● Zwischen neun Monaten und einem Jahr müssen Sie vielleicht den letzten Nachmittagsschlaf ausfallen lassen oder verkürzen, wenn er das Ruhigwerden am Abend erschwert. Manche Babys brauchen noch ein Nickerchen, um das abendliche Ritual mit Baden, Füttern usw. durchzuhalten. Wecken Sie Ihr Baby um 16 Uhr, wenn es am Nachmittag schläft; dann können Sie eine Bettzeit zwischen 18 und 19 Uhr einhalten.

● Gegen Ende des ersten Jahres fällt der Schlaf am Spätnachmittag ganz weg und Ihr Baby ist nachmittags länger wach. Wenn es bis zu vier Stunden munter ist, stellt sich leicht Übermüdung ein. Legen Sie es in diesem Fall einige Wochen lang abends früher schlafen, damit es sich umstellt.

Die Ruhe am Abend fördern

Ein Einschlafritual dient dem Gehirn des Babys als Signal, schlaffördernde Hormone auszuschütten. Es ist daher ein wichtiger Teil des Abends. Am frühen Abend ist ein kleines Baby sehr anfällig für eine sensorische Überreizung. Das gilt insbesondere, wenn sich sein Tagschlafrhythmus gerade verändert (s. gegenüber) und es den Nachmittagsschlaf ausgelassen hat. Begrenzen Sie die Stimulation, vermeiden Sie wilde Spiele und aufregende Aktivitäten. Versuchen Sie folgenden Ablauf:

● Planen Sie eine Schlafenszeit zwischen 18 und 19 Uhr, je nachdem, wann es mittags aufgewacht ist. Gelegentlich müssen Sie es am Spätnachmittag vielleicht länger wach halten, um das Einschlafritual beizubehalten. Gute Schläfer verkraften dies problemlos. Ist Ihr Baby aber am frühen Abend besonders unruhig, lassen Sie es vor 16 Uhr 30 Minuten lang schlafen. Dann wecken Sie es und beginnen das Einschlafritual abends ein wenig später.

● Beginnen Sie das Einschlafritual mit einem beruhigenden, warmen Bad, gefolgt von einer sanften Massage (s. S. 105).

● Wenn Sie Ihr Baby aus dem Bad nehmen, wickeln Sie es in ein angewärmtes Handtuch. Fassen Sie es fest und sicher an. Bringen Sie es in sein Zimmer und ziehen Sie ihm Windel und Schlafanzug an. Legen Sie es in einen Schlafsack, wenn es Decken wegstrampelt. Alle Handlungen sind geruhsam. Bewegen Sie es nur wenig und regen Sie es nicht an.

● Ermuntern Sie es, sein Trostobjekt zu nehmen (Schmusedecke oder Kuscheltier), damit es sich selbst beruhigen kann. Dämpfen Sie das Licht und füttern Sie Ihr Baby im Dunkeln. Halten Sie es dabei in Ihren Armen, damit es das Bett nicht gedanklich mit Essen verbindet. Halten und wiegen Sie es, wenn nötig, damit es schläfrig wird. Nehmen Sie sich Zeit, schalten Sie ab und genießen Sie diese ruhigen Momente.

● Ist Ihr Baby entspannt und schläfrig, aber noch wach, legen Sie es sachte in sein Bett, geben ihm einen Gutenachtkuss und verlassen das Zimmer.

Wenn es nicht ruhig wird Falls Ihr Baby tagsüber oder abends nicht zur Ruhe findet und das Einschlafritual ein Kampf ist, bringen Sie ihm bei, selbstständig einzuschlafen.

Vielleicht befürchten Sie, dass ein Schlaftraining für Ihr Baby traumatisch ist und ihm emotional schadet. Sie haben gehört, dass zu manchen Methoden des Schlaftrainings eine strenge Trennung von den Eltern und stundenlanges Schreien gehört und das Baby manchmal sogar völlig erschöpft zu spucken beginnt. Doch bei unserer sanften »sinnenfreundlichen« Form des Schlaf-Coachings (s. S. 198) treten solche Situationen nicht auf. Denn Sie lassen Ihr Baby bei dieser Methode nicht allein. Sie vermitteln ihm eine Botschaft von Verlässlichkeit und Vertrauen, sodass es sich sicher fühlt und beruhigt einschlafen kann.

Zeit fürs Bett Beim Einschlafritual dämpfen Sie das Licht und legen Ihr Baby in einem Schlafsack in sein Bettchen.

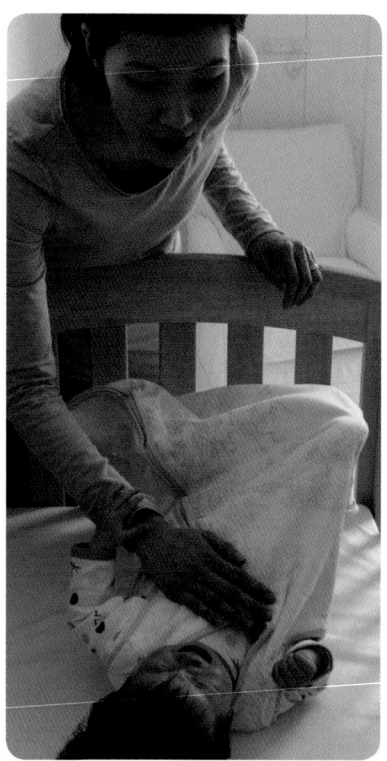

Verlässliches Coaching Wenn Ihr Baby nicht schlafen will, können Sie es sanft coachen. Verhalten Sie sich ruhig und selbstsicher, dann erlebt Ihr Baby das Training nicht als traumatisch.

Grundsätze des Schlaf-Coachings

Wenn Ihr Baby abends nicht zur Ruhe findet oder nachts nicht durchschläft, führen Sie eine Woche lang ein sanftes Schlaf-Coaching durch. Bedenken Sie zuvor diese Punkte.

Vertrauen Kinder unter drei Jahren erleben Situationen als traumatisch und entwickeln in ähnlichen Umständen Angstgefühle, wenn ihre Eltern in dieser Situation Angst zeigten. Das gilt auch fürs Schlaftraining. Wenn Sie mit ängstlichem Blick am Bett des Babys stehen, während es schreit, oder dabei gar selbst weinen, erlebt es diese Situation als traumatisch. Daher ist es unerlässlich, dass Sie dem Baby Sicherheit und Ruhe vorleben. Wenn Sie ihm beim Einschlafen helfen wollen, tun Sie dies mit innerer Überzeugung. Das vermittelt ihm Sicherheit. Lösen Sie sich von innerer Anspannung, die vielleicht auf negative Erfahrungen mit Methoden wie dem »kontrollierten Schreien« zurückgeht. Diese Methode ist kein kontrolliertes Schreien. Sie werden gut vorbereitet sein, wenn Sie Ihrem Baby diese neue, entwicklungsgemäße Fähigkeit beibringen – das selbstständige Einschlafen. Diese Methode ist seit vielen Jahren professionell erprobt. Haben Sie allerdings nicht das Vertrauen, dass diese Methode das Schlafproblem Ihres Babys lösen wird, wenden Sie sie nicht an. Dann funktioniert sie nicht und Ihr Baby leidet unnötig.

Konsequenz Entscheidend dafür, dass Ihr Baby die Selbstberuhigung erlernt, ist Ihr konsequentes Verhalten. Kein guter Start ist es, wenn Sie beim ersten Mal abends eine Stunde bei Ihrem schreienden Baby sitzen, nur um es letztlich doch zu füttern oder zu wiegen, bis es schläft. Dabei lernt Ihr Baby nur, dass es lange und intensiv schreien muss, um die gewohnte Einschlafmethode wieder zu erreichen. Wenn Sie inkonsequent sind, dauert das Schlaf-Coaching bedeutend länger. Wenn Sie meinen, das Training nicht konsequent durchhalten zu können, fangen Sie erst gar nicht damit an. Das wäre für Ihr Baby verwirrend und unfair.

Zusammenarbeit Schlaf-Coaching bedeutet Teamarbeit zwischen Ihnen, Ihrem Partner und Ihrem Baby. Es ist ganz entscheidend, dass Sie zusammenarbeiten und sich nicht gegenseitig in den Rücken fallen. Das ist besonders wichtig bei der Konsequenz: Egal welcher Elternteil nachts aufsteht, beide müssen sich gleich verhalten.

Manchmal ist es besser, wenn ein Partner das Schlaf-Coaching komplett übernimmt. Doch auch dann müssen beide Eltern mit der Vorgehensweise einverstanden sein und sich gegenseitig unterstützen. Bereiten Sie sich beide auf eine Woche mit wenig Schlaf vor, vielleicht sogar länger.

So trainieren Sie das Einschlafen

Nachdem Sie überprüft haben, ob die Bedürfnisse des Babys befriedigt sind (s. Kasten rechts), kann das Schlaf-Coaching beginnen. Befolgen Sie anfangs die Schritte und Ratschläge genau. Sobald sich der Schlaf Ihres Kindes verbessert, können Sie flexibler werden. Wenn es bisher beim Einschlafen von Ihrer Unterstützung abhängig war, protestiert es sicher bald, nachdem Sie das Zimmer verlassen haben.

❶ Befolgen Sie das Einschlafritual auf Seite 197 und verlassen Sie dann das Zimmer. Wenn Ihr Baby quengelt oder plappert, gehen Sie nicht zu ihm. Geben Sie ihm die Chance, sich selbst zu beruhigen und einzuschlafen. Dies gilt auch, wenn es mitten in der Nacht schreit: Gehen Sie nur hin, wenn es wirklich brüllt. Nehmen Sie in diesem Fall einen Stuhl mit. Geben Sie ihm seinen Tröster – Schmusedecke oder Kuscheltier – und helfen Sie ihm, sich wieder hinzulegen, wenn es steht. Setzen Sie sich dann einfach zu ihm. Legen Sie Ihre Hand auf seinen Körper, ohne sie zu bewegen. Sagen Sie nur »pscht«. So erhält es drei schlaffördernde sensorische Reize: Es kann Sie sehen, es kann Sie fühlen, es kann Sie hören. Sitzen Sie bei ihm, bis es einschläft. Achten Sie darauf, kein besorgtes oder ärgerliches Gesicht zu zeigen. Schließen Sie einfach die Augen. Vielleicht schreit es, weil es erwartet, gefüttert oder gewiegt zu werden; bleiben Sie aber nur bei ihm sitzen – auch wenn es länger schreit. Reagieren Sie jedes Mal, wenn es nachts aufwacht, auf diese Weise. Geben Sie ihm dabei immer zuerst sein Trostobjekt.

❷ Am nächsten Tag beginnen Sie genauso und gehen dann aus dem Zimmer. Schreit es, gehen Sie wieder hinein, setzen sich zu ihm, sagen aber nur »pscht«, ohne es zu berühren. Es bekommt nun zwei sensorische Reize: Es sieht und hört Sie. Die zweite Nacht ist oft schwierig, weil man müde ist. Doch dank Ihrer Konsequenz wird Ihr Baby lernen, selbst einzuschlafen. Reagieren Sie bei jeder nächtlichen Störung in dieser Weise.

❸ In der dritten Nacht beginnen Sie genauso und gehen hinaus. Wenn es schreit, kommen Sie zurück und sitzen dieses Mal nur still bei ihm, bis es einschläft. Sie haben nun die taktile und die auditive Krücke entfernt. Es erfährt nur einen sensorischen Reiz: Es sieht Sie. Reagieren Sie bei jeder nächtlichen Störung in dieser Weise.

❹ In der vierten Nacht gehen Sie, wenn es schreit, in sein Zimmer, geben ihm sein Schlafobjekt und bleiben an der Tür stehen, bis es einschläft.

❺ In der fünften Nacht lauschen Sie, ob es selbst wieder einschläft. Wenn nicht, gehen Sie zu ihm, geben ihm seinen Tröster und warten außerhalb des Zimmers, wo es Sie sehen kann; sagen Sie gelegentlich »pscht«, wenn es schreit. Gewöhnlich hat ein Baby in dieser Phase gelernt, allein einzuschlafen. In der nächsten Woche kann es eine Nacht des Protests geben, in der es mehrmals aufwacht. Seien Sie darauf gefasst und verfahren Sie wie in der Coaching-Woche.

(s. Seite 197)

Grundlegendes ausschließen

Bevor Sie das Schlaftraining angehen, stellen Sie sicher, dass alle Grundbedürfnisse Ihres Babys erfüllt sind. Folgendes sollte geklärt sein:

Gesundheit Überzeugen Sie sich, dass Ihr Baby gesund ist. Starten Sie das Schlaf-Coaching nicht, wenn Ihr Baby

● kürzlich eine Erkältung hatte, die noch nicht ganz ausgeheilt ist; sie kann einen Sekretstau im Ohr verursachen, der aufs Trommelfell drückt.

● Medikamente gegen Brustentzündung oder Asthma bekommt; sie können anregend wirken und damit den Schlaf behindern.

● akut krank ist, z. B. mit Fieber, Magen-Darm-Entzündung usw.

● schweren Windelausschlag hat oder zahnt.

● eine chronische Krankheit hat, wie Neurodermitis oder Anämie, die den Schlaf behindert.

Tagschlaf Führen Sie einen festen Tagschlaf-Rhythmus ein. Er stellt sicher, dass Ihr Baby abends zur Ruhe findet und nachts nicht mehrmals aufwacht. Ein übermüdetes Baby schläft nachts schlecht.

Ernährung Sorgen Sie für eine altersgerechte Ernährung mit ausreichend Milch und eiweißreicher Beikost, wenn es älter als sechs Monate ist (s. S. 181).

Schlafzimmer Legen Sie Ihr Baby zum Schlafen immer an den gleichen Ort. Schaffen Sie eine ruhige Umgebung durch gleichmäßige Klänge oder Wiegenlieder.

Mit Trennungen spielen

Um Trennungsangst zu lindern, machen Sie mit Ihrem Baby tagsüber folgende Spiele:

● Guckguck: Verdecken Sie kurz Ihr Gesicht oder das Ihres Babys mit einem Tuch. Decken Sie es wieder auf und sagen »guckguck«.

● Spielzeug finden: Legen Sie ein interessantes Spielzeug, z. B. den Teddy, unter eine Decke. Fragen Sie: »Wo ist der Teddy?«, und ziehen Sie die Decke weg.

● Verstecken und suchen: Verstecken Sie sich hinter dem Sofa oder Bett und rufen Sie Ihr Baby. Wenn es sich zu Ihrer Stimme hinwendet, zeigen Sie sich lächelnd. So lernt Ihr Baby, dass Sie weiterhin existieren, auch wenn es Sie nicht sieht. Und es erfährt, dass auf eine kurze Trennung eine fröhliche Wiederkehr folgt.

Schlaflösungen für nachts

Wenn Ihr Baby abends vor dem Einschlafen zur Ruhe findet, sind 90 Prozent des Problems gelöst. Die meisten Babys schlafen dann auch nachts wieder von allein ein. Schläft Ihr Baby zur Bettzeit noch nicht von selbst ein, führen Sie zunächst ein Coaching durch (s. S. 198f.), damit es dies lernt. Schläft Ihr Baby abends selbstständig ein, erwartet aber nachts noch Hilfe, erwägen Sie folgende Gründe und versuchen Sie die entsprechenden Strategien.

Trennungsangst Vielleicht hat Ihr Baby immer noch Trennungsangst (s. S. 173). Um diese Angst zu überwinden, konfrontieren Sie es tagsüber mit Trennungsthemen:

● **Beobachten, warten, fragen** Wenn Sie am Tag einige Zeit ganz für Ihr Baby da sind, verringert dies nachweislich die Trennungsangst und fördert die Beziehung zum Kind. Diese Methode hat erstaunliche Wirkungen – nicht nur auf den Schlaf, sondern auch auf das Wohlbefinden während der gesamten Kleinkindjahre. Schon dreimal die Woche je 30 Minuten ungestörte Zeit mit dem Baby oder Kleinkind reichen aus. Stellen Sie das Telefon ab, widmen Sie sich niemandem anders, konzentrieren Sie sich völlig auf das Zusammensein mit Ihrem Baby. **Beobachten** Sie es beim Spielen – unkritisch, ohne einzugreifen –, schauen Sie einfach zu und folgen Sie seiner Führung. Geben Sie Ihm altersgerechte Spielsachen und setzen Sie sich zu ihm auf den Boden. **Warten** Sie, bis Ihr Baby Sie in sein Spiel einbezieht. Spielen Sie dann einfach mit, ohne etwas vorzugeben. **Fragen** Sie sich laut, was das Spiel Ihres Babys wohl bedeutet. So stellen Sie eine Beziehung her, die Sicherheit vermittelt.

● **Mit Trennungen positiv umgehen** Wenn Sie Ihr Baby zurücklassen, sind Sie vielleicht angespannt, traurig oder voller Schuldgefühle. Zeigen Sie ihm das keinesfalls! Verschwinden Sie nicht einfach, um Tränen zu vermeiden. Sprechen Sie Trennungen als notwendige Gegebenheit an und sagen Sie immer »tschüss«. Dadurch lernt Ihr Baby, dass es Ihnen vertrauen kann und dass Sie ihm immer sagen, wenn Sie für einige Zeit weggehen.

● **Fröhliche Rückkehr** Genauso wie Sie sich konsequent verabschieden, begrüßen Sie Ihr Kind bei Ihrer Rückkehr immer freundlich und nehmen Sie sich Zeit dazu. Vielleicht ist es anfangs sehr anhänglich. Wenn Sie sich darauf einstellen und ihm etwas Zeit widmen, verkraftet es den nächsten Abschied besser.

● **Trostobjekt** Nehmen Sie sich Zeit, Ihr Baby an ein Schlafobjekt wie eine Schmusedecke oder ein Kuscheltier zu gewöhnen. Bieten Sie ihm dieses jedes Mal an, wenn Sie es trösten. Wenn ihr Baby müde oder überreizt ist oder sich wehgetan hat, legen Sie das Trostobjekt auf Ihre Schulter, sodass es sich bei Ihnen daran kuscheln kann und ihm auch das

Objekt Trost spendet. Geben Sie ihm den Tröster abends zum Einschlafen – vielleicht weckt es Sie dann nachts nicht, wenn es Beruhigung braucht. Wenn Ihr Baby aufwacht und Sie sicher sind, dass es nur Sicherheit sucht, gehen Sie zu ihm, tätscheln Sie es, geben ihm sein Trostobjekt und verlassen das Zimmer.

Ernährung Ihr Baby isst nun mehrmals am Tag Beikost. Vielleicht isst es schon am Familientisch mit und bekommt Fingerfood. Geben Sie ihm jedoch keine Fertigmahlzeiten, da diese zu viel Salz, Zucker und Zusatzstoffe enthalten. Eine Ernährung mit Obst und Gemüse, Kohlenhydraten und Eiweiß sowie ausreichend Milch stellt sicher, dass es gut schläft. Wenn es nachts aufwacht und ein Fläschchen verlangt, könnte Hunger die Ursache sein. Es gibt drei Situationen, in denen die Ernährung den Schlaf beeinträchtigen kann:

● **Eiweiß** Es ist unverzichtbar für das Wachstum von Körper und Gehirn, das vor allem nachts im Schlaf stattfindet. Stellen Sie sicher, dass Ihr Baby ausreichend Eiweiß bekommt (Eiweißquellen s. S. 181). Daher ist der abendliche Milch-Getreide-Brei weiterhin wichtig.

● **Eisen** Diesen Mineralstoff braucht es zur Bildung der roten Blutkörperchen, die für den Sauerstofftransport im Blut verantwortlich sind, und ebenso für das Zellwachstum. Bei Eisenmangel ist der Sauerstoffgehalt im Blut verringert, was zu Müdigkeit und Krankheitsanfälligkeit führen kann. Schwerer Eisenmangel kann eine Anämie (Blutarmut) verursachen, die die Gehirnentwicklung beeinträchtigen kann. Eisenquellen finden Sie auf Seite 183.

● **Nachts Milch füttern** Dies beeinträchtigt den Appetit am Tag. Ihr Baby wird dann ein heikler Esser und isst keine nährstoffreichen Nahrungsmittel mit Vitaminen und Mineralstoffen. Dadurch wacht es nachts öfter auf und verlangt nach Milch – der Kreislauf setzt sich fort. Sie können diesen Kreislauf nur durchbrechen und den Appetit am Tag steigern, wenn Sie ihm nachts keine Milch mehr geben.

Gewohnheiten Unerwünschte Schlafgewohnheiten schleichen sich sehr leicht ein, besonders wenn ein Baby nicht gelernt hat, sich selbst zu beruhigen oder eine Einschlafhilfe zu nutzen. Ist es daran gewöhnt, dass man ihm beim Einschlafen hilft und kann es sich nicht selbst beruhigen, erwartet es diese Einschlafhilfe bei jedem Aufwachen. Doch Ihr Baby ist alt genug, um neue Fähigkeiten zu erlernen und falsche Gewohnheiten abzulegen. Manchmal fällt das schwer und wenn Ihr Baby viel geschrien hat, muss es vielleicht ein paar Schlucke abgekochtes und abgekühltes Wasser trinken, um seinen Durst zu stillen. Befriedigen Sie tagsüber unbedingt sein Bedürfnis nach Trost, schenken Sie ihm viel Liebe und Zärtlichkeit.

Auf nächtliche Mahlzeiten verzichten

Das tröstende Nuckeln an der Brust oder der Flasche kann zu Schlafproblemen führen, wenn Ihr Baby nur damit einschlafen kann, egal ob abends zum Schlafengehen oder nach dem Aufwachen in der Nacht. Sie können diese Gewohnheit abstellen, indem Sie es zum Einschlafen nicht mehr füttern. Ihr Baby braucht nachts keine Milch mehr – es sollte zehn Stunden ohne Nahrung auskommen. Wenn Sie es abends vor dem Einschlafen füttern, stellen Sie dabei sicher, dass es genug getrunken hat, bevor es einschläft. Befolgen Sie diese einfachen Richtlinien:

● Nach der Mahlzeit oder wenn es nachts aufwacht und gefüttert werden will, nehmen Sie es hoch und halten es eng an sich. Wiegen Sie es sanft. Beruhigen Sie es, bis es schläft, egal wie sehr es protestiert (oder wie lange dies dauert). Sie können auch einfach neben seinem Bettchen sitzen und es tätscheln.

● Bleiben Sie mit ihm im Kinderzimmer und achten Sie auf Ruhe.

● Wenn es schläft, legen Sie es in sein Bettchen. Wacht es auf, wiederholen Sie den Vorgang, bis es schläft. Auch wenn es einige Tage dauert – geben Sie nicht auf.

● Wenn es sich daran gewöhnt hat, ohne zu trinken, in Ihren Armen einzuschlafen, gehen Sie zum nächsten Schritt über: Bringen Sie ihm bei, allein in seinem Bett einzuschlafen. Nutzen Sie dazu das Schlaf-Coaching auf Seite 199.

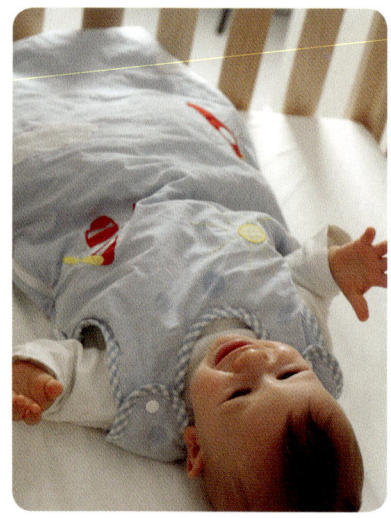

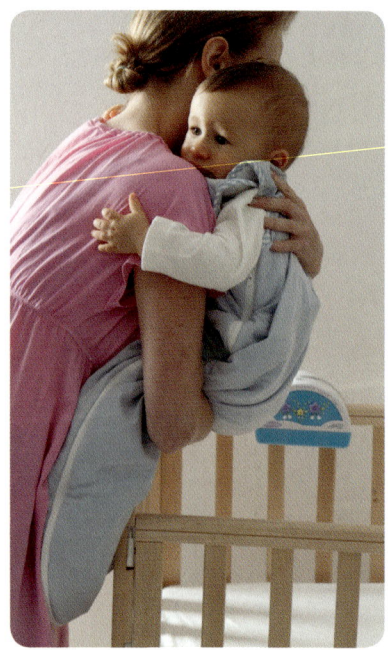

Mit Nachtschreck richtig umgehen

1 Während eines Nachtschrecks schreit Ihr Baby vielleicht, nimmt Ihre Anwesenheit aber nicht wahr. Das ist sehr belastend.

2 Halten Sie Ihr Baby während des Nachtschrecks fest und versichern Sie ihm, dass Sie da sind.

Schlimme Träume?

Wenn Ihr Baby nachts brüllend aufwacht, vermuten Sie vielleicht, dass es schlecht geträumt hat. Doch in der Regel haben erst Kleinkinder Albträume. Babys unter einem Jahr verfügen noch nicht über die Sprache, Bilder im Kopf zu benennen. Aus diesem Grunde entwickelt sich die Fantasie vermutlich erst ab 18 Monaten mit zunehmender Sprachbeherrschung. Wenn Ihr Baby nachts schreiend aufwacht, ist eher ein Nachtschreck die Ursache.

Nachtschreck Bei einem Albtraum wacht das Kind auf, bei einem Nachtschreck nicht. Es schreit und kann körperliche Stresssymptome zeigen, wie Schwitzen, schneller Herzschlag oder hervortretende Augen. Es reagiert aber nicht auf Sie und ist sich seiner Umgebung nicht bewusst. Das wirkt sehr verstörend, zumal ein Nachtschreck bis zu 30 Minuten dauern kann – das Baby kann sogar um sich schlagen, wenn Sie es trösten wollen. Schon sehr kleine Kinder können einen Nachtschreck haben, auch wenn diese Phasen überwiegend zwischen zwei und fünf Jahren vorkommen.

Ein Nachtschreck tritt im Gegensatz zum Traum in der Tiefschlafphase auf, gewöhnlich zu Beginn der Nacht, ein bis drei Stunden nach dem Einschlafen. Am Ende des Tiefschlafs (beim Übergang zum REM-Schlaf) wacht ein Teil des Gehirns auf, ein anderer verbleibt im Tiefschlaf (Folge einer Unreife des Nervensystems). Daher ist das Kind scheinbar wach, es schläft aber in Wirklichkeit tief. Vermutlich verbindet das Gehirn die körperlichen Symptome des Nachtschrecks wie schneller Herzschlag und Schwitzen mit Furcht und deshalb schreit das Baby. Manchmal stört hohes Fieber den Schlafzyklus und verursacht dadurch den Nachtschreck. Selten ist ein psychisches Trauma die Ursache. Die meisten Kinder schlafen nach der Episode schnell weiter und haben am nächsten Tag keine Erinnerung daran.

Mit Nachtschreck umgehen Bei einem Nachtschreck können Sie nicht viel für Ihr Baby tun. Halten Sie es fest und versichern Sie ihm, dass Sie da sind. Manchmal bedeutet eine Berührung zusätzliche Stimulation und verschlimmert den Nachtschreck. Warten Sie in diesem Fall einfach ab und achten Sie nur auf seine Sicherheit.

Forschungen haben gezeigt, dass der Nachtschreck häufig bei Kindern mit anomalen Schlafrhythmen und bei Übermüdung auftritt. Die Übermüdung spielt eine besondere Rolle. Beachten Sie die Wachzeiten des Babys und lassen Sie es tagsüber regelmäßig schlafen – so beugen Sie dem Nachtschreck vor. Legen Sie Ihr Baby gegebenenfalls abends früher schlafen; vermeiden Sie übermäßige Anregung und sensorische Reizüberflutung am Tag und besonders vor dem Schlafengehen.

Die Ernährung des Babys

Ihr Baby isst nun dreimal am Tag Beikost und gewöhnt sich nach und nach an das Familienessen. Sie können ihm von den Familienmahlzeiten etwas abgeben, sofern Sie weder Salz noch Honig beigegeben haben. Achten Sie darauf, dass es mit der Konsistenz zurechtkommt und sich nicht verschlucken kann.

Milchmahlzeiten

Die meisten Babys trinken jetzt nur noch morgens Milch, manche auch noch abends. Die morgendliche Milch wird Ihr Baby weiterhin bekommen. Viele Kinder trinken bis lange ins Schulalter hinein morgens eine Tasse Milch. Zusätzliche Milchmahlzeiten benötigt Ihr Baby nun aber nicht mehr, da der abendliche Milchbrei ebenfalls Milch enthält und es außerdem zu den anderen Mahlzeiten immer wieder verschiedene Milchprodukte zu sich nimmt, wie Käse, Joghurt usw. Zum Frühstück können Sie ihm bald ein dünnes, klein geschnittenes Butterbrot anbieten und dazu eine Tasse Milch. Geben Sie Ihrem Baby bis zum ersten Geburtstag Muttermilch oder Flaschennahrung zu trinken. Verwenden Sie diese auch für Frühstückszerealien (wie Babymüsli), die Sie Ihrem Baby vielleicht am Ende des ersten Lebensjahres bereits geben. Zum Kochen und für den Brei können Sie normale pasteurisierte Vollmilch verwenden. Kuhmilch enthält nur wenig Vitamin A, D und C und Eisen und deckt den Bedarf des Babys im ersten Lebensjahr nicht. Beachten Sie unbedingt, dass Babys (bis zum Alter von zwei Jahren) verhältnismäßig viel Fett und Cholesterin in ihrer Ernährung benötigen – Fett für den Kalorienbedarf und Cholesterin für die Gehirnentwicklung. Wenn Sie Ihrem Kind nach dem ersten Geburtstag Milch auch als Getränk geben, verwenden Sie vollfette, keine fettarme oder entrahmte Milch.

Aus dem Becher trinken Geben Sie Ihrem Baby zum Trinken Wasser oder Saft aus einer Schnabeltasse mit beidseitigen Henkeln, damit es sie selbst halten kann. Keine Sorge, wenn es zunächst nicht weiß, was es damit anfangen soll – mit der Zeit findet es heraus, wie man trinkt. Wenn Sie nicht stillen, geben Sie Ihrem Baby seine Milchmahlzeiten weiterhin im Fläschchen, damit sein Saugbedürfnis gestillt wird.

Feste Nahrung

Nun wird Ihr Baby allmählich an feste Nahrung herangeführt – sobald die ersten Zähnchen da sind, kann es kauen. Nun ist es auch an der Zeit, ihm mehr Vielfalt anzubieten. Achten Sie auf ein ausgewogenes Verhältnis der Nährstoffe – Eiweiß, Kohlenhydrate und Fett. Führen Sie Ihr Baby jetzt nach und nach an die Familienkost heran.

Vergrößern Sie seine Portionen je nach seinem Bedarf. Pro Mahlzeit sollte es etwa 225 g Beikost essen. Machen Sie sich keine Gedanken, wenn es manchmal weniger isst. Es kann nun meist am Familientisch mitessen, sofern Sie selbst gesund kochen und auf Salz und Honig verzichten. Seine Kost kann jetzt auch gröbere Stücke enthalten, Sie müssen sie nicht mehr pürieren, mit Ausnahme faserreicher Nahrungsmittel wie gekochtes Fleisch. Zerdrücken Sie die Speise mit einer Gabel. Experimentieren Sie mit verschiedenen Geschmacksrichtungen, geben Sie z. B. auch ein wenig Tomate oder Zwiebel dazu. Keine Sorge, wenn es etwas ausspuckt oder bei einer neuen Geschmacksrichtung auch einmal würgt – das ist normal. Ihr Baby interessiert sich sehr für Fingerfood und will selbst essen. Diese Essversuche sind eine herrlich sinnliche Erfahrung und fördern die Hand-Augen-Koordination. Geben Sie ihm weiterhin Fingerfood, aber nichts, das in harte Stücke zerbrechen kann und sich nicht im Mund auflöst.

Gesunde Sinne fördern

Sobald Ihr Baby selbstständig essen kann, sollten Sie zu den Mahlzeiten eine Kunststoffplane unter den Hochstuhl legen. Geben Sie Ihrem Baby auch einen eigenen Löffel. Es wird damit so beschäftigt sein, dass Sie es gut füttern können.

Mahlzeitenplan von neun bis zwölf Monaten

Ihr Baby hat nun einen festen, weitgehend gleichbleibenden Mahlzeitenrhythmus; doch keine Sorge, wenn es an manchen Tagen weniger Appetit hat.

Uhrzeit	Mahlzeit	Nahrungsmittel und Mengen
6–7 Uhr	Brust oder Flasche	200–240 ml
10 Uhr	2. Frühstück	Butterbrot oder Zwieback mit Frischkäse; ein Stück Obst
12 Uhr	Mittagessen	Gemüsegericht mit Kohlenhydraten, wie Kartoffeln, Reis oder Nudeln; zusätzlich Eiweiß aus Fleisch, Milchprodukten oder Fisch; etwas Obst zum Nachtisch
15 Uhr	Obst-Getreide-Brei	Obst-Getreide-Brei, ca. 250 g; kann allmählich durch Zwieback, Vollkornkekse und Obst oder anderen Snack ersetzt werden
18 Uhr	Milchbrei	Milchbrei, ca. 250 g; im Lauf der Zeit auch Brot, Butter, Käse, Milch
Evtl. danach	Evtl. Brust oder Flasche	Milch nach Bedarf

So entwickelt sich Ihr Baby

Ihr Baby konzentriert sich nun auf die Fortbewegung. Ob es ein schneller Krabbler oder ein früher Läufer ist – plötzlich ist es überall, und der Begriff »Kampfzone« bekommt eine ganz neue Bedeutung. Mobilität ist wichtig für die Entwicklung der räumlichen Vorstellungskraft; Ihr Baby beginnt nun, seine Welt zu erforschen.

Vom Sitzen zum Laufen Ihr Baby konnte schon längere Zeit frei sitzen. In dieser Position hat es seine Feinmotorik verbessert. Nun wird ihm das Sitzen aber zu statisch; Ihr Baby nutzt es nur noch, um interessante Dinge zu untersuchen oder als Übergang zum Krabbeln oder zum Stehen. Emsig versucht es, sich überall in den Stand hochzuziehen. Menschen, Tiere, Möbelstücke – alles dient ihm als Hilfsmittel. Dann landet es mit einem Plumps wieder auf seinem Po und fängt gleich von Neuem an. Kurz nachdem es stehen kann, beginnt es schon bald, sich auf seinen Beinen zu wiegen, während es sich irgendwo festhält. Aus dieser Schaukelbewegung wird schließlich ein Schritt und bald danach hangelt es sich an Möbelstücken entlang. Dieses Hangeln markiert ein wichtiges Stadium vor dem Laufen und kann bis ins zweite Lebensjahr andauern. Laufen ist der Meilenstein mit der größten zeitlichen Variation; er sollte nicht zur Beurteilung der Entwicklung herangezogen werden, sofern nicht weitere Anzeichen einer Hochbegabung oder einer ernsten Entwicklungsverzögerung gegeben sind. Manche Babys laufen mit neun, andere erst mit 16 Monaten.

Unterwegs Sie erleben nun gemeinsam ein schönes Alter: Ihr Baby sucht aktiv nach Anregungen und kann immer besser damit umgehen. Ausflüge und Eltern-Kind-Gruppen sind eine echte Bereicherung und erweitern seine Welterfahrung.

Handgeschicklichkeit und Sprache Ihr Baby setzt seine Hände jetzt zunehmend als Werkzeuge ein. Es kann Ihnen ein Spielzeug geben und lernt, punktgenau loszulassen. Es zeigt mit dem Zeigefinger und nimmt kleine Gegenstände auf. Das Mundeln lässt nach, wenn es nun Gegenstände aktiv handhabt und untersucht.

Es isst mit den Fingern, kaut auf Keksen und hält sein Fläschchen und einen Becher. Es nutzt Sprache als Kommunikationsmittel und versteht mehr, als Sie denken. Es imitiert gern Geräusche, z. B. Husten. Es plappert laut, verdoppelt Silben, wie »ga-ga« oder »ba-ba«. Mit einem Jahr spricht es vielleicht schon ein richtiges Wort. Die Lautbildung eines tauben Kindes unterscheidet sich inzwischen vom hörenden Kind; sie bleibt spärlich und monoton.

Der Sinn für Humor entwickelt sich rasch und Ihr Baby ist Ihnen gegenüber sehr liebevoll. Es liebt Spiele wie Händeklatschen und Winken, aber seine Stimmung kann sich in einer Sekunde ändern, wenn Sie ihm ein Lieblingsspielzeug wegnehmen oder es aus einer gefährlichen Situation herausnehmen.

»Ihr Baby übt bereits erworbene Fähigkeiten, wie Sitzen, und bereitet den nächsten Meilenstein vor – das Laufen.«

Gesunde Sinne fördern

Um das Wohlbefinden und die Entwicklung optimal zu unterstützen, behalten Sie Ihre Routine bei (bleiben Sie flexibel für entwicklungsbedingte Abweichungen). Ernähren Sie es gesund und sorgen Sie für gute Schlafgewohnheiten. Denken Sie an die Prinzipien einer vernünftigen Förderung: Anregung oder Beruhigung zur richtigen Zeit.

Meilensteine

Mit zwölf Monaten entwickelt das Baby seine Selbstständigkeit. Es entscheidet nun selbst, wo es sein will. Es übt bereits erworbene Fähigkeiten, wie Sitzen, und bereitet intensiv den nächsten Meilenstein vor – das Laufen. Folgende Meilensteine erreicht es mit etwa einem Jahr.

Entwicklungsbereich	Meilensteine
Grobmotorik	Krabbeln ist die wichtigste Fortbewegungsart. Es krabbelt schnell und kommt auch Treppen hoch. Es klettert auf alles Erreichbare. Es steht frei ohne Hilfe. Es läuft, wenn Sie es an der Hand halten. Bald lernt es, frei zu laufen.
Feinmotorik	Es lässt mühelos große Gegenstände los, ist bei kleinen aber noch etwas ungeschickt. Es koordiniert zunehmend beide Hände, hält z. B. eine Dose, während es den Deckel abnimmt.
Hand-Augen-Koordination	Es untersucht sorgfältig die Eigenschaften der Dinge, spielt mit Dosen und blättert Buchseiten um. Es wirft mit Spielsachen. Es steckt nicht mehr alles in den Mund, da es nun Augen und Hände zum Erforschen einsetzen kann.
Sprache	Es sagt ein, zwei Worte mit richtiger Bedeutung.
Sozialer/emotionaler Bereich	Es handelt zunehmend sozial; es kann seine Gefühle ausdrücken und kommuniziert begeistert mit anderen Menschen. Es kennt soziale Konventionen, wie »tschüss« sagen und Küsschen geben.
Regulation	Es steuert Grundfunktionen wie Hunger und Schlaf vollständig selbst. Begrenzte Kontrolle der Stimmung. Manchmal hat es Wutanfälle aus Frustration.

Sinnvoll fördern

Ihr Baby bewegt sich nun aus dem Sitzen heraus fort. Spornen Sie es dazu an, indem Sie interessante Spielsachen außer Reichweite legen. Schaffen Sie babysichere Bereiche, wo es krabbeln und sein Umfeld erforschen kann. Um das Hangeln zu unterstützen, stellen Sie Möbel in geringem Abstand auf. Ihr Baby ist nun auch häufiger frustriert. Versuchen Sie dies zu verstehen, wenn Sie es aus einer potenziell gefährlichen Situation herausnehmen, die es gerade freudig erkundet, und bieten Sie ihm eine ungefährliche andere Beschäftigung an. Erzählen Sie ihm Geschichten, bei denen es z. B. etwas über seinen Körper lernt. Unternehmen Sie während seiner Wachphasen Ausflüge, da es die Welt kennenlernen will.

Seite an Seite Babys spielen nebeneinander im sogenannten »Parallelspiel«. Erst im Kleinkindalter beginnt Ihr Baby, aktiv mit einem anderen Kind zu spielen.

Zeitpunkt

Ihr Baby verbringt nun lange aufmerksame Phasen, in denen es spielt und die Welt entdeckt. Planen Sie in dieser Zeit anregende Ausflüge und Aktivitäten ein, z. B. Besuche im Park oder einen Babykurs. Machen Sie es mit sozialen Situationen vertraut. Es spielt eher neben einem anderen Kind als mit ihm – parallel statt kooperativ –, aber schon im Zusammensein mit ihm erlernt es den sozialen Umgang.

Achten Sie auf Ruhezeiten und beruhigende Aktivitäten vor dem Schlafengehen, damit das Baby gut einschläft.

Umgebung

Ihr Baby erkundet jetzt aktiv seine Umgebung. Es kann seine Stimmung steuern und wird nicht so leicht von Aktivitäten oder fremden Menschen überfordert. Daher können Sie es mehr anregen. Sie kennen sein Temperament und seine sensorische Reizschwelle. Bei einem sensiblen Baby sorgen Sie für ausreichende Ruhephasen.

Stellen Sie in jeden Raum einen Korb mit Spielsachen. So ist Ihr Baby beschäftigt, wenn Sie tagsüber von einem Zimmer ins andere wechseln. Wählen Sie jeweils ein Sinnesthema, z. B. Wohnzimmer – Spielzeug zum Riechen; Küche – Spielsachen, die Geräusche erzeugen; Badezimmer – Fühlen. Oder jedes Körbchen enthält ein Spielzeug für jeden Sinn: eines zum Riechen, eines zum Hören, eines zum Fühlen und ein bunter Gegenstand zum Anschauen.
Sehen Im Tragesitz kann Ihr Baby die Welt auf einem Spaziergang wunderbar betrachten – Sie haben beide dieselbe Perspektive und Sie können mit ihm über Ihre Eindrücke sprechen.
Hören Begleiten Sie Ihr Handeln immer sprachlich. Ihr Baby nimmt dabei Wörter und Emotionen auf.
Fühlen Schmusen Sie viel mit Ihrem Baby. Wenn es mag, massieren Sie es auch weiterhin (s. S. 105).

Aktivitäten

Schlafenszeit

Eine ruhige Schlafumgebung bleibt wichtig. Da Ihr Baby über seine Sinne immer mehr Informationen aufnimmt, wird es schwieriger, abends in den Schlaf zu finden.

Sehen Wenn Ihr Baby gut schläft und tagsüber zufrieden ist, beeinträchtigt eine lebhaftere Gestaltung des Kinderzimmers seinen Schlaf nicht.

Motorische Entwicklung Ihr aktives Baby kann nun seine Schlafposition selbst bestimmen. Keine Sorge, wenn es auf dem Bauch schläft – das Risiko für den plötzlichen Kindstod ist geringer geworden. Wenn Sie es jedes Mal wieder umdrehen, stören Sie seinen Schlaf.

Beim Wickeln

Das Wickeln bleibt eine Herausforderung, wenn Ihr Baby nicht auf dem Rücken liegen möchte. Geben Sie ihm Spielzeuge, die es ablenken. Dann können Sie Ihr Baby rasch wickeln.

Sehen Lassen Sie es bunte Bilder betrachten, insbesondere von Gesichtern. Laminierte Fotos von Familienmitgliedern oder Haustieren gefallen ihm besonders.

Hören Sprechen Sie beim Wickeln mit ihm über die Bilder.

Badezeit

Das Bad bildet den Beginn des Einschlafrituals und sollte daher ruhig verlaufen.

Sehen Plastikbücher und bunte Badespielsachen machen Spaß.

Hören Singen Sie Lieder und sagen Sie Kinderreime auf, die seinen Körper beschreiben.

Fühlen Fördern Sie das Körperbewusstsein, indem Sie Teile seines Körpers berühren und benennen: »Das sind deine Zehen« oder »Waschen wir deinen Bauch.« Zeigen Sie Ihrem Baby die Eigenschaften von Spielsachen: schwer und leicht, sinken und schwimmen. Sprühen Sie Rasierschaum auf den Wannenrand und lassen sie Ihr Baby ihn fühlen.

Motorische Entwicklung Lassen Sie Ihr Baby neben der Wanne stehen, das regt es zum Hangeln an.

Riechen Es riecht gern duftende Babyschaumbäder und andere Badeprodukte.

Wachzeiten

Inzwischen laufen Sie den ganzen Tag hinter einem aktiven, munteren Kind her. Genießen Sie diese Zeit, indem Sie es mit vielfältigen Aktivitäten fördern.

Sehen Zeigen Sie Ihrem Baby Dinge, die sich bewegen, z. B. Vögel oder sich im Wind wiegende Bäume. Auch das Beobachten von Seifenblasen übt die Augenmuskeln. Babys betrachten sich gern im Spiegel. Benennen Sie dabei seine Körperteile.

Hören Sprechen Sie über die Dinge, die Ihr Baby interessieren. Benennen Sie Ereignisse, Gefühle, Gegenstände. Bei Spaziergängen erzählen Sie ihm, was Sie sehen, z. B. Tiere.

Fühlen Berühren Sie die Dinge, die Sie draußen sehen, wie Blumen und Tiere. In den warmen Sommermonaten stellen Sie große Wannen mit unterschiedlichem Inhalt auf: Wasser, Sand, verschieden große Bälle; ändern Sie die Gegenstände jede Woche. Laden Sie Freundinnen mit ihren Babys ein – beaufsichtigen Sie die Kinder aber immer. Halten Sie in jedem Zimmer interessante Dinge zum Anfassen und Spielen bereit.

Bewegung Tobespiele machen in diesem Alter viel Spaß. Lassen Sie Ihr Baby auf dem Spielplatz Karussell fahren, schaukeln und rutschen.

Motorische Entwicklung Zur Förderung der Hand-Augen-Koordination hängen Sie einen leichten Ball in einen Strumpf oder einem Netz vor Ihr Baby; es kann ihn fangen, wenn er vorbeischwingt. Dabei hat es Zeit, sein Handeln zu planen. Geben Sie ihm einen größeren Ball zum Werfen und schrittweise immer kleinere. Lassen Sie es Spielsachen in einen Korb werfen. An Ringpyramiden kann es das bewusste Loslassen üben. Geben Sie ihm in der Küche Töpfe oder Plastikbecher zum Stapeln. Das macht es jetzt, wo es willentlich loslassen kann, mit Begeisterung. Lassen Sie es Kunststoffbehälter aus Schränken räumen und zeigen Sie ihm, dass auch das

Einräumen Spaß macht. Gestalten Sie einen Hindernis-Parcours mit Kissen, Tischen und Gegenständen, über, unter und um die es krabbeln muss. Aus alten Kartons können Sie Tunnel und Verstecke bauen. Lassen Sie Ihr Baby eine Rutsche hochkrabbeln; das kräftigt die Schultermuskulatur. Bringen Sie ihm bei, Treppen rückwärts auf Händen und Knien hinunterzusteigen. Um das Stehen und Hangeln anzuregen, stellen Sie ungefährliche, interessante Gegenstände auf brusthohe Möbelstücke. Schieben Sie Möbel eng zusammen und schrittweise immer weiter auseinander. Lassen Sie Ihr Baby einen Wagen schieben, um das Laufen anzuregen. Wenn es ein Jahr alt wird, spielen Sie »Engelchen, Engelchen, flieg«: Ihr Baby geht zwischen Mutter und Vater an den Händen, macht jeweils einen Schritt »Engelchen«, noch einen Schritt »Engelchen« und dann schwingen Sie es in die Luft: »Flieg!«

Unterwegs

Reisen ist für ein bewegungsfreudiges Kind keine Freude. Meist protestiert es schon beim Anschnallen im Sitz. Ablenkung kann eine Fahrt erträglich machen.

Sehen Befestigen Sie ein Spielzeug mit Gummiband am Handgriff. Ihr Baby kann es zu sich herziehen und damit spielen.

Hören Spielen Sie Kinderlieder ab. Bringen Sie Ihrem Baby die in den Liedern besungenen Handlungen zu Hause bei, dann ist es im Auto damit beschäftigt.

Bewegung Tragen Sie Ihr Baby auf Spaziergängen in einer Rückentrage. Es liebt die Bewegung und sieht die Welt aus neuer Perspektive.

Mahlzeiten

Das Füttern wird nun eine echte Herausforderung, weil das Baby selbst essen will, aber noch nicht die erforderliche motorische Geschicklichkeit besitzt und ziemlich kleckert. Legen Sie eine Kunststoffplane unter den Hochstuhl und geben Sie ihm einen eigenen Löffel; füttern Sie es gleichzeitig mit einem zweiten Löffel.

Sehen Richten Sie bei einem schlechten Esser die Speisen attraktiv an – kombinieren Sie bunte Nahrungsmittel wie grünen Brokkoli und dunkelrote Rübe.

Fühlen Lassen Sie Ihr Baby trotz der Kleckerei selbst essen – die verschiedenen Konsistenzen bieten ihm eine wichtige Lernerfahrung.

Motorische Entwicklung Fingerfood in verschiedenen Formen und Größen fördert das Greifen und die Fingerfertigkeit.

Spielsachen

Es gibt ein überwältigendes Angebot an Spielzeug für diese Altersgruppe. Verwöhnen Sie Ihr Baby nicht mit zu vielen Spielsachen – es hat genauso viel Spaß und Lernerfolg, wenn es mit ungefährlichen Haushaltsgegenständen spielt.

Geben Sie ihrem Baby nur eine kleine Anzahl an Spielzeugen und wechseln Sie diese von Zeit zu Zeit aus.

Sehen Bilderbücher mit verschiedenen Funktionen faszinieren Babys.

Hören Ihr Baby liebt CDs mit Kinderliedern und Reimen. Empfehlenswert sind Musikspielzeuge – vom Glöckchen bis zum Xylophon.

Fühlen Fühlbücher sind sehr gefragt: Verschiedene Oberflächen schulen den Tastsinn.

Bewegung Sorgen Sie für viel Bewegung auf dem Spielplatz mit Schaukeln und Schaukelpferden.

Motorische Entwicklung Stabile Spielsachen zum Schieben unterstützen das Laufenlernen. Die Feinmotorik fördern Sie mit Activity-Centern sowie Spielzeug mit Öffnungen, in die es seine Finger stecken kann.

Stellen Sie selbst ein Stoffbuch her und nähen Sie auf jede Seite einen Gegenstand, der feinmotorische Geschicklichkeit erfordert (Klettband, Knopf, Druckknopf usw.).

Geben Sie Ihrem Baby dicke Wachsmalstifte und Papier und zeigen Sie ihm, wie man damit kritzelt. Spielzeug zum Öffnen und Verschließen schult die Hand-Augen-Koordination.

Nachwort

Ein Jahr nach dem Start haben Sie die Kunst erlernt, Ihr Baby zu beruhigen, seine Signale zu verstehen und es einfach zu lieben. Im Rückblick mögen die ersten Tage mit ihrer Unsicherheit wirklich schwer gewesen sein – Sie haben einen weiten Weg zurückgelegt. Nun liegen die Kleinkindjahre vor Ihnen – sie bringen zahlreiche neue Herausforderungen und viele Momente der Freude.

Ihr Kleinkind ist ein individuelles Wesen. In den nächsten zwei Jahren entwickelt sich seine Persönlichkeit; die Grundlagen für seine Leistungen in allen Lebensbereichen werden gelegt. Da seine Entwicklung weiter rasant verläuft, ist es sinnvoll, sich einige kritische Bereiche bewusst zu machen.

Die Kleinkindjahre bringen immer wieder emotionale Spannungen. Ihr Baby muss Autonomie und Selbstständigkeit erwerben. Wenn es in diesen Bereichen Fortschritte macht, z. B. »nein« sagen lernt, probiert es gern seine Stärke aus und Sie finden sich in einen Machtkampf verstrickt. Wie reagiert man am besten? Erkennen Sie an, dass Ihr Baby seinen eigenen Willen hat und dass dies wichtig ist für seine Entwicklung. Es muss ein Gefühl für sich selbst als einzigartigen Menschen bekommen. Aus diesem Grund sollten Sie nicht jeden Kampf ausfechten; geben Sie Ihrem Kind die Möglichkeit, auch einmal das Sagen zu haben und sich durchzusetzen. Wenn der strittige Punkt jedoch für seine Gesundheit oder Sicherheit bedeutsam ist, seien Sie konsequent und setzen Sie Grenzen.

Grenzen sind besonders zur Schlafenszeit wichtig. In den Kleinkindjahren gibt es immer wieder Schlafprobleme. Sie lassen sich am besten durch verlässliche Schlafenszeiten vermeiden. Die Einschlafrituale aus diesem Buch leisten Ihnen auch in dieser neuen Entwicklungsphase gute Dienste. Nächtliches Aufwachen kann aber auch die Folge von Ängsten sein, da sich ab 18 Monaten die Fantasie herausbildet. Der Umzug in ein »großes« Bett mit etwa zwei Jahren stört häufig den Schlaf. Wenn die feste Begrenzung durch die Gitterstäbe wegfällt, stehen viele Kleinkinder nachts auf. Im Umgang mit diesen nächtlichen Störungen können Sie konsequent sein und Ihr Kind jedes Mal in sein Zimmer zurückbringen. Sie können ihm auch erlauben, in Ihr Bett zu kriechen, oder Sie finden einen Mittelweg und legen eine Matratze unter Ihr Bett, die Sie herausziehen können, wenn Ihr Kind wegen seiner Ängste nicht schlafen kann.

Essen kann ein weiteres Problemthema werden. Kleinkinder sind notorisch schlechte Esser, weil sie in diesem Bereich sehr gut ihre neu erworbene Unabhängigkeit demonstrieren können, aber auch, weil ihr Appetit von Mahlzeit zu Mahlzeit und von Tag zu Tag stark schwankt. Oft ist eine nächtliche Milchmahlzeit der Grund für den Appetitmangel. Am besten geben Sie Ihrem Kind zwischen dem Schlafengehen und dem frühen Morgen keine Milch.

Warum? Milch enthält zu wenige Nährstoffe für ein älteres Baby, sättigt aber und verdirbt so am Tag den Appetit auf Nahrungsmittel, die die essenziellen Fettsäuren und das Eisen enthalten, die es braucht. Legen Sie eindeutig fest, wo Ihr Baby isst und was Sie ihm anbieten. In diesem Rahmen lassen Sie es selbst entscheiden, wie viel es isst. Das entspannt die Situation. Ihr Kind isst vermutlich einmal am Tag sehr gut und bei den anderen Mahlzeiten weniger. Zum Überleben braucht ein Kleinkind nur eine Portion zu essen, die so groß ist wie seine Faust; bieten Sie also mehr an, aber lassen Sie sich nicht auf einen Machtkampf ein.

Sauberkeitserziehung, Trotzanfälle und Geschwister gehören zu den Freuden der vor Ihnen liegenden Jahre. Egal bei welchem Thema – alle Prinzipien, die Sie in diesem Buch gelernt haben, unterstützen Sie dabei. Hier noch einmal die wichtigsten:
● Erkennen Sie die Signale Ihres Kindes für Überreizung und Müdigkeit. Dann können Sie den meisten Wutanfällen vorbeugen.
● Schützen Sie Ihr Kleines vor Überreizung in Situationen mit vielen Menschen; so beugen Sie unerwünschtem bzw. schlechtem Verhalten vor.
● Beachten Sie die Bedeutung von Tagschlaf auch im Kindergartenalter. Schlaf trägt dazu bei, dass Ihr Kind ruhig und zufrieden ist.

Aber am wichtigsten ist: Genießen Sie diese kostbare gemeinsame Zeit. Ich wünsche Ihnen weiterhin viele glückliche Tage und friedliche Nächte.

Glossar

Adaptation Gewöhnung: ein Nachlassen der Gehirnreaktion auf einen Reiz, z. B. ein bestimmtes Geräusch, nach wiederholter Wahrnehmung. Die Adaptation verhindert, dass zu viele Sinneseindrücke registriert werden.

Ammensprache Eine Form der Sprache, die Eltern automatisch einsetzen, wenn sie mit ihrem Baby sprechen. Die Merkmale sind hohe Tonlage, Singsang, lange Vokale und ausgeprägte Mimik.

Anämie Mangel an Hämoglobin oder Eisen in den roten Blutkörperchen; gewöhnlich Folge einer eisenarmen Kost.

Angeborene Behinderung Von Geburt an bestehende Anomalie oder Fehlbildung; meist Folge eines Gendefekts, einer Schädigung durch bestimmte Medikamente, Alkohol oder Drogen oder einer Erkrankung in der Schwangerschaft.

Antikörper Auch Immunglobuline genannt; Proteine, die aus weißen Blutkörperchen bestehen; sie neutralisieren körperfremde Eiweiße (Antigene) aus Bakterien und Viren und schützen so den Körper vor Infektionen.

Autonomes Nervensystem Unterbewusster Teil des Nervensystems; er steuert die lebenswichtigen Körperfunktionen wie Herzschlag, Atmung und Körpertemperatur.

Babytypen Die vier sensorischen Typen, deren Sinne auf unterschiedliche Weise ansprechbar sind: Sonnenschein, zurückhaltendes, ausgeglichenes und sensibles Baby.

Baby-Zeichensprache Zeichensprache, die wie die Gebärdensprache bei gehörlosen Menschen auch zur Kommunikation mit dem Baby ab sechs Monaten eingesetzt werden kann.

Ergotherapeut Spezialist, der Kindern und Erwachsenen mit speziellen Übungen hilft, körperliche Auswirkungen einer Behinderung zu überwinden, damit sie alltägliche Aktivitäten ausüben können.

Bindung Herausbildung einer engen zwischenmenschlichen Beziehung, insbesondere zwischen Eltern und ihrem Baby.

Chronische Krankheit Gesundheitliche Verfassung oder Krankheit, die lange Zeit andauert, manchmal lebenslang, z. B. Asthma.

Co-Sleeping Mit dem Baby im selben Bett schlafen. Das Baby kann auch in einem speziellen Beistellbett liegen, das sich am Elternbett anbringen lässt.

Ekzem *siehe Neurodermitis.*

Entwicklungsverzögerung Der Begriff drückt aus, dass ein Kind eine oder mehrere Entwicklungsstufen verspätet erreicht. Bei einer allgemeinen Entwicklungsverzögerung bestehen Defizite in allen Bereichen der Entwicklung.

Familienbett *siehe Co-Sleeping.*

Frühgeborenes Baby, das vor der 37. Schwangerschaftswoche geboren wurde.

Füttern nach Bedarf Das Baby wird immer dann gefüttert, wenn es nach Nahrung verlangt, nicht nach einem bestimmten Zeitplan.

Gleichgewichtssystem Sinnesorgan im Innenohr, das Informationen über Veränderungen in der Bewegung oder der Körperlage an das Gehirn übermittelt.

Hebamme Sie leitet die Geburt und betreut die Schwangere oft bereits während der Schwangerschaft sowie im Wochenbett.

Hormone Chemische Botenstoffe, die von spezifischen Zellen im Körper ausgeschüttet werden; sie beeinflussen die Zellfunktion in anderen Bereichen des Körpers.

Hypnagogisches Zucken Plötzliches Zucken der Muskeln beim Übergang vom aktiven (REM-)Schlaf in den Tiefschlaf. Es kann so stark sein, dass das Baby dadurch aufwacht.

Inkubator Brutkasten bzw. Wärmebett, meist geschlossen, in dem ein frühgeborenes oder krankes Baby gepflegt wird.

Intelligenzquotient (IQ) Maß zur Bestimmung der Intelligenz durch standardisierte Testverfahren.

Interozeption Sensorische Reize aus den Körperorganen, z. B. dem Verdauungssystem (Hunger) oder dem System zur Temperaturregulierung (Kälte oder Wärme).

Känguru-Pflege Form der Pflege eines Frühgeborenen oder sehr jungen Babys durch täglich mehrstündigen Hautkontakt mit den Eltern, meist der Mutter.

Käseschmiere Wachsartige Substanz, die die Haut des Babys in der Gebärmutter vor dem Fruchtwasser schützt.

Koliken Phasen unerklärlichen, schrillen Schreiens bei Babys zwischen zwei und 14 Wochen, gewöhnlich am frühen Abend. Typische Symptome: Das Gesicht wird rot, das Baby schneidet Grimassen und zieht die Beine an den Bauch.

Kolostrum Dicke, gelbliche Flüssigkeit, die in den ersten Tagen nach der Geburt in den Brüsten der Mutter gebildet wird; danach wird sie durch Muttermilch ersetzt. Sie enthält viele Antikörper, die das Baby vor Infektionen schützen, sowie mehr Mineralstoffe und Eiweiß als reife Muttermilch.

Kontrolliertes Schreien Methode des Schlaftrainings. Man lässt das Baby eine bestimmte Zeitlang allein in seinem Bettchen; oft weint es sich dabei in den Schlaf. Die Eltern schauen in bestimmten Intervallen nach ihm.

Meilensteine Entscheidende Entwicklungsstufen, wie Kopfkontrolle oder Krabbeln; sie sind an die Reifung des Nervensystems gebunden und werden in einer bestimmten Reihenfolge erreicht.

Motorische Fähigkeiten Körperlichen Fertigkeiten, die ein Baby erwirbt. Sie werden unterteilt in grobmotorische (wie Krabbeln und Laufen) und feinmotorische Fähigkeiten (z. B. Pinzettengriff).

Nachfüttern Gabe eines Fläschchens mit Flaschennahrung oder Muttermilch nach einer Stillmahlzeit.

Nature-Nurture-Debatte Anlage-Erziehungs-Debatte: Die Frage, ob körperliche Eigenschaften und Verhaltensweisen durch die Gene bestimmt werden (nature) oder auf Erfahrungen basieren (nurture) oder auf einer Kombination aus beidem.

Neonatologe Kinderarzt, der sich auf die Behandlung Neugeborener spezialisiert hat.

Nervensystem Dieses Körpersystem, das Gehirn, Rückenmark und Nerven umfasst, steuert die bewussten und unbewussten Körperfunktionen.

Neurodermitis Chronische Entzündung der Haut; sie verursacht intensiven Juckreiz und einen schuppigen Ausschlag, eventuell sogar mit Blasenbildung. Sie ist oft Folge einer Allergie.

Neurologische Entwicklungsstörung Zugrunde liegt eine Beeinträchtigung im Wachstum und der Entwicklung eines Teils des Nervensystems.

Objektpermanenz Punkt in der Entwicklung eines Babys, an dem es erkennt, dass ein Gegenstand weiter existiert, auch wenn es ihn nicht sieht; meist mit etwa acht, neun Monaten.

Pädiater Kinderarzt; er kann sich auf bestimmte Bereiche spezialisieren.

Physiotherapeut Krankengymnast; er arbeitet mit dem Patienten an der Beweglichkeit und der Funktion bestimmter Körperteile, oft nach einer Krankheit oder Verletzung.

Pinzettengriff Fähigkeit, einen Gegenstand zwischen Zeigefinger und Daumen aufzunehmen. Die meisten Babys beherrschen diesen Griff mit neun Monaten.

Plötzlicher Kindstod Plötzlicher, unerklärlicher Tod eines anscheinend gesunden Babys.

Postnatale Depression Wochenbettdepression; Depression, die sich nach der Geburt eines Babys entwickelt.

Propriozeption Eines der inneren Sinnesorgane des Babys. Propriozeptoren in den Sinnesnerven sammeln Informationen über die Körperlage und die Muskelspannung; so kann es Haltung und Gleichgewicht aufrechterhalten.

Pucken Einwickeln: ein Neugeborenes fest in eine Decke wickeln, sodass der Kopf gestützt wird und die Arme eng am Körper liegen; dies imitiert das Gefühl, wie es in der Gebärmutter war.

Reflexe Unwillentliche oder instinktive Reaktion auf einen Reiz.

Reflux Folge einer noch nicht vollständigen Entwicklung der Verschlussklappe zwischen Speiseröhre und Magen. Das Baby stößt übermäßig auf und erbricht sich manchmal schwallartig. Meist verschwindet das Problem mit dem Wachstum, gelegentlich ist ein Eingriff erforderlich.

Regulation des Bewusstseinszustands Fähigkeit des Babys, auch bei hoher Reizintensität ruhig zu bleiben.

Sakkaden Abfolge unwillkürlicher, abrupter, schneller kleiner Bewegungen oder Zuckungen beider Augen.

Schlafobjekt Kleiner Gegenstand, z. B. ein Kuscheltier oder eine Decke, mit dem das Baby sich beruhigt und in den Schlaf findet.

Schlafzustände Zwei verschiedene Bewusstseinszustände während des Schlafs: zu Beginn leichter Schlaf, in dem sich das Baby bewegt und die Augen oft zucken; auch »rapid eye movement« (REM)-Schlaf genannt, in dem Babys wie Erwachsene träumen; sowie Tiefschaf, in dem das Baby sehr ruhig ist.

Schwangerschaftsdauer Die Zeitdauer, in der sich der Fötus entwickelt; beginnend mit der Empfängnis und endend mit der Geburt.

Sensorische Information Kombination der Information aus den fünf äußeren Sinnen (Fühlen, Riechen, Sehen, Hören, Schmecken) und den Eindrücken aus dem Inneren (Organe, Muskeln und Körperlage).

Stimuli Äußere Ereignisse, die das Verhalten des Babys beeinflussen.

Synapse Verbindung zwischen zwei Neuronen (Nerven oder Gehirnzellen), durch die Nervensignale übertragen werden.

Trimester Phase von drei Monaten; die Schwangerschaft wird in drei Trimester unterteilt.

Trostobjekt Gegenstand, z. B. eine Schmusedecke oder ein Stofftier, an den sich das Kind bindet und bei dem es Trost findet. Dies ist ein wichtiger Schritt zur Unabhängigkeit des Kindes.

Ultradiane Rhythmen Muster von körperlichen Aktivitäten, die in 24 Stunden öfter als einmal auftreten, z. B. der Schlaf- und Trinkrhythmus des Babys.

Wachzustände Die vier Bewusstseinszustände, die ein Baby in seinen Wachphasen durchläuft: schläfrig, aufmerksamer Wachzustand, unruhiger Wachzustand und Schreien. Ihre Dauer hängt vom Alter ab.

Zufüttern Dem Baby eine Flasche mit Säuglingsnahrung geben, auch wenn es hauptsächlich gestillt wird.

Hilfreiche Adressen

Adressen in Deutschland

Erste Hilfe
www.erste-hilfe-fuer-kinder.de
www.kinderaerzte-im-netz.de

Giftnotruf
030/1 92 40
089/1 92 40
0551/1 92 40
www.giftnotruf.de

Elterntelefon
»Nummer gegen Kummer«
0800/1 11 05 50 (kostenlos)
www.elterntelefon.org

Deutscher Kinderschutzbund e.V.
Bundesverband
Hinüberstraße 8
30175 Hannover
Tel.: 0511/3 04 85-0
www.dksb.de

GfG
Gesellschaft für
Geburtsvorbereitung, Familienbildung
und Frauengesundheit e.V.
Bundesverband
Antwerpener Straße 43
13353 Berlin
Tel.: 030/45 02 69 20
www.gfg-bv.de

Deutscher Hebammenverband e.V.
Postfach 17 24
76006 Karlsruhe
Tel.: 0721/9 81 89-0
www.hebammenverband.de

AFS
Arbeitsgemeinschaft
Freier Stillgruppen e.V.
Bornheimer Straße 100
53119 Bonn
Tel.: 0228/3 50 38 71
www.afs-stillen.de

La Leche Liga Deutschland e.V.
Geschäftsstelle
Dannenkamp 25
32479 Hille
Tel.: 0571/4 89 46
www.lalecheliga.de

Tagesmütter Bundesverband
für Kinderbetreuung in Tagespflege e.V.
Moerser Straße 25
47798 Krefeld
Tel.: 02151/1 54 15 90
www.tagesmuetter-bundesverband.de

VAMV
Verband alleinerziehender
Mütter und Väter e.V.
Bundesverband
Hasenheide 70
10967 Berlin
Tel.: 030/6 95 97 86
www.vamv.de

Bundesarbeitsgemeinschaft
»Mehr Sicherheit für Kinder« e.V.
Heilsbachstraße 13
53123 Bonn
Tel.: 0228/68 83 40
www.kindersicherheit.de

BAGE
Bundesarbeitsgemeinschaft
Elterninitiativen
Geschäftsstelle Berlin
Crellestraße 19/20
10827 Berlin
Tel.: 030/700 94 25 60
www.bage.de

Kindernetzwerk e.V. für kranke und
behinderte Kinder und Jugendliche
Hanauer Straße 15
63739 Aschaffenburg
Tel.: 06021/12 03-0
www.kindernetzwerk.de

Internationale Zwillings- und
Mehrlingsinitiative
Bethlehemstraße 8
30451 Hannover
Tel.: 0511/2 15 19 45
www.abc-club.de

GEPS Deutschland
Bundesverband gemeinsame Eltern-
initiative plötzlicher Säuglingstod e.V.
Fallingbosteler Straße 20
30625 Hannover
Tel.: 0511/8 38 62 02
www.sids.de

AKIK
Aktionskomitee Kind im Krankenhaus e.V.
Bundesverband
Postfach 940316
60461 Frankfurt
Tel.: 0180/5 25 45 28
www.akik-bundesverband.de

Arbeitsgemeinschaft
Allergiekrankes Kind
Postfach 1141
35721 Herborn
Tel.: 02772/92 87-0
www.aak.de

BED
Bundesverband für Ergotherapeuten
in Deutschland e.V.
Nohner Straße 10
66693 Dreisbach
Tel.: 0180/3 74 62 33
www.bed-ev.de

Schatten & Licht e.V.
Krise rund um die Geburt
Obere Weinbergstraße 3
86465 Welden
Tel.: 08293/96 58 64
www.schatten-und-licht.de

Wochenbettdepression-Hotline
Tel.: 01577/4 74 26 54
www.wochenbettdepression-hotline.de

Föderation Deutscher Psychologen-
vereinigungen
www.psychologie.de

Mütterzentren e.V.
Bundesverband
www.muetterzentren-bv.de

Interaktives Netzwerk Schreibabys
www.trostreich.de

WAS MEIN BABY WILL

Schreiambulanzen

Diese speziellen Beratungsstellen für Eltern mit Säuglingen und Kleinkindern, gibt es in Deutschland, Österreich und der Schweiz. Adressen finden Sie z. B. über:

GAIMH
Gesellschaft für Seelische Gesundheit in der Frühen Kindheit
(GAIMH – German-Speaking Association for Infant Mental Health)
Dr. Heidi Simoni
c/o Marie-Meierhofer-Institut für das Kind
Schulhausstraße 64
CH-8002 Zürich
Tel.: 0041/44/2 05 52 20
www.gaimh.org

Adressen in Österreich

Vergiftungszentrale
Allgemeines Krankenhaus Wien
Währinger Gürtel 18–20
Ebene 6a
1090 Wien
Tel.: 01/4 04 00 22 22
www.akh-wien.ac.at/viz

Österreichisches Hebammen-Gremium
Postfach 438
1060 Wien
Tel.: 01/5 97 14 04
www.hebammen.at

La Leche Liga Österreich
www.lalecheliga.at

Österreichische Gesellschaft für Kinder- und Jugendheilkunde
www.docs4you.at

ArGe Selbsthilfe Österreich
Koordinationsstelle: Selbsthilfe Kärnten
Kempfstraße 23/3. Stock
Postfach 108
9021 Klagenfurt
Tel.: 0463/50 48 71
www.selbsthilfe-österreich.at

Österreichische Plattform für Alleinerziehende
Carnerigasse 34
8010 Graz
Tel.: 0316/67 53 44
www.alleinerziehende.org

Wilhelminenspital
Zentrum für Fütterungs-, Schlaf-, Schreiprobleme
Montleartstraße 37 (Pavillon 5)
1160 Wien
Tel: 01/49 15 01-29 20
www.wienkav.at

Adressen in der Schweiz

Pro Familia Schweiz
Marktgasse 36
3011 Bern 23
Tel.: 031/3 81 90 30
www.profamilia.ch

Schweizer Hebammenverband
Rosenweg 25 C
3000 Bern 23
Tel.: 031/3 32 63 40
www.hebamme.ch

BSS
Berufsverband Schweizerischer Stillberaterinnen
Postfach 686
3000 Bern 25
Tel.: 041/6 71 01 73
www.stillen.ch

La Leche Liga Schweiz
www.lalecheliga.ch

Schweizerische Vereinigung der Elternorganisationen
Bibenlosstraße 6
5620 Bremgarten
Tel.: 056/6 33 42 10
www.sveo.ch

SVAMV
Schweizerischer Verband alleinerziehender Mütter und Väter
www.svamv-fsfm.ch

Tagesfamilien Schweiz
Hörenstraße 42
9113 Degersheim
www.tagesfamilien.ch

Stiftung KOSCH
Koordination und Förderung von Selbsthilfegruppen in der Schweiz
Laufenstraße 12
4053 Basel
Tel.: 061/3 33 86 01
www.kosch.ch

Kinderspital Zürich
Sprechstunde für funktionelle Schlafstörungen
Steinwiesstraße 75
8032 Zürich
Tel: 0900/26 67 11 (CHF 3,23/Minute)
www.kispi.uzh.ch

Verein Postnatale Depression Schweiz
www. postnatale-depression.ch

Bei Vergiftungen:

Schweizerisches Toxikologisches Informationszentrum
Freiestraße 16
8028 Zürich
Notfall-Nummer: 01/2 51 51 51

Literaturnachweis

Als, H. *Toward a synactive theory of development: Promise for the assessment and support of infant individuality.* Infant Mental Health Journal Volume 3 Issue 4, Pages 229–243

Anders, T. *Biological Rhythms in Development* Psychosomatic Medicine, Vol. 44, No. 1 (März 1982)

Baldwin Dancy, R. *You Are Your Child's First Teacher.* Celestial Arts, 1989

Bly, L. *Motor Skills Acquisition Checklist.* Therapy Skill Builders 2000

Brazelton, T.B. & Greenspan, S. *The Irreducible Needs of Children.* Perseus Publishing, 2000

Brazelton, T.B. & Nugent, J.K. *The Neonatal Behavioral Assessment Scale.* Mac Keith Press, Cambridge, 1995

Brown, J., Fratar, L., Matsui, I., & Waddington, C. *Breastfeeding your Premature Baby*, 1998

Davis, L. & Keyser, J. *Baby talk: 8 easy and fun ways to improve your baby's language skills* http://parenting.ivillage.com/

DeGangi, G. *Pediatric Disorders of Regulation in Affect and Behaviour.* Academic Press, 2000

DeGangi G., Wiener, A., Long, T., Battaile, B. *Sensory Processing of Infants Born Prematurely or with Regulatory Disorders.* Physical & Occupational Therapy in Pediatrics Vol. 16(4) 1996

Drehobl, K. & Fuhr, M. *Pediatric Massage for the Child with Special Needs.* Therapy Skill Builders, 1991

Dunn, W. (2004). A sensory processing approach to supporting infant-caregiver relationships. In Sameroff, A., McDonough, S. & Rosenblum, K. [eds.] *Treating Parent Infant Relationship Problems: strategies for intervention.* Guilford Press, New York. pp. 152–187

Dunn, W. *Infant Toddler Sensory Profile.* The Psychological Corporation, 2002

Einon, D. *Learning Early.* Marshall, 1998

Eliot, L. *What's Going On In There.* Bantam Books, 1999

Elliott, L., Henderson, J., Northstone, K., et al. *Prospective study of breast feeding in relation to wheeze, atopy and bronchial hyperresponsiveness in the ALSPAC.* Journal Allergy Clinical Immunology: 2008

Faure, M. & Richardson, A. *Baby Sense: Understanding your baby's sensory world.* Metz Press, 2002

Faure, M. & Richardson, A. *Sleep Sense.* Metz Press, 2007

Greenspan, S. *Greenspan Social–Emotional Growth Chart: A Screening Questionnaire for Infants and Young Children.* Psychcorp, 2004

Host, A., Halken, S., Muraro, A., et al. *Dietary prevention of allergic diseases in infants and small children.* Paediatric Allergy Immunology, 2008

Kennel, J. & Klaus, M. *Parent-infant bonding.* 2nd ed. St Louis, MO: C.V. Mosby. 1982

Kitzinger, S. *The Crying Baby.* Viking, 1989

Klein, A. & Ganon, J. *Caring for your premature baby.* HarperCollins Publishers 1998

Krantz, M. *Child Development.* Wadsworth, 1994

Leach, M. *Nutritional needs of the newborn.* Neocare, 2001

Lombard, A. *Sensory Intelligence.* Metz Press, 2007

Lubbe, W. *Prematurity: Adjusting your dream.* Little Steps, 2008

Madden, S. *The Preemie Parents' Companion: The Essential Guide to Caring for your Premature Baby in the Hospital, at Home, and Through the First Years.* Harvard Common Press, US, 2000

McClure, V. *The International Association of Infant Massage Manual for Infant Massage Instructors.* IAIM, 2005

McClure, V. *Manual for Infant Massage Instructors.* International Association of Infant Massage, 2005

Morris, D. *The Naked Ape.* Jonathan Cape and McGraw Hill, 1967

Murphy, A.P. *The Seven Stages of Motherhood: Making the most of your life as a Mum.* Pan Books, 2004

Murkoff, H. *The Real Parenting Expert is ... You.* Newsweek Special 2000 Edition

Murray, L. & Andrews, L. *The Social Baby: Understanding babies' communication from birth.* CP Publishing, 2000

Murray-Slutsky, C. & Paris, B. *Exploring the Spectrum of Autism and Pervasive Developmental Disorders.* Therapy Skill Builders, 2000

Paller, A., Hornung R., et al. *Infant Skin and its special needs.* Johnson & Johnson Compendium of Infant Skin Care 2001

Porter R., Raimbault C., Henrot A. & Saliba E. *Responses of Pre-term Infants to the Odour of Mother's Milk.* Chemical Signals in Vertebrates 11. Springer New York, 2008

Ratey J. *A user's guide to the brain.* Little Brown and Company, 2001

Raymond, J. *Kids, Start your Engines.* Newsweek Special 2000 Edition

Richardson, A. *Toddler Sense.* Metz Press, 2005

Sammons, W. *The Self-Calmed Baby.* St. Martins, 1989

Schaffer, R. *Mothering.* London, Fontana, 1977

Schneider, E. F. *The power of Touch: Massage for infants.* Infants & Young Children. Jan 1996 8 (3) 40–55

Sharpe, W. *Baby talk: enhance your baby's language development.* http://www.partnership-forlearning.org

Sheridan, M.D. *From Birth to Five Years.* Routledge, 1991

Sicherer, S.H. & Burks, A.W. *Maternal and infant diets for prevention of allergic diseases: understanding menu changes in 2008.* Journal Allergy Clinical Immunology 2008.

Smith Roley S., Blanche, E. & Schaaf, R. *Understanding the Nature of Sensory Integration with Diverse Populations.* Therapy Skill Builders, 2001

St. John, J. *High Tech Touch: Acupressure in the Schools.* CA: Academic Therapy Publications, 1987

Stoppard, M. *Know Your Child.* Dorling Kindersley, 1991

Sunderland, M. *The Science of Parenting.* Dorling Kindersley, 2006

Thygarajan, A., Burks, A. *AAP recommendations on the effects of early nutritional interventions on the development of atopic disease.* Current Opinion in Pediatrics: 2008

Tracey, N. *Parents of Premature Infants: Their emotional world.* Whurr Publishers, 2000

Tsiaras, A. & Werth, B. *From Conception to Birth: A life Unfolds.* Random House, 2002

Turner, R. & Nanayakkara, S. *The Soothing art of Baby Massage.* Landsdowne Publishing, 1996

Weiss-Salinas, D. & Williams, N. *Sensory Defensiveness: A Theory of Its Effect on Breastfeeding.* Journal of Human Lactation, Vol. 17, No. 2, 145–151 (2001)

Willemse, S. *Developmental Care for babies.* Course attended 2003

Anhang

Kriterien für Säuglinge mit einer Regulationsstörung

Manche Kinder reagieren sensibler auf Sinneseindrücke und integrieren die Reize nicht angemessen. Man spricht dann von einer sensorischen Integrationsschwäche. Sie kann zu extremer Unruhe, Schlaf- und Essproblemen sowie emotionaler Überempfindlichkeit führen. Die Checkliste unten gibt Ihnen Anhaltspunkte, falls Sie meinen, Ihr Baby sei überdurchschnittlich reizanfällig und habe vielleicht eine Wahrnehmungsstörung. Wenn Ihr Baby älter als sechs Monate ist und mindestens zwei der angeführten Merkmale zeigt, können Sie es dem Kinderarzt oder einem auf sensorische Integration spezialisierten Ergotherapeuten vorstellen. Er stellt fest, ob eine Regulationsstörung besteht.

Schlafstörungen Hierbei besteht ein andauerndes Problem bei der Regulation der Schlaf-Wach-Zyklen; dazu gehören Schwierigkeiten mit dem Einschlafen und dem Durchschlafen, die nicht Folge elterlicher Erziehungsfehler sind. Die Kriterien für Schlafstörungen sind:
- Das Baby braucht länger als 30 Minuten, um einzuschlafen, trotz Beruhigungsmethoden und Einschlafritual.
- Es wacht in der Nacht häufig (öfter als zweimal) auf, unabhängig vom Nahrungsbedarf oder den gewohnten Nachtmahlzeiten.

Mangelnde Selbsttröstung Das Baby kann sich nicht selbst beruhigen, indem es die Hände an den Mund nimmt, bestimmte Dinge anschaut oder auf Stimmen oder Geräusche lauscht. Dieser Zustand unterscheidet sich von der normalen Unruhe insofern, als die Betreuungsperson mindestens drei Wochen lang täglich zwei bis vier Stunden lang versucht, das Baby zu beruhigen.

Fütterungsprobleme Bei einer Ernährungsstörung zeigt das Baby mindestens zwei der folgenden Verhaltensweisen:
- Es hat keinen gefestigten, regelmäßigen Trinkrhythmus.
- Es wirkt gestresst beim Füttern und stößt Nahrung wieder auf oder erbricht sie, insbesondere bei fester Kost.
- Es isst nur breiige Speisen.
- Es hat als Neugeborenes länger als fünf Tage Schwierigkeiten mit dem Anlegen an der Brust.
- Es toleriert den Wechsel von der Brust zu einem Flaschensauger nicht.

Probleme bei Veränderungen in der Routine Das Baby gerät bei Veränderungen oder einem Wechsel der Aktivität unter Stress; das äußert sich durch längere Schrei- oder Unruhephasen (länger als fünf Minuten), die mindestens dreimal am Tag auftreten.

Stress bei Routine-Pflegeaufgaben und sensorisch anregenden Spielsituationen Das Baby reagiert mit Schreien, Rückzug oder negativem Verhalten, wenn es mit den normalen Sinnesreizen des Alltags konfrontiert wird, etwa Berührungen (z. B. von den Eltern getragen werden), Bewegung (z. B. Spiele mit den Eltern), Eindrücken und Geräuschen (z. B. in einer lebhaften Umgebung wie dem Supermarkt). Es treten mindestens drei der folgenden Verhaltensweisen auf:
- Es sträubt sich gegen Schmusen; es zieht sich zurück oder versteift sich.
- Es widersetzt sich dem Pucken.
- Es gerät beim Waschen von Gesicht oder Haaren außer sich.
- Es will nicht in den Autositz gesetzt werden.
- Es wehrt sich gegen bestimmte Positionen (z. B. Rücken- oder Bauchlage).
- Es berührt bestimmte Oberflächen nicht und will seine Hände nicht schmutzig machen.
- Es will keine Kleidung tragen bzw. nicht mehreres übereinander oder sehr warme Kleidung.
- Es hat Angst, durch die Luft geschwungen zu werden, auch beim Spielen.
- Es wird durch laute Geräusche übermäßig erschreckt oder unruhig (z. B. Staubsauger, Türklingel, bellender Hund).

Emotionale Instabilität Das Baby zeigt Unruhe und Reizbarkeit und wechselt rasch ohne erkennbaren Grund von einer zufriedenen Stimmung zur Unzufriedenheit. Dies ist für die Familie sehr belastend. Das Kind wirkt niemals glücklich und kommuniziert (über den neunten Monat hinaus) nicht mit der Betreuungsperson.

Übernommen aus: *Criteria for inclusion in research* by DeGangi, et al (1996); *Diagnostic Classification: 0–3 Manual*

Register

Dank

Dank der Autorin

Ein Buch zu schreiben ist in vielfältiger Hinsicht vergleichbar mit dem Liebesdienst, den es bedeutet, ein Kind zu erziehen – viele schlaflose Nächte, gelegentliche Frustration und Augenblicke intensiven Hochgefühls. Wie die Versorgung eines Babys erfordert es Teamarbeit, und ich möchte hier dem Team danken, das mir zur Seite gestanden hat.

Den Experten, die ich meine Kollegen nennen darf: Kerry Wallace, Ann Richardson, Lizanne DuPlessis, Dr. Simon Strachan, Kath Megaw, Dr. Mark Tomlinson, Sheila Faure und Welma Lubbe – Dank Ihnen allen, dass Sie den Weg meines Denkens mitgeformt haben und mir über die Jahre wichtige Sichtweisen eröffnet und viele Ratschläge gegeben haben.

Den besonderen Menschen, mit denen ich täglich arbeite, die mich unterstützen und ermutigen und mir in verschiedensten Bereichen meiner Arbeit beistehen – Antoinette Scandling, Haydn Heydenrych, Nina Otero, Nancy Mtambeki und Liz Kossuth – gilt mein tiefster Dank.

Den Müttern – sowohl den Eltern meiner kleinen Patienten als auch all den Müttern von Baby Sense, die mit mir täglich per E-Mail und Facebook kommunizieren, die mich fragen, wie sie mit ihren Babys umgehen sollen und die sogar bereit waren, während der Entstehungsphase dieses Buches einzelne Kapitel zu lesen.

Peggy Vance, die sich mein Konzept anhörte und daran glaubte, dass dieses Thema etwas ist, was Mütter wissen müssen. Danke, Sie waren eine wunderbare Fürsprecherin für diese Arbeit.

Emma Maule, Penny Warren, Nicky Rodway und Glenda Fisher von DK, unsere Fotografin Vanessa Davies sowie Emma Forges als wunderbare Art-Direktorin – die Arbeit mit Ihnen allen war unglaublich – Ihre kreative Energie und Ihre Fähigkeit, mein Feedback anzunehmen, haben die Arbeit an diesem Buch zu einem Vergnügen gemacht.

Schließlich danke ich meinen eigenen Kindern, James, Alex und Em – sie erfüllen mit ihren sehr unterschiedlichen Charakteren die sensorischen Persönlichkeitstypen mit Leben; danke, meine wunderbaren Kinder, dass ihr mir Freiraum gelassen habt und geduldig wart, als der Computer euch meine Aufmerksamkeit stahl.
Danke Ihnen und euch allen.

Dank des Verlages

Der Verlag dankt Susannah Marriott für die redaktionelle Beratung; Jemima Dunne für das Korrekturlesen und die Endredaktion; Hilary Bird für das Register; Joanna Dingley, David Isaacs und Kathryn Meeker für die Redaktionsassistenz; Romaine Werblow, Bildredaktion; Jenny Baskaya für die Bildrecherche; Steve Crozier und Gary Kemp für die Hilfe beim Retuschieren der Abbildungen. Beim Fotoshooting dankt DK: Alli Williams, Make-up; Charlotte Johnson, Assistenz der Art-Direktorin; Alyson Walsh, Stylistin und Requisitenbeschaffung; Katie Newham, Stylistin; Issy Wield, Fotoassistenz.

Dank an die Models: Rae Baker und Harriet Wisbey; Susanna und Ben Bauer; Sofia und Maya Berggren; Michelle Bridge und Maya Lee; Heidi Carr und Noah Messias; Rachel Chan und Niamh Chung; Lucy und Ruby Chapman; Karen und Henrietta Davey; Solania L. De Freitas und Milin Kushwah; Jacqueline und Francis Denny; Katherine Ellis, Scott Millar und Samantha Millar; Sara Faulkner und Thomas Murray; Giovanna Franchina und Leonardo Diallo; Joanne und Esme Green; Leigh und Isla Summer Haynes; Emily und Lucian Hotchkiss; Lynette Jenkins-Raji und Miracle Raji; Pippa und Leo Heald; Nathalie und Charlie Heath; Emma und Harry Hutchinson; Johanna und Lucas Kemp; Helena und Barnaby Lemanski; Carrie Love und Siamak und Dylan Tannazi; Hat Margolies und Aurora Grace Barber; Ajay und Venaya Patel; Natasha Estelle und Melody und Zeb Pepper; Michelle und Edward Phillips; Sarah Reeves und Imogen Andrews; Viv und Aaran Ridgeway; Annabel und Hattie Robinson; Ijeoma und Timeyin Ryan Samuel-Metseagharun; Caroline und Mae Vernon; Charlotte und Charlie Whetham; Katie und Summer Wilson; Charlie und Somerset Young; Justyna, Majid und Nicole-Anne Zohreh.

Abbildungsnachweis

Der Verlag dankt folgenden Personen und Institutionen für die freundliche Genehmigung zum Abdruck ihrer Fotos:
(Legende: o – oben; b – unten; m – Mitte; l – links; r – oben)
12 Baby Sense: Pippa Hetherington (ul). **18** Getty Images: Frank Herholdt (ol). **20** Photolibrary: Neil Bromhall (ul). **21** Getty Images: Stephen Chiang (o). Science Photo Library: Ian Hooton (u). **22** Baby Sense (ol). **23** Alamy Images: Paula Showen. **54** Getty Images: Mauro Speziale (u). **59** Getty Images: Yellow Dog Productions. **62** Science Photo Library: Mauro Fermariello (ml). **72** Alamy Images: Trevor Smith (m). Corbis (ol). Getty Images: Photodisc (ur). Photolibrary: Bruno Boissonnet (ml). Science Photo Library: AJ Photo (mru). **73** Science Photo Library: Mark Thomas. **74** Alamy Images: allOver photography (ol). Science Photo Library: Mark Thomas (o). **76** Science Photo Library: Mark Thomas. **77** Photolibrary: Jim Olive (o). Science Photo Library: AJ Photo (ul). **78** Alamy Images: allOver photography (u). Science Photo Library: Mark Thomas (ol) (o). **79** Alamy Images: John Krstenansky. **80** Getty Images: ERproductions Ltd. (ol). Science Photo Library: Mark Thomas (o). **81** Photolibrary: Deloche. **82** Science Photo Library: AJ Photo (ol); Mark Thomas (o). **83** Getty Images: James Porter. **84** Science Photo Library: Mark Thomas. **85** Science Photo Library: Antonia Reeve. **86** Science Photo Library: Mark Thomas. **87** Science Photo Library: John Cole. **88** Science Photo Library: Mark Thomas (o). **89** Getty Images: Washington Post. **90** Getty Images: Photodisc (or). **103** Alamy Images: Mira (o). **109** Getty Images: LWA. **110** Getty Images: LWA (o). **112** Getty Images: LWA. **113** Getty Images: Emma Innocenti. **114** Getty Images: LWA (o). **116** Baby Sense: Pippa Hetherington (ur). Getty Images: LWA (o). **118** Getty Images: LWA. **120** Getty Images: LWA (o). **122** Baby Sense: Tess Fraser Grant (ol). Getty Images: LWA (o). **124** Getty Images: LWA (o). **125** Getty Images: Digital Vision (o). **126** Getty Images: LWA (o). **132** Alamy Images: Picture Partners (um). **151** Getty Images: Derek Lebowski (or). **157** Baby Sense: Tess Fraser Grant. **175** Photolibrary: Picture Partners (mr). **176** Baby Sense: Tess Fraser Grant (ul). **205** Getty Images: Jupiterimages. **208** Punch-Stock: Brand X Pictures (ur).
Cover vorne: Ian Hooton/Mother & Baby Picture Library

Alle anderen Abbildungen © Dorling Kindersley
Weitere Informationen unter www.dkimages.com